한 권으로 끝내는 DELF

기본부터 실전까지
영역별 완벽 대비!

A2

한 권으로 끝내는

DELF A2

초판 1쇄 발행 2018년 6월 29일
개정 10쇄 발행 2024년 10월 2일

지은이 정일영
펴낸곳 (주)에스제이더블유인터내셔널
펴낸이 양홍걸 이시원

홈페이지 www.siwonschool.com
주소 서울시 영등포구 영신로 166 시원스쿨
교재 구입 문의 02)2014-8151
고객센터 02)6409-0878

ISBN 979-11-6150-320-2
Number 1-521107-25252500-04

프랑스어 능력시험 대비

한 권으로 끝내는 DELF

기본부터 실전까지

영역별 완벽 대비!

A2

시원스쿨닷컴

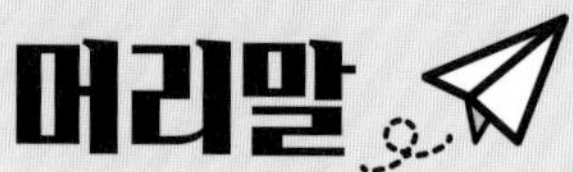

Bonjour tout le monde ! 여러분 안녕하세요!

시원스쿨 델프의 신 정일영입니다.

프랑스는 세계를 주도하는 대표적인 국가 중 하나로 다양한 방면에서 세계적 강국의 위상을 가지고 있습니다. 또한 프랑스어는 많은 세계 국제 기구에서 영어와 더불어 공식 언어로 사용되고 있으며 특히 유럽 연합 이후 프랑스는 유럽 대륙을 이끌어 가는 나라라는 점에서 프랑스어를 배우는 것은 큰 강점이 될 수 있습니다. 이러한 이유로 프랑스어를 모국어로 사용하거나 공용어로 사용하는 프랑스어권 국가들을 제외하고도 많은 나라에서 프랑스어에 대한 관심은 매우 높다고 할 수 있습니다.

CIEP가 주관하는 프랑스어 능력 시험 DELF는 전 세계적으로 시행되고 있는데, 특히 우리나라의 경우 응시율이 매우 높은 것으로 알려져 있습니다. 프랑스 유학을 준비하는 학생들의 경우 입학을 위해서 DELF 자격증은 필수입니다. 국내 대학에서 프랑스어를 전공하는 학생들의 경우에도 최근 졸업 필수 조건으로 DELF 자격증을 갖출 것을 요구하는 대학들이 늘어나는 추세입니다. 또한 프랑스어 관련 기업에 취업을 목적으로 하는 경우 대부분 기본적으로 DELF 자격증을 요구하는 경향이 있습니다. 이 밖에도 여러 가지 이유로 프랑스어를 공부하는 많은 분들이 자신의 프랑스어 능력을 평가하거나 실력을 더욱 높이고자 DELF에 응시하고 있습니다.

이 책에서 다루는 A2 단계는 출제 기관인 CIEP에 따르면 프랑스어를 공부한 지 6개월이 지난 비교적 초보 단계에 있는 학습자들을 응시 대상으로 하나, 이 학습 기간은 프랑스어 능력을 구성하는 듣기, 독해, 작문, 구술의 4가지 영역을 균형 있게 학습했을 환경을 가정한 것입니다. 대부분 한국인 응시자들의 학습 상황을 고려해 보면 이러한 환경이 완벽하게 뒷받침되는 경우는 거의 없으며, 따라서 실제 A2 시험에 대한 체감 난이도는 생각보다 높다는 평이 많습니다.

세계 공용어로서의 위상을 가지고 있는 프랑스어는 분명 응시자 여러분의 경쟁력을 극대화할 수 있는 효과적인 수단이 될 수 있습니다. DELF 감독관을 10년간 역임하면서, 모든 출제 흐름을 분석하여 DELF를 준비하는 학생들에게 보다 높은 적중률과 합격증 취득의 기쁨을 선사하고자 이 책을 집필하였습니다. 비록 부족한 점이 있겠지만 감히 델프의 신이라 자부하며 이 책이 프랑스어를 공부하는 여러분들께 많은 도움이 되기를 바랍니다.

Je vous soutiens de tout mon cœur !
여러분을 진심으로 응원합니다!

DELF A2 목차

II. Compréhension des écrits 독해 평가

▷ 완전 공략 x 실전 연습 x 해설 10 set

III. Production écrite 작문 평가

▷ 완전 공략 x 실전 연습 x 해설 10 set

IV. Production orale 구술 평가

▷ 완전 공략 x 실전 연습 x 해설 10 set

<부록>

- **Compréhension de l'oral 듣기 영역 원어민 MP3 파일 (新 유형 MP3 파일 포함)**
- **Production orale 구술 영역 원어민 MP3 파일**
- **DELF 가이드북 (온라인 제공)**

DELF란 어떤 시험일까요

DELF 자격증 소개

Diplôme d'études en langue française (이하 DELF 일반 프랑스어 능력 시험 - A1, A2, B1, B2)는 프랑스 교육부에서 발급하는 프랑스어 공인 인증 자격으로서 프랑스어를 모국어로 사용하지 않는 사람들의 프랑스어 구사 능력 수준을 평가, 검증하는 시험입니다. DELF와 DALF는 전 세계적으로 통용되는 공신력 높은 자격증입니다.

DELF 시험 시행 기관

DELF와 DALF 시험은 프랑스 교육부와 연계된 공적 기관인 국제교육연구센터 Centre international d'études pédagogiques (이하 CIEP)에서 매년 시험 문제를 출제 및 채점합니다. 한국에서 DELF/ DALF 주최측은 주한프랑스대사관의 문화과학 교육협력과이며, 한국 알리앙스 프랑세즈 Alliance française에 의해 시행됩니다. 우리나라 알리앙스 프랑세즈는 서울, 인천, 대전, 대구, 부산, 광주, 전주에 있습니다.

DELF 자격증 유효 기간

프랑스 교육부에서 발급하는 자격증은 한 번 취득(합격)하면 기간 제한 없이 평생 유효성을 인정받게 됩니다. DELF 자격증은 이전 단계의 자격증 취득 여부와 상관없이 원하는 단계에 바로 응시할 수 있으며, 동시에 여러 단계의 시험에 응시할 수도 있습니다. 한 단계에 합격하기까지 여러 번 응시할 수 있지만, 한번 합격한 단계는 재응시할 수 없습니다.

DELF 자격증 활용도

DELF 자격증은 국내외 대학 및 대학원 진학 시 프랑스어 실력을 증명하는 공식 증명서일 뿐만 아니라, 최근 국내 주요 대학의 불어불문학과에서는 졸업 시험을 DELF로 대체하기도 합니다. 프랑스 국립대학 학사 및 석사 과정 지원 시 DELF B2 이상의 성적을 필수적으로 요합니다. 그 외에 국내에서 프랑스어 또는 프랑스·프랑스어권 관련 정부 기관, 공공 기관, 대기업 인재 선발 및 승진, 해외 파견 시 DELF 자격이 반영되고 있습니다.

DELF 레벨

유럽 공용 외국어 등급표상의 여섯 단계에 따라 A1, A2, B1, B2 (이하 DELF), C1, C2 (이하 DALF)로 분류되어 있습니다. 각 자격증은 응시자의 전반적인 언어 능력을 판단하기 위해 듣기, 독해, 작문, 구술 네 가지 영역으로 구성되어 있습니다.

DELF A1 (최저)	**프랑스어 입문 단계 (약 80~100시간의 실용 학습)** 입문 단계이자 기초적인 프랑스어 지식을 측정합니다. 인사, 간단한 의사 소통 및 간략한 자신의 이야기를 하는 수준입니다.
DELF A2	**프랑스어 초보 단계 (약 160~280시간의 실용 학습)** 초보 단계이자 기본적인 프랑스어 지식을 측정합니다. '존댓말'의 사용과 같은 기본적인 프랑스어 구사 능력과 문법적인 정확성을 평가하며, 응시자는 기초적인 사항들에 관한 의사 소통이 가능해야 합니다.
DELF B1	**프랑스어 실용 구사 단계 (약 350~400시간의 실용 학습)** 기초, 기본 단계를 넘어서는 실용 구사 단계로 응시자는 토론 및 의견을 자유롭게 이야기할 수 있어야 하며, 일상 속 다양한 상황들에 적합한 프랑스어 능력을 길러야 합니다.
DELF B2	**프랑스어 독립 구사 단계 (약 550~650시간의 실용 학습)** 독립 구사 단계에 해당하며 응시자는 자신의 의견과 관점에 대한 설명을 자유롭게 펼칠 뿐 아니라, 협상도 할 수 있어야 합니다.
DALF C1	**프랑스어 자율 활용 단계 (약 800시간~850시간의 실용 학습)** 심화 활용 단계로 프랑스 대학 및 대학원 지원 시 필수적으로 취득해야 할 레벨입니다. 프랑스어를 언어적인 어려움 없이 활용 가능한지와 더불어 이야기할 때 표현의 유창함, 머뭇거림없는 즉각적인 구사 능력이 요구됩니다. 다시 말해, 적절하고 다양한 어휘와 표현을 사용하여 정확하게 프랑스어로 말할 수 있어야 합니다.
DALF C2 (최상)	**프랑스어 완성 단계 (약 900시간 이상의 실용 학습)** 가히 프랑스어 완성 단계로, 문법적으로 정확하며 상황에 적절한 프랑스어를 유창하게 구사할 수 있어야 합니다. 언어적인 능력 외에도 프랑스 사회, 문화 등 프랑스 전반에 대한 지식이 요구되며, 학술적이고 전문적인 어휘와 표현, 즉 고급 수준의 프랑스어를 구사할 수 있어야 합니다.

접수부터 성적 확인까지

시험 일정

시험 일정은 해마다 조금씩 다르므로 매년 알리앙스 프랑세즈 사이트를 참고할 것을 권장합니다.

일정	단계	시험 날짜	접수 기간	시행 지역
3월	DELF B1, B2	3월 2일(토) 3월 3일(일)	2024년 1월 15일 - 1월 31일	서울, 부산, 대전, 광주, 인천, 대구
	DELF A1, A2	3월 16일(토) 3월 17일(일)		서울, 부산, 대전, 광주, 인천, 대구
	DALF C1			서울, 대전, 대구, 광주
	DALF C2			부산
5월	DELF B1, B2	5월 11일(토) 5월 12일(일)	2024년 4월 1일 - 4월 12일	서울, 부산, 대전, 광주, 인천, 대구
	DELF A1, A2	5월 25일(토) 5월 26일(일)		서울, 부산, 대전, 광주, 인천, 대구
	DALF C1			대전, 인천
	DALF C2			서울
9월	DELF B1, B2	9월 7일(토) 9월 8일(일)	2024년 7월 29일 - 8월 9일	서울, 부산, 대전, 광주, 인천, 대구
11월	DELF B1, B2	11월 2일(토) 11월 3일(일)	2024년 9월 23일 - 10월 4일	서울, 부산, 대전, 광주, 인천, 대구
	DELF A1, A2	11월 16일(토) 11월 17일(일)		서울, 부산, 대전, 광주, 인천, 대구
	DALF C1			서울, 부산
	DALF C2			대전

(2024년 기준)

시험 접수

DELF 시험 접수는 알리앙스 프랑세즈 홈페이지(https://www.delf-dalf.co.kr/ko/)에서 온라인으로만 가능하며, 접수 기간은 접수 시작일 17시부터 접수 마감일 17시까지(입금 완료에 한해) 입니다.

알리앙스 프랑세즈 사이트 회원가입 / 로그인 ▶ 시험 접수 및 원서 작성 ▶시험 선택(시험 종류, 단계, 응시 지역 선택) ▶ 응시료 결제 ▶ 접수 완료

시험 진행

듣기, 독해, 작문 [토요일 시행]

시험	시간
A1	09:00~10:40
A2	11:20~13:20
B1	13:50~16:10
B2	09:10~12:00

구술 [일요일 시행]

시험	시간	소요 시간
A1	09:00~11:00	준비 시간 약 10분 / 시험 시간 약 5~7분
A2	10:30~13:00	준비 시간 약 10분 / 시험 시간 약 6~8분
B1	09:00~12:00	준비 시간 약 10분 / 시험 시간 약 15분
B2	12:00~19:00	준비 시간 약 30분 / 시험 시간 약 20분

응시료

2024년 기준 응시료는 다음과 같습니다.

레벨	응시료
A1 일반/주니어	₩ 147,000 / 132,000
A2 일반/주니어	₩ 163,000 / 146,000
B1 일반/주니어	₩ 258,000 / 232,000
B2 일반/주니어	₩ 279,000 / 251,000

시험 결과 발표

결과는 보통 시험일로부터 한 달 후에 알리앙스 프랑세즈 홈페이지에서 로그인 후 마이페이지 시험 결과에서 확인할 수 있습니다. 합격 여부에 대한 전화 및 이메일 문의는 불가능합니다.

합격증, 자격증 발급

합격증(Attestations de réussite)은 합격자 발표일로부터 약 2주 후에, 자격증(Diplômes)은 합격자 발표일로부터 약 4개월 후에 발급되며 재발급은 불가능합니다. 합격증 및 자격증은 응시 지역의 알리앙스를 직접 방문하여 수령해야 하며, 수령 시 응시자는 본인의 신분증 원본을 지참하고, 수험 번호도 꼭 알고 있어야 합니다.

DELF A2는 어떻게 준비해야 할까요

점수 기준

DELF A2 시험은 총 4개 영역(듣기, 독해, 작문, 구술)로 구성되어 있으며, 구술을 제외한 3개 영역 시험은 토요일, 구술 시험은 일요일에 치러집니다.

* 듣기, 독해, 작문 총 소요 시간: 1시간 40분(100분)
* 합격을 위한 최소 점수: 100점 중 50점
* 과락을 면하기 위해 영역별로 취득하여야 할 최소 점수 : 25점 중 5점

시험 구조

시험은 4개 영역(듣기, 독해, 작문, 구술)로 구성됩니다.

영역별 구조	소요 시간 (총 100분)	만점
듣기 · 일상생활에서 만날 수 있는 상황과 관련된 3~4종류의 녹음 (최장 5분)을 2번 듣고 문제에 답하기 · 녹음 내용은 특정 장소의 안내 방송 및 광고, 전화 응답기 메시지, 라디오 방송, 특정 상황과 관련된 대화로 구성	약 20~25분	25점
독해 · 인물 관련 상황과 광고 연결하기 · 서신 내용, 웹 사이트 및 인터넷에 게재된 글을 보고 문제에 답하기	약 30분	25점
작문 · 주어진 상황(여행, 교환 학생, 연수 등)에 대한 개인적 경험담을 이메일 또는 일기 형식으로 작성 · 상대의 제안에 수락이나 거절의 답신 또는 초대, 제안, 사과, 축하, 요청 등의 글 작성	약 45분	25점
구술 · 자기소개 및 개인적인 사항에 대한 문답을 주고 받는 형식 · 10여 개의 쪽지 중 하나를 최종 선택하여, 쪽지에 제시된 주제로 감독관 앞에서 말한 후, 감독관의 질문에 답변하는 형식 · 10여 개의 쪽지 중 하나를 최종 선택하여, 제시된 상황에 따라 감독관과 대화를 진행하는 형식	시험 시간 약 6~8분 준비 시간 약 10분	25점

시험 당일 주의 사항

꼭 기억해 두세요!

☑ 신분증과 수험표는 토, 일 양일간 반드시 소지하여야 합니다. 수험표에 기재된 수험 번호로 고사장 자리를 확인하며, 구술 시험 시 수험표에 도장도 받아야 합니다.

* 성인- 주민 등록증, 운전면허증, 기간 만료 전 여권, 공무원증
* 중, 고등학생 - 주민 등록증, 이름 및 생년월일이 기재되고 사진이 부착된 국내 학생증, 기간 만료 전 여권, 청소년증 (주민센터 발급)

☑ 파란색 혹은 검정색 볼펜을 꼭 챙겨야 합니다. 답안지에는 반드시 볼펜으로 표기해야 합니다. 수정 테이프를 사용할 수 있으므로 챙겨 가기 바랍니다.

☑ 책상에는 신분증, 수험표, 볼펜만 놓아둘 수 있으며 휴대폰, 책 등의 기타 물품이 있을 경우 부정행위로 간주됩니다.

☑ 화장실은 시험 전에 다녀와야 합니다. 부득이하게 화장실에 가야 하는 경우 감독관이 동행합니다.

☑ 고사장 내 칠판에는 시험 시간 등의 공지가 쓰여 있으며, 시계도 놓여 있습니다.

☑ 나눠 준 시험지는 감독관의 허락 전까지 열람할 수 없습니다.

☑ 시험지는 반출 불가능합니다.

☑ 구술 시험은 준비 시간과 인터뷰 시간으로 구성되어 있습니다. 응시자는 우선 구술 시험 시작 시간까지 출석을 해야 합니다. 출석 후 본인의 시험 순서 및 시간을 확인합니다. 본인의 순서가 왔을 때, 응시자는 준비실에 입실하여 시험 주제를 받고 약 10분 동안 준비를 합니다. 준비 시간 및 인터뷰실 이동 중에 외부 서적 및 사전을 참고할 수 없습니다. 그 후 인터뷰실로 이동하여 감독관과 인터뷰를 하게 됩니다.

이 책의 구성과 특징

책의 구성

STEP 1. 출제 가이드 및 영역별 유형 파악

* 각 영역에 출제되는 문제 유형들을 전반적으로 안내함으로써 출제 가이드를 제공합니다. 저자가 수년간 감독관 경험에서 습득한 데이터를 토대로 영역별 빈출 유형 주제, 문항 구성, 난이도를 철저하게 분석합니다.

* 영역별 시험 진행 방식 및 고득점 전략, 주의 사항까지 세심하게 담았습니다. 영역별 문제 유형 및 공략법을 전반적으로 이해하고 있어야만 실제 시험에서 불필요한 시간 낭비 없이 침착하게 문제를 풀어 나갈 수 있습니다.

STEP 2. 완전 공략 및 실전 연습문제

* 각 영역의 완전 공략을 위한 파트별 핵심 포인트와 출제 유형, 빈출 주제를 상세히 설명합니다. 여기에 그치지 않고 필수적으로 알아야 하는 표현들 및 지문 파악 요령을 제시하여 고득점 비법을 구체적으로 전수합니다.

* 공략법을 익힌 다음에는, 파트당 최소 10문항의 실전 연습문제를 통해 문제를 꼼꼼히 공략하면서 실전에 대비합니다. 지문 주제 및 문제 풀이 시 유의 사항을 친절하게 알려 드립니다.

* 해설에서는 문제와 지문 분석뿐만 아니라 정답의 키워드가 되는 어휘 및 문장을 제시하여 문제 풀이 요령을 습득하고 문제를 빠르게 공략할 수 있도록 합니다. 충분한 실전 훈련으로 응시자가 문제 유형을 이해하고, 시험 환경에 익숙해질 수 있습니다.

STEP 3. 구술 영역 대비를 위한 원어민 mp3 제공

* 구술 영역 모범 답안을 mp3 파일로 제작하여, 응시자들이 가장 부담스러워하는 구술 영역을 실제 시험장과 같은 분위기에서 연습할 수 있도록 하였습니다. 정확한 발음과 속도로 녹음된 모범 답안을 통해 응시자들은 원어민의 발음, 억양, 속도를 학습하고, 원어민과의 대화를 반복 훈련할 수 있으므로 듣기와 회화 실력까지 고루 상승됩니다.

책의 특징

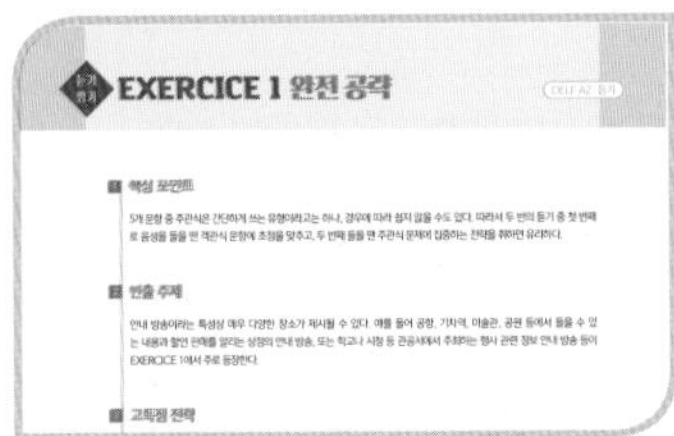

풀기 전략

유형별 문제 구성 및 지문 파악의 핵심 요령을 알려 줍니다. 출제 유형을 미리 알고 있어야만 실전에서 당황하지 않고 바로 문제를 풀어 나갈 수 있습니다.

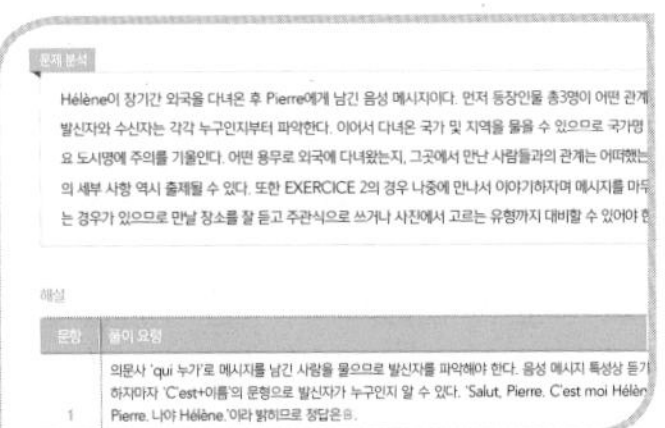

문제 분석

문제를 정확하게 이해하여 오답률을 줄이고 점수를 획득할 가능성을 높입니다. 문제를 전반적으로 분석하면서 다양한 문제에 공략하는 저자만의 노하우 및 주의 사항을 알려 줍니다.

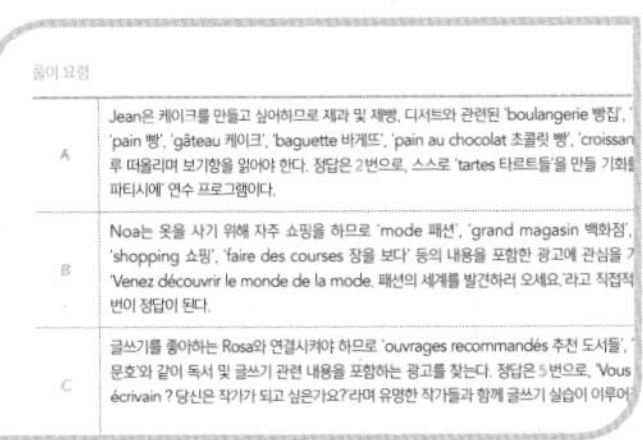

오랜 내공의 명품 해설

풀이의 초점을 맞춰야 하는 사항, 정답의 단서가 있는 어휘 및 문장을 상세히 분석하며 문제를 효율적으로 풀 수 있는 비법을 제시합니다. 수년간 감독관으로 재직하며 가장 가까이에서 시험 문제를 지켜본 저자만의 핵심을 찌르는 풀이 전략을 공개합니다.

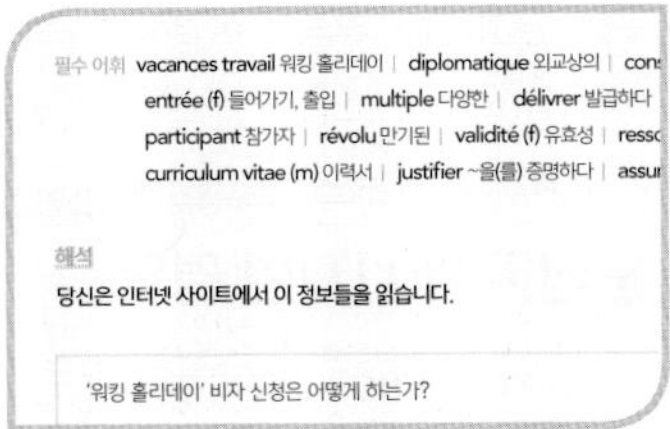

필수 어휘 및 숙어 표현

외국어 실력의 기본은 탄탄한 어휘와 숙어 표현력입니다. 문제 및 스크립트 속 어휘와 숙어 표현을 제공하니 전 영역에서 해당 주제와 관련된 어휘 및 표현을 익히며 프랑스어 이해력과 구사력을 키우세요.

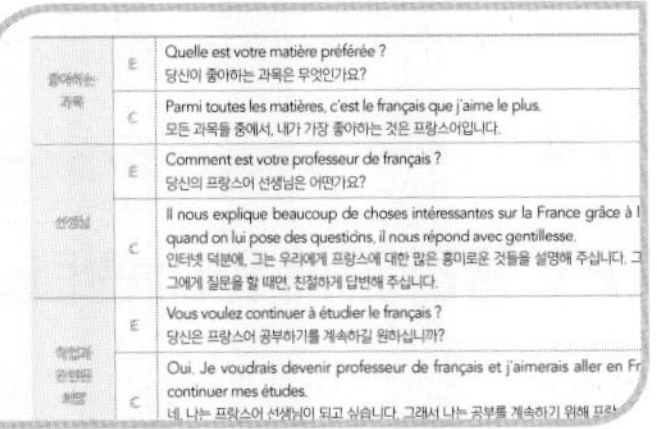

모범 답안

작문과 구술 영역의 모범 답안을 제시하여 실전에 대비 및 활용할 수 있도록 하였습니다.

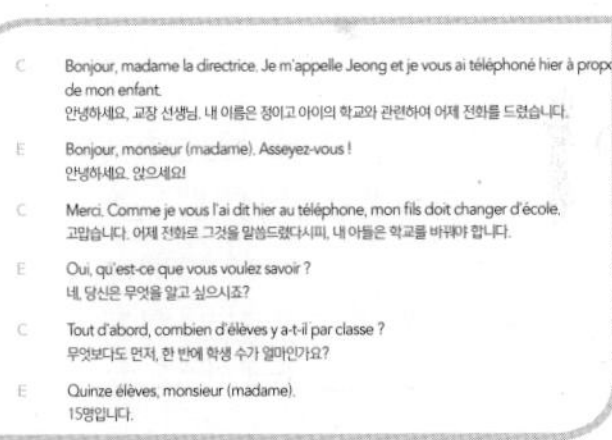

Mp3 파일로 실제 시험 훈련

실제 구술 시험을 미리 시뮬레이션해 볼 수 있도록 모범 답안으로 구성된 훈련용 스크립트와 mp3 파일을 제공합니다. 응시자는 mp3 파일을 통해 마치 감독관과 실제 대화하듯 연습을 할 수 있습니다.

DELF 가이드북 (온라인 제공)

응시자들이 꼭 알아야 할 DELF 시험 관련 정보, A2에 특화된 공략법, 현직 DELF 채점관 겸 감독관인 저자만이 제공할 수 있는 핵심 노하우를 모두 담았습니다.

2020년 개정 新 유형 공략 

듣기 EXERCICE 1
유형 - 안내 방송

STEP 1. 공항이나 기차역, 지하철역 등 공공장소에서 들을 수 있는 안내 방송인 경우

* DELF A1의 듣기 영역 EXERCICE 1 유형과 매우 유사하게 출제될 확률이 높다. 다만 A2의 경우 교통수단과 관련된 특정 문제점 관련 내용이 추가되어 난이도가 높아질 수 있다. 날씨, 인명 사고, 기술적 결함 등에 대해 언급하는 부분에 집중해야 한다.

STEP 2. 그 외 미술관, 공원, 휴가지 등의 공공장소에서 들을 수 있는 안내 방송인 경우

* 해당 장소와 관련된 기본적인 정보들 (개(폐)장 시간, 이용할 수 있는 장소 (식당, 휴게실))과 함께 유의해야 할 사항들에 대해 언급하게 된다. 따라서 응시자는 주의를 요하는 표현들 (il est interdit de ~하는 것은 금지되어 있다, il est obligatoire de ~하는 것은 의무이다, Veuillez vouloir 동사의 2인칭 복수 (vous) 명령 형태...) 등이 나오는 부분을 집중해서 들어야 한다.

듣기 EXERCICE 2
유형 - 자동 응답기 메시지

STEP 1. 물건 판매 안내 관련 자동 응답기 메시지인 경우

* 음성의 맨 앞에 발신자 소개가 등장하기 마련이다. 메시지를 남긴 사람을 밝혀야 하는 유형이 첫 문제로 등장할 가능성이 높다. 또한 판매와 관련하여 판매 상품의 장점, 특별 혜택 등을 설명하는 내용에 초점을 맞추어야 한다.

STEP 2. 친구나 업무 관련 자동 응답기 메시지인 경우

* 본 교재의 듣기 EXERCICE 2 공략 부분에 상세히 설명되어 있으므로 기본 사항들을 참조해 보자. 만남, 제안, 부탁 등 특정한 이유로 메시지를 남기는 경우가 대부분이며 메시지를 남긴 목적을 묻는 유형은 거의 빠지지 않고 출제되므로 특히 유의해야 한다.

듣기 EXERCICE 3 유형 - 라디오 또는 인터넷 방송

STEP 1. 특정한 목적 및 공익성을 띠는 방송인 경우

* 행사, 홍보, 공익 캠페인 등 특정 목적이 무엇인지 파악해야 하며 해당 주제와 관련하여 장점, 참여 방법, 주의 사항 등을 설명하는 내용에 집중한다. 난이도가 높은 주제에 해당하나 A2 응시자 평균 수준을 감안했을 때 '나에게 어려운 문제는 모든 사람들에게 어려울 수 있다'라고 마인드컨트롤하며 부담감을 조절할 필요도 있다.

STEP 2. 사회적 이슈가 될 수 있는 주제의 방송인 경우

* 가족 구성원 사이의 갈등, 성 평등 관련 문제 등의 주제로 방송을 들려 준다. 난이도가 높은 유형에 해당하며, 모르는 어휘들이 나올 수 있지만 방송 내용을 이해하기 힘든 경우 문제 속 보기항에 등장한 단어와 표현을 미리 보아 두어 동일한 어휘가 등장하는가에 초점을 맞추어 보자.

나에게 맞는 강의를 만나 보세요!

<table>
<tr><th>단계</th><th>입문</th><th colspan="2">기초</th></tr>
<tr><td>학습목표</td><td>프랑스어 알파벳, 발음 익히기
기본 문장 구조 익히기</td><td>프랑스어 기본 문법 이해
간단한 의사소통과
포스터 이해 가능</td><td>프랑스어로 일상적인 대화 가능
짧고 간단한 메시지/편지
작성 가능</td></tr>
<tr><td>난이도</td><td>A0</td><td>A1</td><td>A2</td></tr>
<tr><td rowspan="2">왕초보</td><td>왕초보 탈출 1탄</td><td>왕초보 탈출 2탄</td><td>왕초보 탈출 3탄</td></tr>
<tr><td>15분 완성 발음 특강</td><td></td><td></td></tr>
<tr><td>문법</td><td></td><td colspan="2">NEW 프랑스어 기초 문법</td></tr>
<tr><td rowspan="3">회화</td><td></td><td>기초 회화 1탄</td><td>기초 회화 2탄</td></tr>
<tr><td></td><td colspan="2">NEW 프랑스어 기초 회화</td></tr>
<tr><td></td><td></td><td>리얼 프랑스어</td></tr>
<tr><td rowspan="2">원어민</td><td></td><td colspan="2">Atelier français (A1-A2)</td></tr>
<tr><td></td><td></td><td>원어민이 알려주는</td></tr>
<tr><td rowspan="2">어휘</td><td colspan="2">왕초보 어휘 마스터</td><td rowspan="2">포인트 테마 어휘</td></tr>
<tr><td colspan="2">기초탄탄 프랑스어 어휘 마스터 1탄</td></tr>
<tr><td>표현</td><td></td><td></td><td>여행 프랑스어</td></tr>
<tr><td>패턴</td><td></td><td></td><td>프랑스어 패턴</td></tr>
<tr><td>듣기</td><td></td><td colspan="2">프랑스어 듣기 (A1-A2)</td></tr>
<tr><td>작문</td><td></td><td></td><td>프랑스어 초중급 작문</td></tr>
<tr><td>독해</td><td></td><td></td><td>동화로 배우는 프랑스어</td></tr>
<tr><td rowspan="3">DELF</td><td></td><td>DELF A1</td><td>DELF A2</td></tr>
<tr><td></td><td></td><td>DELF A2 말하기 (FR)</td></tr>
<tr><td></td><td></td><td>틀리기 쉬운 DELF 문법</td></tr>
<tr><td>FLEX</td><td></td><td></td><td>FLEX UP 프랑스어</td></tr>
<tr><td>스크린</td><td></td><td></td><td></td></tr>
</table>

시험 강의 외에도 DELF 준비에 도움이 될 수 있는 아래의 강의를 참고하세요.

A2 대비: NEW 프랑스어 기초 문법, 기초 회화 1·2탄, 왕초보 어휘 마스터, 쏙쏙 동사 마스터

B1 대비: 초·중급 핵심 문법, 쏙쏙 동사 마스터, 톡톡! 실전회화, 중·고급 문법 완성, 중급 문법·작문

중 · 고급

<table>
<tr><td>친숙한 주제에 대해 자유롭게
의견 교환, 여행 중 대부분의
상황에 대처 가능</td><td>토론이나 긴 담화 이해 가능
주어진 견해에 대해
에세이/보고서 작성 가능</td><td>TV 방송 및 영화 이해 가능
다양한 상황에서 논리적이고
유연한 커뮤니케이션 가능</td></tr>
<tr><th>B1</th><th>B2</th><th>C1</th></tr>
<tr><td>초중급 핵심 문법</td><td>중고급 문법 완성</td><td>고급 문법 (C1-C2)</td></tr>
<tr><td>톡톡! 실전회화</td><td>레벨UP! 프랑스어 회화</td><td></td></tr>
<tr><td>리얼 프랑스어</td><td></td><td></td></tr>
<tr><td colspan="2">리얼 현지 회화 (FR)</td><td></td></tr>
<tr><td>네이티브 표현 TOP 50</td><td colspan="2">미술 작품으로 배우는 프랑스어 (FR)</td></tr>
<tr><td colspan="2">중급 어휘 마스터</td><td></td></tr>
<tr><td>쏙쏙 동사 마스터</td><td></td><td></td></tr>
<tr><td>프랑스어 패턴</td><td></td><td></td></tr>
<tr><td colspan="2">프랑스어 듣기 (B1-B2)</td><td>뉴스로 배우는 고급 프랑스어</td></tr>
<tr><td>중급 문법 작문</td><td>고급 문법 작문</td><td></td></tr>
<tr><td>동화로 배우는 프랑스어</td><td></td><td>시사독해와 작문</td></tr>
<tr><td>DELF B1</td><td>DELF B2</td><td></td></tr>
<tr><td>DELF B1 말하기 (FR)</td><td></td><td></td></tr>
<tr><td>틀리기 쉬운 DELF 문법</td><td></td><td></td></tr>
<tr><td colspan="2">FLEX UP 프랑스어</td><td></td></tr>
<tr><td colspan="2">영화로 배우는 프랑스어 <사랑은 부엉부엉></td><td></td></tr>
<tr><td colspan="2">영화로 배우는 프랑스어 <카페 벨에포크></td><td></td></tr>
</table>

* (FR) 표시된 강의는 원어민 강의입니다.

Compréhension de l'oral

1 듣기 완전 분석

A2 듣기 평가의 유형은 총 4개로 구분된다. 1번 유형은 공항, 기차역, 미술관, 공원 등 특정 장소에서 들을 수 있는 안내 방송 및 상점, 매장의 광고 등을 포함한다. 2번 유형은 전화 자동 응답기에 남겨진 메시지를 듣고 이해했는지 평가한다. 친구 사이 또는 업무 관련 다양한 메시지가 등장한다. 3번 유형은 간략한 내용의 라디오 방송을 듣고 내용을 파악하고 있는지 평가하는데, 주로 특정 상황 또는 행사 관련 정보를 알리는 주제가 많다. 마지막 4번은 상황에 따라 활용할 수 있는 표현들을 제시하고 대화의 내용을 들은 후, 서로 관계 있는 것끼리 연결하는 유형이다.

2 듣기 유형 파악

EXERCICE	특징
1 안내 방송 및 광고 (5점)	특정 장소 (공항, 기차역, 미술관, 공원 등)에서 들을 수 있는 안내 방송 및 상점, 매장의 광고를 중심으로, 사진 보기항 유형을 포함한 객관식 문항과 주관식 문항을 합해 총 5문항으로 구성된다.
2 음성 메시지 (6점)	부탁, 제안, 약속 등의 사적인 주제 또는 업무 관련 공적인 내용이 등장하며 보통 객관식 3문항과 주관식 3문항으로 구성된다.
3 라디오 방송 (6점)	특정 주제를 중심으로 기사 형식의 내용을 들려준 후 관련 내용에 대한 문제에 답하는 형식이다. EXERCICE 2보다 주관식 문항 난이도가 높다.
4 상황별 대화 연결 (8점)	4편의 대화를 듣고, 각각 어떤 상황에 부합하는 표현들인지 파악하여 서로 관계 있는 것끼리 연결하는 유형이다. 듣기 영역 중 배점이 가장 높으나 난이도는 상대적으로 낮은 편이다.

3 듣기 평가 이것만은 꼭!

❶ 기본 진행 방식을 숙지한다.

각 음성은 EXERCICE마다 두 번씩 듣게 되며, 첫 번째 듣기를 시작하기 전 30초 동안 문제를 읽고, 첫 번째 듣기를 마치면 다시 30초의 시간이 주어져 이때 1차로 답을 선택할 수 있다. 이어서 두 번째 듣기까지 마치면 마지막으로 30초의 시간이 주어지며 이때 최종으로 정답을 선택하는 방식이다. 한 EXERCICE당 두 번씩 듣게 된다는 점을 고려한다면, 성급하게 정답을 고르기보다는 차분하게 시험에 임하는 것이 바람직하다.

❷ 음성 내용 전개 순서와 문제 순서는 일치한다.

일반적으로 문제의 순서와 들려주는 음성 내용 순서가 일치한다. 예를 들어 첫 번째 문제는 음성 앞부분 내용을, 마지막 문제는 마무리 내용을 기반으로 풀 수 있는 경우가 대부분이다. 따라서 듣기가 진행될 때 문제마다 순서에 따라 어느 부분에 특히 집중해서 들을지 가늠할 수 있다.

❸ 듣기 시작 전 30초까지 알차게 활용한다.

1차 듣기를 시작하기 전 30초의 시간 동안, 응시자는 자신의 수준에 맞추어 어떤 문제에 초점을 맞추어 들을지 빠르게 결정해야 한다. 만일 자신의 프랑스어 수준이 이제 막 A2에 입문한 정도이거나, 시험 준비 기간이 부족했던 경우라면 특히 주관식은 정답을 작성하기 어려울 수 있다. 듣기 시작 전 30초 동안 확실하게 점수를 얻을 수 있는 문제부터 파악하여 해당 내용을 중심으로 듣도록 한다.

❹ 문제와 보기항의 텍스트를 조금이라도 미리 훑어본다.

초보자의 경우 문제 자체를 잘못 이해하거나 아예 해석조차 못하는 일이 가끔 있다. 이럴 땐 보기항에 등장한 단어를 이용해서라도 유의어 및 관련 동사들을 떠올려 가며 어떤 문제일지 추측해 보아야 한다. 만약 그조차 어렵다면 보기항에 등장한 단어들 중 유독 음성에 빈번하게 언급되는 단어를 파악해 보자. 그 보기항은 정답일 가능성이 있다.

❺ 불안함은 접어 둔다.

듣기, 독해, 작문, 회화 중 한 영역이라도 5점을 넘지 못하면 전체 점수가 50점이 넘더라도 불합격으로 처리되는 정책 때문에, 첫 영역인 듣기에서부터 응시자들은 긴장감에 사로잡히는 경우가 많다. 그러나 상대적으로 난이도가 낮은 EXERCICE 4가 8점을 차지하므로 설령 앞부분에서 득점을 많이 못했더라도 과락은 면할 수 있다. 따라서 내가 맞힐 수 있는 문제부터 집중해서 풀겠다는 마음가짐으로 차분하게 진행하도록 한다.

EXERCICE 1

잠깐! 듣기 평가 EXERCICE 1을 시작하기 전, 듣기 영역 전체에 해당하는 아래의 지시문을 들려줍니다.

Vous allez entendre 4 enregistrements, correspondant à 4 documents différents.
Pour chaque document, vous aurez :
- 30 secondes pour lire les questions ;
- une première écoute, puis 30 secondes de pause pour commencer à répondre aux questions ;
- une seconde écoute, puis 30 secondes de pause pour compléter vos réponses.

Répondez aux questions en cochant (☒) la bonne réponse ou en écrivant l'information demandée.

4가지의 다른 지문에 해당하는 4편의 녹음을 듣게 될 것입니다.
각 지문마다 당신은:
- 문제들을 읽기 위한 30초
- 첫 번째 듣기, 그리고 질문들에 답하기 위한 30초의 시간
- 두 번째 듣기, 그리고 당신의 답변을 완성하기 위한 30초의 시간

올바른 답에 (☒)를 하거나 요구되는 정보를 쓰면서 질문에 답하세요.

이어서 EXERCICE 1 지시문을 들려줍니다.

Lisez les questions. Écoutez le document puis répondez.

문제를 읽으세요. 지문을 듣고 답하세요.

듣기 평가 EXERCICE 1 완전 공략

1 핵심 포인트

5개 문항 중 주관식은 간단하게 쓰는 유형이라고는 하나, 경우에 따라 쉽지 않을 수도 있다. 따라서 두 번의 듣기 중 첫 번째로 음성을 들을 땐 객관식 문항에 초점을 맞추고, 두 번째 들을 땐 주관식 문제에 집중하는 전략을 취하면 유리하다.

2 빈출 주제

안내 방송이라는 특성상 매우 다양한 장소가 제시될 수 있다. 예를 들어 공항, 기차역, 미술관, 공원 등에서 들을 수 있는 내용과 할인 판매를 알리는 상점의 안내 방송, 또는 학교나 시청 등 관공서에서 주최하는 행사 관련 정보 안내 방송 등이 EXERCICE 1에서 주로 등장한다.

3 고득점 전략

(1) 의문사부터 파악한다.

문제에 제시된 'quand 언제', 'où 어디', 'qui 누가', ' comment 어떻게', 'que 무엇을', 'pourquoi 왜'와 같은 의문사는 음성을 들을 때 어떤 부분에 집중해야 정답을 선택할 수 있을지 알려 주는 강력한 단서가 된다. 의문사를 먼저 파악한 후 그에 따라 음성에서 시기, 장소, 방법, 대상, 이유 언급 부분에 특히 귀를 기울이도록 한다.

(2) 문제 하나하나에 집중한다.

문제를 풀다 자신이 고른 답에 확신이 서지 않을 경우 과감하게 다음 문제로 넘어갈 줄 알아야 한다. 만일 3개의 보기항 중 2개 사이에서 헷갈린다면, 표시만 해 두고 다음 문제로 넘어가서 새로운 문제에 집중하자. 불안함에 사로잡혀 앞 문제에 계속 매달리게 되면, 다음 문제를 푸는 데 필요한 내용까지 놓치게 된다. 문제 하나 때문에 고민하느라 나머지까지 낭패를 보지 않도록 마인드컨트롤에도 신경 쓰자. 어차피 듣기는 두 번 진행된다.

(3) 숫자 쓰기에 대한 부담감을 줄인다.

EXERCICE 1은 날짜, 시간, 전화 번호 등과 관련한 숫자를 주관식으로 써야 하는 경우가 있다. 초보자에게는 프랑스어로 숫자를 듣고 쓰는 것이 쉽지 않을 수 있지만, 너무 숫자에 신경을 쓰다가 나머지 문제들을 놓치는 우를 범해서는 안 된다. 시험장에서 숫자를 잘 듣지 못했다면 '틀리더라도 1점짜리'라고 생각하며 마음을 가다듬고, 부담감을 줄이려는 노력이 필요하다.

듣기 평가 EXERCICE 1 실전 연습

Étape 1 공략에 따라 EXERCICE 1 연습 문제를 풀어 보세요.

문제 1 Track 1-01

Lisez les questions. Écoutez le document puis répondez.

1 De quoi s'agit-il ?

□ A □ B □ C

2 Quand est-ce que le Tour du Charenton aura lieu ?

....

3 Où se passe la présentation ?

A □ Dans la salle de classe.
B □ Dans la cour de l'école.
C □ Dans la salle de gym.

4 Qu'est-ce qu'on demande aux participants ?

A □ De venir faire la fête.
B □ De confirmer la présence.
C □ De participer à cet événement avec la famille.

5 Qu'est-ce qu'on offre aux participants ?

□ A □ B □ C

Étape 2 문제 1의 내용을 해석해 보세요.

문제를 읽으세요. 지문을 듣고 답하세요.

① 무엇에 관한 것인가?

☐ A ☐ B ☐ C

② Charenton 대회는 언제 개최될 예정인가?

....

③ 대회 소개는 어디에서 진행되는가?

A ☐ 교실에서
B ☐ 학교 안뜰에서
C ☐ 체육관에서

④ 참가자들에게 무엇을 부탁하는가?

A ☐ 축제를 하러 오는 것
B ☐ 참석을 확인하는 것
C ☐ 가족과 함께 이 행사에 참가하는 것

⑤ 참가자들에게 무엇을 제공하는가?

☐ A ☐ B ☐ C

Étape 3 문제 1의 필수 어휘를 익히고, 스크립트를 확인해 보세요.

필수 어휘 **vélo (m)** 자전거 | **organiser** 조직하다, 개최하다 | **dimanche (m)** 일요일 | **juillet (m)** 7월
participant 참가자 | **vendredi (m)** 금요일 | **juin (m)** 6월 | **salle de gym (f)** 체육관
mairie (f) 시청 | **famille (f)** 가족 | **offrir** 제공하다, 주다 | **gratuitement** 무료로 | **T-shirt (m)** 티셔츠

스크립트

Mesdames et messieurs,
Le Vélo Club de Saint-Maur organise la 10ème édition du Tour du Charenton le dimanche 4 juillet prochain. Tous les participants seront les bienvenus à la présentation de ce Tour qui aura lieu le vendredi 12 juin, à la salle de gym de la mairie de Saint-Maur. Venez avec votre famille et passez un moment agréable avec elle. Nous vous offrons gratuitement des T-shirts. On compte sur votre présence.
À très bientôt !

해석

숙녀 신사 여러분,
Saint-Maur 자전거 클럽이 다음 달 7월 4일 일요일에 10번째 Charenton 대회를 개최합니다. 6월 12일 금요일에 Saint-Maur 시청 체육관에서 이 대회에 대한 소개가 있을 것이니, 모든 참가자분들을 환영합니다. 가족과 함께 오셔서 좋은 시간을 보내세요. 무료로 티셔츠를 제공합니다. 참석해 주실 것을 믿습니다.
곧 뵙겠습니다!

Étape 4 문제 1의 해설을 확인해 보세요.

문제 분석

자전거 대회에 관한 안내 및 대회 소개 관련 내용을 담고 있다. 음성 내용은 대회 주최자와 일정, 참가자들에 대한 요구 사항을 중심으로 한다. 요일 관련 사항이 두 곳에서 언급되는데 둘 중 하나는 함정일 수 있으므로 유의해야 한다. 장소 관련 내용이 언급된 경우 문제에서 장소명을 주관식으로 써야 하거나, 보기항에서 특정 장소를 선택하는 문제가 출제됨을 의미한다. 또한 참가자들에게 제공되는 선물 관련 언급을 주의 깊게 들어야 한다.

해설

문항	풀이 요령
1	보기항이 모두 운동 관련 사진이므로 특정 종목을 지칭하는 언급에 초점을 맞춘다. 전체 주제를 묻는 질문이자 첫 번째 질문이므로 음성의 앞부분에 정답의 단서가 있을 가능성이 높다. 시작부터 'vélo 자전거' 대회임을 언급하므로 정답은 A. 'football 축구', 'tennis 테니스', 'basketball 농구', 'vélo 자전거', 'marathon 마라톤' 등 운동 종목 명칭을 다양하게 알아 두자.
2	의문사 'quand 언제'로 시작하는 질문이므로 날짜, 요일, 달 관련 내용에 초점을 맞춰 듣는다. 유의할 점은 7월 4일 일요일과 6월 12일 금요일 두 번의 날짜가 언급되는데, 그중 문제에서는 대회 개최일을 묻고 있으므로 정답은 **Le dimanche 4 juillet prochain.** 6월 12일 금요일은 시합에 대한 소개를 하는 날이었고, 문제에서 요구하는 대회 개최일은 7월 4일 일요일이다.
3	의문사 'où 어디'로 시작하는 질문이므로 장소 언급에 주의하여 듣는다. 대회 소개가 이루어지는 장소를 묻고 있으므로 정답은 C. 음성 내용 중 구체적인 장소명으로 등장한 것은 'salle de gym 체육관'뿐이다.
4	참가자들에게 부탁하는 내용을 묻고 있으므로 'participants 참가자들' 관련 언급에 집중한다. 모든 참가자 분들을 환영한다고 밝히며 음성의 마무리 부분에서 'Venez avec votre famille et passez un moment agréable avec elle. 가족과 함께 오셔서 좋은 시간을 보내세요.'라고 제안했으므로, 정답은 C이다.
5	보기항이 모두 운동 용품을 나타내는 사진이며, 문제에서는 제공하는 물건이 무엇인지 묻고 있으므로 음성에서 'offrir 제공하다' 또는 구체적인 물품명을 말할 때 놓쳐서는 안 된다. 'Nous vous offrons gratuitement des T-shirts. 무료로 티셔츠를 제공합니다.' 문장에 핵심 어휘가 모두 등장한다. 그러므로 정답은 A.

듣기 평가 EXERCICE 1 실전 연습

Étape 1 공략에 따라 EXERCICE 1 연습 문제를 풀어 보세요.

문제 2 Track 1-02

Lisez les questions. Écoutez le document puis répondez.

1. À qui est-ce que cette association se consacre ?

☐ A

☐ B

☐ C

2. À quelle occasion est-ce qu'elle vous invite ?

....

3. La soirée aura lieu ______________________

A ☐ de 18 h à 21 h.
B ☐ de 18 h à 20 h.
C ☐ de 16 h à 20 h.

4. Le message vous donne rendez-vous devant ______________________

☐ A

☐ B

☐ C

5. Les gens manifestent contre ______________________

A ☐ la guerre.
B ☐ la pollution de l'environnement.
C ☐ l'inégalité entre femmes et hommes.

Étape 2 문제 2의 내용을 해석해 보세요.

문제를 읽으세요. 지문을 듣고 답하세요.

1 이 단체는 누구에게 전념하는가?

□ A　　□ B　　□ C

2 그녀는 당신을 어떤 기회에 초대하는가?

....

3 저녁 행사는 ______________________ 열릴 것이다.

A □ 18시부터 21시까지
B □ 18시부터 20시까지
C □ 16시부터 20시까지

4 이 메시지는 당신에게 ______________________ 앞에서 만나기로 약속한다.

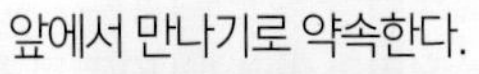
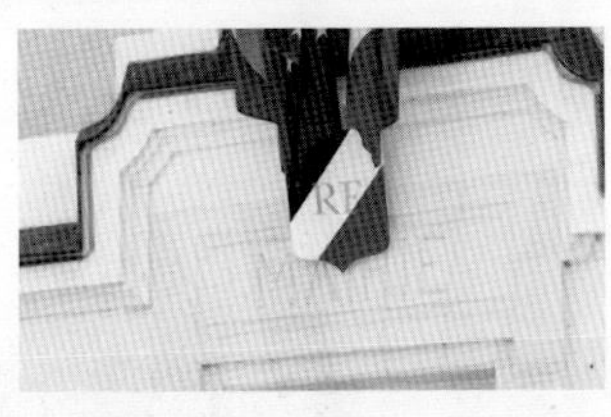

□ A　　□ B　　□ C

5 사람들은 ______________________에 반대하여 시위에 참가한다.

A □ 전쟁
B □ 환경 오염
C □ 남녀 불평등

Étape 3 문제 2의 필수 어휘를 익히고, 스크립트를 확인해 보세요.

필수 어휘 **présidente** 대표(여) | **association (f)** 단체 | **droit (m)** 권리 | **inviter** 초대하다
à l'occasion de ~을(를) 맞이하여 | **exceptionnel** 특별한 | **mars (m)** 3월 | **événement (m)** 행사
manifester 시위하다 | **inégalité (f)** 불평등 | **volonté (f)** 의지 | **connecter** 접속하다

스크립트

Madame, monsieur,

La présidente de l'association des droits des femmes vous invite à l'occasion de la Journée mondiale des femmes à une soirée exceptionnelle le 7 mars de 18 h à 20 h. Cet événement aura lieu devant la mairie et nous allons marcher au pas pour manifester contre l'inégalité entre femmes et hommes. C'est le moment de montrer notre volonté, alors nous comptons sur votre présence. Pour des informations plus précises, vous pouvez vous connecter à notre site Internet.

Merci d'avance pour votre participation.

해석

숙녀 신사 여러분,

여성 인권 단체 대표가 세계 여성의 날을 맞이하여 3월 7일 18시부터 20시까지 여러분을 특별한 저녁 모임에 초대합니다. 이 행사는 시청 앞에서 열릴 것이고, 우리는 남녀 불평등에 반대하는 시위에 참가하기 위해 도보 행진을 할 것입니다. 이는 우리의 의지를 보여 주는 순간이며 여러분의 참석을 믿습니다. 보다 구체적인 정보를 위해서는 우리의 인터넷 사이트로 접속하시면 됩니다.

여러분의 참가에 대해 미리 감사드립니다.

Étape 4 문제 2의 해설을 확인해 보세요.

문제 분석

남녀 불평등에 반대하는 시위에 참석을 권유하는 안내 방송으로, 우선 행사의 주최자 및 진행 일정에 초점을 맞춘다. 이어서 행사의 목적, 행사에 대한 추가 정보를 볼 수 있는 방법 등 상세 내용에 주의하자. 마무리에서 행사에 대한 추가 정보를 볼 수 있는 방법으로 인터넷을 안내했는데, 문제에서 이메일이나 우편, 전화 등을 보기항으로 제시하여 오답을 유도할 수 있다.

해설

문항	풀이 요령
1	보기항 사진들이 각각 다양한 연령과 성별로 구성된 사람들의 모습을 담고 있다. 지문에 등장한 단체가 대상으로 하는 사람이 누구인지 묻는 문제로 음성의 도입부에 등장한 'la Journée mondiale des femmes 세계 여성의 날'이 핵심이다. 따라서 이 단체는 여성을 중점으로 활동한다는 사실을 알 수 있다. 그러므로 정답은 C.
2	주관식은 반드시 문제를 미리 읽어 두어야 음성에서 핵심어를 놓치지 않고 파악할 수 있다. 어떤 기회로 초대하는지 질문하므로 정답은 세계 여성의 날, 즉 **La Journée mondiale des femmes**.이다.
3	보기항이 모두 시간대를 나타낸다. 지문에서 '7 mars de 18 h à 20 h 3월 7일 18시부터 20시까지'라는 언급에 따르면 정답은 B. 시각을 나타낼 때 1부터 12까지 오전은 '숫자+heure(s)+du matin', 오후는 '숫자+heure(s)+de+l'après-midi', 밤은 '숫자+heure(s)+du soir'로 나타내는 방법과, 1부터 24까지의 '숫자+heure(s)'로 표현하는 방법이 있다. 본 지문과 같이 공식적인 내용인 경우 후자의 방법을 더 많이 쓴다. 낮 12시는 'midi 정오', 밤 12시는 'minuit 자정'으로도 많이 말하므로 함께 알아 두자.
4	사진들이 모두 특정 장소를 나타내며 'devant ~앞에(서)'로 질문하므로 장소명 언급에 집중한다. 'Cet événement aura lieu devant la mairie 이 행사는 시청 앞에서 열릴 것이다'에 따라 정답은 A. 'avoir lieu 열리다, 개최되다'와 바로 이어 등장하는 'devant la mairie 시청 앞'이 핵심이다.
5	시위의 목적을 파악해야 하므로 핵심어 'manifester 시위하다'를 중심으로 앞뒤 내용에 귀를 기울인다. 음성에서 행사 목적이 언급되는 부분은 바로 'pour manifester contre l'inégalité entre femmes et hommes 남녀 불평등에 반대하는 시위를 하기 위해'이다. 그러므로 정답은 C.

듣기 평가 EXERCICE 1 실전 연습

Étape 1 공략에 따라 EXERCICE 1 연습 문제를 풀어 보세요.

문제 3 Track 1-03

Lisez les questions. Écoutez le document puis répondez.

① De quoi s'agit-il ?

☐ A

☐ B

☐ C

② Qui organise cet événement ?

....

③ Quel spectacle pouvez-vous voir ?

A ☐ La danse des élèves.
B ☐ La pièce des élèves.
C ☐ La gymnastique des élèves.

④ Qu'est-ce que vous pouvez apprendre ?

A ☐ Un instrument de musique.
B ☐ Une belle musique.
C ☐ Une danse folklorique.

⑤ Où est-ce que cet événement aura lieu s'il pleut ?

☐ A

☐ B

☐ C

Étape 2 문제 3의 내용을 해석해 보세요.

문제를 읽으세요. 지문을 듣고 답하세요.

1 무엇에 관한 것인가?

☐ A

☐ B

☐ C

2 누가 이 행사를 개최하는가?

....

3 당신은 어떤 공연을 볼 수 있는가?

A ☐ 학생들의 춤
B ☐ 학생들의 연극
C ☐ 학생들의 체조

4 당신은 무엇을 배울 수 있는가?

A ☐ 악기
B ☐ 아름다운 음악
C ☐ 민속춤

5 만약 비가 온다면 이 행사는 어디에서 열릴 것인가?

☐ A

☐ B

☐ C

Étape 3 문제 3의 필수 어휘를 익히고, 스크립트를 확인해 보세요.

필수 어휘 **plaisir (m)** 기쁨 | **ouverture (f)** 개장 | **assister à** ~에 참관하다
démonstration (f) 시범 | **apprendre** 배우다 | **folklorique** 민속의 | **cour (f)** 안뜰, 운동장
organiser 조직하다, 개최하다 | **cadeau (m)** 선물 | **enfant (m)** 아이

스크립트

Madame, monsieur,

Nous avons le plaisir de vous inviter à l'ouverture de la soirée dansante organisée par l'école de danse. Vous pourrez assister à une démonstration de nos élèves et vous aurez l'occasion d'apprendre une danse folklorique. Puis, vous allez danser avec votre adorable petite fille en écoutant de la belle musique. Cet événement aura lieu le 4 juillet dans la cour de notre école. S'il pleut, nous allons l'organiser dans la salle de gym. Tout est gratuit et nous préparons des cadeaux extraordinaires pour vos enfants.

Venez nombreux.

해석

숙녀 신사 여러분,

무용 학교에서 개최하는 저녁 댄스 파티 개장에 당신을 초대하여 기쁘게 생각합니다. 당신은 우리 학생들의 시연에 참관할 수 있고 민속춤을 배울 기회가 있을 것입니다. 그리고 아름다운 음악을 들으면서 당신의 사랑스러운 딸과 춤을 출 것입니다. 이 행사는 우리 학교 안뜰에서 7월 4일에 열릴 것입니다. 만약 비가 온다면, 체육관에서 이를 진행할 것입니다. 모든 것은 무료이며 당신의 아이들을 위해 특별한 선물들을 준비하고 있습니다.

많이들 오세요.

Étape 4 문제 3의 해설을 확인해 보세요.

문제 분석

무용 학교에서 주최하는 저녁 댄스 파티에 관한 안내 방송이다. 먼저 행사 주최자 및 행사 주제 관련 문제를 염두에 두어야 한다. 또한 행사 일정과 관련하여 달, 요일, 날짜, 시간을 물을 수 있다. 행사의 일환으로 공연이나 특별한 이벤트가 있는지도 집중해서 들어야 한다. 행사 장소로 주어진 사진이 모두 학교와 관련된 곳이므로 상황에 따른 개최 장소를 정확히 구분하며 들어야 한다.

해설

문항	풀이 요령
1	보기항의 각 사진 내용을 나타내는 'la soirée dansante 저녁 댄스 파티', 'fête d'anniversaire 생일 파티', 'mariage 결혼식' 등의 핵심어를 미리 떠올려 본다. 첫 문제인 만큼 지문의 도입부에서 정답의 단서를 들려줄 가능성이 높다. 역시나 맨 첫 문장에서 'Nous avons le plaisir de vous inviter à l'ouverture de la soirée dansante organisée par l'école de danse. 무용 학교에서 개최하는 저녁 댄스 파티 개장에 당신을 초대하여 기쁘게 생각합니다.'라고 언급했으므로 정답은 A.
2	의문사 'qui 누구'를 이용해 행사의 주최측이 누구인지 질문한다. 주관식으로 작성해야 하므로 질문에 주어진 'organiser 개최하다'가 들리는 부분을 중심으로 정답을 유추해야 한다. 문제에서는 의문문의 형태로 주체에 해당하는 qui와 동사를 사용하여 묻는 반면, 지문에서는 'être+동사의 과거 분사+par+행위 주체' 즉, 수동태 구문으로 관련 내용을 제시하고 있다. 따라서 음성에서 organisée par 뒤에 등장한 명사(구) L'école de danse.가 정답이 된다.
3	질문에서는 voir 동사를 이용해 행사 동안 무엇을 볼 수 있는지 물었는데, 음성에서는 'assister à ~에 출석(참가)하다' 즉, '참관하다'로 정답의 단서 내용을 언급하고 있다. 이와 같이 음성에서 질문과 동일하지 않은 단어로 제시되는 방식은 다소 난이도가 있는 유형이다. 'démonstration de nos élèves 우리 학생들의 시연'에 참관할 수 있다고 했으므로 정답은 A.
4	행사 동안 무엇을 배울 수 있는지 묻고 있다. 먼저 동사 'apprendre 배우다'는 A2 수준에서 대체할 유의어가 없다고 보아도 무방하므로, 지문에서 apprendre가 등장하는 부분에 귀를 기울인다. 'une danse folklorique 민속춤'을 배울 기회가 있을 것이라는 언급에 따르면 정답은 C.
5	의문사 'où 어디'를 이용해 장소 관련 정보를 질문한다. 'Cet événement aura lieu le 4 juillet dans la cour de notre école. S'il pleut, nous allons l'organiser dans la salle de gym. 이 행사는 우리 학교 운동장에서 7월 4일에 열릴 것입니다. 만약 비가 온다면, 체육관에서 이를 진행할 것입니다.'라고 설명하므로 비가 올 때 행사가 열리는 곳은 체육관 즉, C이다.

듣기 평가 EXERCICE 1 실전 연습

Étape 1 공략에 따라 EXERCICE 1 연습 문제를 풀어 보세요.

문제 4 Track 1-04

Lisez les questions. Écoutez le document puis répondez.

1. Qui organise cette assemblée ?

....

2. Où se trouve la salle Renoir ?

A ☐ À côté de l'hôtel.
B ☐ À côté de l'Hôtel de ville.
C ☐ À côté du commissariat de police.

3. Pourquoi le club doit-il élargir son activité ?

A ☐ Pour encourager les gens à faire du sport.
B ☐ Pour soutenir les gens qui n'ont pas d'argent.
C ☐ Pour donner l'occasion aux gens de se reposer.

4. Quelle est la profession de monsieur Armstrong ?

☐ A ☐ B ☐ C

5. Qu'est-ce qu'on doit faire pour être en pleine forme ?

☐ A

☐ B

☐ C

Étape 2 문제 4의 내용을 해석해 보세요.

문제를 읽으세요. 지문을 듣고 답하세요.

1 누가 이 회의를 개최하는가?

2 Renoir실은 어디에 있는가?

A ☐ 호텔 옆에
B ☐ 시청 옆에
C ☐ 경찰서 옆에

3 왜 클럽은 활동을 확장시켜야 하는가?

A ☐ 사람들이 운동을 하도록 격려하기 위해서
B ☐ 돈이 없는 사람들을 지원하기 위해서
C ☐ 사람들에게 휴식할 기회를 주기 위해서

4 Armstrong씨의 직업은 무엇인가?

☐ A

☐ B

☐ C

5 건강해지기 위해 우리는 무엇을 해야 하는가?

☐ A

☐ B

☐ C

Étape 3 문제 4의 필수 어휘를 익히고, 스크립트를 확인해 보세요.

필수 어휘 **assemblée (f)** 회의, 모임 | **lundi (m)** 월요일 | **saison (f)** 계절
élargir 확장하다 | **activité (f)** 활동 | **s'habituer à** ~에(게) 익숙해지다
conférence (f) 강연 | **joueur** 선수 | **parler** 말하다 | **heureux** 행복한

스크립트

Madame, monsieur,
Le Club sportif Marion organise son assemblée générale le lundi 12 novembre à 18 h 00, salle Renoir à Montpellier, à côté de l'Hôtel de ville. Cette assemblée permettra de nous remémorer une belle saison 2016 et d'élargir notre activité pour que les gens s'habituent à faire du sport dans la vie quotidienne. Il y aura une conférence spéciale de monsieur Armstrong, qui est joueur de tennis. Il va parler de l'importance du sport pour être en pleine forme.
Nous serions heureux de vous compter parmi nous lors de cette soirée.

해석

숙녀 신사 여러분,
Marion 스포츠 클럽이 시청 옆에 위치한 Montpellier의 Renoir실에서 11월 12일 월요일 18시에 회의를 개최합니다. 이 회의는 좋았던 2016년 시즌을 우리에게 상기시켜 주고 사람들이 일상생활에서 운동하는 것에 익숙해지도록 하기 위해 우리의 활동을 확장시켜 줄 것입니다. 테니스 선수인 Armstrong씨의 특별 강연이 있을 것입니다. 그는 건강하기 위한 운동의 중요성에 대해 말할 것입니다.
이 저녁 모임 때 여러분들이 참석해 주시면 좋겠습니다.

Étape 4 문제 4의 해설을 확인해 보세요.

문제 분석

스포츠 클럽 회의에 관한 안내 방송으로 먼저 회의의 주최자, 회의 장소, 회의 성격 등의 기본 정보를 챙겨 듣는다. 그중에서도 회의가 열리는 시기와 장소에 집중하며 회의 목적에 대해서도 초점을 맞춘다. 추가적으로 초대 손님과 관련하여 어떤 분야에 종사하는지, 초대 손님의 강연 주제는 무엇인지도 유의한다.

해설

문항	풀이 요령
1	주최자가 누구인지를 묻는 문제이다. '개최하다'를 뜻하는 동사인 organiser 앞에 나오는 내용에 주의를 기울인다. 음성 내용 전개 순서와 문제 순서는 대부분 일치한다는 점을 감안하여 듣기 맨 앞부분에 초점을 맞춘다. 따라서 답은 organiser의 주어인 Le Club sportif Marion.이 된다.
2	장소와 관련된 문제로 Renoir를 언급하는 부분에 집중하되 보기항에 등장한 단어를 계속 염두에 두며 정답을 선택한다. Renoir실이 어디에 있는지 묻고 있는데 음성에서 장소와 관련된 명사는 'l'Hôtel de ville 시청'이 유일하다. 그러므로 정답은 B. 시청을 나타내는 프랑스어 l'Hôtel de ville를 통으로 암기하지 않았다면 l'Hôtel de ville 중 앞부분만을 인지하여 A로 오판할 수 있다.
3	행사의 목적을 의문사 'pourquoi 왜'로 질문하므로 음성에서 정답 문장은 'pour+동사 원형' 또는 'pour que+문장'의 형태로 제시될 가능성이 높다. 또한 문제에 등장한 동사 'élargir 확장하다'는 A2 난이도에서 다른 단어로 대체하기 어려우므로 해당 어휘를 그대로 언급할 가능성이 높다. 'pour que les gens s'habituent à faire du sport dans la vie quotidienne 사람들이 일상생활에서 운동하는 것에 익숙해지도록 하기 위해'라고 언급하므로 정답은 A.
4	Armstrong씨의 직업을 묻는 문제로서 보기항 사진을 재빨리 훑어 'le football 축구', 'le tennis 테니스', 'la natation 수영'과 같이 핵심어를 떠올린다. 음성에서 monsieur Armstrong 뒤에 그의 직업을 의미하는 'joueur de tennis 테니스 선수'라고 소개하므로 정답은 B.
5	건강해지기 위해 무엇을 해야 한다고 언급하는지 파악해야 한다. 보기항 사진을 미리 훑어 'faire du sport 운동하기', 'jouer de la guitare 기타 연주하기', 'étudier 공부하기'과 같이 핵심어를 떠올리고, 음성 내용 전개 순서와 문제 순서는 대부분 일치한다는 점을 감안하여 듣기 마무리 부분에 초점을 맞춘다. 'Il va parler de l'importance du sport pour être en pleine forme. 그는 건강하기 위한 운동의 중요성에 대해 말할 것입니다.'라고 언급하므로 정답은 A.

듣기 평가 EXERCICE 1 실전 연습

Étape 1 공략에 따라 EXERCICE 1 연습 문제를 풀어 보세요.

문제 5 Track 1-05

Lisez les questions. Écoutez le document puis répondez.

1 Qu'est-ce que l'association organise ?

A ☐ Un concours de photos.
B ☐ Un concours de danse.
C ☐ Un concours de musique.

2 Cet événement aura lieu ______________________

A ☐ du 6 juin au 10 juin 2017
B ☐ du 6 juin au 12 juin 2017
C ☐ du 16 juin au 20 juin 2017

3 Quel est le sujet de ce concours ?

....

4 Qu'est-ce qu'on offre au grand gagnant ?

☐ A  ☐ B  ☐ C

5 Le film documentaire concerne ______________________

☐ A  ☐ B 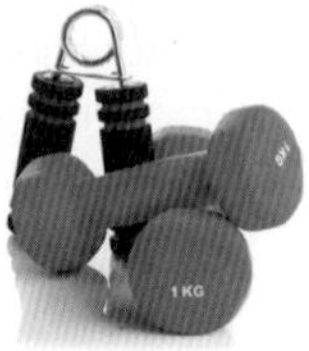 ☐ C

Étape 2 문제 5의 내용을 해석해 보세요.

문제를 읽으세요. 지문을 듣고 답하세요.

1 단체는 무엇을 개최하는가?

A ☐ 사진 대회
B ☐ 무용 대회
C ☐ 음악 대회

2 이 행사는 ______________________ 열릴 것이다.

A ☐ 2017년 6월 6일부터 10일까지
B ☐ 2017년 6월 6일부터 12일까지
C ☐ 2017년 6월 16일부터 20일까지

3 이 대회의 주제는 무엇인가?

....

4 대상 수장자에게는 무엇을 주는가?

☐ A  ☐ B  ☐ C

5 다큐멘터리 영화는 ______________________ 과 관련 있다.

☐ A  ☐ B  ☐ C

Étape 3 문제 5의 필수 어휘를 익히고, 스크립트를 확인해 보세요.

필수 어휘 concours (m) 대회 | photo (f) 사진 | musée (m) 미술관, 박물관 | envoyer 보내다
pollution (f) 오염 | environnement (m) 환경 | candidat 지원자 | prix (m) 상 | rêve (m) 꿈
documentaire 다큐멘터리의 | protection (f) 보호 | nature (f) 자연 | gravité (f) 심각성

스크립트

Mesdames et messieurs,

L'association Écho lancera, à l'occasion de la Journée Mondiale de l'Environnement, son premier concours de photos du 6 juin 2017 au 10 juin 2017 au musée Cluny. Tous les participants doivent nous envoyer leurs photos concernant la pollution de l'environnement. Le grand prix est une très belle voiture. Et puis, il y aura un film documentaire sur l'importance de la protection de la nature et des animaux. Ce sera une bonne occasion de révéler la gravité de la pollution de l'environnement.

Pour des informations plus précises, contactez-nous au 06 12 78 69 14 ou bien consultez notre site Internet.

해석

숙녀 신사 여러분,

Écho 단체가 세계 환경의 날을 맞이하여 2017년 6월 6일부터 6월 10일까지 Cluny 미술관에서 첫 번째 사진 대회를 개최할 것입니다. 모든 참가자들은 우리에게 환경 오염과 관련된 사진들을 보내 주셔야 합니다. 대상은 아주 멋진 자동차입니다. 그리고 자연과 동물 보호의 중요성에 대한 다큐멘터리 영화가 있을 것입니다. 이는 환경 오염에 대한 심각성을 밝히는 좋은 기회가 될 것입니다.

보다 구체적인 정보를 위해서는, 06 12 78 69 14로 연락하시거나 우리의 인터넷 사이트를 참고하세요.

Étape 4 문제 5의 해설을 확인해 보세요.

문제 분석

사진 대회에 관한 안내 방송이다. 먼저 사진 대회를 개최하는 주최측을 정확히 파악한 후, 사진 대회의 주제를 이해해야 한다. 이어서 사진 대회 장소 및 시기, 상품은 무엇인지도 주의를 기울인다. 사진 대회를 통해 달성하려는 목적, 사진 대회에 대한 추가 정보를 얻기 위한 방법 관련 내용은 한 번 들어서는 파악하기 어려울 수 있다. 1차 듣기에서 자신이 충분히 정답을 맞출 수 있는 문제부터 풀고, 2차 듣기에서 상대적으로 어려운 문제에 집중해야 한다.

해설

문항	풀이 요령
1	해당 단체에서 개최하는 행사의 주제를 묻고 있다. 음성 내용 전개 순서와 문제 순서는 대부분 일치한다는 점을 감안하여 듣기 맨 앞에 초점을 맞춘다. 모든 보기항에 'concours 대회'가 포함되어 있으므로 대회 주제를 언급하는 부분을 놓쳐서는 안 된다. 첫 번째 문장에서 'concours de photos 사진 대회'를 개최한다고 직접적으로 언급하므로 정답은 **A**.
2	행사 개최 일정을 질문한다. 듣기를 시작하기 전 보기항의 모든 날짜가 공통적으로 2017년 6월임을 먼저 파악할 수 있다. 따라서 듣기가 진행될 때 시작일과 종료일에 초점을 두고 구분하는 것이 핵심이다. 첫 문장에서 'du 6 juin 2017 au 10 juin 2017 2017년 6월 6일부터 6월 10일까지' 사진 대회를 개최한다고 언급했으므로 정답은 **A**.
3	사진 대회의 'sujet 주제'를 질문하나 음성에서 직접 sujet를 말하지 않으므로 주관식 중에서도 어려운 유형에 속한다. 음성에서 사진 대회 및 영화 상영을 통해 'révéler la gravité de la pollution de l'environnement 환경 오염에 대한 심각성을 밝히는' 좋은 기회가 될 것이라고 밝혔으므로 정답은 **La pollution de l'environnement**.
4	대상 수상자에게 주어지는 상품이 무엇인지 파악해야 한다. 보기항을 먼저 훑어보며 음성에서 'voiture 자동차', 'bateau 배', 'moto 오토바이' 중 어떤 단어가 등장하는지 집중하자. 'grand prix 대상'은 멋진 자동차라고 하였으므로 정답은 **A**.
5	다큐멘터리 영화에서 다루는 주제가 무엇인지 묻고 있다. 'film documentaire 다큐멘터리 영화' 언급 부분에 초점을 맞추어야 하며 보기항 사진을 재빨리 훑어 'appareil photo 사진기', 'animaux 동물들', 'matériel du sport 운동 용품' 중 어떤 관련 내용이 등장하는지 집중해야 한다. 지문에서 'l'importance de la protection de la nature et des animaux 자연과 동물 보호의 중요성'에 대한 다큐멘터리를 상영할 예정이라고 언급했으므로 정답은 **B**.

듣기 평가 EXERCICE 1 실전 연습

Étape 1 공략에 따라 EXERCICE 1 연습 문제를 풀어 보세요.

문제 6 Track 1-06

Lisez les questions. Écoutez le document puis répondez.

1 À quelle occasion le maire organise-t-il cet événement ?

....

2 Qui sont les invités ?

☐ A  ☐ B  ☐ C

3 Qu'est-ce qu'ils offrent aux participants ?

☐ A  ☐ B  ☐ C

4 C'est une bonne occasion pour ____________________

A ☐ trouver un emploi.
B ☐ se saluer entre habitants.
C ☐ vendre des produits locaux.

5 Quel est le but du projet présenté ?

A ☐ Surmonter les difficultés sociales de notre ville.
B ☐ Améliorer la situation politique de notre ville.
C ☐ Résoudre les problèmes économiques de notre ville.

Étape 2 문제 6의 내용을 해석해 보세요.

문제를 읽으세요. 지문을 듣고 답하세요.

① 무슨 계기로 시장은 이 행사를 개최하는가?

....

② 초대받은 사람들은 누구인가?

☐ A ☐ B ☐ C

③ 그들은 참가자들에게 무엇을 제공하는가?

☐ A ☐ B ☐ C

④ 이것은 ______________________________ 위한 좋은 기회이다.

A ☐ 직업을 발견하기
B ☐ 주민들끼리 인사하기
C ☐ 지역 상품을 판매하기

⑤ 발표된 계획안의 목적은 무엇인가?

A ☐ 우리 도시의 사회적 어려움을 극복하기 위해
B ☐ 우리 도시의 정치적 상황을 개선하기 위해
C ☐ 우리 도시의 경제적 문제를 해결하기 위해

Étape 3 문제 6의 필수 어휘를 익히고, 스크립트를 확인해 보세요.

필수 어휘 **habitant** 주민 | **nouvelle année (f)** 새해 | **maire (m)** 시장 | **vœu (m)** 소원
thé (m) 차 | **gâteau (m)** 케이크 | **voisin** 이웃 | **projet (m)** 계획
améliorer 개선하다 | **situation (f)** 상황 | **espérer** 기대하다

스크립트

Chers habitants,

À l'occasion de la nouvelle année, Monsieur le Maire de Montpellier et son conseil municipal vous invitent, ainsi que votre famille, à la présentation des vœux le 2 janvier à 18 h 30 à la salle de conférence de la mairie. Nous allons vous servir du thé et des gâteaux et nous aurons l'occasion de mieux nous connaître entre voisins. Ensuite, Monsieur le Maire va vous présenter le projet de cette année pour améliorer la situation économique de notre ville. Nous espérons que beaucoup d'habitants y participeront.

Merci de confirmer votre présence avant le premier janvier 2017 au numéro suivant : 06 47 58 69 11.

해석

친애하는 주민 여러분,

새해를 맞이하여 Montpellier 시장님과 시 의회가 시청 강연실에서 1월 2일 18시 30분 소원 빌기에 여러분과 여러분의 가족을 초대합니다. 다과를 제공할 것이며 이웃들끼리 서로 더 잘 알 수 있는 기회가 될 것입니다. 그러고 나서 시장님께서 우리 도시의 경제적 상황을 개선하기 위한 올해의 계획안을 발표하실 것입니다. 많은 주민들께서 여기에 참가해 주시길 바랍니다.

2017년 1월 1일 이전에 다음 번호로 여러분의 참석 여부를 알려 주시면 감사하겠습니다: 06 47 58 69 11.

Étape 4 문제 6의 해설을 확인해 보세요.

문제 분석

시장과 시 의회가 주최하는 행사 안내로, 새해 맞이 모임에 시민들을 초대하고 있다. 먼저 주최자와 초대받는 대상을 파악하고, 행사 장소 및 개최일, 개최 시간 등 숫자 관련 내용에도 유의한다. 행사에서 거론되는 구체적인 내용을 묻는 유형이 가장 난이도 높은 문제로 출제될 가능성이 있다.

해설

문항	풀이 요령
1	'à quelle occasion 무슨 계기로' 이 행사를 개최하는지 묻고 있다. 따라서 음성에 'à l'occasion de ~을(를) 맞이하여, ~을(를) 계기로'와 연결된 행사 목적 관련 어휘에 집중해서 들어야 한다. 첫 문장에서 'À l'occasion de la nouvelle année 새해를 맞이하여' 소원 빌기에 초대한다고 하였으므로 정답은 **La nouvelle année**.
2	행사에 초대받은 손님은 누구인지 질문한다. 보기항에 등장한 'enfants 아이들', 'famille 가족', 'policier 경찰' 중 누구를 손님으로 초대하는지 파악해야 한다. 지문에서 'vous invitent, ainsi que votre famille 여러분과 여러분의 가족'을 초대한다고 하였으므로 정답은 **B**.
3	참가자들에게 제공되는 것을 정확히 판단할 수 있도록, 듣기가 시작되기 전 보기항의 사진 내용에 해당하는 'thé et gâteaux 다과', 'fruits 과일들', 'légumes 야채들' 등 핵심어를 미리 떠올려 본다. 음성의 중반에서 'Nous allons vous servir du thé et des gâteaux 우리는 다과를 제공할 것이다'라고 안내하므로 정답은 **A**.
4	안내 중인 행사가 무엇을 위한 좋은 'occasion 기회'가 될 수 있는지 질문하므로, 행사의 목적을 파악해야 한다. 'l'occasion de mieux nous connaître entre voisins 이웃들끼리 서로 더 잘 알 수 있는 기회'가 될 것이라 밝혔으므로 정답은 **B**.
5	발표한 계획안의 목적을 질문하고 있으며 보기항에 'difficultés sociales 사회적 어려움', 'situation politique 정치적 상황', 'problèmes économiques 경제적 어려움' 등 상대적으로 어려운 어휘가 여럿 등장한다. 음성에서 'pour améliorer la situation économique 경제적 상황을 개선하기 위한' 계획안을 발표 예정이라고 했으므로 정답은 **C**.

듣기 평가 EXERCICE 1 실전 연습

Étape 1 공략에 따라 EXERCICE 1 연습 문제를 풀어 보세요.

문제 7 Track 1-07

Lisez les questions. Écoutez le document puis répondez.

1 Qui propose cette promotion ?

....

2 Qu'est-ce qu'on peut acheter ?

☐ A  ☐ B  ☐ C

3 Qu'est-ce qu'on peut manger ?

☐ A  ☐ B  ☐ C

4 Qu'est-ce qu'on peut faire avec ses enfants ?

....

5 Cette promotion sera valable ____________

A ☐ du 25 mars au 30 avril.
B ☐ du 22 mars au 10 avril.
C ☐ du 25 mars au 10 avril.

Étape 2 문제 7의 내용을 해석해 보세요.

문제를 읽으세요. 지문을 듣고 답하세요.

❶ 누가 이 할인 판매를 추천하는가?

❷ 무엇을 살 수 있는가?

☐ A

☐ B

☐ C

❸ 무엇을 먹을 수 있는가?

☐ A

☐ B

☐ C

❹ 아이들과 무엇을 할 수 있는가?

❺ 이 할인 판매는 ______________________ 유효할 것이다.

A ☐ 3월 25일부터 4월 30일까지
B ☐ 3월 22일부터 4월 10일까지
C ☐ 3월 25일부터 4월 10일까지

Étape 3 문제 7의 필수 어휘를 익히고, 스크립트를 확인해 보세요.

필수 어휘 **boulangerie (f)** 빵집 | **plaisir (m)** 기쁨 | **annoncer** 알리다 | **promotion (f)** 할인 판매
acheter 사다 | **produit (m)** 제품 | **délicieux** 맛있는 | **moitié (f)** 절반 | **rater** 놓치다
profiter de (~을) 이용하다 | **gourmand** 미식의, 미식가 | **apprendre** 배우다 | **valable** 유효한

스크립트

Madame, monsieur,

La boulangerie Bon Goût a le plaisir de vous annoncer une promotion exceptionnelle à l'occasion de son trentième anniversaire. Vous pouvez acheter tous nos produits délicieux à moitié prix. Ne ratez pas cette occasion unique et profitez-en ! Et puis, si vous êtes gourmand, vous avez de la chance parce que vous pourrez goûter toutes sortes de gâteaux. Et ce n'est pas tout. Il y aura une démonstration du boulanger Jean-Marie le Garnier et vous pourrez apprendre à faire des gâteaux avec vos enfants. Attention ! Cette offre exceptionnelle sera valable du 25 mars au 10 avril.

해석

신사, 숙녀 여러분,

Bon Goût 빵집은 30주년을 맞이하여 특별 할인 판매를 여러분께 알리게 되어 기쁘게 생각합니다. 여러분들은 맛있는 우리의 모든 제품들을 절반 가격에 살 수 있습니다. 이 유일한 기회를 놓치지 마시고 누리세요! 그리고 만일 당신이 미식가라면, 운이 좋으십니다. 왜냐하면 모든 종류의 케이크들을 맛볼 수 있을 테니까요. 그리고 이것이 다가 아닙니다. 제빵사인 Jean-Marie le Garnier씨의 시연이 있을 것인데 아이들과 함께 케이크들을 만드는 것을 배울 수 있을 것입니다. 주의하세요! 이 특별한 제공은 3월 25일부터 4월 10일까지 유효할 것입니다.

Étape 4 문제 7의 해설을 확인해 보세요.

문제 분석

상점의 할인 판매 안내 방송인 경우 상점 종류, 판매 상품, 할인 폭 등이 출제될 수 있다. 판매 상품의 경우 보기항이 사진으로 주어지거나 주관식으로 질문할 수도 있으며, 어떤 상품을 할인하는지도 정확하게 들어야 한다. 가장 난이도가 높은 유형은 누구를 대상으로 행사를 개최하는지 질문하는 경우이다. 또한 행사 일정과 관련된 숫자에도 주의를 기울여야 한다.

해설

문항	풀이 요령
1	할인 판매를 진행하는 주체를 주관식으로 질문하고 있다. 첫 문제임을 감안하여 음성 앞부분에 핵심어가 제시될 것을 예상한다면, 듣기를 시작하자마자 집중해야 한다. 'La boulangerie Bon Goût a le plaisir de vous annoncer une promotion exceptionnelle à l'occasion de son trentième anniversaire. Bon Goût 빵집이 30주년을 맞이하여 특별 할인 판매를 여러분께 알리게 되어 기쁘게 생각합니다.'라고 알리므로 할인 판매를 제공하는 주체는 **La boulangerie Bon Goût.**가 된다.
2	보기항 사진을 재빨리 훑어 'pain 빵', 'fruit 과일', 'fleur 꽃'과 같이 핵심어를 떠올린다. 음성에서 할인 판매를 안내하는 주체가 'boulangerie 빵집'이며 'gâteaux 케이크들'을 맛볼 수 있다고 했으므로 정답은 **A**.
3	무엇을 먹을 수 있는지 질문하므로 보기항 사진에 등장한 'gâteau 케이크', 'steak frites 감자튀김을 곁들인 스테이크', 'vin 포도주' 중 어떤 메뉴를 언급하는지 집중하여 듣는다. 먹는 행위를 표현하는 동사 manger와 'goûter 맛보다'까지 모두 알아 두어야 한다. 'vous pourrez goûter toutes sortes de gâteaux 모든 종류의 케이크들을 맛볼 수 있을 것입니다'라고 안내하므로 정답은 **A**.
4	할인 판매 안내 중 특히 'enfants 아이들' 관련 행사 언급에 집중한다. 제빵사 Jean-Marie씨와 함께 'apprendre à faire des gâteaux avec vos enfants 아이들과 함께 케이크들을 만드는 것을 배운다'고 하였으므로 정답은 **Apprendre à faire des gâteaux**. 문제에 이미 언급된 enfants은 답안에 작성하지 않아도 무방하다.
5	음성 내용 전개 순서와 문제 순서는 대부분 일치한다는 점을 감안하여 듣기 마무리 부분까지 집중력을 유지한다. 할인 판매 기간을 질문하므로 마지막 문장 'Cette offre exceptionnelle sera valable du 25 mars au 10 avril. 이 특별한 제공은 3월 25일부터 4월 10일까지 유효할 것입니다.'에 따르면 정답은 **C**.

듣기 평가 EXERCICE 1 실전 연습

Étape 1 공략에 따라 EXERCICE 1 연습 문제를 풀어 보세요.

문제 8 Track 1-08

Lisez les questions. Écoutez le document puis répondez.

① De quoi s'agit-il ?

☐ A

☐ B

☐ C

② Qu'est-ce qu'il y aura ce jour-là ?

A ☐ Un salon du vin.
B ☐ Un salon du livre.
C ☐ Une exposition spéciale de tableaux.

③ Qu'est-ce qu'on peut recevoir sans payer ?

....

④ Qu'est-ce qu'on peut goûter ?

☐ A

☐ B

☐ C

⑤ Pourquoi a-t-on a besoin de confirmer sa présence ?

....

Étape 2 문제 8의 내용을 해석해 보세요.

문제를 읽으세요. 지문을 듣고 답하세요.

① 무엇에 관한 것인가?

□ A　□ B　□ C

② 이날 무엇이 있을 것인가?

A □ 포도주 박람회
B □ 도서 박람회
C □ 그림 특별 전시회

③ 돈을 지불하지 않고 무엇을 받을 수 있는가?

....

④ 무엇을 맛볼 수 있는가?

□ A　□ B　□ C

⑤ 왜 참석 여부를 확인할 필요가 있는가?

....

Étape 3 문제 8의 필수 어휘를 익히고, 스크립트를 확인해 보세요.

필수 어휘 **ouvrir** 열다 | **apprécier** 감상하다, 즐기다 | **œuvre (f)** 작품 | **célèbre** 유명한
magnifique 훌륭한 | **catalogue (m)** 카탈로그 | **tirage au sort (m)** 추첨, 제비뽑기
de qualité 품질이 좋은 | **limité** 제한된

스크립트

Madame, monsieur,

Nous avons l'honneur et le plaisir de vous inviter, le dimanche 4 septembre de 17 à 20 heures, à l'ouverture du musée Pastel. À cette occasion, nous lançons une exposition spéciale sur Monet où vous pourrez apprécier ses œuvres très célèbres. Nous allons offrir gratuitement un magnifique catalogue à dix personnes par tirage au sort. De plus, des vins de qualité seront offerts en dégustation par le château Angers. Comme les places sont limitées, veuillez nous confirmer votre présence avant le 2 septembre. Vous allez passer un moment inoubliable avec votre bien-aimé(e).

해석

숙녀 신사 여러분,

9월 4일 일요일 17시부터 20시까지 Pastel 미술관 개장에 여러분을 초대하게 되어 영광이고 기쁩니다. 이 기회를 맞이하여, 우리는 매우 유명한 작품들을 감상할 수 있는 모네의 특별 전시회를 개최합니다. 우리는 추첨을 통해서 10명에게 멋진 카탈로그를 무료로 제공할 것입니다. 게다가 Angers 성을 통해 품질 좋은 와인이 시음으로 제공될 것입니다. 자리에 제한이 있기 때문에 9월 2일 전까지 여러분의 참석을 우리에게 확인시켜 주시기 바랍니다. 여러분은 사랑하는 사람과 함께 잊지 못할 순간을 보내게 될 것입니다.

Étape 4 문제 8의 해설을 확인해 보세요.

문제 분석

행사 안내 방송으로 먼저 전체 주제 즉, 미술관 개장 관련 내용임을 파악한 다음 행사 일정, 제공 상품, 구체적 행사 내용 등에 유의한다. 행사 일정 관련 숫자를 여러 개 제시함으로써 혼동을 유발할 수 있으므로 특히 주의한다.

해설

문항	풀이 요령
1	음성 내용이 무엇에 관한 것인지 즉, 전체 주제를 묻고 있다. 듣기가 시작되기 전 보기항 사진을 살펴보고 'magasin de vêtements 옷 가게', 'parc 공원', 'musée 미술관'과 같이 핵심 단어를 되새긴다. 'Nous avons l'honneur et le plaisir de vous inviter, le dimanche 4 septembre de 17 à 20 heures, à l'ouverture du musée Pastel. 9월 4일 일요일 17시부터 20시까지 Pastel 미술관 개장에 여러분을 초대하게 되어 영광이고 기쁩니다.'라고 듣기가 시작되자마자 언급하므로 정답은 C.
2	행사에 예정된 내용을 질문하며 보기항 모두 박람회 또는 전시회이므로, 박람회 또는 전시회가 어떤 주제로 열리는지 파악해야 한다. 'une exposition spéciale sur Monet 모네의 특별 전시회'를 개최할 예정이라고 안내하므로 정답은 C.
3	초대에 응한 사람들이 행사에서 'sans payer 돈을 지불하지 않고 / 무료로' 제공받을 수 있는 것은 무엇인지 초점을 맞춘다. 'offrir 제공하다'가 등장할 때 특히 귀를 기울여야 하며 sans payer의 유사 표현 'gratuitement 무료로'까지 알고 있어야만 빠르게 정답을 파악할 수 있다. 추첨을 통해서 10명에게 'un magnifique catalogue 멋진 카탈로그'를 무료로 제공한다고 안내했으므로 정답은 **Un magnifique catalogue.**
4	참가자들에게 제공되는 음식을 정확히 판단할 수 있도록 보기항의 사진 내용에 해당하는 'vin 포도주', 'gâteau 케이크', 'cuisine / plat 요리' 등 핵심어를 미리 떠올려 본다. 'De plus, des vins de qualité seront offerts en dégustation par le château Angers. 게다가 Angers 성을 통해 품질 좋은 와인이 시음으로 제공될 것입니다.'에 따르면 정답은 A.
5	참석 여부 확인이 필요한 이유를 질문하므로 'confirmer 확인하다' 관련 내용에 집중한다. 'Comme les places sont limitées 자리에 제한이 있기 때문에'라고 이유를 제시하므로 정답은 **Parce que les places sont limitées.**

듣기 평가 EXERCICE 1 실전 연습

Étape 1 공략에 따라 EXERCICE 1 연습 문제를 풀어 보세요.

문제 9 Track 1-09

Lisez les questions. Écoutez le document puis répondez.

① De quoi s'agit-il ?

☐ A ☐ B ☐ C

② Qui va assister à cette cérémonie en plus des enseignantes et enseignants ?

....

③ Qu'est-ce qu'on va nous offrir ?

☐ A ☐ B ☐ C

④ Ils sont prêts à ______________________

A ☐ nous faire visiter l'école.
B ☐ nous aider à suivre les cours.
C ☐ nous faire bien travailler à l'école.

⑤ Avec qui pourra-t-on faire un débat ?

....

Étape 2 문제 9의 내용을 해석해 보세요.

문제를 읽으세요. 지문을 듣고 답하세요.

❶ 무엇에 관한 것인가?

☐ A ☐ B ☐ C

❷ 선생님들 외에도 이 행사에 누가 참석할 것인가?

....

❸ 우리에게 무엇을 제공할 것인가?

☐ A ☐ B ☐ C

❹ 그들은 ______________________ 준비가 되어 있다.

A ☐ 우리가 학교를 방문하도록
B ☐ 우리가 수업을 듣도록 도와줄
C ☐ 우리가 학교에서 공부를 잘하게 되도록

❺ 누구와 토론을 할 수 있는가?

....

Étape 3 문제 9의 필수 어휘를 익히고, 스크립트를 확인해 보세요.

필수 어휘 **inauguration (f)** 개막식, 시작 | **officiel** 공식적인 | **enseignant** 선생님, 교사
pas (m) 발걸음 | **résoudre** 해결하다 | **éducation (f)** 교육 | **boisson (f)** 음료수
disponible 사용할 수 있는 | **directeur** (조직, 업무의) 장(長), 상사

스크립트

Madame, monsieur,

Nous avons le plaisir de vous inviter à l'inauguration officielle de l'école Henri IV, le jeudi 12 décembre 2017 dès 9 h, en présence du maire et de nos enseignantes et enseignants. C'est un grand pas pour résoudre le problème de l'éducation dans notre ville. Des boissons seront servies et nous serons disponibles pour vous faire visiter notre belle école ! Après la cérémonie, vous pourrez participer au débat avec le directeur sur le système de notre école.

Nous espérons vous compter parmi nos invités.

해석

숙녀 신사 여러분,

2017년 12월 12일 목요일 9시부터 시장님과 선생님들이 참석하는 Henri IV 학교의 공식 개교식에 여러분을 초대하게 되어 기쁘게 생각합니다. 이것은 우리 도시의 교육 문제를 해결하기 위한 큰 발걸음입니다. 음료수가 제공될 것이고, 여러분들이 우리의 아름다운 도시를 방문할 수 있게 준비되어 있을 것입니다! 행사 후, 여러분은 우리 학교 체제에 대한 교장 선생님과의 토론에 참석할 수 있을 것입니다.

여러분들이 참석해 주시길 바랍니다.

Étape 4 문제 9의 해설을 확인해 보세요.

문제 분석

학교의 개교식과 관련된 안내 방송으로, 먼저 안내 방송의 주제를 파악해야 한다. 그다음으로 행사를 주최하는 기관이나 사람은 누구인지, 행사에 초대하려는 참석 대상은 누구인지 정확히 이해해야 한다. 이어서 참석한 사람들에게 제공되는 음식이나 특별 선물이 있다면 무엇인지, 행사 중 특별한 이벤트가 있는지 등 세부 사항도 놓치지 않는다.

해설

문항	풀이 요령
1	음성 내용이 무엇에 관한 것인지 즉, 전체 주제를 묻고 있다. 첫 문제임을 감안하여 음성 앞부분에 핵심어가 제시될 것을 예상한다면 듣기를 시작하자마자 집중해야 한다. 첫 문장에서 'l'inauguration officielle de l'école Henri IV Henri IV 학교의 공식 개교식' 행사에 초대하게 되어 기쁘게 생각한다고 밝히므로 정답은 A.
2	행사 참가자를 질문하는데 문제에서 'enseignantes et enseignants 선생님들'은 이미 언급하므로 선생님들 외에 다른 참가자가 누구인지 집중해서 들어야 한다. 'en présence du maire et de nos enseignantes et enseignants 시장님과 선생님들이 참석하는' 개교식임을 언급했으므로 정답은 Le maire.
3	행사에 참석한 사람들에게 무엇이 제공되는지 묻고 있다. 보기항의 각 사진 내용을 나타내는 단어 'boisson 음료수', 'gâteau 케이크', 'cadeau 선물'을 미리 떠올려 본다. 음성에서 'des boissons seront servies 음료수가 제공될 것'이라고 명시하므로 정답은 A.
4	참가자를 위해 주최측이 준비한 활동을 파악해야 하는 문제이다. 문제에서는 'prêt à ~할 준비가 되어 있다'의 문형으로 제시했으며, 음성에서는 'disponible 사용할 수 있는'으로 단서를 언급했다. 'nous serons disponibles pour vous faire visiter notre belle école ! 여러분들이 우리의 아름다운 도시를 방문할 수 있게 준비되어 있을 것입니다!' 부분이 핵심으로, 정답은 A.
5	참가자들이 토론할 수 있는 대상자는 누구인지 질문한다. 음성 내용 전개 순서와 문제 순서는 대부분 일치하므로 마무리 부분에 집중한다. 'Après la cérémonie, vous pourrez participer au débat avec le directeur sur le système de notre école. 행사 후, 여러분은 우리 학교 체제에 대한 교장 선생님과의 토론에 참석할 수 있을 것입니다.'에 따르면 정답은 Le directeur (de l'école).

듣기 평가 EXERCICE 1 실전 연습

Étape 1 공략에 따라 EXERCICE 1 연습 문제를 풀어 보세요.

문제 10 Track 1-10

Lisez les questions. Écoutez le document puis répondez.

❶ De quoi s'agit-il ?

☐ A ☐ B ☐ C

❷ Qu'est-ce qu'on peut partager ?

....

❸ Quel spectacle pourra-t-on voir ?

A ☐ Un concert de jazz.
B ☐ Un spectacle de danse.
C ☐ Un concours de musique.

❹ Quel est le cadeau spécial qu'on peut recevoir ?

....

❺ Qu'est-ce qu'ils vont aussi offrir ?

☐ A ☐ B ☐ C

Étape 2 문제 10의 내용을 해석해 보세요.

문제를 읽으세요. 지문을 듣고 답하세요.

① 무엇에 관한 것인가?

☐ A ☐ B ☐ C

② 무엇을 나눌 수 있는가?

....

③ 어떤 공연을 볼 수 있을 것인가?

A ☐ 재즈 콘서트
B ☐ 무용 공연
C ☐ 음악 경연 대회

④ 받을 수 있는 특별 선물은 무엇인가?

....

⑤ 그들은 또한 무엇을 제공할 것인가?

☐ A ☐ B ☐ C

Étape 3 문제 10의 필수 어휘를 익히고, 스크립트를 확인해 보세요.

필수 어휘 **anniversaire (m)** 생일, 기념일 | **partager** 나누다, 공유하다 | **cocktail (m)** 칵테일
hors-d'œuvre (m) 애피타이저, 전채 | **jazz (m)** 재즈 | **repas (m)** 식사
empêchement (m) 장애 | **prévenir** 미리 알리다 | **visite (f)** 방문

스크립트

Madame, monsieur,

Nous avons le plaisir de vous annoncer le vingtième anniversaire de l'ouverture de notre restaurant. À cette occasion, nous vous invitons à partager cocktails et hors-d'œuvres, le vendredi 11 mars à 18 heures. Il y aura un petit concert de jazz et vous pourrez passer une soirée agréable avec de la belle musique. Et puis, nous allons offrir un cadeau très spécial à cinq personnes. Ils pourront bénéficier de dix repas gratuits et on va leur offrir les meilleurs vins de l'année.

En cas d'empêchement, prévenez-nous avant le 9 mars au 06 14 25 89 22.

Nous attendons impatiemment votre visite !

해석

숙녀 신사 여러분,

우리 식당 개점 20주년을 여러분께 알리게 되어 기쁘게 생각합니다. 이 기회를 맞이하여 3월 11일 금요일 18시에 칵테일과 전채 요리를 나누고자 여러분을 초대합니다. 작은 재즈 콘서트가 있을 것이며 아름다운 음악과 함께 좋은 저녁 시간을 보낼 수 있을 것입니다. 그리고 다섯 분에게 매우 특별한 선물을 드릴 것입니다. 10회의 무료 식사 혜택을 받을 수 있으며 올해 최고의 포도주들을 제공할 것입니다.

지장이 있으신 경우 06 14 25 89 22로 3월 9일 전에 우리에게 미리 알려 주세요.

여러분의 방문을 고대하고 있겠습니다!

Étape 4 문제 10의 해설을 확인해 보세요.

문제 분석

식당 개점 20주년 안내 및 기념 행사 소개 내용을 담고 있다. 먼저 무엇에 대한 안내 방송인지 질문할 수 있는데, 장소명을 주관식으로 쓰거나 보기항 사진에서 선택하는 유형 역시 출제 가능하다. 행사 일정 관련 숫자와 요일 듣기에 주의해야 하며 행사 개최 기간에 열리는 이벤트 역시 놓쳐서는 안 된다. 특히 선물이나 특전이 부여되는지 집중해서 들어야 한다. 마무리에서는 참석 여부를 알리는 방법으로 전화번호를 안내하는데, 문제에서 이메일이나 직접 방문 등을 보기항으로 제시하여 오답을 유도하는 유형도 등장할 수 있다.

해설

문항	풀이 요령
1	전체 주제와 관련한 문제로 듣기가 시작되기 전 보기항 사진에 해당하는 프랑스어 단어들을 'cinéma 극장', 'restaurant 식당', 'salle de classe 교실'과 같이 떠올려 본다. 듣기가 시작되자마자 'l'ouverture de notre restaurant 우리 식당 개점' 관련임을 언급하므로 정답은 **B**. 공식적으로 어떤 행사를 알리는 경우 'nous avons le plaisir de vous annoncer 여러분께 알리게 되어 기쁘게 생각합니다' 표현을 자주 사용하므로 기억해 두자.
2	행사에서 함께 나누는 것은 무엇인지 즉, 어떤 것이 제공되는지 질문한다. 문제에서 동사 'partager 나누다'로 질문했으며 지문에서는 'offrir 제공하다'로 단서를 제시하였다. 'partager cocktails et hors-d'œuvres 칵테일과 전채 요리를 나누다'라고 안내하므로 제공 음식은 **Des cocktails et hors-d'œuvres**.
3	음성 중 공연과 관련된 어휘로는 'un petit concert de jazz 작은 재즈 콘서트', 'avec de la belle musique 아름다운 음악과 함께'가 등장하였다. 보기 C의 'concours de musique 음악 경연 대회'로 착각하지 않도록 주의하자. 개점 20주년 행사 순서의 일부로 작은 재즈 콘서트가 열릴 예정이지 음악과 관련된 대회를 개최하겠다고는 언급된 바 없다. 그러므로 정답은 **A**.
4	특별 선물은 무엇이 제공되는지 'cadeau 선물'을 언급하는 부분에 집중해야 한다. 행사 참가자들에게 제공되는 것으로 'dix repas gratuits 10회의 무료 식사'와 'les meilleurs vins de l'année 올해 최고의 포도주들' 두 가지를 안내하고 있는데, 질문에서 단수형으로 묻고 있으므로 둘 중 하나를 적으면 정답으로 인정되는 경우이다. 그러므로 정답은 **Dix repas gratuits** 또는 **Les meilleurs vins de l'année**.
5	행사 참가자들에게 제공되는 것으로 'dix repas gratuits 10회의 무료 식사'와 'les meilleurs vins de l'année 올해 최고의 포도주들' 두 가지가 언급되었으므로 해당되는 사진은 바로 **B**이다.

Lisez les questions. Écoutez le document puis répondez.

Vous habitez en France. Vous entendez un message sur votre répondeur. Répondez aux questions.

문제를 읽으세요. 지문을 듣고 답하세요.

당신은 프랑스에 살고 있습니다. 당신은 자동 응답기의 메시지를 듣습니다. 질문에 답하세요.

듣기 평가 EXERCICE 2 완전 공략

1 핵심 포인트

듣기 영역 중 EXERCICE 3 다음으로 난이도가 높다. 문제 구성은 객관식, 주관식 각 3문항이며 객관식 중 1문항은 사진을 보고 문제를 푸는 방식으로 진행된다. 자동 응답기의 음성 메시지라는 특징에 따라 메시지의 발신자와 수신자, 메시지의 용건 및 목적에 초점을 맞추는 것이 요령이다.

2 빈출 주제

음성 메시지라는 특성상 발신자와 수신자 두 사람의 관계, 메시지의 용건에 따라 매우 다양한 주제가 등장할 수 있다. 친구 관계라면 초대, 부탁, 제안, 만남과 같은 주제의 메시지를 들려줄 수 있다. 만약 직장 동료라면 업무 관련 문의, 확인, 각종 요청 등의 내용이 주를 이룬다. 발신자와 수신자가 잘 모르는 사이인 경우 일자리 제안, 면접 결과 안내 등의 메시지가 등장할 수 있다.

3 고득점 전략

(1) 두 사람의 관계부터 파악한다.

음성 메시지 형식상 메시지 앞부분에 수신자와 발신자가 언급되며, 공적인 내용이나 업무 관련 메시지인 경우 이름 뒤에 직업 또는 직장을 밝히게 된다. 해당 정보 관련 문제는 단골로 출제되므로 메시지의 첫 부분을 주의 깊게 들어 두 사람의 관계부터 파악하도록 한다.

(2) 메시지의 목적에 집중한다.

다양한 용건의 메시지가 등장할 수 있으며 메시지의 목적을 묻는 유형은 객관식뿐만 아니라 주관식으로도 종종 출제된다. 전화를 건 목적을 말할 때 보통 'voilà 다름이 아니라'로 서두를 여는 경우가 많으므로 참조한다.

(3) 의문사를 보고 전략적으로 접근한다.

메시지 길이가 생각보다 길기 때문에, 첫 번째 듣기와 두 번째 듣기를 구분하여 어떤 문제부터 풀지 전략을 세우면 유리하다. 첫 번째 듣기에서 무난한 난이도의 문제부터 최대한 모두 풀고, 두 번째 듣기에서 고난이도의 문제를 푼다. 순서 기준은 의문사에 따르자. 문제에 제시된 의문사가 'que 무엇을', 'qui 누가', 'où 어디'라면 비교적 손쉽게 단서를 파악할 수 있는 경우가 대부분이다. 반면, 'pourquoi 왜', 'comment 어떻게'로 시작하는 질문은 보다 신중한 판단이 필요하다.

Étape 1 공략에 따라 EXERCICE 2 연습 문제를 풀어 보세요.

문제 1 Track 2-01

Lisez les questions. Écoutez le document puis répondez.
Vous habitez en France. Vous entendez un message sur votre répondeur. Répondez aux questions.

1 Pourquoi Thierry pense que Patrick est occupé ?

A ☐ Parce qu'il ne répond pas à son appel.
B ☐ Parce qu'il travaille beaucoup ces jours-ci.
C ☐ Parce que cela fait longtemps qu'il ne l'a pas vu.

2 Qu'est-ce qui s'est passé la semaine dernière ?

....

3 Selon ce document, ______________________

A ☐ Patrick déteste le cinéma.
B ☐ Thierry aime bien le cinéma.
C ☐ Lucas n'aime pas beaucoup le cinéma.

4 Où est Lucas ?

☐ A ☐ B ☐ C

5 Qu'est-ce que Thierry propose à Patrick ?

....

6 Qu'est-ce que Thierry va faire si Patrick n'a pas le temps ?

....

Étape 2 문제 1의 내용을 해석해 보세요.

문제를 읽으세요. 지문을 듣고 답하세요.
당신은 프랑스에 살고 있습니다. 당신은 자동 응답기의 메시지를 듣습니다. 질문에 답하세요.

1 왜 Thierry는 Patrick이 바쁘다고 생각하는가?

A ☐ 왜냐하면 전화에 응답을 하지 않기 때문이다.
B ☐ 왜냐하면 요즘 열심히 공부하기 때문이다.
C ☐ 왜냐하면 그를 보지 못한지 오래되었기 때문이다.

2 지난주에 무슨 일이 일어났는가?

……………………………………………………………………………………

3 이 자료에 따르면, ______________________

A ☐ Patrick은 영화를 아주 싫어한다.
B ☐ Thierry는 영화를 꽤 좋아한다.
C ☐ Lucas는 영화를 그다지 좋아하지 않는다.

4 Lucas는 어디에 있는가?

☐ A

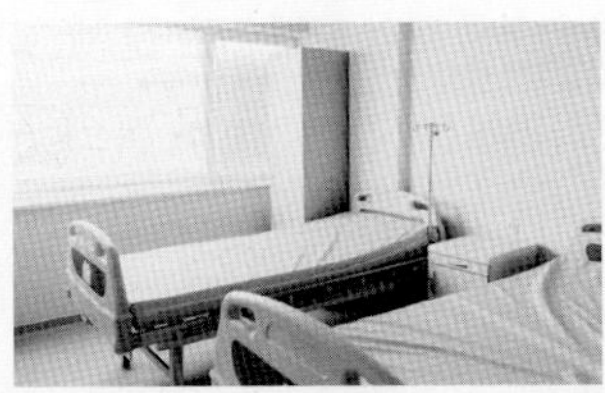
☐ B

☐ C

5 Thierry는 Patrick에게 무엇을 제안하는가?

……………………………………………………………………………………

6 만약 Patrick이 시간이 없으면, Thierry가 하려고 하는 것은 무엇인가?

……………………………………………………………………………………

Étape 3 문제 1의 필수 어휘를 익히고, 스크립트를 확인해 보세요.

필수 어휘 **supposer** 추측하다 | **occupé** 바쁜 | **plusieurs** 여럿의 | **répondre** 답변하다 | **bon** 좋은
adorer 아주 좋아하다 | **malade** 아픈 | **hospitalisé** 입원한 | **proposer** 제안하다
aventure (f) 모험 | **critique (f)** 비평 | **avant** ~전에 | **libre** 자유로운, 한가한

스크립트

Salut Patrick, c'est moi Thierry. Je suppose que tu es occupé. Je t'ai téléphoné plusieurs fois, mais tu ne me réponds pas. Voilà, tu connais mon ami Lucas ? Un bon film vient de sortir il y a une semaine et je voulais absolument le voir. Comme Lucas adore aussi le cinéma, nous avons réservé deux places pour ce soir. Mais il est tombé malade hier et il est hospitalisé en ce moment. Alors, j'ai pensé à toi. Je sais que tu t'intéresses au cinéma, je te propose d'aller voir le film avec moi ce soir. C'est un film d'aventure et la critique de ce film est excellente. Qu'est-ce que tu en penses ? Si tu veux le voir, téléphone-moi avant 16 heures parce que le film commence à 19 heures et je dois trouver quelqu'un d'autre si tu n'es pas libre. À plus tard !

해석

안녕, Patrick, 나야 Thierry. 너 바쁜 것 같구나. 너한테 여러 번 전화했는데 답변이 없네. 다름이 아니라 너 내 친구 Lucas 알지? 지난주에 좋은 영화가 개봉했는데 그걸 꼭 보고 싶었거든. Lucas 역시 영화를 아주 좋아해서 우리는 오늘 저녁 표 2장을 예약했어. 그런데 그가 어제 아파서 지금 입원했거든. 그래서 네가 생각났어. 너 영화에 관심 있으니까 나랑 오늘 저녁에 영화를 같이 보러 가는 걸 제안해. 어드벤처 영화인데 영화 평이 아주 좋아. 어떻게 생각하니? 이것을 보길 원한다면, 16시 전에 전화해 줘 왜냐하면 영화는 19시에 시작하고, 만약 네가 시간이 안 된다면 다른 사람을 찾아야 하니까. 나중에 보자!

Étape 4 문제 1의 해설을 확인해 보세요.

문제 분석

친구에게 남기는 음성 메시지로, 등장하는 총3명은 어떤 관계인지, 발신자와 수신자는 각각 누구인지부터 파악한다. 가장 중요한 것은 메시지를 남긴 용건이다. 그다음으로 메시지에서 밝히는 중요한 사건 흐름을 위주로 구체적인 내용을 머릿속에 정리해 가며 듣는다. 날짜, 시간, 표 개수 등 숫자 관련 사항은 특히 주의해서 듣도록 한다.

해설

문항	풀이 요령
1	발신자가 생각하기에 Patrick은 왜 바쁜지 질문한다. 듣기가 시작되자마자 발신자는 Thierry, 수신자는 Patrick임을 파악할 수 있으며 'Je suppose que tu es occupé. Je t'ai téléphoné plusieurs fois, mais tu ne me réponds pas. 너 바쁜 것 같구나. 너한테 여러 번 전화했는데 답변이 없네.'라고 정답 문장이 이어진다. 그러므로 정답은 A.
2	문제에 제시된 'la semaine dernière 지난주'를 염두에 두면서 관련 내용 언급에 집중한다. 'Un bon film vient de sortir il y a une semaine et je voulais absolument le voir. 지난주에 좋은 영화가 개봉했는데 그걸 꼭 보고 싶었거든.'이라 언급했으므로 지난주에 일어난 일은 Un bon film est sorti.
3	듣기를 시작하기 전 보기항을 미리 파악하여 Patrick, Thierry, Lucas가 각각 영화에 대해 어느 만큼 선호도를 가지고 있는지 초점을 맞추어 들어야 한다. 따라서 사람 이름과 'cinéma 영화'가 언급되는 부분에 특히 집중한다. Lucas는 'adore aussi le cinéma 역시 영화를 아주 좋아한다'고 하였으며 Thierry 또한 지난주에 개봉한 영화를 'je voulais absolument le voir 꼭 보고 싶었거든'이라 밝힌다. Thierry의 메시지 'Je sais que tu t'intéresses au cinéma 너 영화에 관심 있으니까'를 통해 적어도 Patrick이 영화를 싫어하진 않음을 짐작할 수 있다. 따라서 정답은 B.
4	장소와 관련된 문제로 보기항의 사진을 재빠르게 훑어보며 Lucas에 대해 언급하는 부분에 귀를 기울인다. Lucas에 대해 이야기하던 Thierry는 'Mais il est tombé malade hier et il est hospitalisé en ce moment. 그런데 그가 어제 아파서 지금 입원했거든.'이라고 전화 건 용건을 밝히므로 정답은 B.
5	발신자가 수신자에게 제안하는 내용 즉, 가장 중요한 용건이 무엇인지 질문한다. 문제에 제시된 동사 'proposer 제안하다'가 핵심으로, 메시지에서도 'je te propose d'aller voir le film avec moi ce soir 오늘 저녁에 영화를 같이 보러 가는 걸 제안해'라고 proposer를 이용해 제안한다. 그러므로 정답은 D'aller voir le film avec lui ce soir.
6	Patrick이 시간이 없다면 Thierry는 무엇을 할 예정인지 파악해야 한다. 음성 내용 전개 순서와 문제 순서는 대부분 일치하므로 마무리 부분에 귀를 기울인다. 'je dois trouver quelqu'un d'autre si tu n'es pas libre 만약 네가 시간이 안 된다면 다른 사람을 찾아야 하니까'에 따르면 정답은 Trouver quelqu'un d'autre.

듣기 평가 EXERCICE 2 실전 연습

Étape 1 공략에 따라 EXERCICE 2 연습 문제를 풀어 보세요.

(문제 2) Track 2-02

Lisez les questions. Écoutez le document puis répondez.
Vous habitez en France. Vous entendez un message sur votre répondeur. Répondez aux questions.

1. Qui a laissé ce message ?

   A ☐ Pierre.
   B ☐ Hélène.
   C ☐ Paul.

2. Que faisait Hélène quand Pierre a téléphoné ?

   ....

3. Selon ce document, ____________________

   A ☐ Hélène est allée au Canada pour voyager.
   B ☐ Hélène a travaillé au Canada pendant deux ans.
   C ☐ Hélène est restée au Canada pour ses études.

4. Quelle était la relation entre Hélène et ses collègues ?

   ....

5. De quoi veut-elle parler à Pierre ?

   ....

6. Qu'est-ce qu'elle propose ?

☐ A

☐ B

☐ C

Étape 2 문제 2의 내용을 해석해 보세요.

문제를 읽으세요. 지문을 듣고 답하세요.
당신은 프랑스에 살고 있습니다. 당신은 자동 응답기의 메시지를 듣습니다. 질문에 답하세요.

1 누가 이 메시지를 남겼는가?

A ☐ Pierre.
B ☐ Hélène.
C ☐ Paul.

2 Pierre가 전화했을 때 Hélène은 무엇을 하고 있었는가?

....

3 이 자료에 따르면, ________________________

A ☐ Hélène은 여행을 하기 위해 캐나다에 갔다.
B ☐ Hélène은 2년 동안 캐나다에서 일했다.
C ☐ Hélène은 학업을 위해 캐나다에 머물렀다.

4 Hélène과 그녀의 동료들과의 관계는 어떠했는가?

....

5 그녀는 Pierre에게 무엇에 대해 말하기를 원하는가?

....

6 그녀는 무엇을 제안하는가?

☐ A ☐ B ☐ C

Étape 3 문제 2의 필수 어휘를 익히고, 스크립트를 확인해 보세요.

필수 어휘 **être en train de** ~하는 중이다 | **dormir** 잠자다 | **à cause de** ~때문에
décalage horaire (m) 시차 | **Canada (m)** 캐나다 | **réunion (f)** 회의
s'entendre bien avec ~와(과) 잘 지내다, 사이가 좋다 | **collègue** 동료
ambiance (f) 분위기 | **paysage (m)** 경치 | **séjour (m)** 체류 | **donner** 주다

스크립트

Salut, Pierre. C'est moi Hélène. Excuse-moi de ne pas avoir répondu à ton appel ce matin. J'étais en train de dormir à cause du décalage horaire. Je suis restée au Canada pendant deux ans et je suis rentrée hier soir. J'avais des réunions presque tous les jours et je travaillais tard. Mais je m'entendais bien avec mes collègues et l'ambiance du bureau était très chaleureuse. J'ai pu voyager avec mes amis pendant les vacances et les paysages que j'ai vus étaient magnifiques. En plus, les habitants de la région étaient sympas. Ah, je ne sais pas si tu te souviens de mon ami Paul. Je l'ai vu par hasard dans la rue et j'étais très contente. Tu es libre demain soir ? J'ai beaucoup de choses à te raconter sur mon séjour au Canada. On va dîner ensemble au restaurant ? J'ai acheté un cadeau pour toi.
Rappelle-moi vite !

해석

안녕, Pierre. 나야 Hélène. 오늘 아침 네 전화에 답하지 못해서 미안해. 시차 때문에 잠을 자고 있었어. 나는 2년 동안 캐나다에 있었고 어제 저녁에 귀국했어. 나는 거의 매일 회의가 있었고 늦게까지 일하곤 했어. 그렇지만 동료들과는 사이좋게 지냈고 사무실 분위기는 아주 화목했어. 나는 휴가 동안 친구들과 여행을 할 수 있었는데 내가 본 경치는 훌륭했어. 게다가, 지역 주민들은 상냥했어. 아, 네가 내 친구 Paul을 기억하는지 모르겠다. 길에서 우연히 그를 만났는데 나는 매우 만족했어. 너 내일 저녁에 한가하니? 캐나다에서의 체류에 대해 너에게 이야기할 게 많아. 식당에서 함께 저녁 먹을래? 너를 위해 선물을 샀어.
빨리 전화해 줘!

Étape 4 문제 2의 해설을 확인해 보세요.

문제 분석

Hélène이 장기간 외국을 다녀온 후 Pierre에게 남긴 음성 메시지이다. 먼저 등장인물 총3명이 어떤 관계인지, 발신자와 수신자는 각각 누구인지부터 파악한다. 이어서 다녀온 국가 및 지역을 물을 수 있으므로 국가명 및 주요 도시명에 주의를 기울인다. 어떤 용무로 외국에 다녀왔는지, 그곳에서 만난 사람들과의 관계는 어떠했는지 등의 세부 사항 역시 출제될 수 있다. 또한 EXERCICE 2의 경우 나중에 만나서 이야기하자며 메시지를 마무리하는 경우가 있으므로 만날 장소를 잘 듣고 주관식으로 쓰거나 사진에서 고르는 유형까지 대비할 수 있어야 한다.

해설

문항	풀이 요령
1	의문사 'qui 누가'로 메시지를 남긴 사람을 물으므로 발신자를 파악해야 한다. 음성 메시지 특성상 듣기가 시작하자마자 'C'est+이름'의 문형으로 발신자가 누구인지 알 수 있다. 'Salut, Pierre. C'est moi Hélène. 안녕, Pierre. 나야 Hélène.'이라 밝히므로 정답은 **B**.
2	Hélène이 남긴 메시지 중 Pierre의 전화를 언급하는 부분에 귀를 기울여야 한다. 'Excuse-moi de ne pas avoir répondu à ton appel ce matin. J'étais en train de dormir à cause du décalage horaire. 오늘 아침 네 전화에 답하지 못해서 미안해. 시차 때문에 잠을 자고 있었어.'라고 말했으므로 정답은 **Elle était en train de dormir**.
3	Hélène의 지난 행적에 대해 질문하며 모든 보기항에 'Canada 캐나다'가 등장한다. 따라서 Hélène이 말하는 내용 중 캐나다가 등장하는 부분에 집중해야 한다. 캐나다에서 어떤 용무로 체류했는지에 대해 'des réunions presque tous les jours et je travaillais tard 거의 매일 회의가 있었고 늦게까지 일하곤 했어'라고 설명하므로 정답은 **B**.
4	Hélène은 메시지에서 'collègues 동료들'과 관련하여 'je m'entendais bien avec mes collègues 동료들과 사이좋게 지냈다'라며 사무실 분위기가 아주 화목했다고 언급한다. 그러므로 정답은 **Elle s'entendait bien avec eux**. 메시지에서는 Hélène이 1인칭으로 말하지만 정답을 작성할 땐 주어가 elle이 되므로 이에 맞게 동사를 변화시켜야 함에 유의하자.
5	Hélène이 Pierre에게 이야기하고 싶은 주제가 무엇인지 주관식으로 묻고 있다. 문제에서는 'parler 말하다'로 질문하였고 음성에서는 유의어 'raconter 이야기하다'로 단서를 제시한다. 'J'ai beaucoup de choses à te raconter sur mon séjour au Canada. 캐나다에서의 체류에 대해 너에게 이야기할 게 많아.'에 따르면 정답은 **De son séjour au Canada**. 소유 형용사 변화에 유의하자.
6	음성 내용 전개 순서와 문제 순서는 대부분 일치하므로 마무리 부분에 집중한다. 보기항의 사진 내용에 해당하는 'repas au restaurant 레스토랑에서 식사', 'prendre un café 커피 마시기', 'faire du sport 운동하기' 등 핵심어를 미리 떠올리자. 'On va dîner ensemble au restaurant ? 식당에서 함께 저녁 먹을래?'에 따르면 정답은 **A**.

듣기 평가 EXERCICE 2 실전 연습

Étape 1 공략에 따라 EXERCICE 2 연습 문제를 풀어 보세요.

문제 3 Track 2-03

Lisez les questions. Écoutez le document puis répondez.
Vous habitez en France. Vous entendez un message sur votre répondeur. Répondez aux questions.

1 Quand est-ce que Gérard peut voir Jean ?

....

2 Pourquoi Gérard vient à Paris ?

A ☐ Parce qu'il a un rendez-vous avec Jean.
B ☐ Parce qu'il a un rendez-vous avec un client.
C ☐ Parce que cela fait longtemps qu'il n'a pas vu Jean.

3 Qu'est-ce qui est arrivé à son collègue ?

....

4 Gérard a accepté la demande de son directeur ______________________

A ☐ car il était malade.
B ☐ pour rencontrer son ami.
C ☐ parce qu'il n'avait pas le choix.

5 Il va à Paris en ______________________

☐ A

☐ B

☐ C

6 Dans quel cas Gérard doit-il réserver une chambre à l'hôtel ?

....

Étape 2 문제 3의 내용을 해석해 보세요.

문제를 읽으세요. 지문을 듣고 답하세요.
당신은 프랑스에 살고 있습니다. 당신은 자동 응답기의 메시지를 듣습니다. 질문에 답하세요.

1 Gérard는 언제 Jean을 볼 수 있는가?

....

2 왜 Gérard는 파리에 오는가?

A ☐ 왜냐하면 Jean과 약속이 있기 때문이다.
B ☐ 왜냐하면 고객과 약속이 있기 때문이다.
C ☐ 왜냐하면 Jean을 보지 못한 지 오래되었기 때문이다.

3 그의 동료에게 무슨 일이 있었는가?

....

4 Gérard는 ________________ 상사의 부탁을 수락했다.

A ☐ 아팠기 때문에
B ☐ 친구를 만나기 위해
C ☐ 선택의 여지가 없었기 때문에

5 그는 ________________ (으)로 파리에 간다.

☐ A ☐ B ☐ C

6 어떠한 경우에 Gérard는 호텔에 방을 예약해야 하는가?

....

Étape 3 문제 3의 필수 어휘를 익히고, 스크립트를 확인해 보세요.

필수 어휘 **rencontrer** 만나다 | **mois (m)** 달, 월 | **prochain** 다음의 | **santé (f)** 건강
directeur (조직, 업무의) 장(長), 상사 | **demander** 부탁하다, 요청하다 | **remplacer** 대체하다
accepter 수락하다 | **déménager** 이사하다 | **manquer** 그리워하다, 부족하다 | **chercher** 찾다
partir 떠나다 | **arriver** 도착하다 | **réserver** 예약하다 | **chambre (f)** 방

스크립트

Salut Jean, c'est moi Gérard. Ça y est ! J'aurai l'occasion de te rencontrer le mois prochain. J'ai un rendez-vous avec un client à Paris le 14 mai. En fait, mon collègue devait aller à cette réunion mais il a eu un problème de santé. Alors, mon directeur m'a demandé de le remplacer et j'ai accepté sa demande pour te voir. Je ne t'ai pas vu depuis que tu as déménagé à Paris et tu me manques. Peux-tu venir me chercher à l'aéroport ? Je prends le vol AF 386. Je pars de Marseille à 11 h 45 et j'arrive à 13 h. Je peux rester chez toi pendant mon séjour à Paris ? Sinon, je dois réserver une chambre à l'hôtel, alors rappelle-moi au 06 78 69 94 24.
Merci et à très bientôt !

해석

안녕, Jean, 나야 Gérard. 됐어! 다음 달에 너를 만날 기회가 있을 거야. 5월 14일 파리에서 고객과 약속이 있어. 사실 내 동료가 이 회의에 가야만 했는데 건강에 문제가 생겼어. 그래서 내 상사가 나에게 그를 대신하라고 부탁했고 너를 보기 위해 그의 부탁을 수락했어. 네가 파리로 이사 간 이래로 너를 보지 못했는데 보고 싶어. 공항에 나를 찾으러 와 줄 수 있니? 내가 에어프랑스 386편을 타. 11시 45분에 마르세유에서 출발해서 13시에 도착해. 내가 파리에서 체류하는 동안 네 집에 머물 수 있니? 그렇지 않으면 내가 호텔에 방을 예약해야 하니까, 06 78 69 94 24로 전화해 줘.
고맙고 곧 보자!

Étape 4 문제 3의 해설을 확인해 보세요.

문제 분석

친구에게 파리 방문을 알리는 음성 메시지로, 방문의 계기와 목적을 먼저 파악하며 듣는다. 장소와 관련하여 'aéroport 공항', 'maison 집', 'appartement 아파트' 등의 구체적인 방문지 관련 사항이 출제될 수 있다. 또한 도착 시간 및 전화번호 등 숫자에 유의하여 듣도록 한다.

해설

문항	풀이 요령
1	의문사 'quand 언제'로 시작하므로 날짜 또는 시간을 나타내는 표현을 정확하게 파악해야 한다. 질문에서는 동사 'voir 보다'를 사용하여 두 사람이 볼 수 있는 때를 물었는데, 음성에서는 유의어 'rencontrer 만나다'로 단서를 제시한다. 'J'aurai l'occasion de te rencontrer le mois prochain. 다음 달에 너를 만날 기회가 있을 거야.'에 따르면 정답은 **Le mois prochain**.
2	Gérard가 파리에 가게 된 이유 즉, 방문 목적을 묻고 있다. 따라서 Paris를 언급하는 모든 부분에 유의해야 한다. Gérard는 'un rendez-vous avec un client à Paris 파리에서 고객과 약속'이 있어 방문하게 되었다고 밝히므로 정답은 **B**.
3	'collègue 동료' 관련 언급에 초점을 맞춘다. 'En fait, mon collègue devait aller à cette réunion mais il a eu un problème de santé. 사실 내 동료가 이 회의에 가야만 했는데 건강에 문제가 생겼어.'에 따르면 동료는 건강에 문제가 생긴 상태이다. 그러므로 정답은 **Il a eu un problème de santé**.
4	문제에 등장한 핵심어 'directeur 상사'는 A2 수준에서 대체할 단어가 드물기에 메시지에서 directeur를 직접 언급하는 부분에 초점을 맞춘다. 'Alors, mon directeur m'a demandé de le remplacer et j'ai accepté sa demande pour te voir. 그래서 내 상사가 나에게 그를 대신하라고 부탁했고 너를 보기 위해 그의 부탁을 수락했어.'라고 언급하므로 정답은 **B**.
5	보기항의 사진이 모두 교통수단을 나타내므로 'train 기차', 'avion 비행기', 'bus 버스'와 같은 단어가 등장하는지 주의 깊게 듣는다. 'Je prends le vol AF 386. 내가 에어프랑스 386편을 타.'라고 밝혔으므로 Gérard가 파리에 가기 위해 이용하는 것은 **C**.
6	어떤 경우에 Gérard가 호텔을 예약해야 하는지 질문한다. 음성 내용 전개 순서와 문제 순서는 대부분 일치하므로 마무리 부분에 집중한다. 'Je peux rester chez toi pendant mon séjour à Paris ? Sinon, je dois réserver une chambre à l'hôtel 내가 파리에서 체류하는 동안 네 집에 머물 수 있니? 그렇지 않으면 내가 호텔에 방을 예약해야 하니까.'에 따르면 정답은 **S'il ne peut pas rester chez son ami (Jean)**.

듣기 평가 EXERCICE 2 실전 연습

Étape 1 공략에 따라 EXERCICE 2 연습 문제를 풀어 보세요.

문제 4 Track 2-04

Lisez les questions. Écoutez le document puis répondez.
Vous habitez en France. Vous entendez un message sur votre répondeur. Répondez aux questions.

1 Qu'est-ce que Nathalie vient de recevoir ?

....

2 Quel était le souhait de Catherine ?

A ☐ Elle voulait se marier avant ses 28 ans.
B ☐ Elle voulait gagner de l'argent avant ses 28 ans.
C ☐ Elle voulait avoir des enfants avant ses 28 ans.

3 Que ressentait Catherine pour son mari quand elle était lycéenne ?

....

4 Nathalie ________________________________

A ☐ n'est pas contente du mariage de son amie.
B ☐ accepte l'invitation à la cérémonie de mariage.
C ☐ veut venir à la cérémonie de mariage mais elle ne peut pas.

5 Que pensent acheter Catherine et Julie ?

....

6 Comment est-ce que Nathalie viendra à la cérémonie de mariage ?

☐ A ☐ B ☐ C

Étape 2 문제 4의 내용을 해석해 보세요.

문제를 읽으세요. 지문을 듣고 답하세요.
당신은 프랑스에 살고 있습니다. 당신은 자동 응답기의 메시지를 듣습니다. 질문에 답하세요.

1 Nathalie는 방금 무엇을 받았는가?

....

2 Catherine의 소원은 무엇이었는가?

A ☐ 그녀는 28살 전에 결혼하기를 원했다.
B ☐ 그녀는 28살 전에 돈을 벌기를 원했다.
C ☐ 그녀는 28살 전에 아이를 갖기를 원했다.

3 Catherine는 고등학생일 때 남편에 대한 감정이 어떠했는가?

....

4 Nathalie는 ________________________

A ☐ 친구 결혼식에 대해 만족하지 않는다.
B ☐ 결혼식에 대한 초대를 수락한다.
C ☐ 결혼식에 오고 싶지만 그리할 수가 없다.

5 Catherine와 Julie는 무엇을 사려고 생각하는가?

....

6 Nathalie는 결혼식에 어떻게 오는가?

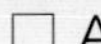

☐ A ☐ B ☐ C

Étape 3 문제 4의 필수 어휘를 익히고, 스크립트를 확인해 보세요.

필수 어휘 **carte d'invitation (f)** 초대장 | **à propos de** ~에 관한 | **mariage (m)** 결혼 | **félicitation (f)** 축하 **se marier** 결혼하다 | **avant** ~전에 | **rêve (m)** 꿈 | **mari (m)** 남편 | **content** 만족한 **avec plaisir** 기꺼이 | **machine à laver (f)** 세탁기 | **directement** 바로

스크립트

Salut Catherine, c'est moi Nathalie. Je viens de recevoir ta carte d'invitation à propos de ton mariage. D'abord, toutes mes félicitations ! Je me souviens que tu as toujours voulu te marier avant tes 28 ans et tu as enfin réalisé ton rêve. D'ailleurs, j'étais très contente quand j'ai vu le nom de ton futur mari. Lui et toi, vous avez étudié dans la même classe au lycée et tu l'aimais déjà beaucoup à cette époque-là. J'accepte ton invitation avec plaisir. J'ai parlé à Julie de cette nouvelle et elle voudrait aussi venir à ta cérémonie de mariage. On pensait acheter une machine à laver pour ton cadeau de mariage, mais tu peux nous dire si tu veux qu'on achète autre chose. On va arriver à la gare à 11 heures et on va aller directement à l'endroit où se passe la cérémonie.

À très bientôt !

해석

안녕 Catherine, 나야 Nathalie. 너의 결혼에 관한 초대장을 방금 받았어. 우선 축하해! 나는 네가 늘 28살 전에 결혼하고 싶다고 했던 걸 잘 기억하고 있는데 마침내 네 꿈을 이루었구나. 게다가, 너의 미래의 남편 이름을 보았을 때 나는 아주 만족했어. 그와 너는 고등학교에서 같은 교실에서 공부를 했고 네가 그 시기에 그를 아주 많이 좋아했잖아. 기꺼이 너의 초대를 수락할게. 내가 이 소식에 대해 Julie에게 말했더니 그녀 또한 너의 결혼식에 오기를 원해. 우리는 너의 결혼 선물로 세탁기를 사려고 생각했는데 만약 우리가 다른 걸 사기를 원한다면 우리에게 말하면 돼. 우리는 11시에 기차역에 도착할 거고 결혼식 장소로 바로 갈 거야.

곧 봐!

Étape 4 문제 4의 해설을 확인해 보세요.

문제 분석

결혼식 초대에 응하는 메시지로, 등장인물 총3명의 관계부터 파악한다. 초대를 받은 사람이 'accepter 수락하다', 'refuser 거절하다', 'annuler 취소하다' 등 어떤 결정을 내렸는지 출제될 수 있으며, 결혼 상대 관련 정보를 물을 수 있다. 결혼 선물은 무엇을 할지 사진을 보고 고르거나 주관식으로 작성하는 유형 역시 출제 가능하다. 마지막으로 결혼식에 참석하기 위해 어떤 교통수단을 이용할 것인지도 놓쳐서는 안 된다.

해설

문항	풀이 요령
1	첫 문제임을 감안하여 음성 앞부분에 핵심어가 제시될 것을 예상한다면, 듣기를 시작하자마자 집중력을 발휘해야 한다. 'Je viens de recevoir ta carte d'invitation à propos de ton mariage. 너의 결혼에 관한 초대장을 방금 받았어.'라고 했으므로 정답은 **La carte d'invitation au mariage de Catherine**.
2	Catherine의 소원이 무엇이었는지 질문하며 보기항에 모두 'avant ses 28 ans 28살 전에'가 등장하므로 해당 숫자 언급 부분에 집중해야 한다. 'Je me souviens que tu as toujours voulu te marier avant tes 28 ans 나는 네가 늘 28살 전에 결혼하고 싶다고 했던 걸 잘 기억하고 있다'에 따르면 정답은 **A**.
3	Catherine은 고등학교 때 'mari 남편'에 대해 어떤 'ressentir (감정을) 느끼다'상태였는지 질문하므로 메시지에서 'mari 남편' 및 'lycée 고등학교' 관련 내용에 초점을 맞춘다. Nathalie에 따르면 Catherine와 예비 남편은 고등학교에서 같은 교실에서 공부를 했고 'tu l'aimais déjà beaucoup à cette époque-là 네가 그 시기에 그를 아주 많이 좋아했다'라고 회상하므로 정답은 **Elle l'aimait déjà beaucoup**.
4	결혼식 초대를 받은 Nathalie의 반응을 묻고 있다. 메시지 전반에 걸쳐 Nathalie는 친구의 결혼 소식에 매우 기뻐하며 축하의 뜻을 전한다. 결혼식 초대에도 'J'accepte ton invitation avec plaisir. 기꺼이 너의 초대를 수락할게.'라고 밝혔으므로 정답은 **B**.
5	결혼 선물로 무엇을 살지에 관한 질문으로 'acheter 사다' 관련 언급에 집중한다. 'On pensait acheter une machine à laver pour ton cadeau de mariage 우리는 너의 결혼 선물로 세탁기를 사려고 생각했는데'에 따르면 Catherine와 Julie가 결혼 선물로 사려는 물품은 **Une machine à laver**.
6	마지막 문제이므로 메시지의 마무리 부분에 단서가 제시될 확률이 높다. 보기항의 사진이 모두 교통수단을 나타내므로 'voiture 자동차', 'avion 비행기', 'train 기차'와 같이 핵심어를 미리 떠올려 본다. 'On va arriver à la gare à 11 heures et 우리는 11시에 기차역에 도착할 거고'라고 언급했으므로 정답은 **C**.

Étape 1 공략에 따라 EXERCICE 2 연습 문제를 풀어 보세요.

문제 5 Track 2-05

Lisez les questions. Écoutez le document puis répondez.
Vous habitez en France. Vous entendez un message sur votre répondeur. Répondez aux questions.

1 Où est-ce que Laurent a proposé à Pierre d'aller ensemble ?

....

2 Pourquoi est-ce qu'ils ont raté le train ?

A ☐ Parce que Pierre a perdu son billet de train.
B ☐ Parce que Pierre a oublié le rendez-vous.
C ☐ Parce que Pierre est arrivé en retard au rendez-vous.

3 Qu'est-ce qu'il y aura pendant cet événement ?

....

4 Pourquoi faut-il arriver tôt ?

....

5 Quel sentiment a Pierre pour Isabelle ?

A ☐ Il l'aime bien.
B ☐ Il ne l'aime pas beaucoup.
C ☐ Il ne s'intéresse pas à elle.

6 Où est-ce que Laurent va rencontrer Isabelle ?

☐ A

☐ B

☐ C

Étape 2 문제 5의 내용을 해석해 보세요.

문제를 읽으세요. 지문을 듣고 답하세요.
당신은 프랑스에 살고 있습니다. 당신은 자동 응답기의 메시지를 듣습니다. 질문에 답하세요.

1 Laurent은 Pierre에게 어디에 같이 가자고 제안했는가?

……………………………………………………………………………………

2 왜 그들은 기차를 놓쳤는가?

A ☐ 왜냐하면 Pierre가 기차표를 잃어버렸기 때문이다.
B ☐ 왜냐하면 Pierre가 약속을 잊었기 때문이다.
C ☐ 왜냐하면 Pierre가 약속에 늦게 도착했기 때문이다.

3 이 행사에 무엇이 있을 것인가?

……………………………………………………………………………………

4 왜 일찍 도착해야 하는가?

……………………………………………………………………………………

5 Pierre는 Isabelle에 대해 어떤 감정을 가지고 있는가?

A ☐ 그는 그녀를 꽤 좋아한다.
B ☐ 그는 그녀를 그다지 좋아하지 않는다.
C ☐ 그는 그녀에게 관심이 없다.

6 Laurent은 Isabelle을 어디에서 만날 것인가?

☐ A

☐ B

☐ C

Étape 3 문제 5의 필수 어휘를 익히고, 스크립트를 확인해 보세요.

필수 어휘 **proposer** 제안하다 | **salon du livre (m)** 도서 박람회 | **rater** 놓치다
séance d'autographes (f) 사인회 | **occasion (f)** 기회 | **impression (f)** 인상
décevoir 실망시키다 | **commencer** 시작하다 | **devant** ~의 앞에

스크립트

Salut Pierre, c'est Laurent. Je t'ai proposé d'aller ensemble au Salon du livre : tu ne l'as pas oublié ? Comme tu étais en retard à notre dernier rendez-vous, on a raté le train. Tu t'en souviens ? Alors, arrive à l'heure cette fois-ci ! Cette exposition est très spéciale parce qu'il y aura une séance d'autographes d'un auteur de best-sellers et il faut y arriver très tôt pour en avoir un. En plus, je vais à ce Salon avec Isabelle et je sais que tu l'aimes bien. C'est une bonne occasion pour toi de lui faire bonne impression. Alors ne me déçois pas, s'il te plaît ! Je te rappelle que ce Salon aura lieu au Parc des expositions à Saint-Maur et la séance d'autographes commencera à partir de 15 h. Je vais retrouver Isabelle au café à 13 h et tu peux nous y rejoindre si tu veux. Sinon, on se voit devant l'entrée du Parc à 14 h.
À demain !

해석

안녕 Pierre, 나 Laurent이야. 내가 너한테 도서 박람회에 함께 가자고 제안했는데: 너 잊지 않았지? 지난 번 우리 약속에 네가 늦어서 기차를 놓쳤어. 기억나니? 그러니까 이번에는 제시간에 도착해! 이 박람회는 아주 특별한데 왜냐하면 베스트셀러 작가의 사인회가 있을 거야. 사인을 한 장 받기 위해서는 아주 일찍 도착해야 해. 게다가 이 도서 박람회에 Isabelle과 함께 갈 건데 네가 그녀를 꽤 좋아하는 걸 내가 알아. 그녀에게 좋은 인상을 줄 좋은 기회야. 그러니까 제발 나를 실망시키지 마! 이 도서 박람회는 Saint-Maur에 있는 전시장에서 열릴 거고 사인회는 15시부터 시작할 것이니 잊지 마. 나는 13시에 Isabelle과 카페에서 만날 건데 네가 원한다면 여기 와서 우리를 만나도 돼. 그렇지 않으면 14시에 전시장 앞에서 보자.
내일 봐!

Étape 4 문제 5의 해설을 확인해 보세요.

문제 분석

약속을 정하기 위한 음성 메시지로, 약속 장소와 관련된 어휘를 주관식으로 쓰거나 보기항에서 사진을 고르는 유형이 출제될 수 있다. 각 인물 간의 관계에 대해서도 유의해야 한다. 약속한 날짜와 시간 관련 숫자에도 주의한다.

해설

문항	풀이 요령
1	의문사 'où 어디'로 질문하므로 장소명 및 문제에 등장한 'proposer 제안하다' 언급에 집중한다. 또한 음성 내용 전개 순서와 문제 순서는 대부분 일치한다는 점을 고려하자. 'Je t'ai proposé d'aller ensemble au Salon du livre 내가 너한테 도서 박람회에 함께 가자고 제안했는데'에 따르면 정답은 **Au Salon du livre**.
2	보기항에 등장한 동사 'perdre 잃어버리다', 'oublier 잊어버리다', 'arriver en retard 늦게 도착하다'를 중심으로 기차를 놓친 이유를 파악해야 한다. 'Comme tu étais en retard à notre dernier rendez-vous, on a raté le train. 지난 번 우리 약속에 네가 늦어서 기차를 놓쳤어.'에 따르면 정답은 **C**.
3	박람회에서 열리는 세부 'événement 행사'에 초점을 두고 어떤 내용이 전개되는지 들어야 한다. Laurent은 Pierre에게 이 박람회가 아주 특별하다며 그 이유는 'parce qu'il y aura une séance d'autographes d'un auteur de best-sellers 왜냐하면 베스트셀러 작가의 사인회가 있을 거야'라고 말하였다. 그러므로 정답은 **Une séance d'autographes (d'un auteur de best-sellers)**.
4	일찍 도착해야 하는 이유를 묻고 있으므로 음성에서 'arriver tôt 일찍 도착하다' 언급 부분에 집중한다. 메시지 중반에서 'pour en avoir un 사인을 한 장 받기 위해서'라고 말하고 있으며 여기에서 en은 앞서 등장한 'autographe 사인'을 대명사로 받은 형태이다. 따라서 정답을 작성할 땐 대명사 en이 아닌 'autographe 사인'으로 써야 한다. 그러므로 정답은 **Pour avoir son autographe**.
5	Isabelle에 대한 Pierre의 감정을 질문하므로 각 인물의 이름을 잘 구분해 가며 듣되 특히 Isabelle에 대해 말하는 부분에 주의를 기울인다. Laurent은 이 도서 박람회에 Isabelle과 함께 갈 계획을 알리며 'je sais que tu l'aimes bien 네가 그녀를 꽤 좋아하는 걸 내가 알아'라고 말한다. 그러므로 정답은 **A**.
6	보기항의 사진이 모두 특정 장소를 나타내므로 'café 카페', 'salle de sport 스포츠 센터', 'librairie 서점'과 같이 장소명 단어를 염두에 두며 Laurent과 Isabelle의 만남 장소를 파악한다. 'Je vais retrouver Isabelle au café à 13 h 나는 13시에 Isabelle과 카페에서 만날 것'이라고 하였으므로 정답은 **A**.

듣기 평가 EXERCICE 2 실전 연습

Étape 1 공략에 따라 EXERCICE 2 연습 문제를 풀어 보세요.

문제 6 Track 2-06

Lisez les questions. Écoutez le document puis répondez.
Vous habitez en France. Vous entendez un message sur votre répondeur. Répondez aux questions.

1 Où est la femme ?

....

2 Qu'est-ce qu'il y aura demain ?

A ☐ Une conférence.
B ☐ Une réunion des enfants.
C ☐ Une réunion des parents.

3 Quand est-ce que la femme va revenir ?

A ☐ Ce soir.
B ☐ Demain.
C ☐ Après-demain.

4 Qui a envoyé un courriel ?

....

5 Pourquoi doit-elle absolument participer à la conférence ?

....

6 Où est-ce que le mari doit aller ?

☐ A

☐ B

☐ C

Étape 2 문제 6의 내용을 해석해 보세요.

문제를 읽으세요. 지문을 듣고 답하세요.
당신은 프랑스에 살고 있습니다. 당신은 자동 응답기의 메시지를 듣습니다. 질문에 답하세요.

1 여자는 어디에 있는가?

....

2 내일 무엇이 있을 것인가?

A ☐ 강연회
B ☐ 아이들 회의
C ☐ 학부모 회의

3 언제 그녀는 돌아올 것인가?

A ☐ 오늘 저녁
B ☐ 내일
C ☐ 모레

4 누가 이메일을 보냈는가?

....

5 왜 그녀는 이 강연회에 반드시 참석해야 하는가?

....

6 남편은 어디로 가야 하는가?

☐ A

☐ B

☐ C

Étape 3 문제 6의 필수 어휘를 익히고, 스크립트를 확인해 보세요.

필수 어휘 **chéri** 친밀한 관계의 호칭, 사랑하는 사람 | **dire** 말하다 | **conférence (f)** 강연회 **après-demain** 모레 | **participer à** ~에 참가하다 | **représentant** 대표 | **envoyer** 보내다 **choix (m)** 선택 | **compter sur** ~을(를) 믿다 | **réunion (f)** 회의

스크립트

Allô ? Chéri, c'est moi. Je suis à la gare et j'ai oublié de te dire quelque chose d'important ce matin. Voilà, il y aura une réunion des parents à l'école de Mathieu demain et je devais y aller. Mais, comme tu le sais, je vais à Paris pour assister à une conférence ce soir et je vais revenir après-demain. Alors tu peux y aller à ma place ? Le représentant des parents a envoyé un courriel pour demander d'y participer. Alors, l'un d'entre nous doit être présent. J'ai essayé d'éviter d'aller à Paris, mais je n'ai pas pu parce que c'est moi qui organise cette conférence. Je suis désolée mais je n'ai pas le choix. La réunion des parents commencera à 14 heures dans la salle de classe 407. Je suis désolée et je compte sur toi.
Merci.

해석

여보세요? 여보, 나야. 나 기차역에 있는데 오늘 아침에 자기한테 중요한 거 얘기한다는 걸 잊어버렸어. 다름이 아니라 내일 Mathieu 학교에서 학부모 회의가 있을 것인데 나는 거기 가야만 할 것 같아. 하지만 알다시피 내가 오늘 저녁 강연회에 참석하기 위해 파리에 가고 모레 되돌아올 거야. 그래서 말인데, 당신이 나 대신 거기 갈 수 있어? 학부모 대표가 거기에 참석하라고 부탁하는 이메일을 보냈어. 그래서 우리들 중 한 명은 출석해야 해. 파리에 안 가려고 노력했지만 그럴 수가 없었던 게 그 강연회를 주최하는 게 나거든. 유감이지만 나는 선택의 여지가 없어. 학부모 회의는 14시에 교실 407에서 시작할 거야. 미안하고 당신만 믿어.
고마워.

Étape 4 문제 6의 해설을 확인해 보세요.

문제 분석

사적인 관계에서 주고받는 음성 메시지의 경우 발신자와 수신자의 관계를 먼저 파악한다. 발신자가 메시지를 남기고 있는 장소 또는 수신자가 메시지를 듣고 향해야 할 장소를 질문할 수 있다. 전화를 건 용건은 무엇인지, 결과적으로 용건을 어떻게 처리하기로 했는지 흐름을 파악하되 'hier 어제', 'aujourd'hui 오늘', 'demain 내일' 등의 시점에 따라 구분하며 듣는다.

해설

문항	풀이 요령
1	첫 문제인 만큼 지문의 도입부에서 정답의 단서를 들려줄 가능성이 높다. 'Je suis à la gare et 나 기차역에 있는데' 중요한 거 얘기한다는 걸 잊어버렸다고 하므로 정답은 **À la gare**.
2	발신자의 용건 중 'demain 내일' 관련 서술에 특히 주의를 기울여야 한다. 보기항을 미리 읽어 'conférence 강연회' 또는 'réunion 회의' 관련 메시지가 언급되는지 주의를 기울인다. 'Voilà, il y aura une réunion des parents à l'école de Mathieu demain et je devais y aller. 다름이 아니라 내일 Mathieu 학교에서 학부형 회의가 있을 것인데 나는 거기 가야만 할 것 같아.'에 따르면 전화를 건 주된 용건이자 내일 일어날 일은 **C**이다.
3	보기항이 모두 시기와 관련된 단어이므로 메시지를 남기고 있는 그녀 즉, 발신자가 파리에서 되돌아오는 시점을 정확하게 들어야 한다. 파리에 가는 이유는 강연회에 참석하기 위함이고 'je vais revenir après-demain 모레 되돌아올 거야'라고 밝혔으므로 정답은 **C**.
4	'courriel 이메일'을 보낸 주체를 질문한다. 메시지에서 'Le représentant des parents a envoyé un courriel pour demander d'y participer. 학부모 대표가 거기에 참석하라고 부탁하는 이메일을 보냈어.'로 언급되므로 이메일을 보낸 사람은 **Le représentant des parents.**가 된다.
5	음성 메시지를 남긴 여성이 강연회에 가지 않을 수 없는 이유를 묻고 있다. 'c'est moi qui organise cette conférence. Je suis désolée mais je n'ai pas le choix. 그 강연회를 주최하는 게 나거든. 유감이지만 나는 선택의 여지가 없어.'에 따르면 강연회를 진행하기로 한 사람이 바로 그녀 본인임을 알 수 있다. 그러므로 정답은 **Parce que c'est elle qui organise cette conférence.**
6	마지막 문제이므로 메시지의 끝부분에 단서가 제시될 확률이 높다. 보기항의 사진이 모두 장소를 나타내므로 'salle de classe 교실', 'cour 안뜰', 'piscine 수영장'과 같이 핵심어를 미리 떠올려 본다. 'La réunion des parents commencera à 14 heures dans la salle de 407. 학부모 회의는 14시에 교실 407에서 시작할 거야.'라고 언급했으므로 정답은 **A**.

듣기 평가 EXERCICE 2 실전 연습

Étape 1 공략에 따라 EXERCICE 2 연습 문제를 풀어 보세요.

문제 7 Track 2-07

Lisez les questions. Écoutez le document puis répondez.
Vous habitez en France. Vous entendez un message sur votre répondeur. Répondez aux questions.

1 Pourquoi Muriel doit-elle faire la réunion avec Béatrice ?

A ☐ Pour accueillir leur client.
B ☐ Pour lui demander un service.
C ☐ Pour présenter les nouveaux modèles.

2 Qui va assister à la présentation ?

....

3 Où est-ce que le père de Muriel habite ?

A ☐ À la campagne.
B ☐ Dans une grande ville.
C ☐ Dans un pays étranger.

4 Quel est le problème du père malade ?

....

5 Pourquoi est-ce que Muriel est désolée ?

A ☐ Parce qu'elle doit quitter le travail.
B ☐ Parce qu'elle annule son rendez-vous pour dîner.
C ☐ Parce qu'elle est obligée d'annuler la réunion.

6 Elle propose de se voir ______________________ après le travail.

☐ A  ☐ B  ☐ C

Étape 2 문제 7의 내용을 해석해 보세요.

문제를 읽으세요. 지문을 듣고 답하세요.
당신은 프랑스에 살고 있습니다. 당신은 자동 응답기의 메시지를 듣습니다. 질문에 답하세요.

1 왜 Muriel은 Béatrice와 회의를 해야 하는가?

A ☐ 고객을 맞이하기 위해서
B ☐ 도움을 요청하기 위해서
C ☐ 새로운 모델들을 소개하기 위해서

2 프리젠테이션에 누가 참석할 것인가?

....

3 Muriel의 아버지는 어디에 살고 계신가?

A ☐ 시골에
B ☐ 대도시에
C ☐ 외국에

4 아픈 아버지의 문제가 무엇인가?

....

5 왜 Muriel은 미안해하는가?

A ☐ 왜냐하면 일을 그만둬야 하기 때문에
B ☐ 왜냐하면 저녁 식사 약속을 취소하기 때문에
C ☐ 왜냐하면 회의를 취소해야 하기 때문에

6 그녀는 퇴근 후 ______________________________ 에서 볼 것을 제안한다.

☐ A

☐ B

☐ C

Étape 3 문제 7의 필수 어휘를 익히고, 스크립트를 확인해 보세요.

필수 어휘 **problème (m)** 문제 | **réunion (f)** 회의 | **présenter** 소개하다 | **nouveau** 새로운
entreprise (f) 회사, 기업 | **directeur** (조직, 업무의) 장(長), 상사 | **campagne (f)** 시골
prendre soin de ~을(를) 돌보다 | **s'occuper de** ~을(를) 맡다, 돌보다
annuler 취소하다 | **prendre un verre** 술 한잔 하다

스크립트

Salut Béatrice, c'est moi Muriel. Je t'appelle parce que j'ai un problème. Toi et moi, nous devons faire la réunion pour présenter les nouveaux modèles de notre entreprise devant le directeur la semaine prochaine. Mais mon père qui habite à la campagne est malade et il n'a personne qui peut prendre soin de lui. Alors je dois m'occuper de lui pendant le week-end et je suis obligée d'annuler notre réunion ce samedi. Je suis vraiment désolée. Je te propose de nous voir après le travail à la salle de réunion de l'entreprise lundi prochain. Qu'est-ce que tu en penses ? Après la réunion, je t'invite à dîner au restaurant. On pourra prendre un verre si tu veux. Appelle-moi au 06 12 58 98 63 pour me donner ta réponse. Merci.

해석

안녕 Béatrice, 나야 Muriel. 나한테 문제가 생겨서 너한테 전화하는 거야. 너랑 나, 우리 다음 주에 부장님 앞에서 우리 회사의 새로운 모델들을 소개하기 위해 회의해야 하잖아. 그런데 시골에 살고 계시는 내 아버지께서 편찮으신데 돌봐 줄 사람이 아무도 없어. 내가 주말 동안 아버지를 돌봐야 해서 이번 주 토요일 우리 회의를 취소해야만 해. 정말 미안해. 다음 주 월요일 퇴근 후에 회사 회의실에서 만나는 것을 제안할게. 너는 어떻게 생각하니? 회의가 끝난 후 식당에서 저녁 식사 살게. 네가 원하면 술 한잔을 할 수도 있어. 06 12 58 98 63으로 전화해서 내게 답변해 줘. 고마워.

Étape 4 문제 7의 해설을 확인해 보세요.

문제 분석

업무 회의 관련 메시지의 경우 회의 목적과 참석자, 인원수를 먼저 파악한다. 그다음으로는 회의 시간 및 장소를 정확히 들어야 하며 특히 숫자에 유의한다. 추가적으로 회의 진행 여부, 예상치 못한 변수, 회의 전 준비할 사항, 회의를 마치고 추가로 어떤 일정이 있는지 등 세부 사항까지 파악하도록 한다.

해설

문항	풀이 요령
1	첫 문제임을 감안하여 음성 앞부분에 핵심어가 제시될 것을 예상한다면, 듣기를 시작하자마자 집중해야 한다. 회의 이유를 묻고 있으므로 'réunion 회의' 관련 부분에 유의하여 듣는다. 'nous devons faire la réunion pour présenter les nouveaux modèles de notre entreprise devant le directeur la semaine prochaine 다음 주에 부장님 앞에서 우리 회사의 새로운 모델들을 소개하기 위해 회의해야 하잖아'에 따르면 회의의 목적은 C.
2	의문사 'qui 누가'로 질문하므로 특정 인물을 언급하는 내용에 집중한다. 'devant le directeur 부장님 앞에서' 우리 회사의 새로운 모델들을 소개하기 위해 회의하기로 했었으므로 프리젠테이션에 참석할 사람은 **Le directeur**.
3	의문사 'où 어디'와 'père 아버지'가 핵심으로, 메시지 중 아버지에 대한 언급과 특정 장소 관련 내용이 이어지는지 유의한다. 'mon père qui habite à la campagne 시골에 살고 계시는 내 아버지께서' 편찮으셔서 회의 일정에 지장이 생겼고 이 메시지를 남기게 되었으므로 정답은 A.
4	아버지에게 생긴 문제가 무엇인지를 묻고 있다. 'malade 아픈'은 A2 단계에서 다른 단어로 대체되기 어려우므로 'père 아버지' 및 'malade 아픈'과 이어지는 내용에 귀를 기울인다. 정답 문장 'il n'a personne qui peut prendre soin de lui 돌봐 줄 사람이 아무도 없어'에 따르면 정답은 **Il n'a personne qui peut prendre soin de lui**.
5	그녀가 'désolée' 즉, 미안해하는 이유를 묻고 있다. 메시지에서 'Alors je dois m'occuper de lui pendant le week-end et je suis obligée d'annuler notre réunion ce samedi. 내가 주말 동안 아버지를 돌봐야 해서 이번 주 토요일 우리 회의를 취소해야만 해.'라고 말한 후 'Je suis vraiment désolée. 정말 미안해.'라고 말한다. 그러므로 정답은 C.
6	문제에서 'proposer 제안하다'와 'après le travail 퇴근 후'가 핵심이다. 보기항의 사진들을 나타내는 'salle de réunion 회의실', 'restaurant 식당', 'maison 집'을 떠올려 둔다. 다음 주 월요일 'je te propose de nous voir après le travail à la salle de réunion 퇴근 후에 회사 회의실에서 만나는 것을 제안할게'에 따르면 정답은 A.

듣기 평가 EXERCICE 2 실전 연습

Étape 1 공략에 따라 EXERCICE 2 연습 문제를 풀어 보세요.

문제 8 Track 2-08

Lisez les questions. Écoutez le document puis répondez.
Vous habitez en France. Vous entendez un message sur votre répondeur. Répondez aux questions.

1 Où travaille Madame Sophie ?

....

2 Madame Sophie téléphone pour ____________________

A ☐ proposer un travail.
B ☐ annuler son voyage.
C ☐ confirmer la réservation.

3 Qui va venir lundi prochain ?

....

4 Pourquoi l'autre guide ne travaille-t-il plus ?

....

5 Pourquoi pense-t-elle qu'il n'y aura pas de difficulté pour vous occuper d'eux ?

A ☐ Parce qu'elle va vous aider.
B ☐ Parce que c'est un travail très facile.
C ☐ Parce que vous avez beaucoup d'expérience dans ce domaine.

6 Où devez-vous aller pour commencer le travail ?

☐ A

☐ B

☐ C

Étape 2 문제 8의 내용을 해석해 보세요.

문제를 읽으세요. 지문을 듣고 답하세요.
당신은 프랑스에 살고 있습니다. 당신은 자동 응답기의 메시지를 듣습니다. 질문에 답하세요.

1 Sophie씨는 어디에서 일하는가?

....

2 Sophie씨는 ______________________________ 위해 전화를 한다.

A ☐ 일을 제안하기
B ☐ 여행을 취소하기
C ☐ 예약을 확인하기

3 다음 주 월요일에 누가 올 것인가?

....

4 왜 다른 가이드는 더 이상 일하지 않는가?

....

5 왜 그녀는 당신이 그들을 맡는 데 어려움이 없을 것이라고 생각하는가?

A ☐ 왜냐하면 그녀가 당신을 도울 것이기 때문에
B ☐ 왜냐하면 매우 쉬운 일이기 때문에
C ☐ 왜냐하면 당신은 이 분야에서 경험이 많기 때문에

6 일을 시작하기 위해서 당신은 어디로 가야 하는가?

☐ A

☐ B

☐ C

Étape 3 문제 8의 필수 어휘를 익히고, 스크립트를 확인해 보세요.

필수 어휘 **touriste** 관광객 | **arriver** 도착하다 | **pendant** ~동안 | **guider** 안내하다 | **personnel** 개인적인 **expérience (f)** 경험 | **domaine (m)** 영역, 분야 | **difficulté (f)** 어려움 | **commencer** 시작하다 **accueil (m)** 받아들임, 수용 | **aéroport (m)** 공항 | **avenir (m)** 미래

스크립트

Bonjour Monsieur Dupont, c'est Madame Sophie, de l'agence de voyage Sac Tours. Voilà, nous avons un groupe de touristes qui va arriver lundi prochain. Ils vont rester à Paris pendant une semaine et nous vous proposons de les guider, si vous êtes libre. En fait, nous avions un guide mais il ne travaille plus depuis hier à cause d'un problème personnel. Alors si vous acceptez notre proposition, nous allons vous envoyer le programme que nous avons organisé pour ce groupe. Comme vous avez beaucoup d'expérience dans ce domaine, je pense qu'il n'y aura pas de difficulté pour vous occuper d'eux. Le travail commencera par leur accueil à l'aéroport. À mon avis, ce sera une bonne occasion pour qu'on puisse travailler ensemble à l'avenir. Rappelez-moi au 05 46 25 89 94 ou envoyez-moi un courriel pour me donner votre réponse.

Merci et à bientôt.

해석

안녕하세요 Dupont씨, 저는 Sac Tours 여행사의 Sophie입니다. 다름이 아니라, 다음 주 월요일에 도착하는 관광객 한 팀이 있습니다. 그들은 일주일 동안 파리에 머무를 것인데 만약 시간이 되신다면, 당신이 이들을 안내할 것을 제안드립니다. 사실, 가이드가 있었는데 개인적인 문제 때문에 어제부터 더 이상 일을 하지 않거든요. 그래서, 만약 당신이 우리 제안을 받아들이시면, 이 그룹을 위해 우리가 기획한 프로그램을 보내 드릴게요. 당신은 이 분야에서 많은 경험이 있으니까 이들을 맡는 데 어려움은 없을 것이라고 생각합니다. 공항에서 이들을 맞이하는 것으로 일이 시작될 것입니다. 제 생각에는 이것이 앞으로 우리가 함께 일할 수 있는 좋은 기회가 될 것이라고 생각합니다. 저에게 답변하려면, 05 46 25 89 94로 전화 주시거나 제게 이메일을 보내 주세요.

감사드리고 곧 뵐게요.

Étape 4 문제 8의 해설을 확인해 보세요.

문제 분석

업무와 관련된 메시지로 먼저 메시지를 남긴 사람의 직업이나 일하는 장소를 주관식으로 출제할 수 있다. 처리해야 할 업무와 관련해서 근무 날짜 및 기간, 근무 요일이 언급될 수 있으므로 숫자 듣기에 유의해야 한다. 구체적인 업무 내용에 대해서도 주관식 또는 사진 보기항에서 선택하기로 출제될 수 있다. 근무 장소 언급 역시 놓쳐서는 안 된다. 마지막으로 전화번호를 남기면서 방문, 메일 등의 연락 방법을 함정 보기로 제시하여 오답을 유도할 수 있다.

해설

문항	풀이 요령
1	음성 메시지 특성상 듣기가 시작되자마자 'C'est+이름'의 문형으로 발신자 정보를 알 수 있다. 'Bonjour Monsieur Dupont, c'est Madame Sophie, de l'agence de voyage Sac Tours. 안녕하세요 Dupont씨, 저는 Sac Tours 여행사의 Sophie입니다.'에 따르면 정답은 **À l'agence de voyage (Sac Tours).**
2	'pour ~을(를) 위해'로 질문하였으므로 Sophie가 메시지를 남긴 목적을 파악해야 한다. 일반적으로 'Voilà 다름이 아니라'로 전화를 건 용건 즉, 메시지의 목적을 밝히는 경우가 대부분이다. Sophie 역시 Voilà에 이어 다음 주 월요일에 도착할 관광객들에 대해 언급하며 'nous vous proposons de les guider 당신이 이들을 안내하는 것을 제안드립니다'라고 용건을 말하였다. 그러므로 정답은 **A**. '제안하다'를 뜻하는 동사 proposer는 꼭 알아 두어야 한다.
3	의문사 'qui 누가'로 질문했으므로 'lundi prochain 다음 주 월요일'과 관련하여 언급되는 사람은 누구인지 초점을 맞춘다. 메시지에서 'Voilà, nous avons un groupe de touristes qui va arriver lundi prochain. 다름이 아니라, 다음 주 월요일에 도착하는 관광객 한 팀이 있습니다.'에 따르면 정답은 **Un groupe de touristes.**
4	A2 단계에서 guide는 다른 단어로 대체되기 어려우므로 음성 메시지에서 guide 언급 내용에 주의를 기울이자. 가이드가 있었는데 'il ne travaille plus depuis hier à cause d'un problème personnel 개인적인 문제 때문에 어제부터 더 이상 일을 하지 않거든요'라고 설명하므로 정답은 **À cause d'un problème personnel.**
5	Dupont씨가 그들을 맡는 데 왜 'difficulté 어려움'이 왜 없을 것이라고 여기는지 Sophie씨의 의견을 파악해야 한다. 'Comme vous avez beaucoup d'expérience dans ce domaine 이 분야에서 많은 경험이 있으니까' 이들을 맡는 데 어려움은 없을 것이라고 메시지에 드러나고 있다. 따라서 정답은 **C.**
6	보기항의 사진이 모두 특정 장소를 나타낸다. 'aéroport 공항', 'gare 기차역', 'port 항구' 중 Dupont씨가 일을 시작하는 장소는 'Le travail commencera par leur accueil à l'aéroport. 공항에서 이들을 맞이하는 것으로 일이 시작될 것입니다.'에 따르면 **A**이다.

듣기 평가 EXERCICE 2 실전 연습

Étape 1 공략에 따라 EXERCICE 2 연습 문제를 풀어 보세요.

문제 9 Track 2-09

Lisez les questions. Écoutez le document puis répondez.
Vous habitez en France. Vous entendez un message sur votre répondeur. Répondez aux questions.

1 Où est-ce que Monsieur Olivier travaille ?

....

2 Qu'est-ce que vous avez gagné ?

A ☐ Une semaine de vacances à la ferme.
B ☐ Une semaine de vacances à la montagne.
C ☐ Une semaine de vacances dans une île.

3 Où est-ce que vous allez loger ?

☐ A ☐ B ☐ C

4 Quels spectacles pourrez-vous voir ?

....

5 Quel événement y aura-t-il pendant la croisière ?

....

6 Qu'est-ce que vous devez faire pour avoir cette chance de voyager gratuitement ?

A ☐ Écrire à propos de votre voyage.
B ☐ Participer au concours.
C ☐ Prendre des photos pendant le voyage.

Étape 2 문제 9의 내용을 해석해 보세요.

문제를 읽으세요. 지문을 듣고 답하세요.
당신은 프랑스에 살고 있습니다. 당신은 자동 응답기의 메시지를 듣습니다. 질문에 답하세요.

1 Olivier씨는 어디에서 근무하는가?

....

2 당신은 무엇을 얻었는가?

A ☐ 농장에서 일주일의 휴가
B ☐ 산에서 일주일의 휴가
C ☐ 섬에서 일주일의 휴가

3 당신은 어디에서 머물 것인가?

☐ A

☐ B

☐ C

4 당신은 어떤 공연들을 볼 수 있을 것인가?

....

5 유람선에서는 어떤 행사가 있을 것인가?

....

6 무료로 여행하는 이 기회를 얻기 위해서 당신은 무엇을 해야 하는가?

A ☐ 당신의 여행에 대한 글쓰기
B ☐ 대회에 참가하기
C ☐ 여행 동안 사진 찍기

Étape 3 문제 9의 필수 어휘를 익히고, 스크립트를 확인해 보세요.

필수 어휘 **compagnie (f)** 회사 | **aérien** 항공의 | **île (f)** 섬 | **loger** 묵다 | **luxe** 고급스러운
goûter 맛보다 | **traditionnel** 전통적인 | **croisière (f)** 유람선 | **condition (f)** 조건
impression (f) 인상, 느낌 | **unique** 유일한 | **bien-aimé** 사랑하는 사람

스크립트

Bonjour Monsieur Patrick, c'est Monsieur Olivier, de la compagnie aérienne Bel Air. Nous avons le grand plaisir de vous annoncer que vous avez gagné une semaine de vacances magnifiques à l'île de la Réunion. Vous allez loger dans un hôtel de luxe et vous pourrez goûter des plats délicieux dans un restaurant réputé. Et puis, vous allez apprécier des spectacles de danse traditionnelle des habitants avec votre bien-aimé. Et ce n'est pas tout ! Il y aura une belle soirée dansante pendant une croisière et vous y passerez un moment inoubliable. Il y a une seule condition pour que vous puissiez réaliser vos rêves : écrivez-nous vos impressions après avoir voyagé ! Envoyez-nous un courriel si vous acceptez cette chance unique.
Merci d'avance !

해석

안녕하세요 Patrick씨, 저는 Bel Air 항공사의 Olivier입니다. 레위니옹섬에서 일주일간의 멋진 휴가에 당첨되신 것을 알려 드리게 되어 기쁘게 생각합니다. 당신은 호화스러운 호텔에 묵게 될 것이고 유명한 식당에서 맛있는 음식들을 맛볼 수 있을 것입니다. 그리고 당신은 사랑하는 사람과 주민들의 전통 무용 공연들을 감상할 것입니다. 그리고 이것이 다가 아닙니다! 선상 유람 중에 아름다운 저녁 댄스 파티가 있을 것이고 이곳에서 잊지 못할 순간을 보내실 것입니다. 당신의 꿈을 실현시키기 위해 단 하나의 조건이 있습니다: 여행을 하고 난 후 당신의 느낌을 우리에게 작성해 주세요! 만약 이 유일한 기회를 수락한다면 우리에게 이메일을 보내 주세요.
미리 감사드립니다!

Étape 4 문제 9의 해설을 확인해 보세요.

문제 분석

이벤트 당첨을 알리는 음성 메시지로, 이벤트 담당자 및 근무 기관 정보를 기본적으로 물을 수 있다. 메시지의 핵심 내용인 이벤트와 관련해서는 구체적으로 어떤 내용인지, 참여할 경우 어떤 특전을 제공하는지, 참여 조건은 무엇이 있는지 등 고루 출제될 수 있다. 여행 상품을 제공하는 이벤트이므로 여행 날짜와 기간에 해당하는 숫자 파악에도 유의한다.

해설

문항	풀이 요령
1	첫 문제이므로 음성 메시지 앞부분에 핵심어가 제시될 것이며 발신자 관련 정보는 특히 듣기가 시작되자마자 'C'est+이름'의 문형으로 등장할 가능성이 높다. 'c'est Monsieur Olivier, de la compagnie aérienne Bel Air. 저는 Bel Air 항공사의 Olivier입니다.'로 이름과 근무처를 밝히므로 정답은 **Dans une compagnie aérienne (Bel Air)**.
2	보기항에 'une semaine de vacances 일주일의 휴가'가 공통적으로 등장했으므로 어디에서 일주일의 휴가를 보낼지 즉, 장소명에 집중해서 듣는 것이 요령이다. Olivier에 따르면 Patrick은 'une semaine de vacances magnifiques à l'île de la Réunion 레위니옹섬에서 일주일간의 멋진 휴가'에 당첨되었으므로 정답은 **C**.
3	숙소와 관련된 문제로 메시지에서 'vous allez loger dans un hôtel de luxe 당신은 호화스러운 호텔에 묵게 될 것'이라 언급하므로 정답은 **A**. 농장이나 산장 관련 내용은 등장한 바 없다.
4	'Quels spectacles 어떤 공연들'을 볼 수 있는지 질문하므로 공연 관련 언급에 초점을 맞춘다. 'vous allez apprécier des spectacles de danse traditionnelle des habitants avec votre bien-aimé 당신의 사랑하는 사람과 주민들의 전통 무용 공연들을 감상할 것입니다'에 따르면 정답은 **Des spectacles de danse traditionnelle des habitants**. spectacle은 다른 단어로 대체하기 어렵기 때문에 음성에서 해당 어휘에 집중해서 듣고 답을 쓰는 것이 중요하다.
5	'croisière 유람선' 위에서 개최되는 'événement 행사' 안내에 집중한다. 'Il y aura une belle soirée dansante pendant une croisière 선상 유람 중에 아름다운 저녁 댄스 파티가 있을 것이다'라고 안내하므로 정답은 **Une belle soirée dansante**.
6	음성 내용 전개 순서와 문제 순서는 대부분 일치하므로 마무리 부분에 주의한다. 무료 여행의 기회를 잡기 위해서 Patrick이 따라야 할 조건은 바로 'écrivez-nous vos impressions après avoir voyagé ! 여행을 하고 난 후 당신의 느낌을 우리에게 작성해 주세요!'였으므로 정답은 **A**. 대회에 'participer à ~에 참여하다', 'prendre une photo 사진을 찍다' 관련 내용은 언급된 바 없다.

듣기 평가 EXERCICE 2 실전 연습

Étape 1 공략에 따라 EXERCICE 2 연습 문제를 풀어 보세요.

문제 10 Track 2-10

Lisez les questions. Écoutez le document puis répondez.
Vous habitez en France. Vous entendez un message sur votre répondeur. Répondez aux questions.

1 Où est-ce que Madame Lucré travaille ?

....

2 Madame Lucré téléphone pour ____________________

A ☐ demander un emploi.
B ☐ annoncer une bonne nouvelle.
C ☐ annoncer une mauvaise nouvelle.

3 Pour quelle raison avez-vous été sélectionnée ?

A ☐ Parce que vous savez parler japonais.
B ☐ Parce que vous avez beaucoup d'expérience.
C ☐ Parce que vous avez des compétences nécessaires pour la compagnie.

4 Pourquoi la connaissance des langues est-elle importante ?

....

5 Quand commencez-vous ce travail ?

....

6 Que devez-vous faire si vous avez des questions à propos du travail ?

☐ A

☐ B

☐ C

Étape 2 문제 10의 내용을 해석해 보세요.

문제를 읽으세요. 지문을 듣고 답하세요.
당신은 프랑스에 살고 있습니다. 당신은 자동 응답기의 메시지를 듣습니다. 질문에 답하세요.

1 Lucré씨는 어디에서 일하는가?

....

2 Lucré씨는 ______________________ 위해 전화한다.

A ☐ 일자리를 부탁하기
B ☐ 좋은 소식을 알리기
C ☐ 나쁜 소식을 알리기

3 어떠한 이유로 당신이 선발되었는가?

A ☐ 왜냐하면 당신은 일본어를 말할 줄 알기 때문이다.
B ☐ 왜냐하면 당신은 많은 경험이 있기 때문이다.
C ☐ 왜냐하면 당신은 회사에서 필요한 능력을 가지고 있었기 때문이다.

4 왜 언어 능력이 중요한가?

....

5 당신은 언제 이 일을 시작하는가?

....

6 만약 업무에 관해 질문이 있으면 당신은 무엇을 해야 하는가?

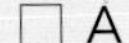
☐ A

☐ B

☐ C

Étape 3 문제 10의 필수 어휘를 익히고, 스크립트를 확인해 보세요.

필수 어휘 **réussir** 성공하다 | **entretien (m)** 면접 | **sélectionner** 선발하다, 선택하다
candidat 지원자 | **compétence (f)** 능력 | **parler** 말하다 | **commerce (m)** 무역
entreprise (f) 회사, 기업 | **plusieurs** 여럿의 | **avantage (m)** 장점

스크립트

Bonjour Madame Manon, c'est Madame Lucré, de la société FOTRA. Nous sommes très heureux de vous informer que vous avez réussi votre entretien de la semaine dernière. En fait, vous avez été sélectionnée parmi de nombreux candidats parce que vous avez des compétences dont nous avons besoin pour notre société. Vous parlez notamment français, anglais et chinois. Comme nous faisons du commerce avec beaucoup d'entreprises étrangères, parler plusieurs langues est un avantage pour nous. Vous pouvez commencer à travailler le lundi 2 septembre. Si vous avez des questions à propos du travail, contactez-moi au 06 78 58 69 21. Bonne journée !

해석

안녕하세요 Manon씨, 저는 FOTRA 회사의 Lucré입니다. 지난주 면접에 통과하셨음을 알려 드리게 되어 매우 기쁩니다. 사실 당신은 회사를 위해 우리가 필요로 하는 능력들을 갖추고 있었기 때문에 많은 지원자들 중에서 선발되었습니다. 당신은 특히 프랑스어, 영어 그리고 중국어를 말할 줄 압니다. 우리는 많은 외국 기업들과 무역을 하기 때문에 여러 언어를 말하는 것은 우리에게 장점입니다. 당신은 9월 2일 월요일에 일을 시작할 수 있습니다. 만약 업무와 관련하여 질문이 있으시면 06 78 58 69 21로 연락 주세요. 좋은 하루 되세요!

Étape 4 문제 10의 해설을 확인해 보세요.

문제 분석

면접에 통과했음을 알리는 음성 메시지이다. 우선 발신자의 자기소개를 통해 근무처 및 근무 장소 관련 정보를 파악해야 한다. 채용 이유 관련 설명은 보통 길게 말하기 때문에 주관식으로 출제되는 경우는 거의 없고 대부분 객관식으로 출제된다. 이어서 근무 분야, 출근일, 필요한 외국어, 준비할 것 등 세부 사항을 파악한다. 숫자 관련으로는 회사 전화번호 및 출근 날짜 언급에 유의한다.

해설

문항	풀이 요령
1	첫 문제이므로 메시지 시작 부분에 단서가 등장할 가능성이 높다. 또한 발신자의 이름과 소속은 음성 메시지가 들리자마자 'C'est+이름' 형태로 등장하게 된다. Lucré 씨 역시 'c'est Madame Lucré, de la société FOTRA 저는 FOTRA 회사의 Lucré입니다'라고 밝혔으므로 정답은 **À la société FOTRA**.
2	메시지를 남긴 목적을 질문한다. 'Nous sommes très heureux de vous informer que vous avez réussi votre entretien de la semaine dernière. 지난주 면접에 통과하셨음을 알려 드리게 되어 매우 기쁩니다.'에 따라 보기 A가 먼저 제외된다. 면접 통과는 일반적으로 좋은 소식이므로 정답은 **B**.
3	수신자인 Madame Manon의 입장에서 어떤 이유로 FOTRA 회사에 선발되었는지 파악해야 한다. 'parce que vous avez des compétences dont nous avons besoin pour notre société. 사실 당신은 회사를 위해 우리가 필요로 하는 능력들을 갖추고 있었기 때문에'에 따르면 정답은 **C**. 이어서 특히 여러 외국어 구사 능력이 선발에 주효했다고 밝힌다. 외국어 관련 언급 때문에 A를 고르지 않도록 주의한다. 프랑스어, 영어, 중국어를 말할 줄 안다고 하였지 일본어는 언급된 바 없다.
4	'la connaissance des langues 언어 능력'이 중요한 이유는 'Comme nous faisons du commerce avec beaucoup d'entreprises étrangères, 우리는 많은 외국 기업들과 무역을 하기 때문에'이므로 정답은 **Parce que cette société fait du commerce avec beaucoup d'entreprises étrangères**.
5	근무 시기와 관련하여 날짜 및 요일 언급에 유의한다. 'Vous pouvez commencer à travailler le lundi 2 septembre. 당신은 9월 2일 월요일에 일을 시작할 수 있습니다'에 따르면 정답은 **Le lundi 2 septembre**.
6	보기항의 사진이 모두 연락 방법을 나타낸다. 'rencontrer 만나다', 'téléphone portable 휴대폰', 'courriel 이메일' 중 업무 관련 질문을 위한 방법은 무엇일지 파악해야 하므로 끝까지 집중력을 유지한다. 업무와 관련하여 질문이 있으시면 'contactez-moi au 06 78 58 69 21 06 78 58 69 21로 연락 주세요'라고 안내하므로 정답은 **B**.

EXERCICE 3

Lisez les questions. Écoutez le document puis répondez.

Vous écoutez cette émission de radio francophone. Répondez aux questions.

문제를 읽으세요. 지문을 듣고 답하세요.

당신은 프랑스어권 지역 라디오의 이 방송을 듣습니다. 질문에 답하세요.

듣기 평가

EXERCICE 3 완전 공략

1 핵심 포인트

EXERCICE 3은 듣기 영역 중 가장 난이도가 높다. 문제 구성은 객관식, 주관식 각 3문항이며 객관식 중 1문항은 사진을 보고 선택하는 방식으로 진행된다. 음성 길이가 길고 내용 역시 일상생활뿐만 아니라 시사 문화적 성격의 주제까지 등장할 수 있다. 가장 확실한 전략은 두 번의 듣기 중 첫 번째로 음성을 들을 땐 본인이 상대적으로 풀기 쉬운 문제에 초점을 맞추고, 두 번째 들을 땐 상대적으로 난해하게 느껴졌던 문제에 집중하는 것이다. 따라서 듣기가 시작되기 전 주어지는 30초 동안 어떤 문제부터 초점을 맞출지 빠르게 훑어보고 결정해야 한다.

2 빈출 주제

라디오 방송 형식으로 사회, 교육, 문화 등 다양한 분야에 걸쳐 특별한 행사를 안내하거나 정보를 전달한다.

3 고득점 전략

(1) 철저한 문제 분석이 무엇보다 중요하다.

음성 내용이 어렵고, 길이도 상당하므로 시험지에 주어진 문제와 보기항에서 최대한 많은 단서를 파악해야 한다. 듣기를 시작하기 전 각 문제가 어떤 내용에 대해 질문하는지, 보기항에서 공통된 어휘나 표현이 있는지 살펴보고, 어떤 어휘나 표현 언급에 특히 초점을 맞춰 들어야 할지 유념해 둔다.

(2) 지문의 주제와 유형을 정확하게 파악한다.

특정 주제 관련 정보를 전달하기 위한 목적의 리포트, 사회적 이슈가 될 수 있는 건강·교육·일상생활 관련 내용이 주로 등장한다. 방송 지문의 주제와 유형에 따라 문제 형식과 답안 작성 요령도 달라지므로, 지문의 주제와 유형을 정확하게 파악하도록 노력해야 한다.

(3) 끝까지 집중력을 유지한다.

음성이 길고 난이도가 높기 때문에 앞부분의 한두 문제에서 겁먹는 경우가 많다. 이때 포기하거나 체념 상태에 빠져서는 안 된다. 남아 있는 문제까지 악영향을 받지 않도록, 반드시 집중력을 유지하자. 듣기 영역 총25점 중 EXERCICE 3이 전부가 아님을 되새기며, '흔들리지 말고 내가 맞출 수 있는 최대한의 점수를 가져가겠다'라는 마음가짐으로 최선을 다한다.

듣기 평가 EXERCICE 3 실전 연습

Étape 1 공략에 따라 EXERCICE 3 연습 문제를 풀어 보세요.

문제 1 Track 3-01

Lisez les questions. Écoutez le document puis répondez.
Vous écoutez cette émission de radio francophone. Répondez aux questions.

1 Cette émission parle d'un événement qui se déroule...

....

2 Qu'est-ce qui attend les familles autour du lac Léman ?

....

3 Quand est-ce que l'événement de Swiss Vapeur Parc a lieu ?

....

4 Que peuvent chercher les enfants ?

☐ A ☐ B ☐ C

5 Qu'est-ce qu'on peut voir à la Fête de la Tulipe à Morges ?

A ☐ Des jouets.
B ☐ Des fleurs.
C ☐ Des animaux.

6 Grâce à la Compagnie Générale de Navigation, on peut passer une belle journée sur un bateau ______________________

A ☐ en faisant du sport.
B ☐ en mangeant un repas spécial.
C ☐ en apprenant à faire la cuisine.

Étape 2 문제 1의 내용을 해석해 보세요.

문제를 읽으세요. 지문을 듣고 답하세요.
당신은 프랑스어권 지역 라디오의 이 방송을 듣습니다. 질문에 답하세요.

1 이 방송은 ______________________ 이(가) 진행되는 행사에 대해 말한다.

2 레만 호수 근처에서 가족들을 기다리는 것은 무엇인가?

3 Swiss Vapeur 공원의 행사는 언제 열리는가?

4 아이들은 무엇을 찾을 수 있는가?

☐ A ☐ B ☐ C

5 Morges 튤립 축제에서는 무엇을 볼 수 있는가?

A ☐ 장난감들
B ☐ 꽃들
C ☐ 동물들

6 Générale de Navigation 회사 덕분에, 사람들은 ______________________ 배 위에서 즐거운 하루를 보낼 수 있다.

A ☐ 운동을 하면서
B ☐ 특별한 식사를 먹으면서
C ☐ 요리하는 것을 배우면서

Étape 3 문제 1의 필수 어휘를 익히고, 스크립트를 확인해 보세요.

필수 어휘 **Pâques** 부활절 | **site (m)** 위치, 지역 | **animation (f)** 생동감
chasse (f) 사냥, 채집 | **œuf (m)** 알, 달걀 | **décorer** 장식하다 | **trésor (m)** 보물
profiter de (~을) 이용하다 | **lac (m)** 호수 | **croisière (f)** 유람선 | **déguster** 맛보다

스크립트

Radio France, bonjour ! C'est bientôt les vacances de Pâques, alors nous voulons vous parler d'une idée intéressante. Durant les vacances de Pâques, de nombreux sites touristiques autour du lac Léman préparent des animations spéciales pour accueillir les familles. D'abord, le Swiss Vapeur Parc propose une chasse aux œufs du 14 au 23 avril : le site est décoré aux couleurs de Pâques pendant dix jours et les enfants peuvent chercher des œufs dans le parc sur le principe d'une chasse au trésor. Les vacances de Pâques, c'est aussi l'occasion de profiter de l'habituelle Fête de la Tulipe à Morges, avec ses 120,000 tulipes. Enfin, la Compagnie Générale de Navigation sur le lac Léman propose du 14 au 17 avril, des croisières de Pâques pour profiter d'une belle journée sur l'eau en dégustant un menu spécial.
Pour plus d'informations, consultez le site internet des vacances de Pâques.
<https://www.lemansansfrontiere.org>

해석

안녕하세요 Radio France입니다! 이제 곧 부활절 연휴입니다, 그래서 우리는 여러분께 흥미로운 아이디어에 대해 말씀드리고자 합니다. 부활절 연휴 동안, 레만 호수 근처에 있는 많은 관광 명소들이 가족들을 환대하기 위한 특별한 움직임을 준비하고 있습니다. 우선, Swiss Vapeur 공원은 4월 14일부터 23일까지 달걀 찾기를 제안하는데: 이 장소는 10일 동안 부활절의 색깔로 장식되며 아이들은 보물찾기 규칙에 따라 공원 안에서 달걀을 찾을 수 있습니다. 부활절 연휴는 또한 매년 개최되는 Morges 튤립 축제를 이용할 기회가 되는데 이곳에는 12만 송이의 튤립이 있습니다. 마지막으로, 레만 호수의 Navigation사(社)는 4월 14일부터 17일까지 특별한 메뉴를 맛보면서 물 위에서 아름다운 하루를 보내기 위한 부활절 선상 유람을 제안합니다.
더 많은 정보를 위해서는 부활절 연휴 인터넷 사이트를 참조하세요.
<https://www.lemansansfrontiere.org>

Étape 4 문제 1의 해설을 확인해 보세요.

문제 분석

행사 안내 방송인 만큼 어떤 분야의 행사인지부터 파악한다. 이어서 누구를 위한 행사인지, 어떤 구체적인 순서와 내용으로 행사가 진행되는지에 주의한다. 행사 시작 및 종료 날짜, 기간 등의 숫자 언급 내용이 출제될 수 있으며 행사 장소 또한 사진을 보고 고르거나 주관식으로 쓰는 유형으로 등장할 수 있다.

해설

문항	풀이 요령
1	첫 문제인 만큼 지문의 도입부에서 정답의 단서를 들려줄 가능성이 높다. 역시나 맨 첫 문장에서 'C'est bientôt les vacances de Pâques, 이제 곧 부활절 연휴입니다.'라고 언급하므로 정답은 **D'activités pour les vacances de Pâques.**
2	lac Léman 즉, 레만 호수에서 가족들을 위한 어떤 행사가 있는지 파악해야 한다. Léman이라는 고유 명사를 언급하는 부분에 특히 주의하자. 부활절 연휴 동안 'de nombreux sites touristiques autour du lac Léman préparent des animations spéciales pour accueillir les familles 레만 호수 근처에 있는 많은 관광 명소들이 가족들을 환대하기 위한 특별 행사들을 준비하고 있습니다'에 따르면 정답은 **Des animations spéciales.**
3	행사 기간을 묻는 유형이다. 방송에서 특정 기간을 언급하는 부분이 총2곳 등장하는데, 그중 문제에 등장한 고유 명사 'Swiss Vapeur Parc Swiss Vapeur 공원'에 대해 말하는 부분에 유의해야 한다. 'du 14 au 17 avril 4월 14일부터 17일까지'는 공원이 아닌 호수에서 열리는 선상 유람 행사 기간이었으므로 혼동해서는 안 된다. Swiss Vapeur Parc에서 열리는 달걀 찾기 행사는 4월 14일부터 23일까지였으므로 정답은 **Du 14 au 23 avril.**
4	문제를 미리 읽어 'enfants 아이들' 관련 내용에 초점을 맞추고 보기항 사진에 해당하는 핵심어 'jouet 장난감', 'œuf 달걀', 'livre 책'을 떠올려 본다. 방송에서 'les enfants peuvent chercher des œufs dans le parc sur le principe d'une chasse au trésor 아이들은 보물찾기 규칙에 따라 공원 안에서 달걀을 찾을 수 있습니다'라고 안내하므로 정답은 **B.**
5	문제에 언급된 Fête de la Tulipe à Morges 즉, Morges 튤립 축제에서 감상할 수 있는 것은 12만 송이의 'tulipes 튤립들'이었으므로 정답은 **B.** 장난감이나 동물에 대한 내용은 언급된 바 없다.
6	Navigation사가 배 위에서 어떤 행사를 여는지 파악해야 한다. 음성 내용 순서와 문제 순서는 일반적으로 일치하므로 마무리 부분까지 놓치지 않는다. 'en dégustant un menu special 특별한 메뉴를 맛보면서' 물 위에서 아름다운 하루를 보내기를 제안하므로 정답은 **B.**

듣기 평가 EXERCICE 3 실전 연습

Étape 1 공략에 따라 EXERCICE 3 연습 문제를 풀어 보세요.

문제 2 Track 3-02

Lisez les questions. Écoutez le document puis répondez.
Vous écoutez cette émission de radio francophone. Répondez aux questions.

1 Quel est le sujet de cette émission ?

....

2 Les congés d'été sont le meilleur moyen pour ____________________

A ☐ voyager dans un pays étranger.
B ☐ partir en vacances avec des amis.
C ☐ passer de bons moments en famille.

3 Quelle question se pose-t-on pour ceux qui font un voyage solidaire en Afrique ?

A ☐ Manger des plats qu'on ne mange pas dans la vie quotidienne.
B ☐ Vivre dans un autre environnement.
C ☐ Communiquer avec quelqu'un qui parle l'autre langue.

4 Les gens se retrouvent tous sous le même toit sur ____________________

☐ A ☐ B ☐ C

5 Pourquoi certains utilisent-ils un camping-car ?

....

6 Quel est le problème pour les gens qui cohabitent à cinq dans un camping-car ?

....

Étape 2 문제 2의 내용을 해석해 보세요.

문제를 읽으세요. 지문을 듣고 답하세요.
당신은 프랑스어권 지역 라디오의 이 방송을 듣습니다. 질문에 답하세요.

① 이 방송의 주제는 무엇인가?

....

② 여름 휴가는 ________________________ 위한 최상의 방법이다.

A ☐ 외국을 여행하기
B ☐ 친구들과 휴가를 떠나기
C ☐ 가족끼리 좋은 시간을 보내기

③ 아프리카에서 단체로 여행을 하는 사람들에게 어떤 문제가 제기되는가?

A ☐ 일상생활에서 먹지 않는 음식을 먹는 것
B ☐ 다른 환경에서 사는 것
C ☐ 다른 언어를 사용하는 사람들과 의사소통하는 것

④ 사람들은 ________________________ 에서 같은 지붕 아래에 모두 있다.

☐ A

☐ B

☐ C

⑤ 왜 어떤 사람들은 캠핑카를 사용하는가?

....

⑥ 캠핑카 안에서 5명이 함께 사는 사람들에게 문제는 무엇인가?

....

Étape 3 문제 2의 필수 어휘를 익히고, 스크립트를 확인해 보세요.

필수 어휘 **(ne) rien** 아무것도 | **congé (m)** 휴가 | **partager** 나누다, 공유하다 | **resserrer** 다시 조이다, 강화하다
lien (m) 관계 | **génération (f)** 세대 | **solidaire** 연대의 | **s'adapter à** ~에(게) 적응하다
environnement (m) 환경 | **toit (m)** 지붕 | **loger** 숙박하다 | **nourrir** 먹이다, 부양하다
cohabiter 함께 살다 | **inconvénient (m)** 지장, 어려움, 부정적인 면

스크립트

Radio France, bonjour. Aujourd'hui, on va parler des vacances en famille. Les Français disent aimer passer du temps en famille. Rien de mieux que les congés d'été pour partager de bons moments et resserrer les liens entre les générations...
Il y a ceux qui font un voyage solidaire en Afrique. Comment vont-ils s'adapter à cet environnement si différent de leur quotidien parisien ?
Ceux qui se retrouvent tous sous le même toit sur l'île de Noirmoutier. Avec vingt-deux personnes à loger, à nourrir et à occuper, comment s'organisent les journées et qui s'occupe de la sécurité ?
D'autres encore cohabitent à cinq dans un camping-car loué pour aller partout sur les côtes bretonnes. Vont-ils supporter les inconvénients de cet espace réduit ?
Et vous ?
<Les dossiers de Téva, 07. 07. 2016>

해석

안녕하세요 Radio France입니다. 오늘 우리는 가족 휴가에 대해 말하려고 합니다. 프랑스인들은 가족끼리 시간을 보내는 것을 좋아한다고 말합니다. 좋은 순간들을 공유하고 세대 간의 관계를 다시 돈독하게 하는 데 여름 휴가보다 더 좋은 것은 없습니다...
아프리카를 함께 여행하는 사람들이 있습니다. 이들은 파리의 일상과 너무도 다른 이 환경에 어떻게 적응할까요?
이들은 Noirmoutier섬에서 모두 같은 지붕 아래에 있습니다. 숙식하고 활동하는 22명과 함께 어떻게 하루를 운용하고 누가 안전을 책임질까요?
다른 사람들은 브르타뉴 해안 어디든지 가기 위해 임대한 캠핑카에서 5명이 지냅니다. 이들은 이 좁은 공간에서의 불편함을 어떻게 견딜까요?
당신은요?
<Les dossiers de Téva, 07. 07. 2016>

Étape 4 문제 2의 해설을 확인해 보세요.

문제 분석

먼저 듣기 앞부분에서 방송 주제를 파악하도록 출제될 수 있다. 여름 휴가라는 주제를 가족 관계의 관점에서 봤을 때 어떤 긍정적인 역할을 하는지 파악해야 한다. 서로 다른 지역에서 휴가를 보내는 경우를 언급하며 구체적인 차이를 묻는 유형이 등장할 수 있다.

해설

문항	풀이 요령
1	음성 내용 전개 순서와 문제 순서는 대부분 일치한다는 점을 감안하여 듣기 맨 앞부분에 초점을 맞춘다. 'Aujourd'hui, on va parler des vacances en famille. 오늘 우리는 가족 휴가에 대해 말하려고 합니다.'라고 도입에서 말하므로 정답은 Les vacances en famille. 리포트 형식의 방송은 특히 듣기가 시작되자마자 두괄식으로 주제를 언급하는 경우가 많다.
2	여름 휴가의 장점을 질문한다. 문제를 미리 읽어 'congés d'été 여름 휴가'의 좋은 점을 언급하는 부분에 특히 초점을 맞춘다. 'Rien de mieux que les congés d'été pour partager de bons moments et resserrer les liens entre les générations... 좋은 순간들을 공유하고 세대 간의 관계를 다시 돈독하게 하는 데 여름 휴가보다 더 좋은 것은 없습니다...'에 따르면 정답은 C.
3	고유 명사 'Afrique 아프리카'는 음성에서 그대로 언급될 가능성이 높다. 'Il y a ceux qui font un voyage solidaire en Afrique. 아프리카를 함께 여행하는 사람들이 있습니다.'라고 운을 떼며 'Comment vont-ils s'adapter à cet environnement si différent de leur quotidien parisien ? 이들은 파리의 일상과 너무도 다른 이 환경에 어떻게 적응할까요?'라는 화제를 제시한다. 그러므로 정답은 B.
4	장소와 관련된 문제로 'même toit 같은 지붕'을 언급하는 부분에 집중하되 보기항 사진에 해당하는 단어를 'île 섬', 'grande ville 대도시', 'appartement 아파트'와 같이 계속 염두에 두며 방송을 듣는다. 방송에서 'sur l'île de Noirmoutier Noirmoutier섬에서' 모두 같은 지붕 아래에 있다고 설명하므로 정답은 A.
5	캠핑카를 빌린 이유를 묻고 있다. 'camping-car 캠핑카'를 언급하자마자 그 이유를 밝히고 있는데, 'pour aller partout sur les côtes bretonnes 브르타뉴 해안 어디든지 가기 위해' 임대한 것이라고 설명한다. 그러므로 정답은 Pour aller partout sur les côtes bretonnes.
6	여럿이 캠핑카를 이용하는 사람들이 겪게 되는 문제를 질문하였다. 음성 내용 전개 순서와 문제 순서는 대부분 일치한다는 점을 감안하여 듣기 마무리 부분까지 집중력을 유지한다. 'Vont-ils supporter les inconvénients de cet espace réduit ? 이들은 이 좁은 공간에서의 불편함을 어떻게 견딜까요?'로 방송을 마무리하므로 정답은 L'espace réduit.

듣기 평가 EXERCICE 3 실전 연습

Étape 1 공략에 따라 EXERCICE 3 연습 문제를 풀어 보세요.

문제 3 Track 3-03

Lisez les questions. Écoutez le document puis répondez.
Vous écoutez cette émission de radio francophone. Répondez aux questions.

1 Kédé'kidz est un lieu adéquat pour ______________________

A ☐ passer un bon moment avec les enfants.
B ☐ que les enfants puissent acheter des jouets.
C ☐ que les enfants puissent manger tout ce qu'ils veulent.

2 Qu'est-ce qu'on explique aux enfants ?

....

3 Que font les filles à cet endroit ?

☐ A ☐ B ☐ C

4 Selon ce document, ______________________

A ☐ ce lieu est fermé quand il pleut.
B ☐ les enfants doivent rester à la maison quand il fait trop chaud.
C ☐ les enfants peuvent s'amuser dans cet endroit malgré le mauvais temps.

5 Quel est l'avantage de ce lieu pour les parents ?

....

6 Pourquoi les enfants n'ont-ils pas peur de gagner en autonomie ?

....

Étape 2 문제 3의 내용을 해석해 보세요.

문제를 읽으세요. 지문을 듣고 답하세요.
당신은 프랑스어권 지역 라디오의 이 방송을 듣습니다. 질문에 답하세요.

1 Kédé'kidz는 ______________________ 을(를) 위해 적합한 장소이다.

A ☐ 아이들과 좋은 순간을 보내기
B ☐ 아이들이 장난감을 살 수 있는 것
C ☐ 아이들이 원하는 모든 것을 먹을 수 있는 것

2 아이들에게 무엇을 설명하는가?

....

3 소녀들은 이 장소에서 무엇을 하는가?

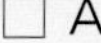
☐ A

☐ B

☐ C

4 이 자료에 따르면, ______________________

A ☐ 이 장소는 비가 오면 문을 닫는다.
B ☐ 너무 더우면 아이들은 집에 있어야 한다.
C ☐ 아이들은 나쁜 날씨에도 불구하고 이 장소에서 재미있게 놀 수 있다.

5 부모들에게 있어서 이 장소의 장점은 무엇인가?

....

6 왜 아이들은 독립성을 갖는 것을 두려워하지 않는가?

....

Étape 3 문제 3의 필수 어휘를 익히고, 스크립트를 확인해 보세요.

필수 어휘 **entendre** 듣다 | **lieu (m)** 장소 | **idéal** 이상적인 | **jouet (m)** 장난감 | **règle (f)** 규칙
conduite (f) 행동 | **déguisement (m)** 가장복 | **se cacher** 숨다, (~하는 것을) 숨기다
cabane (f) 오두막집 | **escalader** 기어오르다 | **immense** 거대한 | **structure (f)** 구조, 건축물
pluie (f) 비 | **chaleur (f)** 열기 | **œil (m)** 눈 | **enfiler** (옷 등을) 입다 | **autonomie (f)** 독립성

스크립트

Radio France, bonjour. Vous avez déjà entendu parler de Kédé'kidz ? C'est le lieu idéal pour s'amuser avec les enfants à Strasbourg. Ici, il y a plus de 1500 jouets à disposition de vos enfants. On explique aux enfants les règles de bonne conduite (ne pas jeter les jouets, les remettre à leur place quand on a fini...).
Les filles enfilent des déguisements de princesses, les petits se cachent dans la cabane et les garçons escaladent une immense structure. Ce lieu est vraiment idéal pour sortir avec les enfants à Strasbourg par temps de pluie ou de grosse chaleur... Alors que certains enfants s'amusent et découvrent ce lieu, les parents peuvent en profiter pour se détendre tout en gardant un œil sur leurs "kids".
Les kids gagnent en autonomie sans jamais être trop loin de maman (ou papa, ou mamie).
Pour plus d'informations, consultez le site internet de la mairie de Strasbourg.
<http://44.kidiklik.fr.>

해석

안녕하세요 Radio France입니다. 여러분은 이미 Kédé'kidz에 대해 말하는 것을 들어 보신 적이 있나요? 이곳은 스트라스부르에서 아이들과 놀기 위한 이상적인 장소입니다. 여기에는 1,500개 이상의 장난감들이 당신의 아이들을 위해 비치되어 있습니다. 우리는 아이들에게 올바른 행동 규칙을 설명해 줍니다. (장난감을 던지지 말 것, 끝났을 때 장난감들을 제자리에 가져다 놓을 것...)
소녀들은 공주 옷으로 가장을 하며, 어린아이들은 오두막집에 숨고 소년들은 거대한 건축물을 기어오릅니다. 이 장소는 비가 오거나 폭염에도 스트라스부르에서 아이들과 함께 외출하기에 정말 이상적입니다... 어떤 아이들은 이 장소를 발견하며 재미있게 놀고, 부모는 그들의 '아이들'에게서 눈을 떼지 않으면서 휴식하기 위해 이것을 이용할 수 있습니다.
아이들은 결코 엄마 (또는 아빠, 할머니)에게서 너무 멀리 떨어져 있지 않으면서 독립성을 얻습니다.
더 많은 정보를 위해서는 스트라스부르 시청의 인터넷 사이트를 참조하세요.
<http://44.kidiklik.fr.>

Étape 4 문제 3의 해설을 확인해 보세요.

문제 분석

특정 장소를 소개하는 방송으로, 먼저 이 장소가 누구를 대상으로 하는지 물을 수 있다. 해당 장소에서 유의해야 할 사항, 체험할 수 있는 활동 등을 두루 출제 가능하므로 구체적인 내용들을 정확하게 구분해 가며 들어야 한다. 해당 장소의 장단점을 묻는 다소 난이도 있는 유형도 등장할 수 있다. 마지막으로 추가 정보는 인터넷 사이트, 전화 문의 등 어떻게 참조할 수 있는지 언급할 수 있다.

해설

문항	풀이 요령
1	문제에 언급된 고유 명사 Kédé'kidz 및 보기항에 공통적으로 등장하는 'enfants 아이들'에 초점을 맞춘다. 첫 문제인 만큼 듣기 시작 부분에서 핵심어가 언급되는데, 'C'est le lieu idéal pour s'amuser avec les enfants à Strasbourg. 이곳은 스트라스부르에서 아이들과 놀기 위한 이상적인 장소입니다.'에 따르면 정답은 A.
2	아이들에게 무엇을 설명해 주는지에 대한 질문이다. 문제에 제시된 'expliquer 설명하다'가 언급되는지 특히 유의하여 들어야 한다. 'On explique aux enfants les règles de bonne conduite. 우리는 아이들에게 올바른 행동 규칙을 설명해 줍니다.'에 따르면 정답은 **Les règles de bonne conduite**. 구체적인 예 'ne pas jeter les jouets, les remettre à leur place quand on a fini'까지 모두 적지 않아도 정답으로 인정된다.
3	보기항의 사진 모두 아이들이 즐길 수 있는 활동이므로 그중에서도 'filles 소녀들' 관련 내용에 귀를 기울여야 한다. 'princesse 공주', 'jouets 장난감들', 'plage 해변'과 같이 보기항 사진을 나타내는 단어를 미리 떠올려 보면 유리하다. 'Les filles enfilent des déguisements de princesses, 소녀들은 공주 옷으로 가장을 하고,'라고 언급한 후 이어서 어린아이들, 소년들이 할 수 있는 활동들을 차례차례 소개하므로 정답은 A.
4	장소에 대해 파악하되 보기항이 모두 날씨와 관련된 내용이므로 날씨에 따라 어떤 장단점이 있는지 구분하며 들어야 한다. 'Ce lieu est vraiment idéal pour sortir avec les enfants à Strasbourg par temps de pluie ou de grosse chaleur... 이 장소는 비가 오거나 폭염에도 스트라스부르에서 아이들과 함께 외출하기에 정말 이상적입니다...'에 따라 보기 A와 B는 제거되고, 정답은 C가 된다.
5	부모들이 생각하기에 어떤 장점이 있는 장소인지 주관식으로 적어야 한다. 안내 방송 중 'parents 부모'에 대한 언급에 집중한다. 'les parents peuvent en profiter pour se détendre tout en gardant un œil sur leurs "kids" 부모는 그들의 '아이들'에게서 눈을 떼지 않으면서 휴식하기 위해 이것을 이용할 수 있습니다.'라는 장점을 설명하므로 정답은 **Ils peuvent se détendre**.
6	어떤 이유로 아이들이 두려움 없이 독립성을 갖게 되는지 질문한다. 마지막 문제인 만큼 'autonomie 독립성' 관련 언급은 방송 마무리에 제시될 가능성이 높다. 'Les kids gagnent en autonomie sans jamais être trop loin de maman (ou papa, ou mamie). 아이들은 결코 엄마 (또는 아빠, 할머니)에게서 너무 멀리 떨어져 있지 않으면서 독립성을 얻습니다.'에 따르면 정답은 **Parce qu'ils ne sont jamais trop loin de maman (ou papa, ou mamie)**.

듣기 평가 EXERCICE 3 실전 연습

Étape 1 공략에 따라 EXERCICE 3 연습 문제를 풀어 보세요.

문제 4 Track 3-04

Lisez les questions. Écoutez le document puis répondez.
Vous écoutez cette émission de radio francophone. Répondez aux questions.

1 De quoi s'agit-il ?

☐ A

☐ B

☐ C

2 Pourquoi cet endroit est-il devenu une véritable destination touristique ?

A ☐ Parce que les enfants adorent les animaux.
B ☐ Parce que les enfants y passent une belle journée.
C ☐ Parce qu'on peut y passer la nuit et donc tout un week-end.

3 Qu'est-ce qu'on peut observer en plein cœur du territoire naturel ?

....

4 Selon ce document, ______________

A ☐ on peut loger dans un hôtel.
B ☐ on dort dans un logement en bois.
C ☐ le logement n'est pas très agréable.

5 Où est-ce qu'on peut voir un paysage magnifique ?

....

6 Quels sont les prix par adulte et par enfant pour une nuit ?

....

Étape 2 문제 4의 내용을 해석해 보세요.

문제를 읽으세요. 지문을 듣고 답하세요.
당신은 프랑스어권 지역 라디오의 이 방송을 듣습니다. 질문에 답하세요.

1 무엇에 관한 것인가?

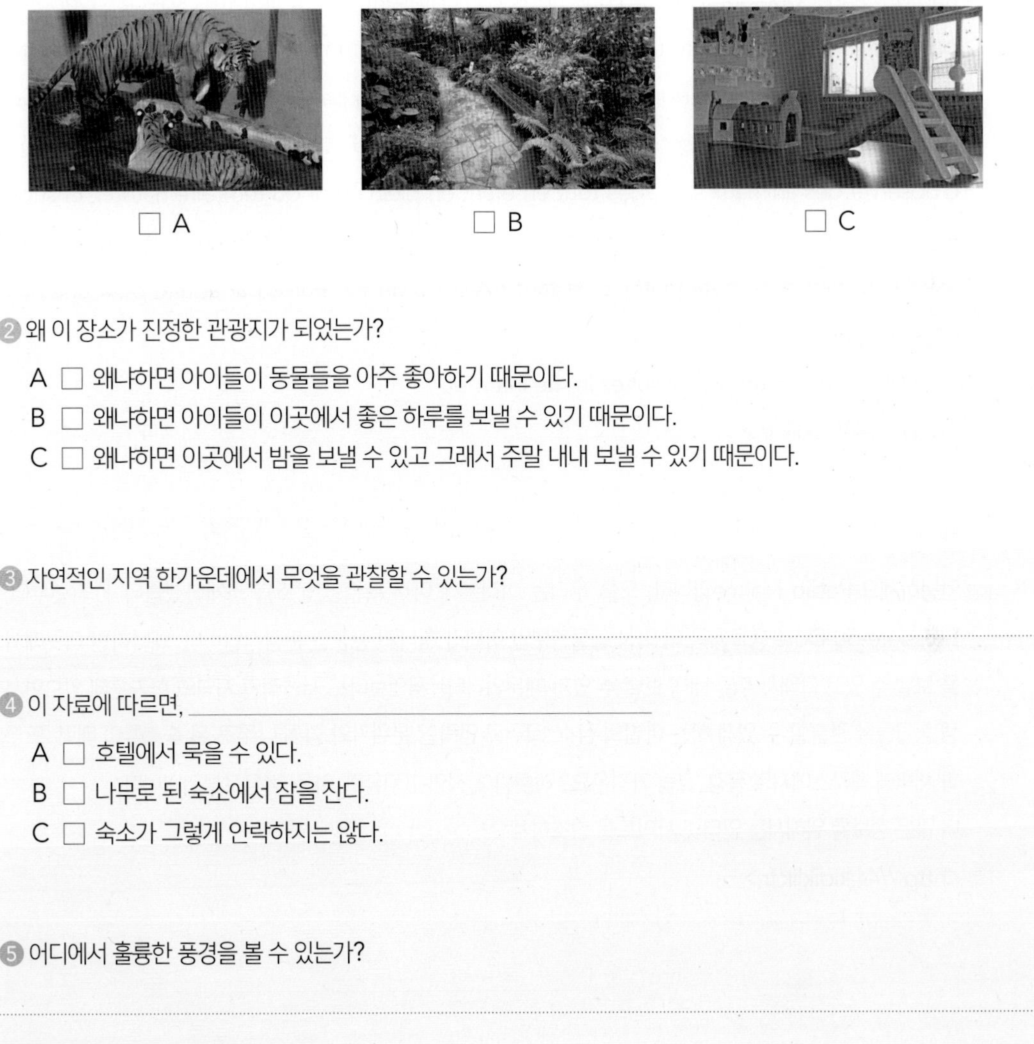

☐ A ☐ B ☐ C

2 왜 이 장소가 진정한 관광지가 되었는가?

A ☐ 왜냐하면 아이들이 동물들을 아주 좋아하기 때문이다.
B ☐ 왜냐하면 아이들이 이곳에서 좋은 하루를 보낼 수 있기 때문이다.
C ☐ 왜냐하면 이곳에서 밤을 보낼 수 있고 그래서 주말 내내 보낼 수 있기 때문이다.

3 자연적인 지역 한가운데에서 무엇을 관찰할 수 있는가?

....

4 이 자료에 따르면, ______________________

A ☐ 호텔에서 묵을 수 있다.
B ☐ 나무로 된 숙소에서 잠을 잔다.
C ☐ 숙소가 그렇게 안락하지는 않다.

5 어디에서 훌륭한 풍경을 볼 수 있는가?

....

6 하룻밤에 성인과 아이의 금액은 얼마인가?

....

Étape 3 문제 4의 필수 어휘를 익히고, 스크립트를 확인해 보세요.

필수 어휘 **an passé (m)** 작년 | **zoo (m)** 동물원 | **parc (m)** 공원 | **véritable** 진정한
destination (f) 행선지, 도착지 | **nuit (f)** 밤 | **magie (f)** 마술 | **sauvage** 야생의 | **charme (m)** 매력
terrasse (f) 테라스 | **soleil couchant (m)** 일몰 | **petit matin (m)** 새벽 | **adulte** 성인

스크립트

Radio France, bonjour. Aujourd'hui, nous vous présentons un lieu très spécial. Depuis l'an passé, le zoo de la Boissière-du-Doré n'est plus seulement un parc animalier mais une véritable destination touristique, puisqu'il est désormais possible d'y passer la nuit et donc tout un week-end ! Il y a de bonnes raisons d'y passer une nuit. Tout d'abord la magie du lieu qui permet d'observer des animaux sauvages tout en étant en plein cœur du territoire naturel. Ensuite, le charme des logements en bois avec son ambiance agréable, puis le paysage sur la terrasse au soleil couchant et au petit matin. Et le tarif ? À partir de 100 euros par adulte pour une nuit et 64 euros par enfant.
Pour plus d'informations, consultez le site internet.
<http://44.kidiklik.fr.>

해석

안녕하세요 Radio France입니다. 오늘 우리는 여러분께 아주 특별한 장소를 소개하겠습니다. 작년부터, la Boissière-du-Doré 동물원은 더 이상 동물원뿐만 아니라 하나의 진정한 관광지입니다. 왜냐하면 이곳에서 밤을 보낼 수 있고 그래서 주말 내내 보낼 수 있기 때문입니다! 무엇보다도 자연적인 지역의 한가운데 있으면서 야생 동물들을 관찰할 수 있게 하는 마법의 장소. 그리고 안락한 분위기와 함께 나무로 된 숙소들의 매력, 또 일몰과 새벽에 테라스에서의 풍경. 그럼 가격은요? 하룻밤에 성인 100유로, 아동 64유로부터입니다.
더 많은 정보를 위해서는 인터넷 사이트를 참조하세요.
<http://44.kidiklik.fr.>

Étape 4 문제 4의 해설을 확인해 보세요.

문제 분석

동물원에 관한 안내 방송으로 먼저 두괄식으로 장소명을 언급할 가능성이 높다. 동물원 개장 시간, 입지 조건, 분위기, 숙소 등 여러 가지 특징과 관련해서 질문할 수 있으므로 문제와 보기항을 먼저 읽어 두면 어떤 내용에 초점을 맞춰 들을지 전략을 세울 수 있다. 동물원 입장료의 경우 이용객에 따라 구분되는 금액 관련 내용이 출제될 수 있다.

해설

문항	풀이 요령
1	방송 내용이 무엇에 관한 것인지 즉, 전체 주제를 묻고 있다. 듣기가 시작되기 전 보기항 사진을 살펴보아 'zoo 동물원', 'jardin des plantes 식물원', 'salle des jeux 놀이방'과 같이 핵심 단어를 떠올리도록 한다. 'Depuis l'an passé, le zoo de La Boissière-du-Doré 작년부터, La Boissière-du-Doré 동물원은' 하고 서두에서 밝히므로 정답은 A이다.
2	왜 이 동물원이 'destination touristique 관광지'로 인기 있는지 근거를 찾아야 한다. 작년부터, La Boissière-du-Doré 동물원은 더 이상 동물원뿐만 아니라 'une véritable destination touristique 하나의 진정한 관광지'가 되었다고 하며 그 이유는 'puisqu'il est désormais possible d'y passer la nuit et donc tout un week-end! 왜냐하면 이곳에서 밤을 보낼 수 있고 그래서 주말 내내 보낼 수 있기 때문입니다!'라고 설명하므로 정답은 C.
3	자연적인 지역 관련 사항을 질문하므로 핵심어 'territoire naturel 자연적인 지역' 언급이 정답의 단서가 될 것이다. 'Tout d'abord la magie du lieu qui permet d'observer des animaux sauvages tout en étant en plein cœur du territoire naturel. 무엇보다도 자연적인 지역의 한가운데 있으면서 야생 동물들을 관찰할 수 있게 하는 마법의 장소.'에 따르면 정답은 Des animaux sauvages.
4	보기항이 모두 숙소 관련 내용이므로 숙소 또는 호텔 관련 언급에 초점을 맞춘다. 방송에서 'le charme des logements en bois avec son ambiance agréable 안락한 분위기와 함께 나무로 된 숙소들의 매력'을 호소하므로 정답은 B.
5	'un paysage magnifique 훌륭한 풍경'을 볼 수 있는 장소는 어디인지 질문한다. 안내 방송의 중반 이후부터 이 동물원의 특별한 점인 숙소에 대한 내용이 이어지는데, 'puis le paysage sur la terrasse au soleil couchant et au petit matin. 또 일몰과 새벽에 테라스에서의 풍경.' 설명으로 마무리된다. 그러므로 정답은 Sur la terrasse.
6	음성 내용 전개 순서와 문제 순서는 대부분 일치하므로 마무리 부분에 가격 정보가 언급될 가능성이 높다. 요금은 'À partir de 100 euros par adulte pour une nuit et 64 euros par enfant. 하룻밤에 성인 100유로, 아동 64유로부터입니다.'라고 안내하므로 정답은 À partir de 100 euros par adulte et 64 euros par enfant. 성인과 아이의 금액을 모두 질문하므로 둘 다 써야 정답으로 인정된다.

듣기 평가 EXERCICE 3 실전 연습

Étape 1 공략에 따라 EXERCICE 3 연습 문제를 풀어 보세요.

문제 5 Track 3-05

Lisez les questions. Écoutez le document puis répondez.
Vous écoutez cette émission de radio francophone. Répondez aux questions.

1 Qu'est-ce qu'on nous présente ?

....

2 Selon ce document, ______________________

A ☐ c'est un grand jardin public qui est loin des Pressoirs des ducs.
B ☐ c'est un grand jardin privé qui est près des Pressoirs des ducs.
C ☐ c'est un un grand jardin public qui est près des Pressoirs des ducs.

3 Il y a ______________________ dans ce lieu.

☐ A ☐ B ☐ C

4 Précisez deux animaux qu'on peut observer dans ce lieu.

....

5 Qu'est-ce qu'on peut y trouver selon la saison ?

A ☐ Des arbres exotiques.
B ☐ Des fleurs des champs.
C ☐ Des fraisiers et différents légumes.

6 De quoi profite-t-on dans cet endroit ?

....

Étape 2 문제 5의 내용을 해석해 보세요.

문제를 읽으세요. 지문을 듣고 답하세요.
당신은 프랑스어권 지역 라디오의 이 방송을 듣습니다. 질문에 답하세요.

1 우리에게 무엇을 소개하는가?

....

2 이 자료에 따르면, ______________________

A ☐ 이곳은 Pressoirs des ducs에서 멀리 떨어진 커다란 공립 공원이다.
B ☐ 이곳은 Pressoirs des ducs에서 가까이에 있는 커다란 사설 공원이다.
C ☐ 이곳은 Pressoirs des ducs에서 가까이에 있는 커다란 공립 공원이다.

3 이 장소에는 ______________________이(가) 있다.

☐ A ☐ B ☐ C

4 이 장소에서 관찰할 수 있는 두 동물들을 명시하시오.

....

5 계절에 따라 이곳에서 무엇을 발견할 수 있는가?

A ☐ 이국적인 나무들
B ☐ 들꽃들
C ☐ 딸기나무들과 다양한 야채들

6 이 장소에서 누리는 것은 무엇인가?

....

Étape 3 문제 5의 필수 어휘를 익히고, 스크립트를 확인해 보세요.

필수 어휘 ferme (f) 농장 | aménager 정돈하다 | avec soin 정성껏 | vigne (f) 포도나무 | repos (m) 휴식 cochon (m) 돼지 | coq (m) 수탉 | oie (f) 거위 | lapin (m) 토끼 | mouton (m) 양 | âne (m) 나귀 fraisier (m) 딸기나무 | légume (m) 야채 | calme (m) 고요함, 한적함 | environnement (m) 환경

스크립트

Radio France, bonjour. Pour un moment inoubliable en famille, nous vous présentons la ferme école de Chenôve. C'est un grand jardin public aménagé avec soin à deux pas des Pressoirs des ducs. Il comporte un parc animalier, des vignes, un espace pique-nique et de repos, des jeux pour les plus petits.

D'abord, on peut y trouver une centaine d'animaux en tous genres : cochons, coqs, oies, lapins, moutons, ânes, ...

Et puis, selon la saison, vous pouvez également observer des fraisiers et différents légumes qui poussent. C'est vraiment l'endroit idéal pour des sorties en famille, où l'on profite du calme des lieux et d'un environnement propre.

Pour plus d'informations, consultez le site internet.

<http://21.kidiklik.fr/sorties-nature/1286-ferme-lecole-de-chenove.html>

해석

안녕하세요 Radio France입니다. 가족들과 잊지 못할 순간을 위해, 우리는 여러분께 Chenôve의 실습 농장을 소개합니다. 이곳은 Pressoirs des ducs에서 아주 가까이에 있고 정성껏 가꿔진 커다란 공립 공원입니다. 이곳은 동물원, 포도나무들, 피크닉과 휴식 공간, 더 어린 아이들을 위한 놀이를 포함하고 있습니다.

우선, 이곳에서는 모든 종류의 동물들 백여 마리를 볼 수 있습니다: 돼지들, 수탉들, 거위들, 토끼들, 양들, 나귀들...

그리고, 계절에 따라, 당신은 또한 자라나는 딸기나무들과 여러 가지 야채들을 관찰할 수 있습니다. 이곳은 가족과의 외출을 위한 정말 이상적인 장소로, 여기에서 장소의 한적함과 깨끗한 환경을 누립니다.

더 많은 정보를 위해서는 인터넷 사이트를 참조하세요.

<http://21.kidiklik.fr/sorties-nature/1286-ferme-lecole-de-chenove.html>

Étape 4 문제 5의 해설을 확인해 보세요.

문제 분석

어떤 분야에 대한 행사인지부터 파악한다. 가족을 위한 장소를 소개하는 방송으로 누구를 위한 어떤 행사가 주로 펼쳐지는지 유의해서 듣는다. 행사를 여는 장소, 해당 장소의 장단점, 즐길 수 있는 활동 등 다양한 세부 사항 관련 내용이 주관식 및 사진 보기항 선택하기 유형으로 출제될 수 있다.

해설

문항	풀이 요령
1	해당 단체에서 개최하는 행사 주제를 묻고 있다. 음성 내용 전개 순서와 문제 순서는 대부분 일치한다는 점을 감안하여, 듣기 맨 앞에 초점을 맞춘다. 두 번째 문장에서 'nous vous présentons la ferme école de Chenôve 우리는 여러분께 Chenôve의 실습 농장을 소개합니다'라고 밝혔으므로 정답은 **La ferme école de Chenôve.**
2	보기항에 모두 Pressoirs des ducs와 'un grand jardin 커다란 공원'이 포함되어 있으므로 Pressoirs des ducs을 기준으로 한 공원의 위치를 정확히 파악해야 하며, 해당 공원은 'public 공립의, 대중의, 공적인' 공원인지 아니면 'privé 사설의, 사적인' 공원인지도 구분할 수 있어야 한다. 정답 문장은 'C'est un grand jardin public aménagé avec soin à deux pas des Pressoirs des ducs. 이곳은 Pressoirs des ducs에서 아주 가까이에 있고 정성껏 가꿔진 커다란 공원입니다.'로, 정답은 **C.**
3	농장에 있는 과일나무의 종류를 파악해야 한다. 보기항을 먼저 훑어보며 음성에서 'vignes 포도나무들', 'pomme 사과', 'pêche 복숭아' 중 어떤 단어가 등장하는지 집중한다. 'Il comporte un parc animalier, des vignes, un espace pique-nique et de repos, des jeux pour les plus petits. 이곳은 동물원, 포도나무들, 피크닉과 휴식 공간, 더 어린 아이들을 위한 놀이를 갖추고 있습니다.'에 따라 정답은 **A.** 사과나무 또는 복숭아나무를 볼 수 있는지는 언급되지 않았다.
4	이 장소에서 관찰할 수 있는 동물들과 관련된 문제로, 농장에서 관찰할 수 있는 동물 중 2종을 주관식으로 써야 한다. 언급된 동물은 'cochons, coqs, oies, lapins, moutons, ânes, ... 돼지들, 수탉들, 거위들, 토끼들, 양들, 나귀들...'이므로 **Des cochons, des coqs, des oies, des lapins, des moutons, des ânes.** 중 2가지를 쓰면 정답으로 인정된다.
5	계절에 따라 농장에서 볼 수 있는 것을 묻고 있다. 안내 방송에서 'Et puis, selon la saison, vous pouvez également observer des fraisiers et différents légumes qui poussent. 그리고, 계절에 따라, 당신은 또한 자라나는 딸기나무들과 여러 가지 야채들을 관찰할 수 있습니다.'라고 언급하므로 정답은 **C.**
6	농장에서 누리게 되는 장점을 핵심어 'profiter de (~을) 누리다, 이용하다'에 초점을 맞춰 들어야 한다. 음성 내용 전개 순서와 문제 순서는 대부분 일치한다는 점을 감안하여 마무리 부분까지 집중력을 유지한다. 단서는 'du calme des lieux et d'un environnement proper 장소의 한적함과 깨끗한 환경'을 누린다고 언급한 마지막에서 두 번째 문장으로, 정답은 **Du calme des lieux et de l'environnement propre.**

듣기 평가 EXERCICE 3 실전 연습

Étape 1 공략에 따라 EXERCICE 3 연습 문제를 풀어 보세요.

문제 6 Track 3-06

Lisez les questions. Écoutez le document puis répondez.
Vous écoutez cette émission de radio francophone. Répondez aux questions.

1 Quel est le sujet de cette émission ?

....

2 C'est un endroit idéal pour ______________________

A ☐ les familles.
B ☐ les gens malades.
C ☐ les enfants handicapés.

3 Qu'est-ce que les expositions présentent en plus de l'histoire du chocolat ?

....

4 Quelle est la partie préférée des enfants ?

....

5 Qu'est-ce que le magasin Bovetti vend ?

☐ A　☐ B　☐ C

6 En ce qui concerne le tarif, ______________________

A ☐ tous les enfants ne paient pas pour visiter le musée.
B ☐ Les plus de 13 ans doivent payer pour visiter le musée.
C ☐ les adultes paient 3,80€ pour seulement visiter le musée.

Étape 2 문제 6의 내용을 해석해 보세요.

문제를 읽으세요. 지문을 듣고 답하세요.
당신은 프랑스어권 지역 라디오의 이 방송을 듣습니다. 질문에 답하세요.

① 이 방송의 주제는 무엇인가?

....

② 이곳은 ______________________________을 위한 이상적인 장소이다.

A □ 가족들
B □ 아픈 사람들
C □ 장애가 있는 어린이들

③ 전시들은 초콜릿의 역사와 더불어 무엇을 소개하는가?

....

④ 아이들의 가장 선호하는 부분은 무엇인가?

....

⑤ Bovetti 상점은 무엇을 파는가?

□ A　　□ B　　□ C

⑥ 가격과 관련해서는, ______________________________

A □ 모든 아이들은 미술관을 방문하는 데 있어 돈을 내지 않는다.
B □ 13세 이상은 미술관을 방문하는 데 돈을 내야 한다.
C □ 성인들은 미술관만 방문하는 데 3,80€를 지불한다.

Étape 3 문제 6의 필수 어휘를 익히고, 스크립트를 확인해 보세요.

필수 어휘 **parler** 말하다 | **visite (f)** 방문 | **chocolat (m)** 초콜릿 | **atelier (m)** 아틀리에 | **espace (m)** 공간 **étape (f)** 단계 | **fabrication (f)** 제조 | **se terminer** 끝나다 | **dégustation (f)** 맛보기, 시식 **chocolaterie (f)** 초콜릿 가게 | **choix (m)** 선택 | **escargot (m)** 달팽이

스크립트

Radio France, bonjour. Aujourd'hui, nous allons parler de la visite du Musée du Chocolat. Elle est entièrement pensée pour les familles, avec un atelier pour les enfants. Les différents espaces de l'exposition présentent l'histoire et toutes les étapes nécessaires à la fabrication du chocolat. La visite libre du musée se termine par une dégustation. Nous vous conseillons vraiment de participer à l'atelier, c'est le moment de la visite que les enfants préfèrent et ils sont tout heureux de repartir avec un souvenir. Vous ne pourrez pas quitter la chocolaterie Bovetti sans passer par la boutique. Le plus difficile sera de faire un choix.

À quelques jours de Pâques, nous pouvons acheter de magnifiques sujets en chocolat pour les enfants : moutons, escargots, lapins. Tarifs : Adultes, 3,80€ pour le musée et la dégustation - Enfants de 3 à 12 ans, musée gratuit.

Pour plus d'informations, consultez le site internet http://www.bovetti.com.

<http://44.kidiklik.fr.>

해석

안녕하세요 Radio France입니다. 오늘 우리는 초콜릿 박물관 방문에 대해 말하려고 합니다. 이곳은 온전히 가족들을 위해 생각된 곳으로, 아이들을 위한 아틀리에가 있습니다. 전시장의 여러 공간들은 초콜릿의 역사와 제조에 필요한 모든 단계들을 소개합니다. 우리는 당신들에게 정말로 아틀리에에 참가하는 것을 추천합니다. 이것은 아이들이 선호하는 방문의 순간이고, 아이들은 추억과 함께 되돌아가서 매우 행복합니다. 당신은 가게를 통해 지나지 않고는 Bovetti 초콜릿 가게를 떠날 수 없을 것입니다. 가장 어려운 것은 선택을 해야 한다는 점일 거예요.

부활절 며칠 뒤에 아이들을 위해 초콜릿으로 만든 멋진 테마들을 살 수 있습니다: 양들, 달팽이들, 토끼들. 가격: 박물관과 시식 성인 3,80€ - 3세에서 12세까지 어린이 미술관 무료.

더 많은 정보를 위해서는 인터넷 사이트 http://www.bovetti.com을 참조하세요.

<http://44.kidiklik.fr.>

Étape 4 문제 6의 해설을 확인해 보세요.

문제 분석

특정 장소를 소개하는 방송이다. 먼저 어떤 장소를 주제로 하는지 파악해야 한다. 해당 장소에서 주최하는 전시 또는 각종 행사와 관련하여 누구를 대상으로 하는지, 어떤 장점이 있는지도 파악할 수 있어야 한다. 특정한 날짜에 맞춰 진행되는 행사라면 날짜 및 요일, 특별 제공품, 가격 관련 정보 역시 출제될 수 있다. 특히 가격을 언급하는 숫자에 유의하여 듣는다.

해설

문항	풀이 요령
1	음성 내용이 무엇에 관한 것인지 즉, 전체 주제를 묻고 있다. 정보 제공이 주 목적인 안내 방송의 경우, 대부분 소개하려는 내용을 맨 앞에 먼저 간략하게 'Aujourd'hui, nous allons parler de la visite du Musée du Chocolat. 오늘 우리는 초콜릿 박물관 방문에 대해 말하려고 합니다.'와 같이 소개하는 경우가 많다. 그러므로 정답은 La visite du Musée du Chocolat.
2	누구를 위한 장소인지 묻고 있다. 'Elle est entièrement pensée pour les familles, 이곳은 온전히 가족들을 위해 생각된 곳으로,'가 핵심이다. 보기항에 등장한 'familles 가족들', 'gens maladies 아픈 사람들', 'enfants handicapés 장애가 있는 어린이들' 중 음성에 등장한 les familles와 일치하는 정답은 바로 A이다.
3	초콜릿 박물관에서 열리는 전시 관련 문제로, 문제에 언급된 'en plus de l'histoire du chocolat 초콜릿의 역사와 더불어'에 초점을 맞추어 초콜릿의 역사 관련 내용에 귀 기울인다. 전시장의 여러 공간들은 초콜릿의 역사와 더불어 'toutes les étapes nécessaires à la fabrication du chocolat 초콜릿의 제조에 필요한 모든 단계'를 소개한다고 언급했으므로 정답은 Toutes les étapes nécessaires à la fabrication du chocolat.
4	방송 진행자는 'Nous vous conseillons de participer à l'atelier 우리는 당신들에게 정말로 아틀리에에 참가하는 것을 추천합니다'라고 말하며 'c'est le moment de la visite que les enfants préfèrent 이것은 아이들이 선호하는 방문의 순간'이라 언급하였다. 아이들이 선호하는 부분을 질문했으므로 정답은 L'atelier.
5	Bovetti에서 판매하는 품목을 정확히 판단할 수 있도록, 보기항의 사진 내용에 해당하는 'chocolat 초콜릿', 'bonbon 사탕', 'gâteau 케이크' 등 핵심어를 미리 떠올려 본다. 중반까지의 내용을 통해 박물관과 아틀리에가 모두 초콜릿과 관련 있음이 드러나며 상점 역시 'Vous ne pourrez pas quitter la chocolaterie Bovetti sans passer par la boutique. 당신은 가게를 통해 지나지 않고는 Bovetti 초콜릿 가게를 떠날 수 없을 것입니다.'를 통해 Bonvetti는 초콜릿을 판매한다는 사실을 알 수 있다. 그러므로 정답은 A.
6	음성 내용 전개 순서와 문제 순서는 대부분 일치한다는 점을 감안한다면, 가격 관련 정보는 방송의 마무리 부분에 제시될 가능성이 높다. 'Tarifs : Adultes, 3,80€ pour le musée et la dégustation - Enfants de 3 à 12 ans, musée gratuit. 가격: 박물관과 시식 성인 3,80€ - 3세에서 12세까지 어린이 미술관 무료.'라고 안내하므로 정답은 B.

듣기 평가 EXERCICE 3 실전 연습

Étape 1 공략에 따라 EXERCICE 3 연습 문제를 풀어 보세요.

문제 7 Track 3-07

Lisez les questions. Écoutez le document puis répondez.
Vous écoutez cette émission de radio francophone. Répondez aux questions.

1 Qu'est-ce que l'association organise ?

....

2 Quel est le but de ce mouvement ?

....

3 Quels sont les équipements préparés pour les enfants ?

....

4 Qu'est-ce qu'ils ont ramassé à Talmont-Saint-Hilaire ?

☐ A ☐ B ☐ C

5 On peut ______________________ pendant cette opération.

A ☐ pêcher ou prendre un bateau
B ☐ jouer au ballon ou bronzer
C ☐ faire une belle balade ou découvrir de beaux endroits

6 Qu'est-ce qu'on conseille pour participer à cette opération ?

A ☐ De marcher pieds nus.
B ☐ De prendre des photos.
C ☐ De prendre des chaussures fermées.

Étape 2 문제 7의 내용을 해석해 보세요.

문제를 읽으세요. 지문을 듣고 답하세요.
당신은 프랑스어권 지역 라디오의 이 방송을 듣습니다. 질문에 답하세요.

① 단체는 무엇을 주최하는가?

....

② 이 운동의 목적은 무엇인가?

....

③ 아이들을 위해 준비된 장비들은 무엇인가?

....

④ 그들은 Talmont-Saint-Hilaire에서 무엇을 주웠는가?

☐ A　　☐ B　　☐ C

⑤ 이 작업 동안 ________________________ 수 있다.

A ☐ 낚시를 하거나 배를 탈
B ☐ 공놀이를 하거나 일광욕을 할
C ☐ 멋진 산책을 하거나 아름다운 장소들을 발견할

⑥ 이 작업에 참가하기 위해 무엇을 조언하는가?

A ☐ 맨발로 걷는 것
B ☐ 사진을 찍는 것
C ☐ 막힌 신발을 신는 것

Étape 3 문제 7의 필수 어휘를 익히고, 스크립트를 확인해 보세요.

필수 어휘 **récemment** 최근에 | **environnement (m)** 환경 | **nettoyage (m)** 청소 | **plage (f)** 해변가 **association (f)** 단체 | **propre** 깨끗한 | **gant (m)** 장갑 | **sac-poubelle (m)** 쓰레기봉투 **déchet (m)** 쓰레기 | **ramasser** 줍다 | **planète (f)** 지구

스크립트

Radio France, bonjour. Récemment, on parle beaucoup de l'environnement. Les enfants ont participé à un nettoyage de plage organisé par l'association "Les Mains Dans Le Sable". Le principe est simple : se réunir (le plus possible) pour rendre une plage propre ! Équipés de leurs gants et de leurs sacs-poubelle, une grande mission attendait les enfants !

Ce jour là, 1,4 km de côte a été nettoyé à Talmont-Saint-Hilaire par 49 bénévoles et près de 156 kilos de déchets ont été ramassés. En plus de faire un geste pour la planète, c'est aussi l'occasion de faire une belle balade, de découvrir de beaux endroits. Lors des nettoyages de plage, nous vous conseillons de prendre des chaussures fermées. Certaines associations prêtent des gants, mais si vous en avez, apportez-les.

Si vous voulez participer à cette opération, l'association "Les Mains Dans Le Sable" en organise une par mois : suivez-les sur Facebook et sur leur site internet !

<http://44.kidiklik.fr.>

해석

안녕하세요, Radio France입니다. 최근 우리는 환경에 대해 많이 말합니다. 아이들은 'Les Mains Dans Le Sable' 단체가 개최한 해변가 청소에 참가했습니다. 원칙은 간단합니다: 깨끗한 해변을 만들기 위해 (될 수 있는 한) 모이는 것! 장갑과 쓰레기봉투를 갖춘 채, 큰 임무가 아이들을 기다리고 있었습니다!

이날, 49명의 자원 봉사 대원들에 의해 Talmont-Saint-Hilaire 연안 1.4㎞가 청소되었고 156㎏에 가까운 쓰레기들이 수거되었습니다. 지구를 위해 행동하는 것 외에도 이것은 또한 멋진 산책을 하고, 아름다운 장소를 발견하는 기회입니다. 해변가 청소 때, 당신에게 막힌 신발을 신을 것을 조언합니다. 어떤 단체들은 장갑을 준비하지만, 만약 당신이 (막힌 신발들을) 가지고 있다면 그것을 가져오세요.

이 작업에 참여하기를 원한다면, 'Les Mains Dans Le Sable' 단체가 이를 한 달에 한 번 개최하므로 페이스북과 인터넷 사이트에서 이들을 팔로우하세요!

<http://44.kidiklik.fr.>

Étape 4 문제 7의 해설을 확인해 보세요.

문제 분석

환경 관련 주제를 다루고 있다. 먼저 무엇에 관한 방송인지 알리는 앞부분에 집중하고, 구체적으로 어떤 행사가 열리는지 날짜, 기간, 장소와 같은 기본 정보를 파악한다. 이어서 행사의 목적과 관련하여 주관식으로 출제될 수 있으며, 행사를 위해 준비해야 할 사항 및 주의할 점, 행사를 마친 후에는 어떤 활동에 참가할 수 있는지 등 상대적으로 난이도가 높은 내용에 주의를 기울인다. 마무리는 행사 참가 신청을 유도하면서 신청 방법을 안내할 수 있다.

해설

문항	풀이 요령
1	이 단체가 무엇을 주최하는지 즉, 어떤 행사를 계획하며 알리고 있는지 전체 주제를 묻는 유형이다. 핵심어 'l'association 단체'가 등장하는 부분은 'Les enfants ont participé à un nettoyage de plage organisé par l'association "Les Mains Dans Le Sable". 아이들은 'Les Mains Dans Le Sable' 단체가 개최한 해변가 청소에 참가했습니다.'로, 정답은 **Un nettoyage de plage**. 음성에서 'organisé+par'의 수동태 문형 및 행위 주체가 par 뒤에 이어지는 어순을 알아 두자.
2	행사의 목적을 묻는 문제로 'Le principe est simple : se réunir (le plus possible) pour rendre une plage propre ! 원칙은 간단합니다: 깨끗한 해변을 만들기 위해 (될 수 있는 한) 모이는 것!'이라 제시하였다. 따라서 정답은 **Se réunir (le plus possible) pour rendre une plage propre**.
3	아이들을 위한 장비들을 질문하므로 'enfants 아이들', 'équipement 장비'를 언급하는 부분에 초점을 맞춘다. 방송에서 'Équipés de leurs gants et de leurs sacs-poubelle, une grande mission attendait les enfants ! 장갑과 쓰레기봉투를 갖춘 채, 큰 임무가 아이들을 기다리고 있었습니다!'라고 설명했으며 문제에서 'équipements'과 같이 복수형으로 질문하므로 장갑과 쓰레기봉투를 모두 적어야 한다. 그러므로 정답은 **Des gants et des sacs-poubelle**.
4	Talmont-Saint-Hilaire에서의 작업에 관한 문제이다. 지명을 그대로 언급하는 부분에 집중해서 들어야 한다. 보기항 사진을 미리 훑어보며 'déchets 쓰레기들', 'poissons 물고기들', 'oiseaux 새들' 중 Talmont-Saint-Hilaire과 이어서 언급되는 것을 찾는다. 정답 문장은 'près de 156 kilos de déchets ont été ramassés 156kg에 가까운 쓰레기들이 수거되었습니다'로, 정답은 **A**가 된다. 물고기나 새 관련 내용은 언급된 바 없다.
5	행사 기간 동안 할 수 있는 활동과 관련한 문제로 'c'est aussi l'occasion de faire une belle balade, de découvrir de beaux endroits 이것은 또한 멋진 산책을 하고, 아름다운 장소를 발견하는 기회입니다'에 따르면 정답은 **C**.
6	해변가 청소를 할 때 어떤 충고를 하는지 질문하므로 'conseiller 권하다, 충고하다'에 초점을 맞추어 듣는다. 해변가 청소를 할 때 'nous vous conseillons de prendre des chaussures fermées 당신에게 막힌 신발을 신을 것을 조언합니다'라고 했으므로 정답은 **C**.

듣기 평가 EXERCICE 3 실전 연습

Étape 1 공략에 따라 EXERCICE 3 연습 문제를 풀어 보세요.

문제 8 Track 3-08

Lisez les questions. Écoutez le document puis répondez.
Vous écoutez cette émission de radio francophone. Répondez aux questions.

1 Quelle question nous pose cette émission ?

....

2 Qu'est-ce qu'on propose à l'Espace Familles ?

....

3 Qu'est-ce qu'on peut éveiller pendant cet atelier ?

....

4 Où se passe cette activité ?

☐ A ☐ B ☐ C

5 C'est une bonne occasion pour ______________

A ☐ dire non à tout.
B ☐ enseigner des règles aux enfants.
C ☐ laisser plus de liberté aux enfants.

6 Que font les parents pendant cette activité ?

A ☐ Ils se reposent sans rien faire.
B ☐ Ils aident les enfants à faire leurs devoirs.
C ☐ Ils passent un moment agréable avec leurs enfants.

Étape 2 문제 8의 내용을 해석해 보세요.

문제를 읽으세요. 지문을 듣고 답하세요.
당신은 프랑스어권 지역 라디오의 이 방송을 듣습니다. 질문에 답하세요.

❶ 이 방송은 우리에게 어떤 질문을 하는가?

....

❷ Espace Familles에서 제안하는 것은 무엇인가?

....

❸ 이 아틀리에에서 무엇을 일깨울 수 있는가?

....

❹ 이 활동은 어디에서 진행되는가?

☐ A  ☐ B  ☐ C

❺ 이것은 ________________________ 위해 좋은 기회이다.

A ☐ 모든 것에 아니라고 말하기
B ☐ 아이들에게 규칙을 가르쳐 주기
C ☐ 아이들에게 더 많은 자유를 주기

❻ 이 행사 동안 부모들은 무엇을 하는가?

A ☐ 그들은 아무것도 하지 않고 휴식을 취한다.
B ☐ 그들은 아이들이 숙제하는 것을 도와준다.
C ☐ 그들은 자녀들과 안락한 순간을 보낸다.

Étape 3 문제 8의 필수 어휘를 익히고, 스크립트를 확인해 보세요.

필수 어휘 **ouvert** 개방된 | **parentalité (f)** 부모 행동 | **individuel** 개인적인 | **collectif** 집단적인
principe (m) 원칙 | **incroyablement** 믿을 수 없을 만큼, 믿기지 않을 정도로 | **efficace** 효과적인
éveiller 깨우다 | **curiosité (f)** 호기심 | **sens (m)** 감각 | **liberté (f)** 자유 | **randonnée (f)** 긴 산책

스크립트

Radio France, bonjour. Vous ne passez pas beaucoup de temps avec vos enfants ? L'Espace Familles est un lieu ouvert à tous, situé à la CAF de la Haute-Vienne, où des professionnels de la parentalité proposent des ateliers individuels ou collectifs avec les enfants. Le principe de l'atelier est simple et incroyablement efficace pour éveiller la curiosité et les sens de nos enfants. Les enfants ont la liberté de faire ce qu'ils veulent ! Les parents aussi ont beaucoup aimé l'atelier. C'est l'occasion de laisser plus de liberté aux enfants et de ne pas dire non à tout. Les parents et les enfants s'amusent ensemble et avec les autres familles.
Prochain atelier "Jouer avec l'éphémère" : vendredi 9 décembre 2017 de 9 h 30 à 10 h 30 et de 10 h 30 à 11 h 30. Inscrivez-vous au 05 55 43 40 14 !
<87.kidiklik.fr.>

해석

안녕하세요, Radio France입니다. 당신은 자녀들과 많은 시간을 보내지 않으시나요? Haute-Vienne의 CAF에 위치해 있는 Espace Familles는 모두에게 개방된 장소로서, 이곳에서 부모 행동 전문가들이 아이들과 함께 개별 또는 단체 아틀리에를 제안합니다. 아틀리에의 원칙은 간단하고 아이들의 호기심과 감각을 일깨우는 데 있어 믿을 수 없을 만큼 효과적입니다. 아이들은 자신들이 원하는 것을 할 수 있는 자유가 있습니다! 부모들 또한 아틀리에를 많이 좋아했습니다. 이것은 아이들에게 더 많은 자유를 주고 모든 것에 안 된다고 말하지 않을 기회입니다. 부모들과 아이들은 함께 놀고, 다른 가족들과도 놉니다.
다음 아틀리에 '하루살이와 함께 놀기': 2017년 12월 9일 금요일 9시 30분부터 10시 30분까지 그리고 10시 30분부터 11시 30분까지. 05 55 43 40 14로 등록하세요!
<87.kidiklik.fr.>

Étape 4 문제 8의 해설을 확인해 보세요.

문제 분석

부모와 자녀로 이루어진 가족을 위한 행사를 소개하는 방송이다. 우선 행사의 주된 대상을 파악하고, 진행 일정 및 장소에 초점을 맞춘다. 행사가 열리는 장소에서는 어떤 활동을 할 수 있는지 구체적으로 질문할 수 있다. 이 장소의 장점을 설명하면서 부모들과 아이들에게 어떤 혜택이 주어지는지도 출제될 수 있다. 숫자와 관련하여 행사 일정 날짜와 시간, 전화번호 역시 놓쳐서는 안 될 내용이다.

해설

문항	풀이 요령
1	방송에서 어떤 질문을 제기하는지 주관식으로 작성해야 한다. 첫 문제인 만큼 지문의 도입부에서 정답의 단서를 들려줄 가능성이 높다. 듣기가 시작되자마자 'Vous ne passez pas beaucoup de temps avec vos enfants ? 당신은 자녀들과 많은 시간을 보내지 않으시나요?'라고 물었다. 문제에서 'nous 우리'로 질문하였으므로 정답은 **Si nous passons beaucoup de temps avec nos enfants ou pas.**
2	행사를 주최하는 단체 Espace Familles에서 무엇을 제안하는지 묻고 있다. 단체명 Espace Familles는 고유 명사이므로 방송에서도 그대로 언급될 가능성이 높으며, 'proposer 제안하다' 역시 핵심어이다. 'où des professionnels de la parentalité proposent des ateliers individuels ou collectifs, avec les enfants 이곳에서 부모 행동 전문가들이 아이들과 함께 개별 또는 단체 아틀리에를 제안합니다'에 따르면 정답은 **Des ateliers individuels ou collectifs avec les enfants.**
3	아틀리에에서 무엇을 éveiller 즉, 일깨울 수 있는지가 핵심이므로 'atelier 아틀리에'와 'éveiller 일깨우다'가 언급되는 부분에 초점을 맞춘다. 아틀리에의 원칙은 간단하고 'incroyablement efficace pour éveiller la curiosité et les sens de nos enfants 아이들의 호기심과 감각을 일깨우는 데 있어 믿을 수 없을 만큼 효과적입니다'라는 안내에 따르면 정답은 **La curiosité et les sens de nos enfants.**
4	사진들이 모두 특정 장소 또는 활동을 나타내므로 'atelier 아틀리에', 'camping 캠핑장', 'randonnée 긴 산책' 등 핵심어를 미리 떠올리며 듣는다. 방송 전반에 걸쳐 'atelier 아틀리에' 관련 내용을 소개하고 있으며 캠핑이나 트래킹 등 야외 활동은 언급되지 않는다. 그러므로 정답은 **A.**
5	무엇을 하기에 'une bonne occasion 좋은 기회'인지 질문하므로 행사의 장점을 소개하는 부분에 집중한다. 'C'est l'occasion de laisser plus de liberté aux enfants et de ne pas dire non à tout. 이것은 아이들에게 더 많은 자유를 주고 모든 것에 안 된다고 말하지 않을 기회입니다.'에 따르면 정답은 **C.**
6	행사 중 'parents 부모들' 관련 언급에 주의를 기울인다. 'Les parents et les enfants s'amusent ensemble et avec les autres familles. 부모들과 아이들은 함께 놀고, 다른 가족들과도 놉니다.'에 따르면 정답은 **C.**

듣기 평가 EXERCICE 3 실전 연습

Étape 1 공략에 따라 EXERCICE 3 연습 문제를 풀어 보세요.

문제 9 Track 3-09

Lisez les questions. Écoutez le document puis répondez.
Vous écoutez cette émission de radio francophone. Répondez aux questions.

1 Qu'est-ce que cette émission nous présente ?

....

2 Qu'offre ce lieu ?

....

3 Qu'est-ce qu'on peut faire dans cet endroit ?

....

4 Où se passe cette activité ?

☐ A ☐ B ☐ C

5 C'est une activité idéale pour ____________________

A ☐ les gens qui s'intéressent à la nature.
B ☐ chasser beaucoup d'animaux.
C ☐ les familles qui aiment bien la vie de grandes villes.

6 Que faire pour profiter au maximum de sa balade dans la nature ?

A ☐ Ne pas entrer en pleine forêt.
B ☐ Accompagner les animaux par sécurité.
C ☐ Quitter les sentiers pour se promener en pleine forêt.

Étape 2 문제 9의 내용을 해석해 보세요.

문제를 읽으세요. 지문을 듣고 답하세요.
당신은 프랑스어권 지역 라디오의 이 방송을 듣습니다. 질문에 답하세요.

① 이 방송은 우리에게 무엇을 소개하는가?

....

② 이 장소는 무엇을 제공하는가?

....

③ 이 장소에서 무엇을 할 수 있는가?

....

④ 이 활동은 어디에서 진행되는가?

☐ A ☐ B ☐ C

⑤ 이것은 ____________________ 을(를) 위해 이상적인 활동이다.

A ☐ 자연에 관심이 있는 사람들
B ☐ 많은 동물을 사냥하기
C ☐ 대도시 생활을 좋아하는 가족들

⑥ 자연에서 산책을 최대한 이용하기 위해서는 무엇을 해야 하는가?

A ☐ 숲속 한가운데에 들어가지 않기
B ☐ 안전을 위해 동물들을 동반할 것
C ☐ 숲속 한가운데를 산책하기 위해 오솔길을 벗어나기

Étape 3 문제 9의 필수 어휘를 익히고, 스크립트를 확인해 보세요.

필수 어휘 **promenade (f)** 산책 | **exceptionnel** 예외적인, 특별한 | **minute (f)** 분 | **départemental** 지방의
automne (m) 가을 | **attirer** 당기다 | **attention (f)** 주의 | **trace (f)** 흔적
champignon (m) 버섯 | **plante (f)** 식물 | **incontournable** 불가피한 | **sentier (m)** 오솔길

스크립트

Radio France, bonjour. Aujourd'hui, nous allons vous présenter une promenade exceptionnelle. À dix minutes du centre ville de Limoges, la forêt départementale des Vaseix offre un espace de jeux et de découverte de la nature. On y profite d'une belle journée d'automne pour s'y promener en famille.

C'est une balade idéale pour les curieux de la nature ! Les textes et images attirent votre attention sur les traces de pas d'animaux, les champignons, les plantes, les arbres et sur les nombreux habitant de la forêt.

La balade en forêt est une activité incontournable des familles limousines et l'automne est la plus belle saison pour le faire.

Pour profiter pleinement de votre balade dans la nature, n'hésitez pas à quitter les sentiers pour vous promener en pleine forêt ! Une sortie au grand air pour toute la famille. Et c'est gratuit !

Pour plus d'informations, consultez le site internet de la forêt des Vaseix à Limoges.

<87.kidiklik.fr.>

해석

안녕하세요 Radio France입니다. 오늘 우리는 여러분께 특별한 산책을 소개하고자 합니다. 리모주 시내에서 10분 거리인 Vaseix 지방 숲은 놀이와 자연 발견의 공간을 제공합니다. 가족들과 산책하기 위해 이곳에서 가을날의 아름다운 하루를 즐깁니다.

이것은 자연에 호기심을 갖는 사람들에게 이상적인 산책입니다! 텍스트와 이미지들은 당신의 관심을 동물들, 버섯들, 식물들, 나무들의 흔적과 숲의 수많은 서식자들로 이끕니다.

숲에서의 산책은 리모주 가족들의 필수적인 활동이며, 가을은 이것을 하기에 가장 아름다운 계절입니다.

자연에서 당신의 산책을 마음껏 누리기 위해서는, 숲속 한가운데를 산책하기 위해 오솔길을 벗어나는 것을 주저하지 마세요! 가족 전체를 위한 대자연으로의 외출. 그리고 무료입니다!

더 많은 정보를 위해서는 리모주에 있는 Vaseix 숲의 인터넷 사이트를 참조하세요.

<87.kidiklik.fr.>

Étape 4 문제 9의 해설을 확인해 보세요.

문제 분석

행사를 소개하는 방송으로 행사 주제가 무엇인지 먼저 파악해야 한다. 숲에서의 '특별한 산책'에 대해 소개하므로 산책 장소와 관련하여 출제될 수 있다. 해당 장소에 무엇이 준비되어 있는지, 어떤 활동을 할 수 있는지, 산책하면서 관찰할 수 있는 것은 무엇이 있는지, 어떤 시기에 산책을 하는 것이 좋은지 등 행사 관련 상세 정보 역시 사진을 보고 고르는 유형이나 주관식으로 출제될 수 있다. 활동을 위한 조언 또는 권고 사항에도 주의를 기울인다.

해설

문항	풀이 요령
1	소개 방송 전체 주제에 대한 질문이다. 음성 내용 전개 순서와 문제 순서는 대부분 일치하므로 듣기 시작 부분에 초점을 맞춘다. 문제에 제시된 핵심어 'présenter 소개하다'가 등장하는 부분은 바로 'Aujourd'hui, nous allons vous présenter une promenade exceptionnelle. 오늘 우리는 여러분께 특별한 산책을 소개하고자 합니다.'이므로 정답은 **Une promenade exceptionnelle**.
2	해당 장소에서 제공하는 것을 질문하므로 'offrir 제공하다'와 이어지는 구체적인 내용에 집중한다. Vaseix 지방 숲은 'offre un espace de jeux et de découverte de la nature 놀이와 자연 발견의 공간을 제공합니다'라고 안내하므로 정답은 **Un espace de jeux et de découverte de la nature**.
3	이 장소 즉, Vaseix 지방 숲에서의 활동 내용을 질문하고 있다. 방송 전반에 걸쳐 소개하는 가족들이 즐기는 숲 산책을 한 마디로 제시하는 문장은 'On y profite d'une belle journée d'automne pour s'y promener en famille. 가족들과 산책하기 위해 이곳에서 가을날의 아름다운 하루를 즐깁니다.'로, 정답은 **Profiter d'une belle journée d'automne pour s'y promener en famille**.
4	보기항의 사진이 모두 특정 장소를 나타내므로 'fôret 숲', 'mer 바다', 'salle de classe 교실' 중 어떤 장소명이 주요 배경으로 등장하는지 파악해야 한다. 음성에서 산책 장소로 계속 언급되는 곳은 바로 'forêt 숲'이므로 정답은 **A**.
5	숲 산책이 누구에게 또는 무엇을 하기 위해 이상적인지 파악해야 한다. 'idéale pour ~에(게) 이상적인'이 언급되는 부분은 'C'est une balade idéale pour les curieux de la nature ! 이것은 자연에 호기심을 갖는 사람들에게 이상적인 산책입니다!'으로, 정답은 **A**.
6	자연에서 최대한 산책을 즐기기 위해 어떤 조언을 하는지 질문하고 있다. 방송의 마무리에 해당하는 'Pour profiter pleinement de votre balade dans la nature, n'hésitez pas à quitter les sentiers pour vous promener en pleine forêt ! 자연에서 당신의 산책을 마음껏 누리기 위해서는, 숲속 한가운데를 산책하기 위해 오솔길을 벗어나는 것을 주저하지 마세요!'에 따르면 정답은 **C**.

듣기 평가 EXERCICE 3 실전 연습

Étape 1 공략에 따라 EXERCICE 3 연습 문제를 풀어 보세요.

문제 10 Track 3-10

Lisez les questions. Écoutez le document puis répondez.
Vous écoutez cette émission de radio francophone. Répondez aux questions.

1 Qui vient à cet endroit tout au long de l'année ?

....

2 Qu'est-ce qui a lieu pour les plus grands ?

....

3 Quelle est l'activité la plus sympa au début ?

....

4 Dans quel cas peut-on faire cette activité ?

☐ A　　☐ B　　☐ C

5 Que font les 3-5 ans ?

A ☐ Ils font leurs devoirs.
B ☐ Ils préparent leur pique-nique.
C ☐ Ils prennent goût à toutes sortes d'arts.

6 Que peut faire l'enfant avec des autres ?

A ☐ Discuter et plaisanter avec eux.
B ☐ Parler des problèmes scolaires avec eux.
C ☐ Faire des activités sportives avec eux.

Étape 2 문제 10의 내용을 해석해 보세요.

문제를 읽으세요. 지문을 듣고 답하세요.
당신은 프랑스어권 지역 라디오의 이 방송을 듣습니다. 질문에 답하세요.

① 일 년 내내 누가 이 장소에 오는가?

....

② 더 큰 아이들을 위해서는 무엇이 열리는가?

....

③ 처음에 가장 좋은 활동은 무엇인가?

....

④ 어떤 경우에 이 활동을 할 수 있는가?

☐ A

☐ B

☐ C

⑤ 3~5세들은 무엇을 하는가?

A ☐ 그들은 숙제를 한다.
B ☐ 그들은 피크닉을 준비한다.
C ☐ 그들은 모든 종류의 예술을 좋아하게 된다.

⑥ 아이는 다른 아이들과 함께 무엇을 할 수 있는가?

A ☐ 그들과 토론하고 농담하기
B ☐ 그들과 학교 문제에 대해 말하기
C ☐ 그들과 스포츠 활동하기

Étape 3 문제 10의 필수 어휘를 익히고, 스크립트를 확인해 보세요.

필수 어휘 **recevoir** 받다 | **stage (m)** 실습, 연수 | **dehors** 밖에 | **préparer** 준비하다
sieste (f) 낮잠 | **sorte (f)** 종류 | **plaisanter** 농담하다 | **expliquer** 설명하다
apprendre 배우다 | **confiance (f)** 신뢰

스크립트

Radio France, bonjour. Aujourd'hui, nous allons vous présenter un atelier. À l'Atelier CEAPC, on est habitué à recevoir des enfants : tout au long de l'année, les écoles et les collèges viennent de loin pour passer une semaine dans cet endroit.
Il est possible pour tous les enfants d'en profiter. Pour les plus grands, les stages ont souvent lieu sur deux jours et peuvent regrouper une dizaine d'enfants de la même tranche d'âge. Le plus sympa au début, c'est de préparer son pique-nique que les enfants pourront prendre dehors s'il fait beau.
Les 3-5 ans ont aussi leurs stages : pendant trois jours, une heure le matin (histoire de pouvoir faire la sieste ensuite), eux aussi prennent goût à toutes sortes d'arts.
On discute et on plaisante avec les autres enfants. On explique, on apprend, puis on fait confiance, toujours en sécurité bien sûr.
Vous pouvez retrouver tout le programme de l'Atelier CEAPC sur leur site internet.
<www.ceapc.com>

해석

안녕하세요 Radio France입니다. 오늘 우리는 여러분께 아틀리에 하나를 소개하려고 합니다. CEAPC 아틀리에에서는 아이들을 맞이하는 데 익숙합니다: 일 년 내내, 학교들과 중학교들이 이 장소에서 일주일을 보내기 위해 멀리서 옵니다.
모든 아이들이 이것을 누릴 수 있습니다. 더 큰 아이들을 위해서, 실습은 종종 2일에 걸쳐 열리고 같은 나이 또래의 10여 명 아이들을 다시 집결시킬 수 있습니다. 처음에 가장 좋은 것은 날이 좋으면 아이들이 밖에서 할 수 있는 피크닉을 준비하는 것입니다.
또한 3~5세 아이들도 실습이 있습니다: 3일 동안 아침마다 한 시간 (낮잠 재우는 이야기). 그들은 또한 모든 종류의 예술을 좋아하게 됩니다.
다른 아이들과 토론하고 농담을 합니다. 설명하고 배우고, 신뢰합니다, 물론 항상 안전한 상태에서 말이죠.
인터넷 사이트에서 CEAPC 아틀리에의 모든 프로그램을 다시 찾을 수 있습니다.
<www.ceapc.com>

Étape 4 문제 10의 해설을 확인해 보세요.

문제 분석

아이들을 위한 특별한 장소를 소개하는 방송이므로, 장소명을 먼저 두괄식으로 언급하는 경우가 대부분이다. 해당 장소를 찾아오는 대상 즉, 아이들 및 학제 관련 어휘들을 숙지하고 있어야 한다. 행사 일정과 관련해서는 연령별로 어떠한 활동들이 진행되는지 질문할 수 있으며, 이에 대비하기 위해서는 나이를 말하는 숫자에 초점을 맞추어 들어야 한다. 마지막으로 추가 정보를 얻기 위한 방법을 묻는 유형이 출제될 수 있다.

해설

문항	풀이 요령
1	의문사 'qui 누구'를 사용하여 주요 방문자가 누구인지 묻고 있다. 첫 문제임을 감안하여 음성 앞부분에 정답의 단서가 제시될 것을 예상할 수 있다. 'tout au long de l'année, les écoles et les collèges viennent de loin pour passer une semaine dans cet endroit 일 년 내내, 학교들과 중학교들이 이 장소에서 일주일을 보내기 위해 멀리서 옵니다'라고 소개했으므로 정답은 Les écoles et collèges.
2	아틀리에에서 진행하는 프로그램 중 더 큰 아이들을 위해 준비된 내용은 무엇인지 파악해야 한다. 'les plus grands 더 큰 아이들' 언급 부분은 바로 'Pour les plus grands, les stages ont souvent lieu sur deux jours 더 큰 아이들을 위해서, 실습은 종종 2일에 걸쳐 열린다'이므로 정답은 Des stages.
3	처음에 하는 활동으로 가장 좋은 것은 무엇인지 질문했으므로 안내 방송에서 'au début 처음에'가 언급되는 부분에 유의한다. 'Le plus sympa au début, c'est de préparer son pique-nique 처음에 가장 좋은 것은 피크닉을 준비하는 것'이며 그 피크닉은 밖에서 할 수 있다는 보충 설명을 이어 가므로 정답은 Préparer son pique-nique.
4	보기항의 사진이 모두 날씨를 나타내므로 'il pleut 비가 온다', 'il neige 눈이 온다', 'il fait beau 날씨가 좋다' 중 음성에서 안내한 야외 피크닉, 현장 학습, 예술 관련 취미 활동에 공통적으로 적합한 날씨는 C이며, 특히 야외 피크닉 관련해서 's'il fait beau 날씨가 좋으면'이라고 안내하고 있다.
5	3~5세에게 해당하는 활동을 선택해야 하므로 '3-5 ans 3~5세' 언급에 집중한다. 안내 방송의 중반 이후부터 3~5세 아이들 또한 실습이 있다고 하며 낮잠을 자기 위해 이야기를 듣는 활동을 안내한다. 'eux aussi prennent goût à toutes sortes d'arts 그들은 또한 모든 종류의 예술을 좋아하게 됩니다'에 따르면 정답은 C. 숙제를 한다는 내용은 언급된 바 없으며 피크닉을 준비하는 연령대는 'les plus grands 더 큰 아이들'에 해당하는 내용이므로 오답이다.
6	안내하는 여러 활동 중에서도 'l'enfant avec des autres 아이들이 다른 아이들과' 즉, 아이들끼리 하는 활동 내용을 질문한다. 'On discute et on plaisante avec les autres enfants. 다른 아이들과 토론하고 농담을 합니다.'에 따르면 정답은 A.

EXERCICE 4

Vous allez entendre 2 fois 4 dialogues, correspondant à 4 situations différentes. Lisez les situations. Écoutez le document puis reliez chaque dialogue à la situation correspondante.

4개의 다른 상황들에 해당하는 4개의 대화를 2번 듣게 됩니다. 상황들을 읽으세요. 지문을 듣고 각 대화를 해당하는 상황에 연결하세요.

잠깐!

듣기 평가 EXERCICE 4에서 위의 지시문을 들려준 후, Dialogue 1~4의 공통 상황 배경과 관련된 추가 지시문을 아래와 같이 제시하는 경우가 간혹 있습니다.
이러한 경우 추가 지시문의 내용 자체는 득점에 크게 중요하지 않으며 각각의 Dialogue에 해당하는 상황이 무엇인지만 바르게 파악하면 되므로 EXERCICE 4 실전 훈련에 참조하기 바랍니다.

Vous êtes invité(e) à une soirée chez un ami français. Vous entendez ces conversations. Écoutez et reliez le dialogue à la situation correspondante.

당신은 프랑스 친구 집에서의 저녁 파티에 초대되었습니다. 당신은 이 대화들을 듣습니다.
듣고 적절한 상황에 대화를 연결하세요.

EXERCICE 4 완전 공략

1 핵심 포인트

듣기 영역의 4개 EXERCICE 중 난이도는 가장 낮다. 듣기 전체 25점 중 8점을 차지하며, 4개의 대화문이 주어지고 각각 구체적으로 어떤 상황의 대화인지 연결하는 유형이다. 대부분 일상생활에서 경험할 수 있는 평이한 난이도의 대화문이 출제되므로, A2 기본 어휘 수준을 숙지하고 있다면 무난하게 득점 가능하다.

2 빈출 주제

일상생활에서 흔히 볼 수 있는 여러 가지 주제와 상황이 고루 출제된다. 초대, 부탁, 사람 또는 사물 묘사, 제안 등이 등장할 수 있으며 장소에 따라서는 집, 학교, 회사, 시장, 상점, 관공서 및 기관 등이 등장할 수 있다.

3 고득점 전략

(1) 핵심 어휘 및 표현에 초점을 맞춘다.

각 상황마다 어떤 주제에 대해 말하고 있는지 알 수 있는 핵심 어휘와 표현들을 포함하고 있다. 보기항을 미리 훑어 해당 상황에 들어맞는 어휘와 표현을 미리 떠올려 보고, 이에 초점을 맞추어 듣도록 한다.

(2) 성급함은 금물, 전체를 고려한다.

앞부분에서 보기항 하나를 잘못 연결하기 시작하면, 이어지는 문제들까지 연쇄적으로 오답을 고를 위험이 있다. 각 대화를 들을 때 이미 앞서 선택한 보기항도 배제하지 말고, 전체를 고려하면서 필요한 경우 앞서 선택한 답안을 정정해 가며 풀도록 한다.

듣기 평가 EXERCICE 4 실전 연습

Étape 1 공략에 따라 EXERCICE 4 연습 문제를 풀어 보세요.

(문제 1) Track 4-01

Vous allez entendre 2 fois 4 dialogues, correspondant à 4 situations différentes. Lisez les situations. Écoutez le document puis reliez chaque dialogue à la situation correspondante.

Dialogue 1 •	• ⓐ Refuser.
Dialogue 2 •	• ⓑ Acheter quelque chose.
Dialogue 3 •	• ⓒ S'excuser.
Dialogue 4 •	• ⓓ Décrire quelque chose.

Étape 2 문제 1의 상황별 필수 어휘 및 표현을 익히세요.

필수 어휘 rendez-vous (m) 약속 | pomme (f) 사과 | délicieux 맛있는
se dépêcher 서두르다 | offrir 제공하다, 주다 | petit 작은 | mignon 귀여운

필수 표현

a. Refuser. 거절하기

Je voudrais (j'aimerais) bien, mais je ne peux pas. 나는 그러고 싶지만, 그럴 수가 없습니다.

Je suis désolé(e). 미안합니다, 죄송합니다.

C'est dommage. 유감입니다.

b. Acheter quelque chose. 무언가를 사기

Je voudrais (J'aimerais) acheter ~ ~을(를) 사고 싶습니다.

Je cherche ~ ~을(를) 찾고 있습니다.

Vous avez ~? ~이(가) 있나요?

c. S'excuser. 사과하기

Excusez-moi. 미안합니다.

Pardon. 미안합니다, 실례합니다.

Je ne sais pas comment dire. 어떻게 말해야 할지 모르겠어요.

d. Décrire quelque chose. 무언가를 묘사하기

grand(e) 큰 / petit(e) 작은 / cher (chère) 비싼 / bon(ne) 좋은, 맛있는 / délicieux (délicieuse) 맛있는 / magnifique 훌륭한 / très utile 매우 유용한

Étape 3 정답과 해설을 확인하세요.

Dialogue 1 - a. Refuser. 거절하기

Homme : On dîne ensemble ce soir ? 오늘 저녁에 같이 저녁 식사할까?
Femme : Je voudrais bien mais je ne peux pas. J'ai déjà un autre rendez-vous.
그러고 싶은데 그럴 수가 없어. 이미 다른 약속이 있거든.
Homme : Ah bon ? On fera ça une prochaine fois, alors.
아 그래? 그러면 그거 다음번에 하자.

'Je voudrais bien mais je ne peux pas. 나는 그러고 싶지만, 그럴 수가 없습니다.'라며 다른 약속이 있다고 하므로 초대를 거절하는 상황임을 알 수 있다.

Dialogue 2 - b. Acheter quelque chose. 무언가를 사기

Homme : Je voudrais un kilo de tomates, s'il vous plaît ! 토마토 1킬로그램 주세요!
Femme : Vous ne voulez pas aussi ces pommes ? Elles sont délicieuses.
이 사과들은 원하지 않으세요? 맛있어요.
Homme : C'est combien ? 얼마죠?

'tomates 토마토들' 및 수량 표현, 가격을 묻는 표현을 통해 물건을 사고파는 상황임을 알 수 있다.

Dialogue 3 - c. S'excuser. 사과하기

Homme : Pardon. Je suis en retard. 미안해. 내가 늦었지.
Femme : Ce n'est pas grave mais on doit se dépêcher. Le film va bientôt commencer.
별일 아니야 그렇지만 서둘러야 해. 영화가 곧 시작할 거야.
Homme : Tu as raison. Je t'offre un café après le film.
네 말이 맞아. 영화 끝나고 내가 커피 살게.

'Pardon. 미안해.' 및 'Ce n'est pas grave 별일 아니야'를 통해 사과를 주고받는 상황임을 알 수 있다.

Dialogue 4 - d. Décrire quelque chose. 무언가를 묘사하기

Homme : Tu n'as pas vu mon chien ? 너 내 개 못 봤어?
Femme : Non. Comment est-il ? 아니. 걔는 어떤데?
Homme : Il est petit et très mignon. 작고 아주 귀여워.

'petit et très mignon 작고 아주 귀여운' 개에 대해 말하므로 묘사하는 상황임을 알 수 있다. 문제에 제시된 어휘 'décrire 묘사하다'를 미리 숙지해야 한다.

Étape 1 공략에 따라 EXERCICE 4 연습 문제를 풀어 보세요.

문제 2  Track 4-02

Vous allez entendre 2 fois 4 dialogues, correspondant à 4 situations différentes. Lisez les situations. Écoutez le document puis reliez chaque dialogue à la situation correspondante.

Dialogue 1 · · ⓐ Fixer un rendez-vous.

Dialogue 2 · · ⓑ Remercier.

Dialogue 3 · · ⓒ Accepter une invitation.

Dialogue 4 · · ⓓ Décrire une personne.

Étape 2 문제 2의 상황별 필수 어휘 및 표현을 익히세요.

필수 어휘 invitation (f) 초대 | anniversaire (m) 생일, 기념일 | gâteau (m) 케이크 | apporter 가져오다
lundi (m) 월요일 | mardi (m) 화요일 | réserver 예약하다 | table (f) 탁자, 테이블
pantalon (m) 바지 | cadeau (m) 선물 | sympa 호감형인

필수 표현

a. Fixer un rendez-vous. 약속 정하기

Tu es libre+때 ? 너 ~에 한가하니?

Tu as le temps+때 ? 너 ~에 시간 있니?

On se voit+때 ? 우리 ~에 볼까?

Je voudrais prendre un rendez-vous+때. 저는 ~에 약속을 잡고 싶습니다.

b. Remercier. 감사하기

Je vous remercie beaucoup. 대단히 감사합니다.

Merci beaucoup. 매우 감사합니다.

Je ne sais pas comment vous remercier. 당신에게 어떻게 감사해야 할지 모르겠습니다.

c. Accepter une invitation. 초대 수락하기

J'accepte votre ~ avec plaisir. 당신의 ~을(를) 기꺼이 수락하죠.

Pourquoi pas ? 왜 안 돼?

D'accord. 알았어.

Pas de (Aucun) problème. (아무) 문제없어.

d. Décrire une personne. 인물 묘사하기

grand(e) 큰 / petit(e) 작은 / mignon(ne) 귀여운 / beau (belle) 잘생긴 (아름다운) / avoir les cheveux longs (courts) 긴 (짧은) 머리를 가지고 있다 / gros(se) 뚱뚱한 / mince 마른 / mettre des lunettes 안경을 쓰다

Étape 3 정답과 해설을 확인하세요.

Dialogue 1 - c. Accepter une invitation. 초대 수락하기

Homme : C'est bientôt mon anniversaire et j'invite tous mes amis chez moi.
Tu peux venir ?
곧 내 생일이라 집으로 친구들을 초대할 거야.
너 올 수 있니?

Femme : Bien sûr. Je vais apporter un gâteau d'anniversaire.
물론이지. 내가 생일 케이크를 가져갈게.

Homme : Tu peux faire ça pour moi ? Merci.
나를 위해 그렇게 할 수 있어? 고마워.

'inviter 초대하다', 'Tu peux venir ? 너 올 수 있니?'에 대해 'Bien sûr. 물론이지.'라고 대답하므로 초대를 수락하는 상황이다.

Dialogue 2 - a. Fixer un rendez-vous. 약속 정하기

Homme : On déjeune ensemble... lundi ou mardi ?
우리 점심 같이 먹자... 월요일이나 화요일?

Femme : Lundi, ce n'est pas possible parce que j'ai beaucoup de choses à faire.
Mais je suis d'accord pour mardi.
월요일은 해야 할 일이 많아서 안 돼.
하지만 화요일은 좋아.

Homme : Bien. Je vais réserver une table au restaurant.
좋아. 내가 식당에 자리를 예약할게.

두 사람이 아직 날짜가 확정되지 않은 식사 약속에 대해 'lundi ou mardi ? 월요일이나 화요일?'과 같이 의논하며 정하고 있으므로 약속 정하기에 해당한다.

Dialogue 3 - b. Remercier. 감사하기

Homme : J'ai acheté ce pantalon pour ton anniversaire.
내가 네 생일을 위해 이 바지를 샀어.

Femme : Merci beaucoup. Tu es très gentil. 매우 고마워. 아주 친절하구나.

Homme : De rien. J'espère que ça te plaît. 천만에. 네 맘에 들었으면 좋겠어.

선물에 대해 'Merci beaucoup. 매우 고마워.'라고 감사의 표현을 전하는 상황임을 알 수 있다.

Dialogue 4 - d. Décrire une personne. 인물 묘사하기

Femme : Tu as vu le nouveau professeur de français?
너 새로운 프랑스어 선생님 봤니?

Homme : Non. Comment est-il ? 아니. 그는 어떤데?

Femme : Il est grand, beau et il est très sympa.
키가 크고, 잘생겼고 아주 호감이야.

새로운 프랑스어 선생님의 외모를 묘사하는 표현들이 이어지므로 인물 묘사하기 상황에 해당한다.

듣기 평가 EXERCICE 4 실전 연습

Étape 1 공략에 따라 EXERCICE 4 연습 문제를 풀어 보세요.

(문제 3) Track 4-03

Vous allez entendre 2 fois 4 dialogues, correspondant à 4 situations différentes. Lisez les situations. Écoutez le document puis reliez chaque dialogue à la situation correspondante.

Dialogue 1 •	• ⓐ S'excuser.
Dialogue 2 •	• ⓑ Demander un rendez-vous.
Dialogue 3 •	• ⓒ Remercier.
Dialogue 4 •	• ⓓ Demander un avis.

Étape 2 문제 3의 상황별 필수 어휘 및 표현을 익히세요.

필수 어휘 demander 부탁하다, 요청하다 | avis (m) 의견 | robe (f) 원피스 | rencontrer 만나다 | moment (m) 순간 | pour le moment 지금(으로서는), 당장은 | possible 가능한 | assis 앉아 있는 | place (f) 자리, 위치 | se tromper 틀리다, 착각하다 | garder 지키다, 맡다 | tout de suite 즉시, 곧

필수 표현

a. S'excuser. 사과하기

Excusez-moi. 미안합니다.

Pardon. 미안합니다, 실례합니다.

Je ne sais pas comment dire. 어떻게 말해야 할지 모르겠어요.

b. Demander un rendez-vous. 약속 요청하기

Tu es libre+때 ? 너 ~에 한가하니?

Tu as le temps+때 ? 너 ~에 시간 있니?

On se voit+때 ? 우리 ~에 볼까?

Je voudrais prendre un rendez-vous+때. 저는 ~에 약속을 잡고 싶습니다.

c. Remercier. 감사하기

Je vous remercie beaucoup. 대단히 감사합니다.

Merci beaucoup. 매우 감사합니다.

Je ne sais pas comment vous remercier. 당신에게 어떻게 감사해야 할지 모르겠습니다.

d. Demander un avis. 의견 묻기

Qu'est-ce que tu penses de ~? ~에 대해 너는 어떻게 생각하니?

Quel est ton avis sur ~? ~에 대한 네 의견은 무엇이니?

Tu ne le crois pas ? 너 그렇게 생각하지 않니?

Étape 3 정답과 해설을 확인하세요.

Dialogue 1 - d. Demander un avis. 의견 묻기

Femme : Qu'est-ce que tu penses de cette robe ?
이 드레스에 대해 너는 어떻게 생각하니?
Homme : Ça te va très bien. 너한테 잘 어울려.
Femme : Je le pense aussi. Bon, je l'achète. 나도 그렇게 생각해. 좋아, 이걸 사야겠어.

문제에 제시된 단어 'avis 의견'을 숙지하고 있었다면 정답을 고르기 어렵지 않다. 'Qu'est-ce que tu penses de ~ ? ~에 대해 너는 어떻게 생각하니?' 문형으로 의견을 묻고 있다.

Dialogue 2 - b. Demander un rendez-vous. 약속 요청하기

Homme : Bonjour. Je voudrais rencontrer monsieur Bruno, s'il vous plaît !
안녕하세요. Bruno씨를 만나고 싶은데요!
Femme : Il n'est pas là pour le moment ! 지금 자리에 안 계십니다!
Homme : J'aimerais le voir demain matin. Est-ce que c'est possible ?
내일 아침에 그를 만나고 싶은데요. 가능할까요?

'voudrais rencontrer 만나고 싶다', 'demain matin 내일 아침' 등 구체적인 의사 표현을 통해 약속을 요청하는 상황임을 알 수 있다.

Dialogue 3 - a. S'excuser. 사과하기

Homme : Madame ! Vous êtes assise à ma place. 부인! 제 자리에 앉으셨네요.
Femme : Oh pardon ! Je me suis trompée de place.
오 죄송해요! 제가 자리를 착각했어요.
Homme : Ce n'est pas grave. 괜찮습니다.

미안함을 나타내는 'pardon 죄송해요, 미안해요'에 이어 괜찮다는 답변을 주고받으며 사과하는 상황임을 알 수 있다.

Dialogue 4 - c. Remercier. 감사하기

Homme : Madame, je dois aller aux toilettes. Vous pouvez garder ma place un moment, s'il vous plaît ?
부인, 제가 화장실을 가야 되는데요. 잠깐 제 자리를 맡아 주실 수 있나요?
Femme : Bien sûr. Prenez votre temps ! 물론이죠. 천천히 하세요!
Homme : Merci beaucoup. Je reviens tout de suite.
대단히 고맙습니다. 곧 돌아올게요.

남자의 부탁에 대해 여자가 흔쾌히 수락했고 'Merci beaucoup. 대단히 고맙습니다.'라고 대화를 마무리하므로 감사하기에 해당하는 상황이다.

듣기 평가 EXERCICE 4 실전 연습

Étape 1 공략에 따라 EXERCICE 4 연습 문제를 풀어 보세요.

문제 4 Track 4-04

Vous allez entendre 2 fois 4 dialogues, correspondant à 4 situations différentes. Lisez les situations. Écoutez le document puis reliez chaque dialogue à la situation correspondante.

Dialogue 1 ·	· ⓐ Décrire quelque chose.
Dialogue 2 ·	· ⓑ Féliciter.
Dialogue 3 ·	· ⓒ Refuser.
Dialogue 4 ·	· ⓓ Conseiller.

Étape 2 문제 4의 상황별 필수 어휘 및 표현을 익히세요.

필수 어휘 **travail (m)** 일 | **bureau (m)** 사무실 | **difficile** 어려운 | **content** 만족한
travailler 일하다 | **compagnie (f)** 회사 | **facile** 쉬운 | **trouver** 발견하다, 찾다 | **réfléchir** 심사숙고하다
discuter 검토하다, 토의하다 | **avant de (+동사 원형)** ~하기 전에 | **décider** 결정하다
commencer 시작하다 | **à partir de** ~(으)로부터 | **bibliothèque (f)** 도서관

필수 표현

a. Décrire quelque chose. 무언가를 묘사하기

grand(e) 큰 / petit(e) 작은 / cher (chère) 비싼 / bon(ne) 좋은, 맛있는 / délicieux (délicieuse) 맛있는 / magnifique 훌륭한 / très utile 매우 유용한

b. Féliciter. 축하하기

Toutes mes félicitations ! 축하해!

Bravo ! 축하해!

Je suis content(e) pour toi. 네가 잘돼서 기뻐.

Je te félicite. 축하해.

c. Refuser. 거절하기

Je voudrais (j'aimerais) bien, mais je ne peux pas. 나는 그러고 싶지만, 그럴 수가 없습니다.

Je suis désolé(e). 미안합니다, 죄송합니다.

C'est dommage. 유감입니다.

d. Conseiller. 충고하기

Je te conseille de ~. 너에게 ~하기를 권해.

Tu dois ~. 너는 ~해야 해.

Il faut ~. ~해야 해.

Il vaut mieux ~. ~하는 게 나아.

Étape 3 정답과 해설을 확인하세요.

Dialogue 1 - a. Décrire quelque chose. 무언가를 묘사하기

Homme : Alors, comment est ton nouveau travail ?
그래, 너의 새 일자리는 어때?

Femme : Ce n'est pas mal. Le bureau n'est pas loin de chez moi et puis, le travail n'est pas très difficile.
나쁘지 않아. 사무실이 집에서 멀지 않고, 일도 그다지 어렵지 않아.

Homme : Je suis content pour toi. 네가 잘돼서 기뻐.

의문사 comment으로 일자리에 대해 질문하였다. 사무실이 'n'est pas loin de chez moi et puis, le travail n'est pas très difficile 집에서 멀지 않고, 일도 그다지 어렵지 않다'고 하므로 묘사에 초점을 맞춘 대화임을 알 수 있다.

Dialogue 2 - d. Conseiller. 충고하기

Homme : Je ne veux plus travailler dans cette entreprise.
나는 이 회사에서 더 이상 일하고 싶지 않아.

Femme : Mais ce n'est pas facile de trouver un nouveau travail. Tu dois bien réfléchir avant de te décider.
그렇지만 새로운 일자리를 찾는 게 쉽지 않아. 결정하기 전에 심사숙고해야 돼.

Homme : Tu as raison. Je vais discuter d'abord avec ma femme.
네 말이 맞아. 우선 아내와 얘기해야겠어.

명령, 의무를 나타내는 'devoir+동사 원형'으로 일자리를 결정하기 전 심사숙고하라고 충고하는 상황임을 알 수 있다.

Dialogue 3 - b. Féliciter. 축하하기

Homme : Je vais commencer à travailler à partir de la semaine prochaine.
나 다음 주부터 일을 시작할 거야.

Femme : Bravo ! Tu as enfin trouvé un travail. 축하해! 마침내 일자리를 찾았구나.

Homme : Merci. J'ai eu de la chance. 고마워. 운이 좋았어.

'잘한다', '축하해'를 나타내는 bravo가 사용되었다. 대화 말미의 'Merci. 고마워.'는 감사의 표현이지만 이는 축하의 말에 대한 답변의 일부이며, 보기항에 '감사하기'는 없으므로 주된 상황은 축하하기임을 알 수 있다.

Dialogue 4 - c. Refuser. 거절하기

Homme : On va voir un film ensemble cet après-midi ?
오늘 오후에 같이 영화 볼까?

Femme : Je suis désolée mais je dois aller à la bibliothèque.
미안하지만 난 도서관에 가야 해.

Homme : C'est dommage parce que j'ai deux tickets de cinéma.
유감이네 왜냐하면 영화표 2장이 있거든.

완곡한 거절을 나타내는 전형적인 표현 'Je suis désolée mais ~ 미안하지만 ~' 문형으로 초대, 부탁, 제안 등에 대한 거절을 나타낸다.

듣기 평가 EXERCICE 4 실전 연습

Étape 1 공략에 따라 EXERCICE 4 연습 문제를 풀어 보세요.

문제 5  Track 4-05

Vous allez entendre 2 fois 4 dialogues, correspondant à 4 situations différentes. Lisez les situations. Écoutez le document puis reliez chaque dialogue à la situation correspondante.

Dialogue 1 •	• ⓐ Demander un service.
Dialogue 2 •	• ⓑ Demander le prix.
Dialogue 3 •	• ⓒ S'excuser.
Dialogue 4 •	• ⓓ Se présenter.

Étape 2 문제 5의 상황별 필수 어휘 및 표현을 익히세요.

필수 어휘 ordinateur (m) 컴퓨터 | prix (m) 가격 | avantageux 값이 싼 | récent 최신의
se souvenir 기억하다 | se rappeler 회상하다 | nom (m) 성(姓) | mari (m) 남편
laisser 남기다, 남겨 두다 | devant 앞에서 | entrée (f) 입구 | bâtiment (m) 건물
rendre 돌려주다 | livre (m) 책 | complètement 완전히 | devoir (m) 숙제, 과제

필수 표현

a. Demander un service. 도움 부탁하기

Je peux te demander quelque chose ? 너에게 뭐 좀 부탁해도 되겠어?

Tu peux faire ~ pour moi ? 나를 위해 ~을(를) 해 줄 수 있니?

Ça ne te dérange pas si ~? ~하면 너에게 방해가 되지 않니?

b. Demander le prix. 가격 묻기

C'est combien ? 얼마예요?

Ça coûte combien ? 얼마예요?

Je vous dois combien ? 가격이 얼마예요?

Ça fait combien ? (다 해서) 얼마예요?

c. S'excuser. 사과하기

Excusez-moi. 실례합니다, 죄송합니다.

Pardon. 실례합니다, 미안합니다.

Je ne sais pas comment dire. 어떻게 말해야 할지 모르겠어요.

d. Se présente. 자기소개하기

Je m'appelle ~. 내 이름은 ~입니다.

Allô ? C'est ~. 여보세요? 나는 ~입니다.

Je me présente. 나를 소개할게요.

Étape 3 정답과 해설을 확인하세요.

Dialogue 1 - b. Demander le prix. 가격 묻기

Homme : C'est combien, cet ordinateur ? 이 컴퓨터 얼마죠?
Femme : C'est un bon choix. Vous pouvez l'acheter à un prix avantageux.
좋은 선택입니다. 할인 가격으로 이것을 사실 수 있어요.
Homme : Est-ce que c'est un modèle récent ? 최신 모델인가요?

가격을 묻는 표현 'c'est combien 얼마예요' 및 핵심어 'un prix avantageux 할인 가격' 언급을 통해 가격 묻기 상황임을 알 수 있다.

Dialogue 2 - d. Se présenter. 자기소개하기

Homme : Bonjour, madame Sylvie. Vous vous souvenez de moi ?
안녕하세요, Sylvie 씨. 저를 기억하시나요?
Femme : Oui, mais je ne me rappelle pas votre nom.
네, 근데 성함이 기억이 안 나네요.
Homme : Je m'appelle Thierry et je travaille avec votre mari.
제 이름은 Thierry이고 당신 남편과 함께 일하고 있습니다.

자신이 누구인지 밝히는 'Je m'appelle ~ 내 이름은 ~입니다' 표현에 이어 남자가 여자의 남편과 함께 일하고 있음을 부연 설명하므로 자기소개 상황임을 알 수 있다.

Dialogue 3 - a. Demander un service. 도움 부탁하기

Homme : Allô ? Chérie, j'ai laissé mon portable à la maison. Tu peux l'apporter à mon bureau ?
여보세요? 여보, 내가 집에 휴대폰을 놔뒀어. 그걸 내 사무실로 가져다줄래?
Femme : D'accord. Je vais partir dans dix minutes.
알았어. 10분 뒤에 출발할게.
Homme : Merci. Je t'attends devant l'entrée du bâtiment.
고마워. 건물 입구 앞에서 기다리고 있을게.

도움을 청하는 'tu peux~? ~해 줄 수 있니?'의 문형으로 휴대폰을 갖다달라고 말하고 있으므로 부탁하는 상황의 대화임을 알 수 있다.

Dialogue 4 - c. S'excuser. 사과하기

Homme : Tu ne m'as pas encore rendu mon livre.
너 내 책 아직 안 돌려줬어.
Femme : Pardon, je l'ai complètement oublié. 미안해, 그걸 완전히 잊고 있었어.
Homme : J'ai besoin de ce livre pour faire mes devoirs.
내 숙제하려면 그 책이 필요해.

사과를 나타내는 직접적인 표현 'pardon 미안해'로 자신의 잘못을 시인함으로써 사과의 뜻을 전하는 상황임을 알 수 있다.

Étape 1 공략에 따라 EXERCICE 4 연습 문제를 풀어 보세요.

문제 6 Track 4-06

Vous allez entendre 2 fois 4 dialogues, correspondant à 4 situations différentes. Lisez les situations. Écoutez le document puis reliez chaque dialogue à la situation correspondante.

Dialogue 1 ·	· ⓐ Demander son chemin.
Dialogue 2 ·	· ⓑ Annuler un rendez-vous.
Dialogue 3 ·	· ⓒ Réserver.
Dialogue 4 ·	· ⓓ Donner un avis.

Étape 2 문제 6의 상황별 필수 어휘 및 표현을 익히세요.

필수 어휘 projet (m) 계획 | abandonner 포기하다 | assez 충분히 | chemin (m) 길
mairie (f) 시청 | à pied 걸어서, 도보로 | problème (m) 문제 | hôpital (m) 병원

필수 표현

a. Demander son chemin. 길 묻기

Je cherche ~, s'il vous plaît. 저는 ~을(를) 찾고 있어요.

Où est ~ ? ~이(가) 어디죠?

C'est loin (près) d'ici ? 여기서 먼(가까운)가요?

b. Annuler un rendez-vous. 약속 취소하기

Je suis obligé d'annuler ~. 저는 ~을(를) 취소해야 합니다.

Il faut annuler ~. ~을(를) 취소해야 합니다.

c. Réserver. 예약하기

Je voudrais réserver ~. 저는 ~을(를) 예약하고 싶어요.

Vous avez des chambres (places) ? 방 (자리) 있나요?

d. Donner un avis. 의견 말하기

Je pense (crois / trouve) que ~ 나는 ~(이)라고 생각해 (믿어 / 생각해).

À mon avis, ~ 내 생각에는, ~

Pour moi, ~ 나로서는, ~

Étape 3 정답과 해설을 확인하세요.

Dialogue 1 - d. Donner un avis. 의견 말하기

Homme : Qu'est-ce que tu penses de ce projet ?
이 계획에 대해 너는 어떻게 생각하니?
Femme : Je pense qu'on doit l'abandonner parce qu'on n'a pas assez de temps pour le faire.
난 포기해야 한다고 생각해 왜냐하면 그것을 하기에 시간이 충분치 않아.
Homme : Je suis d'accord avec toi. 너에게 동의해.

계획에 대해 서로 어떻게 생각하는지, 의견이 같은지 다른지 대화하면서 결론을 맺고 있으므로 의견 말하기 상황임을 알 수 있다.

Dialogue 2 - a. Demander son chemin. 길 묻기

Homme : Pardon, madame. Est-ce que la mairie est loin d'ici ?
실례합니다, 부인. 시청이 여기에서 먼가요?
Femme : Non, c'est tout près. Vous pouvez y aller à pied.
아니요, 아주 가까워요. 거기에 걸어서 갈 수 있어요.
Homme : Ça prend combien temps pour y aller ? 거기에 가는 데 얼마나 걸리죠?

위치 또는 방향을 묻고 답하는 'loin de ~ ~에서 멀다', 'aller à pied 걸어서 가다'를 통해 목적지로 가는 길을 묻는 상황임을 알 수 있다.

Dialogue 3 - c. Réserver. 예약하기

Homme : Bonjour, madame. Je voudrais un billet de train pour Paris, s'il vous plaît !
안녕하세요, 부인. 파리행 기차표 주세요!
Femme : Vous partez quand ?
언제 떠나시죠?
Homme : Est-ce qu'il y a un train qui part à 9 h du matin ?
아침 9시에 떠나는 기차가 있나요?

'réserver 예약하다'가 직접 등장하진 않으나 vouloir 동사의 조건법 현재 형태인 voudrais를 사용하여 기차표 발권을 요청하였다. 이어서 기차 출발 시간 관련 대화를 통해 남자는 자신이 원하는 시간에 출발하는 기차표를 예약하려 함을 알 수 있다.

Dialogue 4 - b. Annuler un rendez-vous. 약속 취소하기

Homme : Allô ? C'est moi Marco. Voilà, je ne peux pas voir le film avec toi ce soir.
여보세요? 나야 Marco. 다름이 아니라 너랑 오늘 저녁에 영화 못 봐.
Femme : Pourquoi ? Tu as un problème ?
왜? 문제 있니?
Homme : Je suis malade depuis ce matin et je vais aller à l'hôpital.
오늘 아침부터 아파서 나는 병원에 갈 거야.

'je ne peux pas ~ 나는 ~할 수 없다' 문형을 사용해 영화 보기로 한 약속을 취소하였고 이어서 취소한 이유를 나열하고 있으므로 약속 취소하기 상황임을 알 수 있다.

듣기 평가 EXERCICE 4 실전 연습

Étape 1 공략에 따라 EXERCICE 4 연습 문제를 풀어 보세요.

문제 7 Track 4-07

Vous allez entendre 2 fois 4 dialogues, correspondant à 4 situations différentes. Lisez les situations. Écoutez le document puis reliez chaque dialogue à la situation correspondante.

Dialogue 1 •	• ⓐ Faire une proposition.
Dialogue 2 •	• ⓑ Décrire quelque chose.
Dialogue 3 •	• ⓒ Réserver.
Dialogue 4 •	• ⓓ Demander un service.

Étape 2 문제 7의 상황별 필수 어휘 및 표현을 익히세요.

필수 어휘 **service (m)** 서비스, 도움 | **gare (f)** 역 | **pendant** ~동안 | **revenir** 돌아오다
sortir 나가다, 외출하다 | **collier (m)** 목걸이 | **cher** 비싼 | **idée (f)** 생각 | **rapide** 빠른
billet (m) 표, 티켓 | **avion (m)** 비행기 | **occupé** 바쁜

필수 표현

a. Faire une proposition. 제안하기

Si on allait au musée ? 미술관에 가는 거 어때?

Ça te dirait d'aller voir un film ? 영화 한 편 보러 가는거 어때?

On va jouer au tennis ? 테니스 칠래?

Je peux vous aider ? 제가 도와드려도 될까요?

Tu veux venir chez moi ce soir ? 오늘 저녁 내 집에 오고 싶어?

On va au cinéma. Qu'est-ce que tu en dis ? 극장에 가자. 어때?

Je te propose de travailler avec moi. 너에게 나와 함께 일할 것을 제안해.

b. Décrire quelque chose. 무언가를 묘사하기

grand(e) 큰 / petit(e) 작은 / cher (chère) 비싼 / bon(ne) 좋은, 맛있는 / délicieux (délicieuse) 맛있는 / magnifique 훌륭한 / très utile 매우 유용한

c. Réserver. 예약하기

Je voudrais réserver ~ 저는 ~을(를) 예약하고 싶어요.

Vous avez des chambres (places) ? 방 (자리) 있나요?

d. Demander un service. 도움 부탁하기

Je peux vous demander un renseignement ? 당신에게 정보를 부탁드려도 될까요?

Tu peux faire ça pour moi ? 나를 위해 이것을 해 줄 수 있어?

Vous pouvez répéter, s'il vous plaît ? 다시 말해 주실 수 있나요?

Encore une fois, s'il vous plaît ! 다시 한 번만 부탁드릴게요!

Tu peux me passer le dictionnaire, s'il te plaît ! 사전을 내게 건네 주렴!

Je voudrais fumer, vous permettez ? 담배를 피우고 싶은데, 허락해 주시겠어요?

Si vous le permettez, je voudrais partir. 허락하신다면, 나가고 싶어요.

Étape 3 정답과 해설을 확인하세요.

Dialogue 1 - d. Demander un service. 도움 부탁하기

Homme : Isabelle, tu es libre cet après-midi ? Je dois aller à la gare.
Tu peux garder mon chien pendant ce temps-là ?
Isabelle, 너 오늘 오후에 한가하니? 내가 기차역에 가야 하는데 그동안 내 개를 봐 줄 수 있니?

Femme : D'accord, mais tu dois revenir avant 18 h parce que je vais sortir après.
알았어, 하지만 18시 전에는 돌아와야 해 나 나중에 외출할 거거든.

Homme : Entendu. Merci et à tout à l'heure !
알았어. 고마워 이따 보자!

부탁이나 제안을 하기 위해 여유 시간이 있는지 'Tu es libre+때 ? ~에 한가하니?'로 묻고 있다. 'D'accord 알았어'라고 여자가 부탁을 들어 주므로 도움을 부탁하는 상황임을 알 수 있다.

Dialogue 2 - a. Faire une proposition. 제안하기

Homme : C'est bientôt l'anniversaire de Marie. Tu as acheté quelque chose pour elle ?
곧 Marie의 생일이야. 그녀를 위해 무언가 샀니?

Femme : J'ai vu un joli collier mais il est cher. Alors je pense qu'il vaut mieux l'acheter ensemble.
내가 예쁜 목걸이를 봤는데 비싸. 그래서 그것을 같이 사는 게 더 낫다고 생각해.

Homme : C'est une bonne idée.
좋은 생각이야.

'je pense ~ 나는 ~(이)라고 생각한다' 문형을 통해 목걸이를 같이 사는 게 더 낫다는 의견을 피력하고 상대로부터 동의를 얻는 대화의 흐름으로 보아 제안하기 상황임을 알 수 있다.

Dialogue 3 - b. Décrire quelque chose. 무언가를 묘사하기

Homme : J'ai acheté un ordinateur tout récent.
나 아주 최신 컴퓨터를 샀어.

Femme : Comment est-il ?
어때?

Homme : Il est très petit, joli et très rapide.
매우 작고 예쁘고 아주 빨라.

'très petit 매우 작은', 'joli 예쁜', 'très rapide 아주 빠른'으로 컴퓨터의 외향과 성능까지 설명하므로 무언가를 묘사하기에 해당한다.

Dialogue 4 - c. Réserver. 예약하기

Homme : Tu as déjà acheté ton billet d'avion ? 너 비행기표 이미 샀니?

Femme : Non, pas encore. J'ai été très occupée. 아니, 아직. 내가 매우 바빴어.

Homme : Dépêche-toi parce que c'est la saison des vacances.
서둘러야 해 왜냐하면 바캉스 기간이거든.

'billet d'avion 비행기표'를 'déjà 이미' 샀는지 묻자 아직 안 샀다고 답하였다. 표 구매를 서둘러야 한다고 당부하며 대화를 마치므로 예약 관련 대화임을 알 수 있다.

듣기 평가 EXERCICE 4 실전 연습

Étape 1 공략에 따라 EXERCICE 4 연습 문제를 풀어 보세요.

문제 8 Track 4-08

Vous allez entendre 2 fois 4 dialogues, correspondant à 4 situations différentes. Lisez les situations. Écoutez le document puis reliez chaque dialogue à la situation correspondante.

Dialogue 1 •	• ⓐ Féliciter.
Dialogue 2 •	• ⓑ Inviter.
Dialogue 3 •	• ⓒ Remercier.
Dialogue 4 •	• ⓓ Prendre un rendez-vous.

Étape 2 문제 8의 상황별 필수 어휘 및 표현을 익히세요.

필수 어휘 présenter 소개하다 | attendre 기다리다 | proposer 제안하다 | mois (m) 달, 월
examen (m) 시험, 평가 | grâce à ~덕분에 | mériter 자격이 있다 | oublier 잊다
effort (m) 노력 | fête (f) 파티 | carte d'invitation (f) 초대장

필수 표현

a. Féliciter. 축하하기

Toutes mes félicitations ! 축하해!

Bravo ! 축하해!

Je suis content(e) pour toi. 네가 잘돼서 기뻐.

Je te félicite. 축하해.

b. Inviter. 초대하기

Tu es libre ce soir ? 너 오늘 저녁 한가하니?

Vous êtes libre ce soir demain ? 당신 내일 한가하신가요?

Oui, je suis libre. 응, 나 한가해.

Désolé(e), j'ai un autre rendez-vous. 미안, 다른 약속이 있어.

Je suis déjà pris(e). 선약이 있어.

c. Remercier. 감사하기

Je vous remercie beaucoup. 저는 당신에게 매우 감사합니다.

Merci beaucoup. 매우 감사합니다.

Je ne sais pas comment vous remercier. 당신에게 어떻게 감사해야 할지 모르겠습니다.

d. Prendre un rendez-vous. 약속하기

On peut se voir samedi ? 토요일에 볼 수 있어?

Il n'y pas de problème. 문제없지.

On se voit quand ? 언제 볼까?

Demain, ça te va ? 내일, 괜찮아?

On se voit où ? 어디서 볼까?

On se voit à la bibliothèque. 도서관에서 보자.

Je vais t'attendre au café. 카페에서 너를 기다릴게.

Étape 3 정답과 해설을 확인하세요.

Dialogue 1 - d. Prendre un rendez-vous. 약속하기

Homme : Tu es libre demain ? Je vais te présenter mon ami Patrick.
너 내일 한가하니? 내 친구 Patrick을 소개시켜 줄게.

Femme : Ah bon ? Est-ce qu'il est beau ?
아 그래? 잘생겼니?

Homme : Oui. Nous t'attendrons au café Deux Margots. Ça te va ?
응. 우리는 Deux Margots 카페에서 너를 기다릴게. 괜찮아?

'Tu es libre demain ? 너 내일 한가하니?', 'Nous t'attendrons 우리는 너를 기다릴게' 표현을 통해 약속을 정하는 상황임을 알 수 있다.

Dialogue 2 - a. Féliciter. 축하하기

Homme : Tu cherches encore du travail ? 너 아직 일자리 찾고 있니?

Femme : Non, on m'a proposé un travail à Paris et je commence à travailler à partir du mois prochain.
아니, 파리의 일자리를 제안해서 다음 달부터 일을 시작해.

Homme : Ah bon ? Bravo ! C'est une très bonne nouvelle pour toi.
아 그래? 축하해! 너에게 정말 좋은 소식이구나.

일자리를 찾았다는 소식에 'Bravo ! 축하해!'로 'une très bonne nouvelle 정말 좋은 소식'을 축하하고 있음을 알 수 있다.

Dialogue 3 - c. Remercier. 감사하기

Homme : Merci. J'ai pu réussir mes examens grâce à toi.
고마워. 네 덕분에 시험들을 통과할 수 있었어.

Femme : Mais non. Tu as travaillé dur et tu le mérites.
천만에. 너는 열심히 공부했고 그럴 자격이 있어.

Homme : En tout cas, je n'oublierai pas tes efforts pour moi.
어쨌든, 나를 위한 너의 노력들을 잊지 않을게.

'Merci. 고마워', 'Mais non. 천만에.'를 통해 덕분에 시험을 통과하여 감사의 마음을 주고받는 상황임을 알 수 있다.

Dialogue 4 - b. Inviter. 초대하기

Homme : Qui va venir à la fête ? 파티에 누가 올 거니?

Femme : Je ne sais pas. J'ai envoyé une carte d'invitation à mes amis hier.
모르겠어. 어제 내 친구들에게 초대장을 보냈어.

Homme : Demande à Sophie de venir ! C'est ta meilleure amie.
Sophie에게 오라고 부탁해! 너의 가장 친한 친구잖아.

파티를 앞두고 'carte d'invitation 초대장'을 보냈으며 Sophie에게 오라고 하자는 대화로 보아 파티에 'inviter 초대하기' 상황임을 알 수 있다.

듣기 평가 EXERCICE 4 실전 연습

Étape 1 공략에 따라 EXERCICE 4 연습 문제를 풀어 보세요.

문제 9 Track 4-09

Vous allez entendre 2 fois 4 dialogues, correspondant à 4 situations différentes. Lisez les situations. Écoutez le document puis reliez chaque dialogue à la situation correspondante.

Dialogue 1 • • ⓐ Encourager.

Dialogue 2 • • ⓑ Demander des nouvelles.

Dialogue 3 • • ⓒ Accepter.

Dialogue 4 • • ⓓ Donner un avis.

Étape 2 문제 9의 상황별 필수 어휘 및 표현을 익히세요.

필수 어휘 habiter 살다 | quartier (m) 동네, 구역 | mer (f) 바다 | montagne (f) 산
endroit (m) 장소, 곳 | idéal 이상적인 | rester 머무르다, 있다
tranquille 조용한, 고요한 | poste (f) 우체국 | comprendre 이해하다

필수 표현

a. Encourager. 격려하기

Ne t'inquiète pas ! 걱정하지 마!

Tout se passera bien. 모든 것이 잘될 거야.

Bon courage! 힘내!

b. Demander des nouvelles. 소식 묻기

Ça fait longtemps qu'on ne s'est pas vus. 우리 서로 못 본지 오래되었네.

Comment ça va ? 어떻게 지내니?

Et toi? 너는 어때?

c. Accepter 수락하기

D'accord. 알았어.

Avec plaisir. 기꺼이.

Pas de (Aucun) problème. (아무) 문제없어.

Je suis d'accord avec toi. 나는 너에게 동의해.

Tout à fait ! 전적으로! / 완전히!

d. Donner un avis. 의견 말하기

Je suis de ton avis. 네 의견에 동의해.

Je suis pour. 나는 찬성이야.

À mon avis, ça te va bien. 내 생각에 그것은 너에게 잘 어울려.

Je pense qu'il est un peu grand (petit) pour toi. 너에게 약간 크다(작다)고 생각해.

Je le (la) trouve bien. 나는 좋다고 생각해.

Ça me plaît beaucoup. 아주 내 마음에 들어.

Je pense (crois) qu'il (elle) a raison (tort). 나는 그(녀)가 옳다고(틀렸다고) 생각해.

Étape 3 정답과 해설을 확인하세요.

Dialogue 1 - b. Demander des nouvelles. 소식 묻기

Homme : Tiens ! Ça fait longtemps qu'on ne s'est pas vus.
야! 우리 서로 못 본지 오래되었네.

Femme : Salut ! Comment ça va ? Tu habites toujours dans ce quartier ?
안녕! 어떻게 지내니? 너 여전히 이 동네에 살아?

Homme : Oui. Et toi ? Comment va ton nouveau travail ?
응. 너는? 너의 새 직장은 어때?

오랜만에 만난 상황에서 'Comment ça va ? 어떻게 지내니?', 'Et toi ? 너는?'하며 서로의 안부와 소식을 묻고 있음을 알 수 있다.

Dialogue 2 - d. Donner un avis. 의견 말하기

Homme : Je vais partir en vacances à la mer.
나는 바다로 휴가를 떠날 거야.

Femme : Mais il y aura trop de monde. Je pense que la montagne est un endroit idéal pour rester tranquille.
그렇지만 사람들이 너무 많을 거야. 나는 조용히 지내기에는 산이 이상적인 장소라고 생각해.

Homme : Tu as peut-être raison. Je vais y réfléchir.
네 말이 아마 맞겠다. 심사숙고해야겠어.

'en vacances à la mer 바다에서의 휴가'라는 화제에 대해 'Je pense que ~ 나는 ~(이)라고 생각하다' 문형을 사용하여 또 다른 의견을 전달하므로 의견을 주는 상황임을 알 수 있다.

Dialogue 3 - a. Encourager. 격려하기

Homme : Où vas-tu ? 너 어디 가니?

Femme : Je vais à la bibliothèque. C'est bientôt la période des examens.
나 도서관에 가. 곧 시험 기간이잖아.

Homme : Ne t'inquiète pas ! Tout se passera bien. Bon courage !
걱정하지 마! 모든 것이 잘될 거야. 힘내!

격려를 나타내는 대표적인 표현 'Bon courage ! 힘내!'를 통해 격려를 전달하는 상황임을 알 수 있다.

Dialogue 4 - c. Accepter 수락하기

Homme : Je dois faire mes devoirs de français mais je ne comprends rien. Tu peux m'aider ?
프랑스어 숙제를 해야 하는데 하나도 이해를 못 하겠어. 나 좀 도와줄 수 있어?

Femme : D'accord, mais je dois d'abord aller à la poste.
알았어, 그런데 나 우선 우체국에 가야 돼.

Homme : Alors, viens chez moi à 13 h ! Je vais commander une pizza pour toi.
그러면 13시에 내 집으로 와! 내가 너를 위해 피자를 주문할게.

도움을 요청하는 'Tu peux m'aider ? 나 좀 도와줄 수 있어?'에 대해 'D'accord 알았어'라고 수락하며 구체적인 시간과 장소를 정하고 있으므로 요청을 수락하는 상황임을 알 수 있다.

듣기 평가 EXERCICE 4 실전 연습

Étape 1 공략에 따라 EXERCICE 4 연습 문제를 풀어 보세요.

문제 10 Track 4-10

Vous allez entendre 2 fois 4 dialogues, correspondant à 4 situations différentes. Lisez les situations. Écoutez le document puis reliez chaque dialogue à la situation correspondante.

Dialogue 1 ·	· ⓐ Refuser.
Dialogue 2 ·	· ⓑ Accepter.
Dialogue 3 ·	· ⓒ Décrire une personne.
Dialogue 4 ·	· ⓓ S'excuser.

Étape 2 문제 10의 상황별 필수 어휘 및 표현을 익히세요.

필수 어휘 lieu (m) 장소 | public 공공의 | exprès 일부러, 고의로 | faire attention à ~을(를) 주의하다, 조심하다
utiliser 사용하다 | téléphone portable (m) 휴대폰 | espace (m) 장소, 공간
assister à ~에 출석(참가)하다 | cérémonie de mariage (f) 결혼식 | prêter 빌려 주다
accident (m) 사고 | déménager 이사하다 | week-end (m) 주말 | aider 돕다

필수 표현

a. Refuser. 거절하기

Je voudrais (j'aimerais) bien, mais je ne peux pas. 나는 그러고 싶지만, 그럴 수가 없습니다.

Je suis désolé(e). 미안합니다, 죄송합니다.

C'est dommage. 유감입니다.

b. Accepter. 수락하기

J'accepte votre ~ avec plaisir. 당신의 ~을(를) 기꺼이 수락하죠.

Pourquoi pas? 왜 안 되겠어?

D'accord. 알았어.

Pas de (Aucun) problème. (아무) 문제없어.

Avec plaisir. 기꺼이.

Ça me fait plaisir de vous aider. 당신을 도울 수 있어 기쁩니다.

c. Décrire une personne. 인물 묘사하기

grand(e) 큰 / petit(e) 작은 / mignon(ne) 귀여운 / beau (belle) 잘생긴 (아름다운) / avoir les cheveux longs (courts) 긴 머리 (짧은 머리)를 가지고 있다 / gros(se) 뚱뚱한 / mince 마른 / mettre des lunettes 안경을 쓰다

d. S'excuser. 사과하기

Excusez-moi. 미안합니다.

Pardon. 미안합니다, 실례합니다.

Je ne sais pas comment dire. 어떻게 말해야 할지 모르겠어요.

Ce n'est rien. 별것 아니에요.

Pardonnez-moi. 용서해 주세요.

Ça ne fait rien. 괜찮아요.

Je vous demande pardon. 용서를 부탁드립니다.

Ce n'est pas grave. 별것 아니에요.

Ce n'est pas votre faute. 당신의 잘못이 아닙니다.

Étape 3 정답과 해설을 확인하세요.

Dialogue 1 - d. S'excuser. 사과하기

Homme : Madame ! Ne parlez pas trop fort ! Ici, c'est un lieu public.
부인! 너무 크게 말하지 마세요! 여기는 공공장소입니다.

Femme : Ah pardon ! Je n'ai pas fait exprès. 아 미안합니다! 고의가 아니었어요.

Homme : Il faut faire attention quand on utilise un téléphone portable dans un espace public.
공공장소에서 휴대폰을 사용할 때는 주의해야 합니다.

사과의 의미를 나타내는 pardon을 통해 자신의 잘못을 사과하는 상황임을 알 수 있다.

Dialogue 2 - c. Décrire une personne. 인물 묘사하기

Homme : J'ai assisté à la cérémonie de mariage de Julie hier.
나 어제 Julie 결혼식에 참석했어.

Femme : Alors tu as vu son mari. Parle-moi de lui !
그러면 그의 남편을 봤겠네. 그에 대해 말해 봐!

Homme : Il est grand, beau et gentil. 키가 크고, 잘생겼고 친절해.

Julie의 남편에 대해 'Parle-moi de lui ! 그에 대해 말해 봐!'라고 하자 'grand 키가 큰', 'beau 잘생긴', 'gentil 친절한'이라는 특징을 나열하므로 인물 묘사 관련 대화임을 알 수 있다.

Dialogue 3 - a. Refuser. 거절하기

Homme : Tu peux me prêter ta voiture ce soir ?
오늘 저녁 나에게 네 차 빌려 줄 수 있니?

Femme : Désolée, mais je ne peux pas. Ma voiture est en panne.
미안한데, 그럴 수가 없어. 자동차가 고장 났거든.

Homme : Oh là là ! Qu'est-ce qu'il y a ? Tu as eu un accident ?
아 이런! 무슨 일인데? 사고가 있었던 거야?

거절을 나타내는 'Désolée, mais je ne peux pas. 미안한데, 그럴 수가 없어.'를 통해 요청에 대해 거절하는 상황임을 알 수 있다.

Dialogue 4 - b. Accepter. 수락하기

Homme : Je vais déménager ce week-end. Tu peux venir m'aider ?
나 이번 주말에 이사해. 나를 도와주러 올 수 있니?

Femme : Aucun problème. Je viens à quelle heure ?
문제없어. 몇 시에 오면 되니?

Homme : À midi. On va déjeuner ensemble.
정오에. 우리 점심 같이 먹자.

'Tu peux venir m'aider ? 나를 도와주러 올 수 있니?'하는 부탁에 'Aucun problème. 문제없어.'라고 긍정적 의향을 나타내므로 부탁을 수락하는 상황임을 알 수 있다.

듣기 평가 新 유형

유형 개정 GUIDE

EXERCICE 1 최신 유형 8 set로 끝장내기

EXERCICE 2 최신 유형 5 set로 끝장내기

EXERCICE 3 최신 유형 5 set로 끝장내기

新 유형 개정 GUIDE

2020년부터 바뀌는 DELF와 DALF 개정 문제 유형에 대해 짚어 보겠습니다.

DELF와 DALF 시험의 주관 기관인 CIEP에 따르면 개정 전 기존 유형과 개정된 새로운 유형이 공존하는 '유예 기간'은 2020년부터 2022년까지 3년 동안입니다. 본서에는 개정 전 기존 유형과 개정된 새로운 유형이 모두 수록되어 있으므로 유예 기간 동안 DELF, DALF에 응시하는 분들께서는 다음 사항을 참조하여 자신에게 맞는 유형 또는 두 유형 모두를 파악하고 준비하시기 바랍니다. 먼저 시험 난이도별로 살펴보겠습니다.

1 A2

독해, 듣기 영역 주관식 문제 폐지
듣기 영역 문제 수 변경: 음성 자료 7개 → 짧은 음성 14개
Vrai / Faux 문제 형식은 유지, '증명하기 Justification' 부분 폐지 – 배점이 낮아짐

2 B1

독해, 듣기 영역 주관식 문제 폐지
Vrai / Faux 문제 형식은 유지, '증명하기 Justification' 부분 폐지 – 배점이 낮아짐
독해 시험 시간 변경: 35분 → 45분

3 B2

독해, 듣기 영역 주관식 문제 폐지
Vrai / Faux 문제 형식은 유지, '증명하기 Justification' 부분 폐지 – 배점이 낮아짐
듣기 영역 문제 수 변경: 음성 자료 2개 → 짧은 음성 5개

4 C1, C2

전문 분야 삭제

총평하자면, 듣기와 독해 평가에서 주관식 대신 객관식 유형으로 바뀌며 독해 평가의 경우 난이도가 낮아진다고 볼 수 있습니다. 반면, 듣기 평가의 경우 유형이 기존보다 배로 늘어나기 때문에 응시자들에게 다소 부담이 될 수 있습니다.

① 주관식 폐지	A2, B1, B2 시험에서 독해, 듣기 영역의 주관식 문제가 폐지됩니다.
② A2, B1, B2 독해 유형	Vrai / Faux 문제 형식은 유지, '증명하기 Justification' 부분 폐지 – 배점이 낮아짐
③ 문제 수 변경	A2 듣기 영역: 음성자료 7개 → 짧은 음성 14개 B2 듣기 영역: 음성 자료 2개 → 5개 Exercice별로 문항 수 감소
④ A2 듣기 EXERCICE 4 (현재 한 문제당 2점씩)	각 유형별 듣기의 EXERCICE에 딸린 문항 수는 줄어들지만 EXERCICE 자체의 수가 기존 7개에서 14개로 늘어나기 때문에, 문항별 배점이 낮아질 확률이 높습니다.
⑤ A2 독해 EXERCICE 1	객관식과 동일한 방식으로 간주하여 바뀌지 않을 가능성도 있습니다.
⑥ 시험 시간 변경	B1 독해가 35분에서 45분으로 변경됩니다.
⑦ C1, C2	문학, 과학 분야가 삭제됩니다.

듣기 평가 EXERCICE 1 최신 유형

Étape 1 공략에 따라 EXERCICE 1 최신 유형 연습 문제를 풀어 보세요.

문제 1 Track N1-01

Lisez les questions. Écoutez le document puis répondez.
Vous entendez cette annonce.

① De quoi s'agit-il ?

A ☐ Du retard du vol.
B ☐ De l'annulation du vol.
C ☐ De l'embarquement du vol.

② Quel est le numéro du vol ?

A ☐ Air France 457.
B ☐ Air France 477.
C ☐ Air France 487.

③ Quelle est la cause du problème ?

A ☐ Le mauvais temps.
B ☐ Des incidents techniques.
C ☐ Des travaux.

④ Le problème provient :

A ☐ de l'aéroport d'arrivée.
B ☐ de l'aéroport de départ.
C ☐ de l'aéroport de transit.

Étape 2 문제 1의 내용을 해석해 보세요.

문제를 읽으세요. 지문을 듣고 답하세요.
당신은 이 안내 방송을 듣습니다.

1 무엇에 관한 것인가?

A ☐ 비행 연착에 대해
B ☐ 비행 취소에 대해
C ☐ 비행 탑승에 대해

2 비행편 번호는 무엇인가?

A ☐ 에어 프랑스 457
B ☐ 에어 프랑스 477
C ☐ 에어 프랑스 487

3 문제의 원인이 무엇인가?

A ☐ 나쁜 날씨
B ☐ 기술적 결함
C ☐ 공사

4 문제는 ______________ 생겼다.

A ☐ 도착 공항에서
B ☐ 출발 공항에서
C ☐ 환승 공항에서

Étape 3 문제 1의 필수 어휘를 익히고, 스크립트를 확인해 보세요.

필수 어휘 **lire** 읽다 | **document (m)** 자료 | **annonce (f)** 안내 방송 | **retard (m)** 연착 | **vol (m)** 비행(편) | **annulation (f)** 취소 | **embarquement (m)** 탑승 | **cause (f)** 원인 | **en raison de** ~(으)로 인해 | **incident technique (m)** 기술적 결함 | **travaux (m)** 공사 (항상 복수) | **arrivée (f)** 도착 | **départ (m)** 출발 | **transit (m)** 경유 | **regret (m)** 유감

스크립트

Mesdames et messieurs,

Nous sommes au regret de vous informer de l'annulation du vol Air France 487 à destination de Venise en raison des très mauvaises conditions climatiques à l'aéroport d'arrivée.

해석

신사 숙녀 여러분,

도착 공항의 매우 나쁜 기상 조건으로 인해 베니스행 에어 프랑스 487편의 취소를 여러분들에게 알리게 되어 유감입니다.

Étape 4 문제 1의 해설을 확인해 보세요.

문제 분석

듣기 평가 EXERCICE 1 최신 유형에 추가된 '공공 장소' 안내 방송이다. 안내 방송을 듣고 관련 세부 정보에 대해 풀어야 한다. 공항에서의 안내 방송은 기본적으로 비행편 관련 정보 및 도착지와 출발지가 어디인지 핵심 정보를 놓치지 않도록 한다. 연착이나 취소 상황이 언급된다면 그 이유를 묻는 문제가 반드시 출제되므로 각별히 귀 기울여 듣도록 한다.

해설

문항	풀이 요령
1	안내 방송의 내용이 무엇인지 즉, 전체 주제를 묻고 있다. 듣기를 시작하자마자 'l'annulation du vol 비행 취소' 되었다는 핵심어가 제시되므로 정답은 B. 공항을 포함한 교통편 관련 안내 방송에 등장할 수 있는 'avion 비행기', 'aéroport 공항', 'train 기차', 'gare 기차역', 'métro 지하철', 'station 정거장' 등의 어휘들을 함께 기억해 두자.
2	방송을 들려 주기 전 문제에 제시된 핵심어 'le numéro du vol 비행편 번호'를 파악했다면 항공사 이름과 숫자 세 자리가 언제 들릴지 집중하자. 기본적으로 프랑스어 숫자 표현 방식을 잘 익혀 두어야 할 필요성이 있으며 숫자 앞에는 AF, KE 등 항공사를 나타내는 영문 약자들이 등장하는데 최소한 '에어 프랑스 Air France - AF'는 알고 있어야 한다. 음성에서 베니스행 'Air France 487 에어 프랑스 487편'이 취소되었다고 안내하므로 정답은 C.
3	비행편이 취소된 이유를 묻고 있다. 상세 내용을 질문하는 경우 안내 방송에서 정답의 힌트가 될 수 있는 내용은 주로 보기항에 제시된 어휘의 유의어를 이용하여 제시된다. 음성에서 'en raison des très mauvaises conditions climatiques 매우 나쁜 기상 조건으로 인해' 부분이 핵심으로, 보기항 A에 등장한 temps의 유의어로써 안내 방송에서는 climatiques로 언급되었다. 추가로, 이 문제를 풀기 위한 핵심 문장에 사용된 문형 'en raison de ~(으)로 인해' 외에, 유사 표현 'à cause de ~때문에'도 참고로 알아 두자. 또한 듣기 평가 EXERCICE 1 유형의 경우 이미지가 포함되는 경우가 많다. 실제 시험에서 그림이나 사진으로 제시될 수 있음을 염두에 두자.
4	문제가 발생한 장소가 어디인지 파악해야 한다. 'l'aéroport d'arrivée 도착 공항'의 날씨가 좋지 않다고 명시하므로 정답은 A. 추가적으로 'l'aéroport de départ 출발 공항' 어휘까지 알아 두자.

듣기 평가 EXERCICE 1 최신 유형

Étape 1 공략에 따라 EXERCICE 1 최신 유형 연습 문제를 풀어 보세요.

문제 2 Track N1-02

Lisez les questions. Écoutez le document puis répondez.
Vous entendez cette annonce.

1 Vous allez prendre :

A ☐ un avion.
B ☐ un train.
C ☐ un métro.

2 Quel est le caractère de cette annonce ?

A ☐ La suggestion.
B ☐ L'interdiction.
C ☐ L'encouragement.

3 Que ne devez-vous pas mettre dans vos bagages à main ?

A ☐ Des produits de beauté.
B ☐ Des produits de souvenir.
C ☐ Des produits électroniques.

4 Selon cette annonce, on vous conseille de placer ces produits dans :

A ☐ les valises.
B ☐ le sac à dos.
C ☐ la consigne.

Étape 2 문제 2의 내용을 해석해 보세요.

문제를 읽으세요. 지문을 듣고 답하세요.
당신은 이 안내 방송을 듣습니다.

❶ 당신은 ________ 을(를) 탈 것이다.

A ☐ 비행기
B ☐ 기차
C ☐ 지하철

❷ 이 안내 방송의 성격이 무엇인가?

A ☐ 추측
B ☐ 금지
C ☐ 격려

❸ 당신은 휴대용 가방 안에 무엇을 넣으면 안 되는가?

A ☐ 화장품들
B ☐ 기념품들
C ☐ 전자 제품들

❹ 이 안내 방송에 따르면, ____________ 안에 이 제품들을 둘 것을 당신께 권합니다.

A ☐ 여행용 가방들
B ☐ 배낭
C ☐ 임시 보관소

Étape 3 문제 2의 필수 어휘를 익히고, 스크립트를 확인해 보세요.

필수 어휘 **caractère (m)** 특징 | **suggestion (f)** 추측 | **interdiction (f)** 금지 | **encouragement (m)** 격려 | **bagage (m)** 짐 | **produit de beauté (m)** 화장품 | **souvenir (m)** 기념 | **électronique** 전자의 | **consigne (f)** 임시 보관소 | **compréhension (f)** 이해

스크립트

Bonjour,

Bienvenue à l'aéroport "Charles de Gaulle". Nous vous rappelons qu'il est interdit de transporter des produits de beauté de plus de 100 ml dans vos bagages à main. Nous vous recommandons de les placer dans les valises. Merci de votre compréhension.

해석

안녕하세요,

샤를 드골 공항에 오신 것을 환영합니다. 당신의 휴대용 가방에 100㎖ 이상의 화장품들을 반입하는 것은 금지되어 있음을 상기시켜 드립니다. 이것들을 여행용 가방들에 넣으시기를 부탁드립니다. 당신의 이해에 감사드립니다.

Étape 4 문제 2의 해설을 확인해 보세요.

문제 분석

공항에서의 안내 방송 출제 시, 앞서 연습한 비행편 관련 내용뿐만 아니라 일반적인 주의 사항 안내와 관련해서도 폭넓은 내용이 등장할 수 있다. 먼저 언급되는 주된 주의 사항이 무엇인지 집중해서 파악하고, 이어서 해당 주의 사항에 대해 어떻게 조치해야 하는지 설명하는 내용까지 놓치지 말아야 한다.

해설

문항	풀이 요령
1	보기항이 모두 교통수단을 의미하므로, 안내 방송을 들려 주는 장소가 구체적으로 어디인지 파악해야 함을 알 수 있다. 음성이 시작되자마자 'Bienvenue à l'aéroport "Charles de Gaulle". 샤를 드골 공항에 오신 것을 환영합니다.'라고 언급하므로 정답은 A.
2	'le caractère de cette annonce 이 안내 방송의 성격' 즉, 음성 내용의 목적을 묻고 있다. 'Nous vous rappelons qu'il est interdit de ~하는 것이 금지되어 있음을 상기시켜 드립니다'를 통해 금지 사항을 알리는 안내 방송임을 알 수 있다. 따라서 정답은 B가 된다. 이밖에도, 의무 사항 관련 내용의 경우 'il est obligatoire de ~하는 것은 의무이다', 'Veuillez (vouloir 동사의 2인칭 복수 명령 형태) ~하여 주십시오' 등의 표현이 주로 등장하니 참고로 알아 두자.
3	휴대용 가방에 넣어서는 안 되는 물건이 무엇인지 상세 정보를 질문한다. 'il est interdit de transporter des produits de beauté de plus de 100 ml 100㎖ 이상의 화장품들을 반입하는 것은 금지되어 있다'고 언급하므로 정답은 A. 실제 시험에서 그림이나 사진으로 제시될 수 있음을 염두에 두자.
4	금지 품목을 어떻게 조치해야 하는지 설명하는 내용에 마지막까지 주의를 기울여야 한다. 'Nous vous recommandons de les placer dans les valises. 이것들을 여행용 가방들에 넣으시기를 부탁드립니다.'라고 안내 방송을 마무리하므로, 제품들을 두어야 할 곳은 A, 여행용 가방들이다.

듣기 평가 EXERCICE 1 최신 유형

Étape 1 공략에 따라 EXERCICE 1 최신 유형 연습 문제를 풀어 보세요.

문제 3 Track N1-03

Lisez les questions. Écoutez le document puis répondez.
Vous entendez cette annonce.

❶ Quel est le numéro du TGV ?

A ☐ Le 3849.
B ☐ Le 3899.
C ☐ Le 3894.

❷ À quelle heure part le train ?

A ☐ À 14 h 00.
B ☐ À 16 h 00.
C ☐ À 24 h 00.

❸ Les personnes accompagnant ... ne peuvent pas monter dans le train :

A ☐ les enfants.
B ☐ les voyageurs.
C ☐ les handicapés.

❹ D'après cette annonce, que peut-on faire dans ce train ?

A ☐ Manger.
B ☐ Dormir.
C ☐ Faire du sport.

Étape 2 문제 3의 내용을 해석해 보세요.

문제를 읽으세요. 지문을 듣고 답하세요.
당신은 이 안내 방송을 듣습니다.

1 고속 열차의 번호는 무엇인가?

A ☐ 3849
B ☐ 3899
C ☐ 3894

2 기차는 몇 시에 출발하는가?

A ☐ 14시 00분에
B ☐ 16시 00분에
C ☐ 24시 00분에

3 ______________ 을(를) 동반한 사람들은 기차에 오를 수 없다.

A ☐ 아이들
B ☐ 여행객들
C ☐ 장애인들

4 이 안내 방송에 따르면, 이 기차 안에서 무엇을 할 수 있는가?

A ☐ 먹는 것
B ☐ 잠자는 것
C ☐ 운동하는 것

Étape 3 문제 3의 필수 어휘를 익히고, 스크립트를 확인해 보세요.

필수 어휘 **accompagner** 동반하다 | **voyageur** 여행객 | **handicapé** 장애인 | **départ (m)** 출발 | **voie (f)** 선로 | **comporter** 포함하다

스크립트

Le TGV numéro 3894, à destination de Montpellier, départ 14 h, partira voie 6. Attention, nous rappelons aux personnes accompagnant les voyageurs, de ne pas monter dans les voitures. Ce train comporte : un service de restauration.

해석

14시 출발 몽펠리에행 고속 열차 3894가 6번 선로에서 출발할 것입니다. 주의하세요, 여행객들을 동반한 사람들은 차량에 탑승하지 않을 것을 상기시켜 드립니다. 이 기차는 다음을 포함하고 있습니다: 식당 서비스.

Étape 4 문제 3의 해설을 확인해 보세요.

문제 분석

듣기 평가 EXERCICE 1 최신 유형에 추가된 '공공 장소' 안내 방송이다. 기차역 안내 방송의 경우 먼저 기차의 운행 편명, 도착역, 출발역 등 기본 정보를 놓치지 않는다. 이어서 주의 사항이 등장한다면 구체적으로 어떤 점에 주의하라고 안내하는지 정확히 파악해야 한다. 추가적으로 해당 기차편의 특징 등 세부적인 정보까지 주의를 기울이자.

해설

문항	풀이 요령
1	'le numéro du TGV 고속 열차의 번호'를 질문하므로 숫자가 언급되는 부분에 집중해야 한다. 기차 편명의 경우 일반적으로 천의 자리 숫자로 등장하므로 기본적으로 프랑스어 숫자 표현 방식을 알되, 보기항 앞부분이 모두 38로 시작하는 점에 주목하여 십의 자리와 일의 자리 숫자에 좀 더 집중해서 듣는 것도 요령이다. 'Le TGV numéro 3894, à destination de Montpellier 몽펠리에행 고속 열차 3894'가 6번 선로에서 출발할 예정이므로 정답은 C.
2	기차 출발 시간은 언제인지 묻고 있다. 시간은 숫자 1부터 24까지, 분 단위는 1부터 59까지의 숫자로 나타내므로 숫자 언급에 유의해야 한다. 듣기가 시작되자마자 'départ 14 h 14시 출발'임을 알 수 있으므로 정답은 A. 참고로 도착 시간은 프랑스어로 l'heure d'arrivée이다.
3	동반자 탑승과 관련한 문제로 'ne peuvent pas monter dans le train 기차에 오를 수 없다'고 언급되는 대상은 누구인지 주의해서 들어야 한다. 음성에서 'personnes accompagnant les voyageurs, de ne pas monter dans les voitures 여행객들을 동반한 사람들은 차량에 탑승하지 않을 것'을 통보하므로 정답은 B. 보기항의 le train이 음성에서는 열차의 차량, 객차를 나타내는 voitures로 등장하였다.
4	기차 안에서 무엇을 할 수 있는지 파악해야 한다. 안내 방송의 마무리에서 'Ce train comporte : un service de restauration. 이 기차는 다음을 포함하고 있습니다: 식당 서비스.'라고 안내하므로 정답은 A.

듣기 평가 EXERCICE 1 최신 유형

Étape 1 공략에 따라 EXERCICE 1 최신 유형 연습 문제를 풀어 보세요.

문제 4 Track N1-04

Lisez les questions. Écoutez le document puis répondez.
Vous entendez cette annonce.

1 Qu'est-ce qui s'est passé avec le train ?

A ☐ Des dégâts humains.
B ☐ Des dégâts matériels.
C ☐ Des incidents techniques.

2 Quel est le numéro du train ?

A ☐ Le 4857.
B ☐ Le 4758.
C ☐ Le 4587.

3 Le temps prévu était :

A ☐ vingt et une heures quatorze.
B ☐ vingt et une heures quarante-cinq.
C ☐ vingt heures quarante-cinq.

4 Le train va arriver à :

A ☐ 22 h.
B ☐ 23 h.
C ☐ 24 h.

Étape 2 문제 4의 내용을 해석해 보세요.

문제를 읽으세요. 지문을 듣고 답하세요.
당신은 이 안내 방송을 듣습니다.

❶ 기차에 무슨 일이 일어났는가?

A ☐ 인명 피해들
B ☐ 물질적 피해들
C ☐ 기술적 결함들

❷ 기차의 번호는 무엇인가?

A ☐ 4857
B ☐ 4758
C ☐ 4587

❸ 예정된 시간은 ____________________ 이었다.

A ☐ 21시 14분
B ☐ 21시 45분
C ☐ 20시 45분

❹ 기차는 ________에 도착할 것이다.

A ☐ 22시
B ☐ 23시
C ☐ 24시

Étape 3 문제 4의 필수 어휘를 익히고, 스크립트를 확인해 보세요.

필수 어휘 **se passer** 발생하다 | **dégât (m)** 피해 | **matériel** 물질적인 | **prévu** 예정된 | **grave** 심각한 | **initialement** 처음에

스크립트

Madame, Monsieur. Votre attention s'il vous plaît. À la suite d'un accident grave de personne, le TGV numéro 4587, en provenance de Lille, arrivée initialement prévue à 20 h 45, arrivera avec un retard de : 2 heures 15 minutes environ. Merci de votre compréhension.

해석

신사 숙녀 여러분. 주목해 주시기 바랍니다. 심각한 인명 사고로 인해 원래 20시 45분에 도착 예정이었던 릴에서 출발하는 고속 열차 4587이 대략 2시간 15분 늦게 도착할 것입니다. 여러분의 이해에 감사드립니다.

Étape 4 문제 4의 해설을 확인해 보세요.

문제 분석

기차역에서의 안내 방송으로 등장할 수 있는 주제 중, 사고로 인한 연착을 알리고 있다. 가장 중요한 사고 원인 및 종류를 설명하는 도입부에 집중한다. 사고로 인하여 기차가 얼마나 지연되었는지, 출발지와 목적지는 어디인지 등 전개되는 정보를 상세히 질문할 수 있다. 역 이름 및 기차 번호, 원래 도착 예정 시간, 지연된 도착 예정 시간 등의 숫자 표현에 유의한다.

해설

문항	풀이 요령
1	첫 문제인 만큼, 음성 앞부분에 핵심어가 제시될 것을 예상할 수 있다. 안내 방송을 시작하자마자 'un accident grave de personne 심각한 인명 사고'라고 기차 연착의 이유를 밝히므로 정답은 A. 추가적으로 교통편과 관련해서 연착이나 취소의 원인으로 등장할 수 있는 'mauvais temps 나쁜 날씨', 'travaux 공사' 등의 어휘를 알아 두자.
2	'le numéro du train 기차 번호'는 일반적으로 천의 자리 숫자로 등장하므로 기본적으로 프랑스어 숫자 표현 방식을 알되 보기항 모두 앞부분이 4로 시작한다는 점에 주목하여 백의 자리 이하 숫자에 좀 더 집중하자. 'le TGV numéro 4587 고속 열차 4587'의 연착에 대해 안내하고 있으므로 정답은 C.
3	원래 도착 예정 시간은 언제였는지 파악해야 한다. 안내 방송에서 시간 표현이 두 번 등장하는데, 원래 도착 예정 시간과 지연된 도착 예정 시간을 구분하면서 들어야 실수하지 않을 수 있다. 'arrivée initialement prévue à 20 h 45 원래 20시 45분에 도착 예정'이었으므로 정답은 C.
4	연착 결과 실제 도착할 시간을 질문한다. 안내 방송에서 'arrivera avec un retard de : 2 heures 15 minutes environ 대략 2시간 15분 늦게 도착할 것'이라고 언급하였다. 원래 도착 시간이 20시 45분이었기 때문에 계산하면 지연된 도착 시간은 23시가 되므로 정답은 B. 몇 분 연착하는지 물을 수도 있는데, 이처럼 계산을 통해 답을 찾아내도록 하여 문제의 난이도를 높일 수 있다.

듣기 평가 EXERCICE 1 최신 유형

Étape 1 공략에 따라 EXERCICE 1 최신 유형 연습 문제를 풀어 보세요.

문제 5 Track N1-05

Lisez les questions. Écoutez le document puis répondez.
Vous entendez cette annonce.

① Où peut-on entendre cette annonce ?

A ☐ Dans la gare.
B ☐ À l'aéroport.
C ☐ Dans une station de métro.

② Pourquoi le trafic est-il interrompu ?

A ☐ À cause d'un incident technique.
B ☐ À cause d'un accident très grave.
C ☐ À cause du mauvais temps.

③ D'après cette annonce, on ne peut pas utiliser ce transport pendant :

A ☐ des heures.
B ☐ le week-end.
C ☐ toute la journée.

④ Que conseille cette annonce ?

A ☐ Utiliser un autre métro.
B ☐ Utiliser les autres transports privés.
C ☐ Utiliser les autres transports publics.

Étape 2 문제 5의 내용을 해석해 보세요.

문제를 읽으세요. 지문을 듣고 답하세요.
당신은 이 안내 방송을 듣습니다.

❶ 이 안내 방송을 어디에서 들을 수 있는가?

A ☐ 기차역 안에서
B ☐ 공항에서
C ☐ 지하철역 안에서

❷ 왜 교통 운행이 중단되었는가?

A ☐ 기술적 결함으로 인해
B ☐ 매우 심각한 사고로 인해
C ☐ 나쁜 날씨로 인해

❸ 이 안내 방송에 따르면, 우리는 __________ 동안 이 교통을 이용할 수 없다.

A ☐ 몇 시간
B ☐ 주말
C ☐ 하루 종일

❹ 이 안내 방송은 무엇을 권하는가?

A ☐ 다른 지하철을 이용할 것
B ☐ 다른 개인 교통들을 이용할 것
C ☐ 다른 대중교통들을 이용할 것

Étape 3 문제 5의 필수 어휘를 익히고, 스크립트를 확인해 보세요.

필수 어휘 **entendre** 들리다 | **station de métro (f)** 지하철역 | **trafic (m)** 교통 | **interrompu** 중단된 | **à cause de** ~때문에 | **conseiller** 충고하다 | **utiliser** 이용하다 | **durée (f)** 기간 | **ligne (f)** 선 | **gêne (f)** 불편 | **occasionné** 야기된

스크립트

Mesdames, mesdemoiselles, messieurs

Suite à un incident technique grave à la station de Nation, le trafic est interrompu pour une durée de 3 heures sur cette ligne ainsi que sur les lignes 1, 7 et 12. Nous vous invitons à utiliser les autres transports publics.

Nous vous prions de bien vouloir nous excuser pour la gêne occasionnée.

해석

신사, 숙녀 여러분

나씨옹역에서 심각한 기술적 결함으로 인해 1호선, 7호선 12호선과 함께 이 노선에 대한 교통이 3시간 동안 중단됩니다. 다른 대중교통들을 이용하시기 바랍니다.

예상치 못한 불편에 대해 사과드립니다.

Étape 4 문제 5의 해설을 확인해 보세요.

문제 분석

듣기 평가 EXERCICE 1 최신 유형에 추가된 '공공 장소' 안내 방송이다. 안내 방송을 듣고 관련 세부 정보에 대해 풀어야 한다. 지하철역에서의 안내 방송은 먼저 안내 주제가 무엇인지, 그로 인해 승객들이 겪게 될 상황은 어떠한지 핵심 정보를 먼저 파악한다. 만일 승객에게 불편을 초래할 수 있는 상황이라면 대처 또는 해결 방안은 어떻게 제시되는지도 유의해서 들어야 한다.

해설

문항	풀이 요령
1	안내 방송을 'où 어디에서' 들을 수 있는지 묻고 있다. 음성에서 지하철역임을 알 수 있는 핵심어 'station 역', 지하철 '~호선'을 나타내는 ligne를 통해 정답은 C임을 유추할 수 있다.
2	교통이 중단된 이유를 파악해야 한다. 'Suite à un incident technique grave 심각한 기술적 결함으로 인해' 라고 밝혔으므로 정답은 A. 듣기 평가 EXERCICE 1 유형의 경우 보기항으로 그림이나 사진이 등장하는 경우가 많다. 실제 시험에서 그림이나 사진으로 제시될 수 있음을 염두에 두자.
3	교통 방해가 지속되는 기간을 질문하므로 숫자 표현 또는 기간을 나타내는 어휘에 주의해서 듣는다. 'une durée de 3 heures 3시간 동안' 중단된다고 안내했으므로 'des heures 몇 시간'에 해당하는 보기항 A가 정답이 된다. 이처럼 지문과 정답의 핵심 어휘가 완전히 동일하지 않으면서 의미는 통하도록 제시되는 경우가 많다.
4	듣기 마지막까지 집중력을 유지하여, 발생한 문제에 대해 해결 방안을 제시하는 내용을 놓치지 말아야 한다. 'utiliser les autres transports publics 다른 대중교통들을 이용하시기' 바란다고 권고하므로 정답은 C. 보기항 B의 les autres transports privés는 자가용이나 자전거 등을 의미할 수 있다.

듣기 평가 EXERCICE 1 최신 유형

Étape 1 공략에 따라 EXERCICE 1 최신 유형 연습 문제를 풀어 보세요.

문제 6 Track N1-06

Lisez les questions. Écoutez le document puis répondez.
Vous entendez cette annonce.

❶ À quoi doit-on faire attention ?

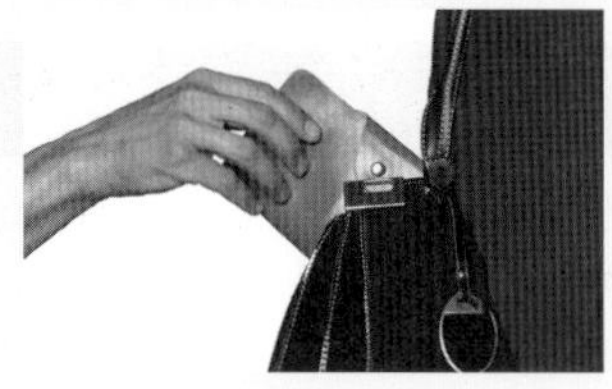

☐ A ☐ B ☐ C

❷ À qui s'adresse cette annonce ?

A ☐ Aux voyageurs.
B ☐ Aux handicapés.
C ☐ Aux guides.

❸ Que faut-il surveiller ?

A ☐ Des effets collectifs.
B ☐ Des objets précieux.
C ☐ Des effets personnels.

Étape 2 문제 6의 내용을 해석해 보세요.

문제를 읽으세요. 지문을 듣고 답하세요.
당신은 이 안내 방송을 듣습니다.

❶ 무엇에 주의해야 하는가?

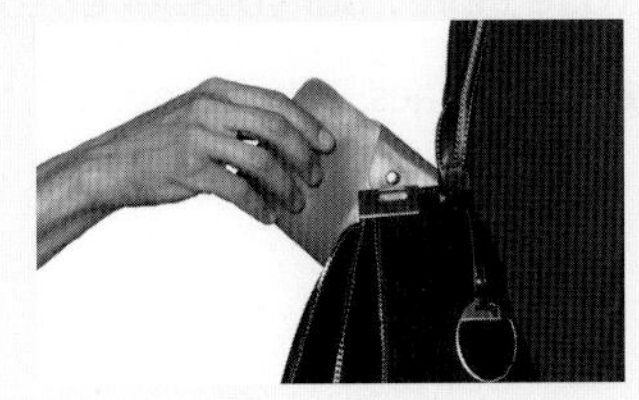

☐ A

☐ B

☐ C

❷ 이 안내 방송은 누구에게 전하는 것인가?

A ☐ 여행객들에게
B ☐ 장애인들에게
C ☐ 가이드들에게

❸ 무엇을 지켜야 하는가?

A ☐ 단체 소지품들
B ☐ 값비싼 물건들
C ☐ 개인 소지품들

Étape 3 문제 6의 필수 어휘를 익히고, 스크립트를 확인해 보세요.

필수 어휘 **attention (f)** 주의 | **s'adresser à** ~에게 전하다 | **surveiller** 감시하다 | **effet (m)** 효과 | **collectif** 집단적인 | **objet (m)** 물건 | **précieux** 가치 있는 | **pickpocket (m)** 소매치기 | **tranquillité (f)** 평온 | **veiller** 감시하다

스크립트

Attention ! Des pickpockets peuvent être présents à bord de votre train. Pour voyager en toute tranquillité, nous vous invitons à veiller à vos effets personnels (vos sacs, téléphones ou tout autre objet personnel).

해석

주의하세요! 소매치기들이 여러분의 기차에 타고 있을 수 있습니다. 안심하고 여행하기 위해 개인 소지품들을 지키시기를 부탁드립니다 (여러분의 가방들, 휴대폰들 또는 다른 개인 물건).

Étape 4 문제 6의 해설을 확인해 보세요.

문제 분석

특정 장소와 상관없이 교통편을 이용할 때 주의해야 할 일반적인 사항을 안내하는 방송이다. 'train 기차'역에서 방송하는 내용임을 알 수 있으나, 프랑스어로 train은 지하철도 될 수 있기에 이 경우 시험에서 어떤 교통편인지 묻기보다는 교통편을 이용할 때 주의할 점, 이어지는 조치 방안에 대해 세부적으로 질문할 가능성이 높다.

해설

문항	풀이 요령
1	'Attention ! 주의하세요!'라고 집중시키며 무엇을 주의하라는지 바로 이어서 말하고 있다. 'Des pickpockets peuvent être présents à bord de votre train. 소매치기들이 여러분의 기차에 타고 있을 수 있습니다.'라고 경고했으므로 정답은 A. 보기항에서 'pickpockets 소매치기들'이라고 직접 제시될 수도 있으나, 실제로 pickpockets의 프랑스어 식 발음이 A2 난이도에는 어려울 수 있기에, 사진이나 그림으로 등장하는 경우도 있다.
2	안내 방송을 듣는 대상은 누구인지 질문한다. 'Pour voyager en toute tranquillité 안심하고 여행하기 위해' 개인 소지품들을 챙길 것을 권하고 있다. 따라서 방송을 청취해야 할 사람들은 'voyageurs 여행객들'로, 정답은 A.
3	무엇을 지켜야 하는지 즉, 구체적으로 어떻게 조심해야 하는지 파악해야 한다. 'veiller à vos effets personnels (vos sacs, téléphones ou tout autre objet personnel). 개인 소지품들을 지키시기를 부탁드립니다 (여러분의 가방들, 휴대폰들 또는 다른 개인 물건).'에 따르면 정답은 C.

듣기 평가 EXERCICE 1 최신 유형

Étape 1 공략에 따라 EXERCICE 1 최신 유형 연습 문제를 풀어 보세요.

문제 7 Track N1-07

Lisez les questions. Écoutez le document puis répondez.
Vous entendez cette annonce.

1 Cette annonce parle :

A ☐ de Pâques.
B ☐ de Noël.
C ☐ de la Toussaint.

2 De quoi s'agit-il ?

A ☐ D'une excuse.
B ☐ D'une demande.
C ☐ Des commandes.

3 Que peut-on acheter ?

☐ A  ☐ B  ☐ C

4 Cet événement aura lieu :

A ☐ au printemps.
B ☐ en automne.
C ☐ en hiver.

Étape 2 문제 7의 내용을 해석해 보세요.

문제를 읽으세요. 지문을 듣고 답하세요.
당신은 이 안내 방송을 듣습니다.

❶ 이 안내 방송은 __________ 말하고 있다.

A ☐ 부활절에 대해
B ☐ 크리스마스에 대해
C ☐ 만성절에 대해

❷ 무엇에 관한 것인가?

A ☐ 사과에 대해
B ☐ 요구에 대해
C ☐ 주문들에 대해

❸ 무엇을 살 수 있는가?

☐ A

☐ B

☐ C

❹ 이 행사는 __________ 열릴 것이다.

A ☐ 봄에
B ☐ 가을에
C ☐ 겨울에

Étape 3 문제 7의 필수 어휘를 익히고, 스크립트를 확인해 보세요.

필수 어휘 **Pâques** 부활절 (항상 복수) | **Noël (m)** 크리스마스 | **Toussaint (f)** 만성절 | **excuse (f)** 사과 | **demande (f)** 요구 | **commande (f)** 주문 | **avoir lieu** 열리다, 개최되다 | **printemps (m)** 봄 | **automne (m)** 가을 | **hiver (m)** 겨울 | **client** 고객 | **bûche de Noël (f)** 장작 모양의 크리스마스 케이크 | **décembre (m)** 12월 | **confiance (f)** 신뢰

스크립트

Chers clients, chères clientes,

Nous tenons à vous informer que nous prendrons les commandes de bûches de Noël et de gâteaux spéciaux pour les 23 et 24 décembre jusqu'au 22 décembre avant 15 h 00 !

Nous vous souhaitons à tous de joyeuses fêtes et nous vous remercions de nous faire confiance !

해석

친애하는 고객 여러분,

우리는 12월 23일과 24일을 위한 장작 모양의 크리스마스 케이크들과 특별한 케이크들을 12월 22일 15시 전까지 주문을 받을 것임을 알려 드립니다!

여러분 모두 즐거운 연말이 되기를 바라며 저희를 신뢰해 주시는 것에 대해 감사드립니다!

Étape 4 문제 7의 해설을 확인해 보세요.

문제 분석

크리스마스를 맞이하여 열리는 행사에 대한 안내 방송이다. 행사를 개최하는 주최측과 행사 주제 등 기본 정보를 먼저 파악한다. 판매 촉진 행사 안내일 경우 판매 품목은 무엇인지부터 파악해야 하며, 판매 기간을 언급하는 날짜, 숫자 관련 표현에 특히 유의한다.

해설

문항	풀이 요령
1	어떤 기념일에 관련하여 안내 방송을 하는지 파악해야 한다. 핵심어 'Noël 크리스마스'와 'pour les 23 et 24 décembre 12월 23일과 24일을 위한' 행사가 벌어질 것이라는 흐름에 따라 정답은 B가 된다.
2	무엇에 관한 안내 방송인지 즉, 행사의 종류를 묻고 있다. 'les commandes de bûches de Noël et de gâteaux spéciaux 장작 모양의 크리스마스 케이크들과 특별한 케이크들의 주문'을 알리기 위해서이므로 정답은 C.
3	행사 대상이 되는 것은 무엇인지 즉, 판매 품목을 질문한다. 'bûches de Noël et de gâteaux spéciaux 장작 모양의 크리스마스 케이크들과 특별한 케이크들'을 주문받는다고 하였으므로 정답은 A. bûches라는 단어를 미처 몰랐더라도 'de gâteaux spéciaux 특별한 케이크들' 언급을 단서로 정답을 맞힐 수 있다.
4	행사가 언제 열리는지 계절을 나타내는 보기항 어휘로 묻고 있다. 날짜 관련 어휘와 숫자 표현을 정확하게 들었는지가 핵심으로, 'pour les 23 et 24 décembre 12월 23일과 24일을 위한' 케이크를 'jusqu'au 22 décembre avant 15 h 00 12월 22일 15시 전까지' 주문받을 것이라 하였으므로 정답은 크리스마스가 있는 겨울, C가 된다.

듣기 평가 EXERCICE 1 최신 유형

Étape 1 공략에 따라 EXERCICE 1 최신 유형 연습 문제를 풀어 보세요.

문제8 Track N1-08

Lisez les questions. Écoutez le document puis répondez.
Vous entendez cette annonce.

❶ Où peut-on entendre cette annonce ?

☐ A

☐ B

☐ C

❷ D'après cette annonce, ce lieu se situe à:

A ☐ Lyon.
B ☐ Paris.
C ☐ Lille.

❸ Que conseille cette annonce ?

A ☐ Payer par carte.
B ☐ Réserver par Internet.
C ☐ Utiliser les transports en commun.

❹ Quel est l'avantage si on utilise le code promotionnel ?

A ☐ Le prix.
B ☐ Le transport.
C ☐ La durée du séjour.

Étape 2 문제 8의 내용을 해석해 보세요.

문제를 읽으세요. 지문을 듣고 답하세요.
당신은 이 안내 방송을 듣습니다.

❶ 이 안내 방송을 어디에서 들을 수 있는가?

☐ A ☐ B ☐ C

❷ 이 안내 방송에 따르면, 이 장소는 ____ 에 위치해 있다.

A ☐ 리옹
B ☐ 파리
C ☐ 릴

❸ 이 안내 방송은 무엇을 권하는가?

A ☐ 카드로 지불할 것
B ☐ 인터넷으로 예약할 것
C ☐ 대중교통을 이용할 것

❹ 할인 코드를 사용한다면 장점은 무엇인가?

A ☐ 가격
B ☐ 교통
C ☐ 체류 기간

Étape 3 문제 8의 필수 어휘를 익히고, 스크립트를 확인해 보세요.

필수 어휘 **lieu (m)** 장소 | **se situer à** ~에 위치하다 | **conseiller** 충고하다 | **payer** 지불하다 | **réserver** 예약하다 | **transport en commun (m)** 대중교통 | **avantage (m)** 장점 | **code promotionnel (m)** 할인 코드 | **séjour (m)** 체류 | **équipe (f)** 팀 | **bénéficier** 혜택을 입다 | **tarif (m)** 비용 | **disponible** 이용 가능한

스크립트

Chers clients,

Merci beaucoup d'avoir choisi l'Hôtel de Seine pour séjourner à Paris. Notre équipe est heureuse de savoir que votre séjour parisien s'est bien passé. Lors de votre prochain séjour, pensez à réserver par Internet et à utiliser le code promotionnel: PARIS. Vous bénéficierez ainsi des meilleurs tarifs disponibles. Nous espérons avoir très bientôt le plaisir de vous revoir à Saint-Germain-des-Prés.

Merci.

해석

친애하는 고객 여러분,

파리에 머물기 위해 센강 호텔을 선택해 주셔서 대단히 감사드립니다. 우리 팀은 당신이 파리에서 잘 지냈다는 것을 알게 되어 기쁩니다. 여러분의 다음번 체류 때 인터넷으로 예약하고 할인 코드 PARIS를 사용할 것을 기억하세요. 여러분은 이처럼 가능한 한 가장 좋은 가격들의 혜택을 받으실 것입니다. 우리는 곧 생제르망 데 프레에서 여러분들을 다시 뵐 수 있기를 바랍니다.

감사합니다.

Étape 4 문제 8의 해설을 확인해 보세요.

문제 분석

호텔 홍보와 할인 코드를 안내하는 방송 내용이다. 먼저 방송 장소, 방송 주제와 같은 가장 기본적인 정보를 먼저 파악해야 한다. 좀 더 세부적으로는 호텔에 대한 방송이므로 장소, 위치 관련 표현에 주의한다. 예약 및 할인 방법과 관련해서는 구체적으로 어떤 혜택이 주어지는지 언급하는 부분에 유의한다.

해설

문항	풀이 요령
1	안내 방송을 'où 어디에서' 들을 수 있는지 질문한다. 도입부의 'Merci beaucoup d'avoir choisi l'Hôtel de Seine pour séjourner à Paris. 파리에 머물기 위해 센강 호텔을 선택해 주셔서 대단히 감사드립니다.'에 따르면 정답은 A.
2	호텔이 위치한 구체적인 장소를 파악해야 하므로 장소, 위치 관련 표현뿐만 아니라 고유 명사 언급에 집중한다. 이런 유형에서는 주로 프랑스의 주요 도시가 출제될 가능성이 높으며 'pour séjourner à Paris 파리에 체류하기 위해', 'l'Hôtel de Seine 센강 호텔'에 따라 호텔이 위치한 곳은 B, 파리가 된다.
3	보기항에 지불, 예약, 이동 방법이 두루 언급되어 있으므로 듣기에서 끝까지 집중력을 놓지 않고 세부적인 사항들을 모두 정확하게 이해해야 정답을 맞힐 수 있는 유형이다. 다음번 체류 때 'pensez à réserver par Internet et à utiliser le code promotionnel : PARIS 인터넷으로 예약하고 할인 코드 PARIS를 사용할 것을 기억하세요'라고 권하므로 정답은 B.
4	'si on utilise le code promotionnel 할인 코드를 사용한다면' 어떤 혜택이 주어지는지 묻고 있다. 할인 코드를 안내한 다음 'Vous bénéficierez ainsi des meilleurs tarifs disponibles. 여러분은 이처럼 가능한 한 가장 좋은 가격들의 혜택을 받으실 것입니다.'라고 혜택 내용을 설명하므로 정답은 A.

듣기 평가 EXERCICE 2 최신 유형

Étape 1 공략에 따라 EXERCICE 2 최신 유형 연습 문제를 풀어 보세요.

문제 1 Track N2-01

Lisez les questions. Écoutez le document puis répondez.
Vous entendez ce message sur votre répondeur.

❶ Marion travaille dans une agence :

A ☐ de presse.
B ☐ de voyage.
C ☐ immobilière.

❷ L'offre spéciale concerne :

☐ A

☐ B

☐ C

❸ Elle vous conseille de visiter au mois de :

A ☐ juin.
B ☐ juillet.
C ☐ janvier.

❹ D'après ce message, la profession de Marion concerne :

A ☐ l'achat.
B ☐ la vente.
C ☐ la location.

Étape 2 문제 1의 내용을 해석해 보세요.

문제를 읽으세요. 지문을 듣고 답하세요.
당신은 당신의 응답기에서 이 메시지를 듣습니다.

❶ Marion은 ______________ 사무실에서 일하고 있다.

A ☐ 신문사의
B ☐ 여행사의
C ☐ 부동산의

❷ 특별한 혜택은 ___ 와(과) 관련된다.

☐ A ☐ B ☐ C

❸ 그녀는 당신에게 _________ 달에 방문할 것을 권한다.

A ☐ 6월
B ☐ 7월
C ☐ 1월

❹ 이 메시지에 따르면, Marion의 직업은 _________ 와 관련된다.

A ☐ 구매
B ☐ 판매
C ☐ 임대

Étape 3 문제 1의 필수 어휘를 익히고, 스크립트를 확인해 보세요.

필수 어휘 **agence de presse (f)** 신문사 | **agence de voyage (f)** 여행사 | **agence immobilière (f)** 부동산 | **offre (f)** 제공 | **concerner** 관계되다 | **juin (m)** 6월 | **juillet (m)** 7월 | **janvier (m)** 1월 | **achat (m)** 구매 | **vente (f)** 판매 | **location (f)** 임대 | **propriétaire** 소유주 | **investir** 투자하다 | **résidence (f)** 주택 | **au cœur de** ~의 중심에 | **profiter** 이용하다 | **valable** 유효한

스크립트

Bonjour. Je m'appelle Marion et je travaille dans une agence immobilière. Nous vous proposons une offre exceptionnelle pour devenir propriétaire ou investir dans la résidence VILLA MONTBLANC au cœur de Chamonix.

Venez découvrir votre future maison en plein cœur de Chamonix le samedi 15 juin 2020 à partir de 10 h. Vous pourrez visiter les dernières maisons encore disponibles à la vente et profiter d'une offre exceptionnelle valable uniquement pendant cette journée. Merci et à très bientôt.

해석

안녕하세요. 제 이름은 마리옹이고 부동산에서 일하고 있습니다. 우리는 당신에게 샤모니 중심에 있는 몽블랑 빌라에 소유주가 되거나 투자하기 위한 특별한 혜택을 드립니다.

2020년 6월 15일 토요일 10시부터 샤모니 중심에 있는 당신의 미래의 집을 발견하러 오세요. 당신은 아직 판매 가능한 마지막 집들을 방문할 수 있을 것이며 오직 이날만 가능한 특별한 혜택을 누릴 수 있을 것입니다. 고맙습니다 그리고 곧 뵙겠습니다.

Étape 4 문제 1의 해설을 확인해 보세요.

문제 분석

듣기 평가 EXERCICE 1 (안내 방송)에 이어 EXERCICE 2(음성 메시지)도 최신 유형에서는 주관식 문제가 폐지되었다. 체감 난이도가 상대적으로 낮을 수 있으나, 듣기를 시작하기 전 보기항을 통해 유추되는 정보에 오판이 없도록 좀 더 꼼꼼해질 필요가 있다. 상품 판매 관련 음성 메시지의 경우 전화를 건 사람이 어떤 직종에서 무엇을 판매하는지, 어떤 근거를 통해 상품을 홍보하는지 정확하게 파악해야 한다. 추가적으로 판매 물품을 구입 시 어떤 혜택이 있는지, 혜택을 받기 위한 별도 조건이 있는지도 유의해서 듣도록 한다.

해설

문항	풀이 요령
1	음성 메시지를 남긴 사람의 직업은 무엇인지 묻고 있다. 음성 메시지가 시작되자마자 발신자를 'je travaille dans une agence immobilière 저는 부동산에서 일하고 있습니다'라고 밝히므로 정답은 'immobilière 부동산의' 즉, C이다.
2	판매 상품에 대한 문제로, 'devenir propriétaire ou investir dans la residence VILLA MONTBLANC au cœur de Chamonix 샤모니 중심에 있는 몽블랑 빌라에 소유주가 되거나 투자하기' 부분과 'Venez découvrir votre future maison 당신의 미래의 집을 발견하러 오세요' 부분이 핵심이다. 따라서 정답은 A.
3	방문을 권하는 시기에 초점을 맞춰야 하고 보기항이 모두 '~월'을 나타내므로 날짜 및 숫자 표현에 유의한다. 'le samedi 15 juin 2020 à partir de 10 h 2020년 6월 15일 토요일 10시부터'에 따르면 정답은 A이다.
4	'la profession de Marion Marion의 직업'을 파악해야 한다. 'Vous pourrez visiter les dernières maisons encore disponibles à la vente 당신은 아직 판매 가능한 마지막 집들을 방문할 수 있을 것' 부분이 결정적인 단서가 된다. 정답은 'la vente 판매'로, B가 된다.

듣기 평가 EXERCICE 2 최신 유형

Étape 1 공략에 따라 EXERCICE 2 최신 유형 연습 문제를 풀어 보세요.

문제 2 Track N2-02

Lisez les questions. Écoutez le document puis répondez.
Vous entendez ce message sur votre répondeur.

1 Qui vous a laissé ce message ?

A ☐ L'institut de langues.
B ☐ L'institut de beauté.
C ☐ L'école de musique.

2 Les stages se déroulent :

A ☐ pendant les jours fériés.
B ☐ en cours de semestre.
C ☐ pendant les vacances scolaires.

3 Quelle langue apprenez-vous ?

A ☐ L'anglais.
B ☐ Le français.
C ☐ L'espagnol.

4 De combien d'argent peut-on obtenir une réduction ?

A ☐ 55€.
B ☐ 65€.
C ☐ 75€.

5 D'après ce message, il n'y a pas de cours :

A ☐ le matin.
B ☐ le soir.
C ☐ l'après-midi.

Étape 2 문제 2의 내용을 해석해 보세요.

문제를 읽으세요. 지문을 듣고 답하세요.
당신은 당신의 응답기에서 이 메시지를 듣습니다.

❶ 누가 당신에게 이 메시지를 남겼는가?

A ☐ 어학원
B ☐ 미용 학원
C ☐ 음악 학교

❷ 연수는 ________ 진행된다.

A ☐ 공휴일 동안
B ☐ 학기 중에
C ☐ 방학 동안

❸ 당신은 어떤 언어를 배우는가?

A ☐ 영어
B ☐ 프랑스어
C ☐ 스페인어

❹ 얼마의 돈을 할인받을 수 있는가?

A ☐ 55유로
B ☐ 65유로
C ☐ 75유로

❺ 이 메시지에 따르면, ______ 수업이 없다.

A ☐ 아침에
B ☐ 저녁에
C ☐ 오후에

Étape 3 문제 2의 필수 어휘를 익히고, 스크립트를 확인해 보세요.

필수 어휘 **institut de langues (m)** 어학원 | **institut de beauté (m)** 미용 학원 | **école de musique (f)** 음악 학교 | **stage (m)** 연수 | **se dérouler** 진행되다 | **jour férié (m)** 휴일 | **en cours de semestre** 학기 중 | **réduction (f)** 할인 | **matin (m)** 아침 | **soir (m)** 저녁 | **après-midi (m)** 오후 | **directeur** 책임자 | **plaisir (m)** 기쁨 | **remise (f)** 할인

스크립트

Bonjour, je suis directrice de l'école de langues EUROPI.

Pour vous permettre de tester notre nouvelle offre ≪Ados & Etudiants≫ nous avons le plaisir de vous offrir une remise de 20% sur les stages pendant les vacances scolaires été 2019 : 300€ au lieu de 375€ !

Dans un groupe de 4 à 6 participants de même niveau, pratiquez le français en toute liberté, avec fun ou sérieux, encadré par des professionnels dynamiques.

15 heures par semaine

Le matin ou l'après-midi selon la semaine

Mini groupes de 6 personnes de même niveau

해석

안녕하세요, 저는 유로피 어학원의 책임자입니다.

우리의 새로운 혜택 '청소년과 학생들'을 당신이 체험할 수 있도록 2019년 여름 방학 동안 연수에 대해 20% 할인을 당신에게 제공하게 된 것을 기쁘게 생각합니다: 375유로 대신에 300유로!

같은 수준의 4명에서 6명의 그룹 안에서 열정적인 전문가들에게 관리 받으며 재미있게 또는 진지하게 온전히 자유로운 분위기 속에서 프랑스어를 배우세요.

일주일에 15시간

주에 따라 아침 또는 오후

같은 수준의 6명의 소그룹

Étape 4 문제 2의 해설을 확인해 보세요.

문제 분석

어학원을 광고하는 음성 메시지이다. 기존 EXERCICE 2 유형의 가족, 친구, 동료 사이 음성 메시지에 비해 최신 유형 EXERCICE 2는 광고, 판매, 홍보성 내용이 종종 등장한다. 우선 메시지를 남긴 사람의 직업과 메시지의 목적 등 기본 정보를 파악한 다음, 특별한 혜택이 제공된다면 관련 상세 정보까지 챙겨야 한다. 또한 어학원의 수업과 관련된 날짜, 수업료 등 숫자 표현에도 주의한다.

해설

문항	풀이 요령
1	듣기 시작 전 의문사에 집중하여 'qui 누가' 메시지를 남겼는지 파악해야 한다. 발신자는 'directrice de l'école de langues EUROPI 유로피 어학원의 책임자'라고 스스로 소개하므로 메시지를 남긴 측은 A이다. 'l'école de langues 어학원'과 의미가 같으면서 완전히 동일하지는 않은 어휘 'l'institut de langues 어학원'으로 제시되었다.
2	연수 기간을 질문하므로 날짜, 숫자 표현 또는 특정 시기를 나타내는 표현에 유의한다. 'les stages pendant les vacances scolaires été 2019 2019년 여름 방학 동안 연수'가 결정적인 단서로 정답은 C. 보기항 A의 jours fériés는 관공서, 상점, 미술관 등 특별한 장소의 휴일을 나타내는 경우가 많다.
3	보기항이 모두 언어를 뜻하므로 어학원에서 수업을 제공하는 언어를 구체적으로 언급하는 부분을 놓쳐서는 안 된다. 음성 메시지의 본론 부분에서 같은 수준의 4명에서 6명의 그룹 안에서 열정적인 전문가들에게 관리 받으며 재미있게 또는 진지하게 아주 자유로운 분위기 속에서 'pratiquez le français 프랑스어를 배우세요'라고 제시하므로 정답은 B. 교육 관련 지문에서 등장할 수 있는 'expérimenté 경험이 많은', 'compétent 능력이 뛰어난' 등 교사의 자질을 나타내는 형용사들까지 참고로 알아 두자.
4	할인받는 가격이 얼마인지 묻고 있다. 20%의 할인을 제공하며 '300€ au lieu de 375€ 375유로 대신에 300유로'라는 설명에 따라 할인폭은 75유로임을 알 수 있다. 보기항의 숫자를 음성 메시지에 직접 제시하지 않고 계산을 통해 유추하는 방식으로 난이도를 높인 유형이다. 정답은 C.
5	수업 시간표의 상세 내용 정보를 묻고 있다. 'Le matin ou l'après midi selon la semaine 주에 따라 아침 또는 오후'에 수업이 있다고 안내했으므로 저녁에는 수업이 없다. 따라서 정답은 B.

듣기 평가 EXERCICE 2 최신 유형

Étape 1 공략에 따라 EXERCICE 2 최신 유형 연습 문제를 풀어 보세요.

문제 3 Track N2-03

Lisez les questions. Écoutez le document puis répondez.
Vous entendez ce message sur votre répondeur.

1 Ce message concerne :

A ☐ l'achat.
B ☐ la vente.
C ☐ la location.

2 De quoi s'agit-il ?

☐ A ☐ B ☐ C

3 On peut acheter ce produit moins cher par :

A ☐ lettre.
B ☐ Internet.
C ☐ téléphone.

4 D'après ce message, ce produit est très important :

A ☐ pour la télévision.
B ☐ pour le disque compact.
C ☐ pour le téléphone portable.

5 Que garde-t-on très longtemps grâce à ce produit ?

A ☐ Nos mauvais souvenirs.
B ☐ Nos plus beaux moments.
C ☐ Des paysages magnifiques.

Étape 2 문제 3의 내용을 해석해 보세요.

문제를 읽으세요. 지문을 듣고 답하세요.
당신은 당신의 응답기에서 이 메시지를 듣습니다.

❶ 이 메시지는 ____ 와 관계된다.

A ☐ 구매
B ☐ 판매
C ☐ 임대

❷ 무엇에 관한 것인가?

☐ A ☐ B ☐ C

❸ 우리는 ________ (으)로 이 제품을 덜 비싸게 살 수 있다.

A ☐ 편지
B ☐ 인터넷
C ☐ 전화

❹ 이 메시지에 따르면, 이 제품은 ______________ 매우 중요하다.

A ☐ 텔레비전에
B ☐ 컴팩트 디스크에
C ☐ 휴대폰에

❺ 이 제품 덕분에 무엇을 매우 오랫동안 간직할 수 있는가?

A ☐ 우리의 나쁜 기억들
B ☐ 우리의 가장 아름다운 순간들
C ☐ 아름다운 풍경들

Étape 3 문제 3의 필수 어휘를 익히고, 스크립트를 확인해 보세요.

필수 어휘 **en train de** ~하는 중이다 | **promotion en ligne (f)** 인터넷 할인 판매 | **appareil photo (m)** 사진기 | **compagnon (m)** 동반자 | **quotidien (m)** 일상 | **complément (m)** 보완품 | **indispensable** 필수 불가결한 | **immortaliser** 불멸하게 하다 | **besoin (m)** 필요

스크립트

Bonjour, je vous laisse ce message pour vous proposer une offre exceptionnelle. Nous sommes en train de faire la promotion en ligne sur nos appareils photo.

L'appareil photo est un compagnon du quotidien et un complément indispensable au smartphone pour les passionnés d'image. Immortalisez vos plus beaux moments avec un modèle correspondant parfaitement à vos besoins et trouvez sur notre site Internet le bon plan de rêve pour choisir votre prochain appareil photo.

해석

안녕하세요, 당신께 특별한 혜택을 제안하기 위해 이 메시지를 남깁니다. 우리는 사진기들에 대한 인터넷 할인 판매를 진행 중입니다.

사진기는 일상의 동반자이며 이미지에 빠져 있는 사람들을 위해 스마트폰에서 꼭 필요한 보완품입니다. 당신의 요구들에 완벽하게 부합하는 모델과 함께 당신의 가장 아름다운 순간들을 영원히 남게 하세요. 그리고 당신의 다음 사진기를 고르기 위해 우리의 인터넷 사이트에서 믿을 수 없는 저렴한 물건을 발견하세요.

Étape 4 문제 3의 해설을 확인해 보세요.

문제 분석

상품 할인 판매를 홍보하는 음성 메시지이다. 어떤 상품을 판매하는지, 상품을 할인하는 방식은 어떠한지, 할인폭은 어느 정도인지 먼저 주의 깊게 들어야 한다. 상품에 대한 상세 홍보 내용 즉, 장점들을 설명하는 부분에도 유의한다. 좀 더 구체적으로는 상품을 통해 구매자들은 어떤 장점을 누릴 수 있는지도 파악 또는 유추할 수 있어야 한다.

해설

문항	풀이 요령
1	음성 메시지의 형식을 묻고 있다. 듣기를 시작하자마자 'je vous laisse ce message pour vous proposer une offre exceptionnelle 당신께 특별한 혜택을 제안하기 위해 이 메시지를 남깁니다'라고 밝히며 'la promotion 할인 판매'를 진행 중이라는 안내에 따르면 정답은 B.
2	무엇에 관해 말하고 있는지 즉, 할인 판매하는 상품이 무엇인지 기본 정보를 질문한다. 특정 상품에 대해 파악해야 하는 경우 보기항에서 어휘를 직접 제시하기보다는 사진이나 그림으로 주어지는 경우가 많다. 'nos appareils photo 우리의 사진기들'에 대한 인터넷 할인 판매를 진행 중이므로 정답은 A이다.
3	판매 경로를 구체적으로 언급하는 부분에 집중한다. 'en ligne 인터넷' 할인 판매를 진행 중이며 'sur notre site Internet 우리의 인터넷 사이트에서' 좋은 계획을 발견하라고 강조하는 부분이 핵심이다. 정답은 B.
4	상품에 대해 'un complément indispensable au smartphone pour les passionnés d'image 이미지에 빠져 있는 사람들을 위해 스마트폰에서 꼭 필요한 보완품'이라며 사진기에 대해 홍보하므로 정답은 'pour le téléphone portable 휴대폰에' 즉, 보기항 C이다. 정답의 힌트가 될 수 있는 내용이 보기항 어휘의 유의어로 제시되었다.
5	구매자들이 누릴 수 있는 장점이나 혜택을 파악해야 하는 유형이다. 'Immortalisez vos plus beaux moments 당신의 가장 아름다운 순간들을 영원히 남게 하세요'에 따르면 정답은 B.

듣기 평가 EXERCICE 2 최신 유형

Étape 1 공략에 따라 EXERCICE 2 최신 유형 연습 문제를 풀어 보세요.

문제 4 Track N2-04

Lisez les questions. Écoutez le document puis répondez.
Vous entendez ce message sur votre répondeur.

❶ Où travaille Béatrice ?

A ☐ Dans une agence de voyage.
B ☐ Dans une agence immobilière.
C ☐ Dans une agence de communication.

❷ Le message concerne ______________

A ☐ des vacances en famille.
B ☐ les notes des enfants.
C ☐ des activités culturelles pour les enfants.

❸ D'après ce message, cet événement ______________

A ☐ a toujours un bon côté.
B ☐ a toujours un mauvais côté.
C ☐ peut être plaisant et déplaisant.

❹ De quoi a-t-on besoin pour garder de bons souvenirs ?

A ☐ D'argent.
B ☐ De règles.
C ☐ De bons amis.

❺ Cette proposition a un avantage ______________

A ☐ culturel.
B ☐ écologique.
C ☐ économique.

Étape 2 문제 4의 내용을 해석해 보세요.

문제를 읽으세요. 지문을 듣고 답하세요.
당신은 당신의 응답기에서 이 메시지를 듣습니다.

1 Béatrice는 어디에서 일하는가?

A ☐ 여행사에서
B ☐ 부동산에서
C ☐ 광고 대행사에서

2 메시지는 ______________ 와(과) 관련된다.

A ☐ 가족 바캉스
B ☐ 아이들의 성적
C ☐ 아이들을 위한 문화적 활동들

3 이 메시지에 따르면, 이 행사는 ______________

A ☐ 항상 좋은 면을 가지고 있다.
B ☐ 항상 나쁜 면을 가지고 있다.
C ☐ 즐겁거나 기분이 상할 수도 있다.

4 좋은 추억들을 간직하기 위해 우리는 __________ 이 필요하다.

A ☐ 돈
B ☐ 규칙들
C ☐ 좋은 친구들

5 이 제안은 ______________ 장점을 가지고 있다.

A ☐ 문화적인
B ☐ 친환경적인
C ☐ 경제적인

Étape 3 문제 4의 필수 어휘를 익히고, 스크립트를 확인해 보세요.

필수 어휘 **écologique** 친환경적인 | **inoubliable** 잊을 수 없는 | **resserrer** 좁히다 | **lien (m)** 관계, 유대 | **se transformer** 탈바꿈하다 | **véritable** 진정한 | **cauchemar (m)** 악몽 | **nécessiter** 필요하게 하다 | **règle (f)** 규칙 | **souvenir (m)** 기억 | **exceptionnel** 특별한 | **solution (f)** 해결 | **dépenser** 지출하다 | **hébergement (m)** 숙소

스크립트

Bonjour, je m'appelle Béatrice et je travaille à l'agence de voyage RÊVE. Je laisse ce message pour vous annoncer une bonne nouvelle. Je sais bien que vous pensez toujours aux vacances inoubliables en famille.

Elles peuvent être inoubliables et resserrer les liens ou se transformer en véritable cauchemar si l'on ne prend pas sur soi... Les vacances en famille nécessitent quelques règles simples, mais essentielles, pour que chacun de ses membres en garde des souvenirs exceptionnels.

Nous allons vous proposer différentes solutions pour que vous dépensiez le moins possible pendant vos vacances. De l'hébergement aux sorties en passant par les activités et les manières d'économiser, nous allons vous montrer que passer des vacances pas chères c'est très facile. Contactez-nous immédiatement par Internet !

<www.marieclaire.fr>
<www.locatour.com>

해석

안녕하세요, 제 이름은 Béatrice이고 RÊVE 여행사에서 일하고 있습니다. 당신에게 좋은 소식을 알려 드리기 위해 이 메시지를 남깁니다. 저는 당신이 항상 가족과의 잊지 못할 바캉스에 대해 생각하는 것을 잘 알고 있습니다. 바캉스는 잊을 수 없고 관계를 돈독하게 해 주거나 아니면 그것을 신경 쓰지 않을 때 진정 악몽으로 변할 수 있습니다... 가족과의 바캉스는 구성원 각자 특별한 추억을 간직하기 위해 간단하지만 중요한 몇 가지 규칙들을 필요로 합니다. 우리는 당신이 휴가 동안 가능한 한 가장 적게 지출하도록 여러 가지 방안을 제안할 것입니다. 절약하는 방법과 활동들을 통해 숙소부터 외출까지 저렴한 바캉스를 보내는 것이 매우 쉽다는 것을 당신에게 보여 줄 것입니다. 우리에게 인터넷으로 바로 연락하세요!

<www.marieclaire.fr>
<www.locatour.com>

Étape 4 문제 4의 해설을 확인해 보세요.

문제 분석

바캉스 여행 상품을 판매하기 위한 광고 또는 홍보성 메시지이다. 여행 상품이 가족, 단체, 허니문 등 구체적으로 어떤 여행객층을 대상으로 하는지, 고객들의 만족스러운 바캉스를 위해 상품의 어떤 장점을 강조하는지 세부 정보를 물을 수 있다. 여행 상품의 비용, 예약 및 결제 절차, 구매 시 특별 혜택 등이 추가로 언급될 수 있다.

해설

문항	풀이 요령
1	음성 메시지를 남긴 사람이 'où 어디에서' 일하는지 질문하므로 판매 상품 및 업종 관련 어휘에 집중한다. 듣기가 시작되자마자 'je travaille à l'agence de voyage RÊVE 나는 RÊVE 여행사에서 일한다'라고 밝히므로 정답은 A.
2	메시지가 무엇과 관련되는지 즉, 전체적인 주제를 파악해야 한다. 'Je sais bien que vous pensez toujours aux vacances inoubliables en famille. 저는 당신이 항상 가족과의 잊지 못할 바캉스에 대해 생각하는 것을 잘 알고 있습니다.'라고 말하며 이어서 바캉스 여행 상품을 구체적으로 홍보하므로 정답은 A.
3	가족 여행이라는 이벤트가 어떤 영향을 미칠 수 있는지 지문의 내용을 정확하게 이해해야 하는 유형이다. 'Elles peuvent être inoubliables et resserrer les liens ou se transformer en véritable cauchemar si l'on ne prend pas sur soi... 바캉스는 잊을 수 없고 관계를 돈독하게 해 주거나 아니면 그것을 신경 쓰지 않을 때 진정 악몽으로 변할 수 있습니다...'라는 언급에 따르면 휴가는 계획에 따라 좋을 수도 있고 나쁠 수도 있다는 보기항 C와 일맥상통한다.
4	'bons souvenirs 좋은 추억들'을 간직하기 위해 필요한 것을 질문하므로 핵심어 'souvenirs 추억들' 관련 언급에 집중한다. 'Les vacances en famille nécessitent quelques règles simples, mais essentielles, pour que chacun de ses membres en garde des souvenirs exceptionnels. 가족과의 바캉스는 구성원 각자 특별한 추억을 간직하기 위해 간단하지만 중요한 몇 가지 규칙들을 필요로 합니다.'라고 밝히므로 정답은 B.
5	제안하는 상품에 대해 어떤 장점이 있는지 묻는다. 기본적으로 판매를 위한 메시지로서 상품의 장점 및 구매 시 혜택에 대해 많은 내용이 등장하게 되므로, 집중력을 발휘하여 상세한 부분까지 놓치지 말아야 한다. 'Nous allons vous proposer différentes solutions pour que vous dépensiez le moins possible pendant vos vacances. 우리는 당신이 휴가 동안 가능한 한 가장 적게 지출하도록 여러 가지 방안을 제안할 것입니다.'가 핵심이며, 정답은 C.

듣기 평가 EXERCICE 2 최신 유형

Étape 1 공략에 따라 EXERCICE 2 최신 유형 연습 문제를 풀어 보세요.

문제 5 Track N2-05

Lisez les questions. Écoutez le document puis répondez.
Vous entendez ce message sur votre répondeur.

① Ce message s'adresse ______________

A ☐ à des touristes.
B ☐ à des Parisiens.
C ☐ à des voyageurs étrangers.

② Que propose Mégan ?

A ☐ Un emploi à Paris.
B ☐ Un hébergement à Paris.
C ☐ Un bon plan à Paris.

③ Selon ce message, on peut visiter des expositions ______________

A ☐ sans payer.
B ☐ avec un tarif réduit.
C ☐ en payant plein tarif.

④ Parmi les activités proposées, il y a

☐ A ☐ B ☐ C

⑤ On peut contacter Mégan par :

A ☐ courrier.
B ☐ Internet.
C ☐ téléphone.

Étape 2 문제 5의 내용을 해석해 보세요.

문제를 읽으세요. 지문을 듣고 답하세요.
당신은 당신의 응답기에서 이 메시지를 듣습니다.

❶ 이 메시지는 ____________ 전하고 있다.

A ☐ 관광객들에게
B ☐ 파리 시민들에게
C ☐ 외국인 여행객들에게

❷ Mégan은 무엇을 제안하는가?

A ☐ 파리에서의 일자리
B ☐ 파리에서의 숙소
C ☐ 파리에서의 좋은 계획

❸ 이 메시지에 따르면 우리는 전시회를 ________________ 방문할 수 있다.

A ☐ 돈을 지불하지 않고
B ☐ 할인된 가격에
C ☐ 정상 가격을 지불하면서

❹ 제안된 활동들 중에 ______ 이(가) 있다.

☐ A

☐ B

☐ C

❺ 우리는 _______ (으)로 Mégan에게 연락할 수 있다.

A ☐ 편지
B ☐ 인터넷
C ☐ 전화

Étape 3 문제 5의 필수 어휘를 익히고, 스크립트를 확인해 보세요.

필수 어휘 **plan (m)** 계획 | **loisir (m)** 여가 | **capitale (f)** 수도 | **gratuit** 무료의 | **goût (m)** 취미 | **exposition (f)** 전시회 | **conférence (f)** 강연회 | **spectacle (m)** 공연

스크립트

Bonjour, je m'appelle Mégan et je travaille à l'office de tourisme PARISTOUR. J'ai une bonne nouvelle pour les Parisiens.

Vous habitez à Paris, mais ne savez pas quoi faire de vos soirées et week-end, nous sommes là pour vous proposer tous les bons plans de la capitale : les sorties gratuites, pas chères. Il y en a pour tous les goûts : du cinéma pas cher, des expositions gratuites, des conférences gratuites, des balades gratuites, des visites gratuites, des spectacles gratuits, du théâtre gratuit et même des cours ou des ateliers gratuits. N'hésitez pas à nous contacter au 06 14 58 23 11.

<www.paris-friendly.fr>

해석

안녕하세요, 저의 이름은 Mégan이고 PARISTOUR 관광 안내소에서 일하고 있습니다. 파리 시민들을 위해 좋은 소식이 있습니다.

당신은 파리에 살고 있지만 저녁 시간과 주말에 무엇을 해야 할지 모른다면 수도에서의 모든 좋은 계획들을 당신에게 제안하기 위해 우리가 여기 있습니다: 비싸지 않고 무료인 외출. 모든 취미들을 위한 것이 있습니다: 비싸지 않은 영화, 무료 전시회, 무료 강연회, 무료 산책, 무료 방문, 무료 공연, 무료 연극 심지어 무료 수업이나 아틀리에. 망설이지 말고 06 14 58 23 11로 우리에게 연락하세요.

<www.paris-friendly.fr>

Étape 4 문제 5의 해설을 확인해 보세요.

문제 분석

파리에서의 여가 활동 프로그램을 홍보하는 음성 메시지이다. 먼저 이 메시지를 듣는 대상자는 누구이며 여가 활동 프로그램은 어떤 사람들을 대상으로 제공하는지 기본 정보를 파악한다. 여가 활동의 구성과 활동 내용을 구체적으로 언급하는 내용들을 기반으로 상세 정보를 물을 수 있으므로 특히 신경 써야 한다. 더불어 어떤 경로나 방법을 통해 혜택을 누릴 수 있는지, 연락처 관련 숫자 표현이나 인터넷 사이트 주소 등이 언급될 수 있다.

해설

문항	풀이 요령
1	메시지가 전해지고 있는 대상자를 파악해야 한다. 관광 안내소에서 남긴 홍보 메시지이며 'J'ai une bonne nouvelle pour les Parisiens. 파리 시민들을 위해 좋은 소식이 있습니다.'에 따르면 정답은 B.
2	무엇을 제안하는지 질문하며 보기항이 모두 'à Paris 파리에서의'로 끝나므로 파리에서 진행되는 이벤트 언급에 집중한다. 'tous les bons plans de la capitale 수도에서의 모든 계획들'을 당신에게 제안하기 위해 메시지를 남긴다고 밝히므로 정답은 C. 보기항의 파리가 음성에서 capitales로 제시되었다.
3	'visiter des expositions 전시회 방문하기' 관련 언급이 정답의 단서가 될 것을 유추할 수 있다. 'des expositions gratuites 무료 전시회'가 핵심으로 보기항 A의 'sans payer 돈을 지불하지 않고'가 음성 메시지에서 유의어 'gratuites 무료로'로 제시되었다.
4	보기항 사진들 중 음성 메시지에서 제안된 활동 내용에 부합하는 것은 무엇인지 선택해야 한다. 'du cinéma pas cher, des expositions gratuites, des conférences gratuites, des balades gratuites, des visites gratuites, des spectacles gratuits, du théâtre gratuit et même des cours ou des ateliers gratuits 비싸지 않은 영화, 무료 전시회, 무료 강연회, 무료 산책, 무료 방문, 무료 공연, 무료 연극 심지어 무료 수업이나 아틀리에.'라고 나열된 프로그램 중 보기항에 있는 것은 A. 연극이다.
5	메시지를 보낸 Mégan에게 연락할 방법을 질문한다. 'N'hésitez pas à nous contacter au 06 14 58 23 11. 망설이지 말고 06 14 58 23 11로 우리에게 연락하세요.'라고 전화번호를 제시하며 안내를 마무리하므로 정답은 C.

듣기 평가 EXERCICE 3 최신 유형

Étape 1 공략에 따라 EXERCICE 3 최신 유형 연습 문제를 풀어 보세요.

문제 1 Track N3-01

Lisez les questions. Écoutez le document puis répondez.
Vous écoutez cette émission de radio française.

❶ Le sujet de cet article est :

☐ A

☐ B

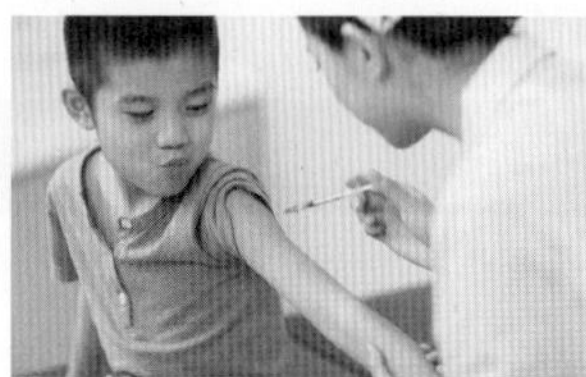

☐ C

❷ D'après cette émission, beaucoup d'enfants n'aiment pas :

A ☐ l'hôpital.
B ☐ les vacances.
C ☐ la rentrée scolaire.

❸ L'un des soucis des enfants est :

A ☐ leurs notes scolaires.
B ☐ leurs mauvaises habitudes.
C ☐ leurs nouveaux professeurs.

❹ À qui s'adresse cette émission ?

A ☐ Aux parents.
B ☐ Aux professeurs.
C ☐ Aux camarades de classe.

❺ Selon cette émission, l'inquiétude des enfants est :

A ☐ normale.
B ☐ choquante.
C ☐ insupportable.

Étape 2 문제 1의 내용을 해석해 보세요.

문제를 읽으세요. 지문을 듣고 답하세요.
당신은 프랑스 라디오에서 이 방송을 듣습니다.

❶ 이 기사의 주제는 ________ (이)다.

☐ A ☐ B ☐ C

❷ 이 방송에 따르면, 많은 아이들이 ____________ 을 좋아하지 않는다.

A ☐ 병원
B ☐ 방학
C ☐ 개학

❸ 아이들의 걱정거리들 중에 하나는 ____________ 이다.

A ☐ 자신들의 학교 성적
B ☐ 자신들의 나쁜 습관
C ☐ 자신들의 새로운 선생님들

❹ 이 방송은 누구에게 건네고 있는 것인가?

A ☐ 부모에게
B ☐ 선생님들에게
C ☐ 학급 친구들에게

❺ 이 방송에 따르면, 아이들의 걱정은 ____________ (이)다.

A ☐ 정상적
B ☐ 충격적
C ☐ 견딜 수 없

Étape 3 문제 1의 필수 어휘를 익히고, 스크립트를 확인해 보세요.

필수 어휘 **sujet (m)** 주제 | **article (m)** 기사 | **émission (f)** 방송 | **hôpital (m)** 병원 | **rentrée scolaire (f)** 개학 | **souci (m)** 걱정 | **note scolaire (f)** 학교 성적 | **habitude (f)** 습관 | **inquiétude (f)** 근심 | **normal** 정상적인 | **choquant** 충격적인 | **insupportable** 견딜 수 없는 | **émotion (f)** 감정 | **peur (f)** 두려움 | **appréhension (f)** 걱정 | **matière (f)** 과목 | **à l'aube de** ~의 초기에 | **s'apprêter** 준비하다 | **souligner** 강조하다 | **susciter** 초래하다 | **anxiété (f)** 불안 | **entraîner** 이끌다

스크립트

Accompagner son enfant pour la rentrée scolaire

Pour beaucoup d'enfants, la rentrée scolaire est associée à des émotions négatives, à de la peur et à de l'appréhension : qui sera mon prof cette année ? Est-ce que mes amis seront dans ma classe ? Et est-ce que les nouvelles matières seront plus difficiles ? À l'aube de la rentrée, voici quelques conseils pour les parents qui veulent aider et bien accompagner leurs enfants qui s'apprêtent à commencer l'école.
D'abord, soulignons qu'il est tout à fait normal que le retour à l'école suscite un certain niveau d'anxiété chez l'enfant : nouvelle classe, nouveaux professeurs, nouveaux camarades de classe, et parfois même, une nouvelle école... Tous ces éléments d'inconnus et de nouveautés entraînent des inquiétudes chez le jeune qui ne sait pas encore ce qui l'attend. (...)

<www.journaldemontreal.com>

해석

개학에 아이를 데려다주기

많은 아이들에게 있어서, 개학은 걱정, 두려움, 부정적인 감정과 연관되어 있다: 올해 나의 선생님은 누구일까? 내 친구들은 내 학급에 있을까? 그리고 새로운 과목들은 더 어려울까? 여기 개학 초기에 학교를 시작하는 것을 준비하는 자녀를 돕고 잘 데려다주기를 원하는 부모들을 위한 몇 가지 조언들이 있다.
우선, 개학이 아이에게 어느 정도의 근심을 초래하는 것은 완전히 정상적이라는 것을 강조하자: 새로운 학급, 새로운 선생님들, 새로운 학급 친구들, 그리고 이따금 심지어 새로운 학교... 낯선 것들과 새로운 것들의 이러한 모든 요소들은 무엇이 자신을 기다리고 있는지 아직 모르는 어린이들에게 걱정을 야기한다. (...)

<www.journaldemontreal.com>

Étape 4 문제 1의 해설을 확인해 보세요.

문제 분석

개학을 맞이한 아이들을 위한 부모들의 역할을 설명하는 라디오 방송 기사이다. 아이들이 개학에 대해 어떠한 감정이나 상태의 변화를 느끼는지 및 구체적인 예시 관련 정보를 물을 수 있다. 이어서 부모 또는 다른 가족 구성원은 이에 대해 어떻게 조치 또는 반응해야 한다고 언급하는지 세부 정보에도 유의한다.

해설

문항	풀이 요령
1	기사의 'le sujet 주제'를 질문하며 보기항 사진에 모두 어린이가 등장하므로, 방송을 듣기 전 아이들과 관련한 주제로 말할 것임을 미리 파악할 수 있다. 방송이 시작되자마자 제목부터 'Accompagner son enfant pour la rentrée scolaire 개학에 아이를 데려다주기'이므로 정답은 A. 전체 주제를 묻는 유형의 경우 보기항이 어휘보다는 그림이나 사진으로 제시되는 경우가 많다는 점을 알아 두자.
2	아이들이 좋아하지 않는 것은 무엇인지 묻고 있다. 방송 제목에 바로 이어지는 'Pour beaucoup d'enfants, la rentrée scolaire est associée à des émotions négatives 많은 아이들에게 있어서, 개학은 걱정, 두려움, 부정적인 감정과 연관되어 있다'는 언급에 따르면 정답은 C.
3	보기항 모두 걱정거리가 될 수 있는 내용이므로, 아이들의 걱정거리로 제시되는 구체적인 내용을 모두 놓치지 말아야 한다. 'qui sera mon prof cette année ? Est-ce que mes amis seront dans ma classe ? Et est-ce que les nouvelles matières seront plus difficiles ? 올해 나의 선생님은 누구일까? 내 친구들이 내 학급에 있을까? 그리고 새로운 과목들은 더 어려울까?'의 세 가지 사항을 나열했고, 보기항 중 C만이 언급된 내용에 포함된다.
4	방송이 전해지고 있는 대상자를 파악해야 한다. 'quelques conseils pour les parents qui veulent aider et bien accompagner leurs enfants qui s'apprêtent à commencer l'école 학교를 시작하는 것을 준비하는 자녀를 돕고 잘 데려다주기를 원하는 부모들을 위한 몇 가지 조언들'이 핵심으로, 정답은 A가 된다.
5	개학에 대한 아이들의 걱정에 대해 방송에서는 어떤 견해를 펼치는지 묻고 있다. 'soulignons qu'il est tout à fait normal que le retour à l'école suscite un certain niveau d'anxiété chez l'enfant 개학이 아이에게 있어서 어떤 정도의 근심을 초래하는 것은 완전히 정상적이라는 것을 강조하자'고 방안을 제시하므로 정답은 A.

듣기 평가 EXERCICE 3 최신 유형

Étape 1 공략에 따라 EXERCICE 3 최신 유형 연습 문제를 풀어 보세요.

문제 2 Track N3-02

Lisez les questions. Écoutez le document puis répondez.
Vous écoutez cette émission de radio française.

❶ Cette émission parle de l'ambiance :

A ☐ au bureau.
B ☐ à l'école.
C ☐ dans un lieu public.

❷ On peut s'amuser :

A ☐ en travaillant.
B ☐ sans travailler.
C ☐ en faisant du sport.

❸ D'après cette émission, le lieu de travail peut devenir celui :

A ☐ du bonheur.
B ☐ de la peine.
C ☐ de la plaisanterie.

❹ Le sujet de cette émission concerne :

☐ A

☐ B

☐ C

❺ On peut augmenter la productivité :

A ☐ avec le salaire minimum.
B ☐ en travaillant sans cesse.
C ☐ dans un environnement convivial.

Étape 2 문제 2의 내용을 해석해 보세요.

문제를 읽으세요. 지문을 듣고 답하세요.
당신은 프랑스 라디오에서 이 방송을 듣습니다.

1 이 방송은 ____________ 의 분위기에 대해 말하고 있다.

A ☐ 사무실에서
B ☐ 학교에서
C ☐ 공공장소에서

2 우리는 ____________ 즐길 수 있다.

A ☐ 일을 하면서
B ☐ 일하지 않고
C ☐ 운동을 하면서

3 이 방송에 따르면 근무 장소는 ______ 그것이 될 수 있다.

A ☐ 행복의
B ☐ 고통의
C ☐ 유희의

4 이 방송의 주제는 ________ 와(과) 관련된다.

☐ A  ☐ B  ☐ C

5 우리는 ____________ 생산성을 높일 수 있다.

A ☐ 최저 임금으로
B ☐ 끊임없이 일하면서
C ☐ 화목한 환경 속에서

Étape 3 문제 2의 필수 어휘를 익히고, 스크립트를 확인해 보세요.

필수 어휘 **ambiance (f)** 분위기 | **bureau (m)** 사무실 | **lieu public (m)** 공공장소 | **s'amuser** 즐기다 | **bonheur (m)** 행복 | **peine (f)** 고통 | **plaisanterie (f)** 농담 | **productivité (f)** 생산성 | **salaire (m)** 월급 | **sans cesse** 끊임없이 | **environnement (m)** 환경 | **convivial** 화목한 | **agréable** 안락한 | **étape (f)** 단계 | **faire partie de** ~의 일부이다 | **cellule (f)** 작은 방 | **épanouissement (m)** 명랑해짐 | **professionnalisme (m)** 직업 의식 | **archi** 지나치게 | **dans la foulée** 페이스를 잃지 않고, 여세를 몰아

스크립트

Comment avoir une ambiance agréable au travail

La première étape pour avoir une ambiance agréable au travail est de croire que les mots "amusant" et "travail" font partie de la même phrase. Il est vrai que votre environnement de travail n'a pas besoin d'être une cellule qui vous sépare des plaisirs de votre vie de tous les jours. Cela peut même devenir un lieu de rires et d'épanouissement. Une fois que vous vous êtes rendu compte qu'un certain professionnalisme ne signifie pas forcément être tout le temps archi sérieux, vous êtes en bonne voie pour avoir une ambiance plus agréable sur votre lieu de travail tout en augmentant dans la foulée votre productivité.
(...)

<fr.wikihow.com>

해석

어떻게 직장에서 안락한 분위기를 가질 것인가

직장에서 안락한 분위기를 갖기 위한 첫 번째 단계는 '즐거운'이라는 단어와 '업무'라는 단어가 같은 문장의 일부라고 믿는 것이다. 당신의 업무 환경이 일상의 즐거움으로부터 당신을 분리시키는 독방일 필요가 없는 것이 사실이다. 이것은 심지어 웃음과 즐거움의 장소가 될 수 있다. 어떤 직업 의식이 항상 지나치게 진지한 것을 반드시 의미하지 않는 것을 깨닫게 될 때, 당신은 페이스를 잃지 않고 생산성을 높이면서 당신의 직장에서 좀 더 안락한 분위기를 갖기 위한 좋은 궤도에 머문다.
(...)

<fr.wikihow.com>

Étape 4 문제 2의 해설을 확인해 보세요.

문제 분석

직장 생활 관련 방송이다. 직장 생활의 여러 요소 중 어떤 주제를 다루는지 먼저 파악해야 하며, 해당 주제에 대해 방송에서 피력하는 의견을 이해해야 한다. 의견을 뒷받침하는 근거 및 직장 생활 속 구체적인 예시 상황과 관련해서도 출제될 가능성이 높다.

해설

문항	풀이 요령
1	방송 내용에서 다루는 주된 장소를 파악해야 하는 유형이다. 제목에서 'Comment avoir une ambiance agréable au travail 어떻게 직장에서 안락한 분위기를 가질 것인가'라고 언급한 다음 구체적인 방법을 설명하므로 정답은 A. 보기항의 어휘가 지문에서 동일하게 제시되지 않고, 의미상 연관성이 있는 표현으로 정답을 유추하도록 한 유형이다.
2	직장 생활에서 언제 또는 어떻게 즐길 수 있는지 언급하는 내용에 주의를 기울여야 한다. 'les mots "amusant" et "travail" font partie de la même phrase '즐거운'이라는 단어와 '업무'라는 단어가 같은 문장의 일부라고' 믿는 것이라며 재미와 업무를 분리하지 않도록 권한다. 따라서 일을 하면서도 즐길 수 있다는 의미로 통하는 보기항 A가 정답이 된다.
3	방송에서 근무 장소는 어떤 장소가 될 수 있다고 하는지 질문한다. 'un lieu de rires et d'épanouissement 웃음과 즐거움의 장소'가 될 수 있다는 언급이 핵심으로, 정답은 유사한 의미의 어휘로 제시한 보기항 A.
4	직장 생활 관련 방송이므로 학교로 보이는 C가 우선 제외된다. A와 B 모두 업무 공간으로 볼 수 있으나 방송 내용 전반을 통틀어 안락한 분위기를 누리기 위한 방법을 다루고 있으며 'vous êtes en bonne voie pour avoir une ambiance plus agréable sur votre lieu de travail 당신은 당신의 직장에서 좀 더 안락한 분위기를 갖기 위한 좋은 궤도에 머문다'에 따르면 보기항 B에 등장한 인물의 표정은 거리가 멀다. 따라서 정답은 A.
5	생산성을 높일 수 있는 방안으로 방송에서 어떤 내용을 제시하는지 파악해야 한다. 'pour avoir une ambiance plus agréable sur votre lieu de travail tout en augmentant dans la foulée votre productivité 페이스를 잃지 않고 생산성을 높이면서 당신의 직장에서 좀 더 안락한 분위기를 갖기 위해'라는 전개에 따르면 방송에서 직장의 분위기와 업무의 생산성이 밀접하게 연결되어 있다고 여김을 유추할 수 있다. 정답은 C.

듣기 평가 EXERCICE 3 최신 유형

Étape 1 공략에 따라 EXERCICE 3 최신 유형 연습 문제를 풀어 보세요.

문제 3 Track N3-03

Lisez les questions. Écoutez le document puis répondez.
Vous écoutez cette émission de radio française.

❶ De quoi s'agit-il ?

☐ A

☐ B

☐ C

❷ Cette émission conseille de se promener dans ce lieu :

A ☐ en été.
B ☐ en automne.
C ☐ au printemps.

❸ Pour profiter de cette promenade, on :

A ☐ a besoin beaucoup de choses.
B ☐ doit préparer des choses ludiques.
C ☐ n'a qu'à aller à cet endroit sans aucune préparation.

❹ Dans ce lieu, les enfants peuvent admirer :

A ☐ le bonheur de la vie.
B ☐ la vie à la campagne.
C ☐ la beauté de la nature.

❺ D'après cette émission, cette activité a des effets :

A ☐ éducatifs.
B ☐ politiques.
C ☐ économiques.

Étape 2 문제 3의 내용을 해석해 보세요.

문제를 읽으세요. 지문을 듣고 답하세요.
당신은 프랑스 라디오에서 이 방송을 듣습니다.

❶ 무엇에 관한 것인가?

☐ A ☐ B ☐ C

❷ 이 방송은 ______ 이 장소에서 산책할 것을 권하고 있다.

A ☐ 여름에
B ☐ 가을에
C ☐ 봄에

❸ 이 산책을 만끽하기 위해서, 우리는 ____________________.

A ☐ 많은 것들이 필요하다.
B ☐ 유희적인 것들을 준비해야 한다.
C ☐ 아무 준비 없이 이 장소에 가기만 하면 된다.

❹ 이 장소에서 아이들은 ____________ 감탄할 수 있다.

A ☐ 삶의 기쁨을
B ☐ 전원 생활을
C ☐ 자연의 아름다움을

❺ 이 방송에 따르면 이 활동은 ________ 효과들을 갖는다.

A ☐ 교육적인
B ☐ 정치적인
C ☐ 경제적인

Étape 3 문제 3의 필수 어휘를 익히고, 스크립트를 확인해 보세요.

필수 어휘 **se promener** 산책하다 | **promenade (f)** 산책 | **avoir besoin de** ~을(를) 필요로 하다 | **ludique** 유희적인 | **endroit (m)** 장소 | **balade (f)** 산책 | **forêt (f)** 숲 | **air (m)** 공기 | **pédagogique** 교육적인 | **odeur (f)** 냄새 | **se munir** 갖추다 | **préalable** 선행의 | **au détour de** ~동안, ~중에 | **trace (f)** 흔적

스크립트

En automne, profitez d'une balade en forêt avec vos enfants

Quelle meilleure saison que l'automne pour profiter d'une balade en forêt avec vos enfants ? Un bol d'air frais ludique et pédagogique, qui ne nécessite pas de préparation : tout le monde y trouvera son compte !

En automne, les arbres de la forêt revêtent leurs plus belles couleurs. L'occasion parfaite pour vos enfants d'admirer la beauté de la nature, de découvrir l'odeur de la terre.

En vous munissant d'un livre ou en effectuant au préalable des recherches sur internet, vous pourrez leur enseigner au détour d'une balade les différentes espèces de plantes, fleurs et arbres, leur faire repérer les traces d'animaux.

<www.mangerbouger.fr>

해석

가을엔 당신의 아이들과 함께 숲에서의 산책을 만끽하세요

당신의 아이들과 함께 숲에서의 산책을 만끽하기에 가을보다 더 좋은 계절이 무엇일까? 재미나면서도 교육적인 신선한 공기 한 모금은 어떤 준비도 필요로 하지 않는다: 모든 사람들은 이곳에서 특권을 누릴 것이다!

가을엔 숲의 나무들이 그들의 가장 아름다운 색깔로 옷을 입는다. 당신의 아이들에게는 자연의 아름다움에 감탄하고 대지의 향기를 발견할 수 있는 완벽한 기회이다.

책을 마련하거나 미리 인터넷에서 검색을 함으로써 당신은 산책을 하는 동안 자녀들에게 다양한 종류의 식물군과 꽃과 나무를 가르쳐 줄 수 있고, 그들에게 동물들의 흔적을 찾아보게 할 수 있을 것이다.

<www.mangerbouger.fr>

Étape 4 문제 3의 해설을 확인해 보세요.

문제 분석

아이들과 함께할 수 있는 활동을 안내하는 방송이다. 언제 열리는 활동인지, 구체적으로 어떤 활동을 체험하는지, 주의해야 할 사항이 있는지, 준비물은 무엇인지 등 두루 출제 가능하므로 상세한 내용들을 정확하게 구분해 가며 읽어야 한다. 활동을 통해 경험할 수 있는 장점이나 긍정적인 영향 관련 언급도 놓쳐서는 안 된다.

해설

문항	풀이 요령
1	방송 내용이 무엇에 관한 것인지 즉, 전체 주제를 묻고 있다. 듣기가 시작되기 전 보기항 사진을 통해 어른들과 아이들이 함께 즐길 수 있는 활동에 대해 다룰 것임을 미리 짐작할 수 있다. 듣기를 시작하자마자 'En automne, profitez d'une balade en forêt avec vos enfants 가을엔 당신의 아이들과 함께 숲에서의 산책을 만끽하세요'라고 서두에서 밝히므로 정답은 A. 전체 주제를 묻는 유형은 이처럼 보기항을 사진이나 그림으로 제시하는 경우가 종종 있다.
2	언제 산책하는 것이 좋은지 질문한다. 보기항이 모두 계절이므로 방송에서 계절이 등장하는지 집중해야 한다. 'Quelle meilleure saison que l'automne pour profiter d'une balade en forêt avec vos enfants ? 당신의 아이들과 함께 숲에서의 산책을 만끽하기에 가을보다 더 좋은 계절이 무엇일까?'에 따르면 정답은 B.
3	산책을 만끽하기 위해서 무엇을 요구 또는 제안하는지 파악해야 한다. 'Un bol d'air frais ludique et pédagogique, qui ne nécessite pas de préparation : tout le monde y trouvera son compte ! 유희적이며 교육적인 신선한 공기 한 모금은 어떤 준비도 필요로 하지 않는다: 모든 사람들은 이곳에서 특권을 누릴 것이다!'라고 밝히므로 정답은 C.
4	아이들이 무엇을 느낄 수 있는지 언급하는 부분에 유의한다. 'd'admirer la beauté de la nature, de découvrir l'odeur de la terre 자연의 아름다움에 감탄하고 대지의 향기를 발견'할 수 있다는 부분이 핵심으로, 보기항 C와 의미가 통한다.
5	숲에서의 산책 활동으로 어떤 효과를 누릴 수 있는지 질문한다. 듣기 마무리에 언급하는 'vous pourrez leur enseigner au détour d'une balade les différentes espèces de plantes, fleurs et arbres, leur faire repérer les traces d'animaux 당신은 산책을 하는 동안 자녀들에게 다양한 종류의 식물군과 꽃과 나무를 가르쳐 줄 수 있고, 그들에게 동물들의 흔적을 찾아보게 할 수 있을 것이다'는 교육적 효과에 해당하므로 정답은 A. 정치, 경제적 효과 관련 내용은 언급된 바 없다.

Étape 1 공략에 따라 EXERCICE 3 최신 유형 연습 문제를 풀어 보세요.

문제 4 Track N3-04

Écoutez le document sonore puis répondez aux questions.
Vous écoutez une émission d'une radio française.

1 Selon cette émission, raconter des contes et des histoires à l'école ________________

A ☐ n'est pas nécessaire.
B ☐ est indispensable.
C ☐ n'est pas très important.

2 Que peuvent améliorer les enfants grâce aux contes ?

A ☐ Leurs capacités immunitaires.
B ☐ Leurs capacités financières.
C ☐ Leurs compétences linguistiques.

3 Quelle est la première chose à faire avant de lire ou raconter une histoire ?

A ☐ Choisir une histoire.
B ☐ Écouter une histoire.
C ☐ Raconter une histoire.

4 Que met en avant la bibliothécaire ?

A ☐ La production orale.
B ☐ Le plaisir de raconter.
C ☐ La compréhension écrite.

5 Pour trouver le rythme d'un texte, il est nécessaire de(d') ________________

A ☐ parler fort.
B ☐ écrire correctement.
C ☐ écouter attentivement.

Étape 2 문제 4의 내용을 해석해 보세요.

문제를 읽으세요. 지문을 듣고 답하세요.
당신은 프랑스 라디오에서 이 방송을 듣습니다.

❶ 이 방송에 따르면, 동화와 이야기는 학교에서 ________________

A ☐ 필요하지 않다.
B ☐ 필수 불가결하다.
C ☐ 그다지 중요하지는 않다.

❷ 아이들은 동화 덕분에 무엇을 향상시킬 수 있는가?

A ☐ 그들의 면역력
B ☐ 그들의 재정 능력
C ☐ 그들의 언어적 능력

❸ 이야기를 읽거나 말하기 전 해야 할 첫 번째 사항은 무엇인가?

A ☐ 이야기를 선택하는 것
B ☐ 이야기를 듣는 것
C ☐ 이야기를 말하는 것

❹ 사서는 무엇을 강조하는가?

A ☐ 구술
B ☐ 이야기하는 즐거움
C ☐ 독해

❺ 텍스트의 리듬을 찾기 위해 ________________ 필요하다.

A ☐ 크게 말하는 것이
B ☐ 정확하게 쓰는 것이
C ☐ 주의 깊게 듣는 것이

Étape 3 문제 4의 필수 어휘를 익히고, 스크립트를 확인해 보세요.

필수 어휘 **conte (m)** 동화 | **patrimoine (m)** 유산 | **accéder à** ~에 접근하다 | **récit (m)** 이야기 | **maîtrise (f)** 숙련 | **objectif (m)** 목표 | **plaisir (m)** 기쁨 | **bibliothécaire** 사서 | **nécessiter** 필요로 하다 | **lecture (f)** 독서 | **au préalable** 사전에, 미리 | **respiration (f)** 호흡

스크립트

Lire et raconter des histoires en classe

Les contes et les histoires occupent une place importante à l'école, ils permettent les premières rencontres de l'enfant avec le patrimoine littéraire. Ils sont un support essentiel pour permettre aux élèves d'accéder à la compréhension de récits et à la maîtrise de la langue.
Avant de lire ou raconter, il faut commencer par choisir une histoire. Quel que soit l'objectif (conte à exploiter pour les apprentissages scolaires, lecture pour le plaisir), prenez le temps de choisir une histoire, un livre qui vous plaît. Pascale, bibliothécaire insiste sur l'importance de prendre du plaisir à raconter.
Lire ou raconter une histoire à l'école nécessite une préparation avec plusieurs lectures à voix haute au préalable pour trouver la respiration du texte.

<www.petitestetes.com>

해석

수업 시간에 이야기를 읽고 말하기

동화와 이야기는 학교에서 중요한 자리를 차지하는데 이것들은 문학적 유산들을 아이가 처음 접할 수 있게 한다. 이것들은 학생들이 이야기들에 대한 이해와 언어 숙달에 접근하게 해 주는 주요 매체이다.
이야기를 읽거나 말하기 전에 이야기를 선택하는 것부터 시작해야 한다. 목적이 무엇이건 간에 (학교 학습을 위해 활용되는 동화, 취미로 하는 독서), 당신 마음에 드는 이야기, 책을 고르는 데 시간을 들여야 한다. 사서인 파스칼은 이야기하는 즐거움을 갖는 것의 중요성에 대해 강조한다.
학교에서 이야기를 읽거나 말하는 것은 텍스트의 호흡을 발견하기 위해 사전에 큰 소리로 여러 번 읽는 준비를 필요로 한다.

<www.petitestetes.com>

Étape 4 문제 4의 해설을 확인해 보세요.

문제 분석

동화와 이야기를 읽고 말하는 과정이 학교 수업에서 어떤 중요한 의미를 차지하는지 설명하는 라디오 방송 기사이다. 동화와 이야기가 학교 수업에서 차지하는 역할을 구체적으로 언급하는 내용에 집중해서 주관식 유형까지 대비한다. 실제 수업에서 어떤 방식으로 동화와 이야기를 읽고 말하는 과정이 이루어지는지의 예시, 이 과정에서 유의해야 할 점까지 주의 깊게 듣는다. 마지막으로 교육적 효과를 높이기 위해 어떤 추가적인 준비가 필요한지 세부 정보에도 유의한다.

해설

문항	풀이 요령
1	기사에 따르면 동화와 이야기는 어떠하다고 말하는지, 전체적인 견해를 파악해야 하는 유형이다. 문제에서 'à l'école 학교에서'로 질문하므로 특히 학교와 연관지어 언급하는 부분에 집중한다. 'les contes et les histoires occupent une place importante à l'école 동화와 이야기는 학교에서 중요한 자리를 차지한다'가 핵심으로 정답은 B.
2	동화가 아이들에게 끼치는 장점은 구체적으로 어떤 분야에 있는지 질문한다. 동화와 이야기들은 'un support essentiel pour permettre aux élèves d'accéder à la compréhension de récits et à la maîtrise de la langue. 학생들이 이야기들에 대한 이해와 언어 숙달에 접근하게 해 주는 주요 매체'라고 밝히므로 정답은 C이다.
3	'avant de lire ou raconter une histoire 읽거나 이야기를 시작하기 전' 먼저 해야 할 것을 선택해야 하므로 'avant de ~하기 전' 표현에 유의한다. 'Avant de lire ou raconter, il faut commencer par choisir une histoire 이야기를 읽거나 말하기 전에 이야기를 선택하는 것부터 시작해야 한다'에 따르면 정답은 A.
4	동화와 이야기 수업에서 사서가 특히 무엇을 강조했는지 놓쳐서는 안 된다. 'bibliothécaire 사서' 언급에 주의를 기울이면 'bibliothécaire insiste sur l'importance de prendre du plaisir à raconter 사서는 이야기하는 즐거움을 갖는 것의 중요성에 대해 강조한다'고 제시했으므로 정답은 보기항 B가 된다.
5	텍스트의 리듬을 찾기 위해 미리 준비되어야 할 것은 무엇인지 파악해야 한다. 'une préparation avec plusieurs lectures à voix haute au préalable pour trouver la respiration du texte 텍스트의 호흡을 발견하기 위해 큰 소리로 여러 번 읽는 준비'를 필요로 하기에 정답은 A. 문제에 등장한 'rythme 리듬'이 듣기에서 'respiration 호흡'과 의미가 통한다.

듣기 평가 EXERCICE 3 최신 유형

Étape 1 공략에 따라 EXERCICE 3 최신 유형 연습 문제를 풀어 보세요.

문제 5 Track N3-05

Écoutez le document sonore puis répondez aux questions.
Vous écoutez une émission d'une radio française.

❶ Ce reportage parle ____________________

A ☐ de relations amicales.
B ☐ de relations familiales.
C ☐ de problèmes entre collègues.

❷ Selon cet article, frères et sœurs ____________________

A ☐ ne se disputent jamais.
B ☐ s'entendent toujours bien.
C ☐ se battent de temps en temps.

❸ Quand il y a un problème entre des membres de la famille,

A ☐ il vaut mieux se taire.
B ☐ il faut se parler franchement.
C ☐ il faut fuir cette situation.

❹ À quel moment doit-on parler des problèmes familiaux ?

A ☐ Quand l'atmosphère est tendue.
B ☐ Quand l'atmosphère est détendue.
C ☐ Quand l'atmosphère est lourde.

❺ Selon cet article, ____________________

A ☐ les enfants ont toujours tort.
B ☐ les parents ont toujours raison.
C ☐ les parents ne sont pas toujours parfaits.

Étape 2 문제 5의 내용을 해석해 보세요.

문제를 읽으세요. 지문을 듣고 답하세요.
당신은 프랑스 라디오에서 이 방송을 듣습니다.

❶ 이 르포는 ______________ 말하고 있다.

A ☐ 우정 관계에 대해
B ☐ 가족 관계에 대해
C ☐ 동료들 간의 문제에 대해

❷ 이 기사에 따르면 형제 자매들은 ______________

A ☐ 결코 다투지 않는다.
B ☐ 항상 사이 좋게 지낸다.
C ☐ 가끔 다툰다.

❸ 가족 구성원들 간에 문제가 있을 때, ______________

A ☐ 입을 다물고 있는 것이 낫다.
B ☐ 솔직하게 서로 말해야 한다.
C ☐ 이 상황을 피해야 한다.

❹ 어떤 순간에 가족 문제에 대해 말해야 하는가?

A ☐ 분위기가 긴장될 때
B ☐ 분위기가 부드러울 때
C ☐ 분위기가 무거울 때

❺ 이 기사에 따르면, ______________

A ☐ 아이들은 항상 틀리다.
B ☐ 부모는 항상 옳다.
C ☐ 부모가 항상 완벽하지는 않다.

Étape 3 문제 5의 필수 어휘를 익히고, 스크립트를 확인해 보세요.

필수 어휘 **s'entendre** 어울리다 | **harmonie (f)** 조화, 화합 | **s'injurier** 서로 욕하다 | **irriter** 신경질 나게 하다 | **attrister** 슬프게 하다 | **sereinement** 차분하게 | **conflit (m)** 다툼 | **non-dits (m)** 암묵적 발화 | **s'envenimer** 곪다 | **atmosphère (f)** 분위기 | **détendu** 완화된 | **tension (f)** 긴장 | **période (f)** 시기 | **épauler** 지원하다

스크립트

Parents et enfants comment mieux s'entendre

La famille n'est pas toujours ce lieu d'harmonie parfaite dont nous rêvons.
Les frères et sœurs se donnent des coups, et s'injurient. Les parents ne devraient être là que pour calmer le jeu. Rien de plus !
Quand la relation familiale irrite ou attriste, trouvez un moment calme pour en discuter ensemble sereinement. Les conflits ne se règlent jamais par des non-dits.
Parler des problèmes familiaux dans une atmosphère détendue est nécessaire pour résoudre les tensions. Tous nous désirons avoir une famille parfaite mais il n'existe ni d'enfants parfaits ni de parents parfaits. Tous les enfants se conduisent mal par moment et tous les parents font des erreurs.
Si vos enfants traversent une période difficile, épaulez-les, mais surtout croyez toujours en leur avenir.

<www.toutpratique.com>

해석

부모와 자식, 어떻게 하면 더 잘 지낼 수 있을까

가족은 항상 우리가 꿈꾸는 완벽한 화합의 장은 아니다.
형제들과 자매들은 서로 주먹질을 하고 욕을 해 댄다. 부모들은 싸움을 말리기 위해서만 그곳에 있어야 한다. 그 이상은 아니다! 가족 관계가 고조되거나 가라앉게 될 때, 차분하게 함께 토론하기 위한 조용한 순간을 찾으라. 다툼은 암묵적으로는 결코 해결되지 않는다.
완화된 분위기 속에서 가족 간의 문제에 대해 말하는 것은 긴장을 풀기 위해 필요하다. 우리 모두는 완벽한 가정을 갖기를 바라지만 완벽한 자녀도 완벽한 부모도 존재하지 않는다. 모든 아이들은 때로는 잘못 행동하며 모든 부모들은 실수를 한다.
만일 당신의 자녀들이 어려운 시기를 겪고 있다면 그들을 지원해 주라, 하지만 무엇보다 언제나 그들의 미래를 믿어라.

<www.toutpratique.com>

Étape 4 문제 5의 해설을 확인해 보세요.

문제 분석

부모와 자식 간의 관계 개선을 주제로 안내하는 방송이다. 가족 관계에서 어떤 갈등이나 다툼이 있을 수 있는지, 상황을 함께 해결하기 위한 대안은 무엇인지, 그 과정에서 부모의 역할은 무엇인지 구체적으로 제시되고 있다. 기본적인 전개 흐름에 따라 상세 정보를 파악하되, 그중에서도 가장 중요하다고 강조하는 점이나 충고를 덧붙이는 견해 부분에 특히 유의한다.

해설

문항	풀이 요령
1	르포 내용이 무엇에 관한 것인지 즉, 전체 주제를 파악해야 한다. 듣기가 시작되자마자 기사 제목으로 'Parents et enfants comment mieux s'entendre 부모와 자식, 어떻게 하면 더 잘 지낼 수 있을까'라고 제시되므로 기사 본문이 주로 가족 간의 문제에 대해 다룰 것임을 예상할 수 있다. 따라서 정답은 B.
2	기사에서 형제 자매들은 관계가 어떠하다고 하는지 질문한다. 'Les frères et sœurs se donnent des coups, et s'injurient. 형제들과 자매들은 서로 주먹질을 하고 욕을 해 댄다.'고 직접 언급하므로 의미가 통하는 보기항은 C이다.
3	가족끼리 문제가 생겼을 때 어떤 해결 방안을 제시하고 있는지 정확하게 이해해야 한다. 'Quand la relation familiale irrite ou attriste, trouvez un moment calme pour en discuter ensemble sereinement. Les conflits ne se règlent jamais par des non-dits. 가족 관계가 고조되거나 가라앉게 될 때, 차분하게 함께 토론하기 위한 조용한 순간을 찾으라. 다툼은 암묵적으로는 결코 해결되지 않는다.'고 충고하므로 정답은 B.
4	어떤 순간에 가족 문제에 대해 말해야 하는지 묻고 있다. 보기항이 모두 'l'atmosphère 분위기'가 어떠할 때를 나타내므로 분위기 관련 언급에 유의한다. 'Parler des problèmes familiaux dans une atmosphère détendue est nécessaire pour résoudre les tensions. 완화된 분위기 속에서 가족 간의 문제에 대해 말하는 것은 긴장을 풀기 위해 필요하다.'라고 밝혔으므로 정답은 B.
5	보기항 중 방송 기사의 내용과 일치하는 것을 가려 내야 한다. 보기항이 모두 아이들 또는 부모에 대해 옳고 그름, 완벽한 정도에 대해 언급하므로 'Tous nous désirons avoir une famille parfaite mais il n'existe ni d'enfants parfaits ni de parents parfaits. 우리 모두는 완벽한 가정을 갖기를 바라지만 완벽한 자녀도 완벽한 부모도 존재하지 않는다.'가 핵심이다. 따라서 정답은 C.

Compréhension des écrits

1 독해 완전 분석

A2 독해 평가의 유형은 총 4개로 구분된다. 1번 유형은 총 5개의 광고가 주어지며, 각 인물의 선호도 및 필요로 하는 조건에 부합하는 광고를 하나씩 연결하는 유형이다. 2번 유형은 이메일 또는 편지 형식을 중심으로 글의 내용을 이해하는지 묻는 유형이다. 3번 유형은 특정 주제와 관련된 지시 또는 안내 정보를 제공하는 기사문을 읽고 문제를 푸는 유형이다. 마지막 4번은 사회, 교육, 건강, 사회적 이슈 등 다양한 주제의 기사문을 읽고 문제를 푸는 유형이다.

2 독해 유형 파악

EXERCICE	특징
① 상황과 광고 연결 (5점)	총 5명의 인물이 각자 선호 또는 필요로 하는 사항 관련 내용이 주어진다. 총 5개의 광고 내용 보기항을 각 인물들이 제시한 조건과 부합하도록 연결한다.
② 서신 내용 이해 (6점)	친구에게서 온 사적인 초대, 부탁, 제안 관련 서신 또는 일자리 제안, 업무 관련 공적 주제의 서신을 읽고 내용을 바르게 파악했는지 질문한다. 객관식 3문항과 주관식 2문항으로 구성된다.
③ 정보 이해 (6점)	특정한 주제로 게재된 행사 소개, 지시, 활동 참여 안내 등의 내용을 읽고 객관식 3문항, 주관식 2문항을 푼다.
④ 기사문 이해 (8점)	다양한 주제를 바탕으로 인터넷에 소개된 기사문을 읽고 객관식 2문항, 주관식 2문항, 일치 여부를 가리고 입증하는 유형 2문항을 푼다. 환경 오염, 건강, 운동, 교육 등 EXERCICE 3 보다 좀더 심화된 시사 관련 주제가 등장하여 난이도가 높다.

3 독해 평가 이것만은 꼭!

① 지문 내용 전개 순서와 문제 순서는 일치한다.

독해 영역은 다른 영역보다 지문의 양이 확연히 많을 수밖에 없다. 따라서 문제마다 일일이 긴 지문을 모두 대조하며 풀 순 없으므로, 지문 내용 전개 순서는 일반적으로 문제 순서와 일치함을 고려하자. 만일 문제 내용을 잘 이해하지 못한 경우에도, 순서에 입각하여 해당 문제와 관련 있으리라 예상되는 부분을 지문에서 찾아 읽어 보면 단서를 얻을 수 있다.

② 문제부터 먼저 읽는다.

지문의 양이 많으므로 모든 지문을 끝까지 읽은 다음 문제를 풀려고 하면 앞에서 읽었던 부분은 기억이 잘 안 날 수도 있고, 문제마다 정답을 찾기 위해 지문의 처음부터 해당 부분까지 찾아가 읽어야 하는 부담이 있다. 따라서 문제부터 먼저 읽어 어느 부분에 초점을 두고 지문을 읽을지 미리 파악하면 유리하다.

③ 시간 안배에 유념한다.

독해 영역은 토요일에 실시하며 듣기와 작문의 중간에 치러진다. 듣기 영역은 음성 재생 때문에 응시자가 소요 시간을 조정하는 데 한계가 있고, 작문 영역은 시간이 촉박해지면 쓰기의 부담이 가중되므로 독해 유형에서 되도록 시간을 벌어야 한다. 따라서 독해 영역에 할애할 시간을 최대한 효율적으로 사용하기 위해 답을 선택하기 어려운 문제들은 일단 두고 다음 문제로 넘어가는 것이 바람직하다. 자칫 시간을 끈 부분이 누적되다가는 상대적으로 쉬운 문제를 풀 수 있는 시간까지 놓치고, 작문 영역까지 영향을 끼칠 수 있기 때문이다.

④ 일치 여부 입증은 완전한 구조의 문장으로 작성한다.

주관식의 경우 특히 일치 여부를 입증하는 유형은 가능한 한 완전한 구조의 문장으로 작성해야 한다. A2의 경우 기초 단계에 속하므로 응시자가 작성한 답안 중 정답 문장이 포함되어 있으면 앞뒤 부분이 조금 길더라도 정답 문장의 내용과 어긋나지 않으면 정답으로 인정하기 때문이다.

EXERCICE 1

광고 성격의 지문을 읽고 각 인물의 선호도 및 필요에 부합하도록 연결해야 한다. 따라서 '**aimer** 좋아하다, 애호하다', '**adorer** 아주 좋아하다', '**préférer** 선호하다, 더 좋아하다', '**être passionné** ~에 열정적이다, ~에 열광하다', '**s'intéresser à** ~에 관심이 있다', '**vouloir** 바라다, 원하다'와 같이 선호 및 필요를 나타내는 빈출 어휘가 핵심이다.

독해 평가

EXERCICE 1 완전 공략

DELF A2 · 독해

1 핵심 포인트

4개 EXERCICE 중 가장 난이도가 낮다. 총 5점을 차지하며 각 인물이 선호 또는 필요로 하는 사항 관련 내용을 그에 부합하는 광고 보기항과 연결해야 한다. A2에 막 입문한 프랑스어 수준일 경우 지문에서 모르는 단어가 등장하면 당황할 수 있으나, 주제별 단골로 등장하는 핵심 어휘와 표현을 중심으로 연결 고리를 찾아 나가면 된다.

2 빈출 주제

주말에 하고 싶은 활동, 방문하고 싶은 장소, 듣고 싶은 수업, 가고 싶은 식당 등 매우 다양한 상황이 등장할 수 있다. 어떤 상황이 등장하더라도 총 5명의 인물을 각자의 선호 및 필요에 따라 보기에서 해당되는 광고와 연결하는 방식은 동일하다.

3 고득점 전략

(1) 먼저 문제부터 읽는다.

광고 보기항을 모두 읽은 다음 인물 관련 내용을 읽고 다시 보기항으로 돌아가려면 낭비되는 시간이 많아진다. 문제를 먼저 읽고 해당 부분을 찾아가는 방식에 익숙해져야 실제 시험에서 훨씬 시간을 절약할 수 있다.

(2) 핵심 어휘와 표현부터 추려 낸다.

인물 설명에는 주로 선호, 희망, 바람, 필요성 관련 내용이 등장하며 광고에서는 내용 연결의 단서가 되는 관련 핵심 어휘 및 표현이 제시된다. 예를 들어 광고에 축구, 야구, 테니스, 농구 등 운동 종목 관련 내용이 등장했다면 인물 중 한 사람은 운동과 관련된 진술을 할 수 있다. 따라서 정답의 단서가 될 수 있는 핵심 어휘와 표현을 중점적으로 확인해 가며 읽어야 한다.

(3) 성급함은 금물, 전체를 고려한다.

1대1 대응으로 인물과 광고를 연결하여야 하므로, 앞부분에서 연결 하나가 틀리면 이어지는 연결까지 연쇄적으로 오답을 고를 위험이 있다. 따라서 각 인물과 보기항을 연결할 때 앞서 이미 선택한 지문도 배제하지 말고, 전체를 고려하면서 필요한 경우 앞서 선택한 답안을 정정해 가며 풀도록 한다.

독해 평가 EXERCICE 1 실전 연습

Étape 1 공략에 따라 EXERCICE 1 연습 문제를 풀어 보세요.

문제 1

Vous habitez à Angers, en France. Vos amis vous rendent visite et passent quelques jours chez vous. Vous voulez leur proposer des activités. Vous lisez les annonces suivantes dans un journal de cette région.

1

Le Navigateur

Boutique d'équipements de mer, près de la mer. Ouvert tous les jours de 9 h à 20 h, sauf le dimanche.

2

Pâtisserie Le Fournil

Venez goûter nos gâteaux spéciaux : galettes traditionnelles et gâteaux sur commande. Fermé le lundi matin.

3

Columbus Café

Endroit adéquat pour prendre un café ou un thé, bavarder avec des amis. 8 boulevard du Maréchal Foch.

4

Esprit Nature

Meilleur salon de coiffure à Angers, shampoing, coupe et soin du visage. Fermé les jours fériés.

5

Marché nocturne

Tous les produits touristiques, jeudi soir à partir de 20 h, place de la République.

Qu'est-ce que vous allez proposer à vos amis ? Écrivez le numéro de l'annonce qui peut intéresser chaque personne dans la case correspondante.

		ANNONCE N°
A	Paul a besoin d'acheter un maillot de bain.	
B	Pierre pense que ses cheveux sont trop longs.	
C	Marie cherche un lieu où elle peut rencontrer ses copains.	
D	Olivier voudrait manger un dessert.	
E	Aline souhaite acheter quelque chose à offrir à ses amis.	

Étape 2 문제 1의 필수 어휘를 익히고, 해석을 참조하세요.

필수 어휘 **habiter** 살다 | **passer** 지나가다 | **proposer** 제안하다 | **activité (f)** 활동
annoncer 알리다 | **suivant** 다음의 | **région (f)** 지역 | **sauf** ~을(를) 제외하고
avoir besoin de ~이(가) 필요하다 | **rencontrer** (우연히) 만나다

해석

당신은 프랑스 앙제에 살고 있습니다. 당신의 친구들이 방문하여 당신 집에서 며칠 머무릅니다. 당신은 그들에게 활동을 제안하길 원합니다. 당신은 이 지역 신문에서 다음의 광고들을 읽습니다.

1

항해사

바다 장비 가게, 바다에 인접. 매일 9시부터 20시까지 개장, 일요일 제외

2

Le Fournil 제과점

우리의 특별한 케이크들을 맛보러 오세요: 전통 갈레트와 주문 케이크. 월요일 아침 휴업

3

Columbus 카페

커피나 차를 마시고, 친구들과 수다 떨기 적합한 장소. Maréchal Foch 8가

4

에스프히 나뛰흐

앙제에서 최고의 미용실, 샴푸, 커트와 얼굴 관리. 공휴일 휴무

5

야시장

모든 관광 상품들, 목요일 저녁 20시부터 République 광장

당신은 친구들에게 무엇을 제안하시겠어요? 해당되는 칸에 각 사람들의 관심을 끌 수 있는 광고의 번호를 적으세요.

		ANNONCE N°
A	Paul은 수영복을 살 필요가 있다.	
B	Pierre는 머리카락이 너무 길다고 생각한다.	
C	Marie는 친구들과 만날 수 있는 장소를 찾고 있다.	
D	Olivier는 디저트를 먹길 원한다.	
E	Aline는 친구들에게 줄 무엇인가를 사길 원한다.	

Étape 3 해설에 따라 문제 분석 및 풀이 요령을 익히세요.

문제 분석

앙제에 놀러 올 친구들에게 어떤 활동을 제안할지 신문 광고를 참조하여 연결해야 하는 유형이다. 자세한 부분까지 모든 내용을 파악하기보다는 각 인물들이 원하는 사항과 관련된 어휘 및 표현을 중심으로 광고를 읽으며 정답의 범위를 좁혀 나가는 것이 요령이다.

풀이 요령

A	Paul은 'maillot de bain 수영복'을 구매하고 싶어한다. 따라서 보기에서 수영 관련 물품을 다루는 곳의 광고와 연결해야 하는데, 수영을 할 수 있는 장소인 바다에 인접해 있으며 관련 장비를 판매하는 1번과 가장 밀접한 연관이 있다. 그러므로 정답은 1.
B	Pierre는 'cheveux 머리카락'이 길어서 자를 생각을 하고 있다. 따라서 Pierre와 연결될 광고는 미용 관련 내용이 등장하는지에 중점을 두어야 한다. 'salon de coiffure 미용실', 'shampoing 샴푸', 'coupe 커트' 등 미용 관련 내용을 광고하는 4번이 정답이다.
C	친구들과 만날 예정인 Marie에게는 여럿이 식사 또는 음료를 함께하면서 수다를 떨 수 있는 장소가 필요할 것이다. 'bavarder 수다를 떨다', 'copain 친구'가 등장하는 3번 카페 광고가 Marie에게 적합한 연결이 된다.
D	Olivier가 먹고 싶은 디저트 관련 어휘는 보기 2번에 집중적으로 등장한다. 'goûter 맛보다', 'gâteau 케이크', 'glace 아이스크림' 외에 디저트 관련 빈출 어휘 'fromage 치즈', 'tarte 타르트', 'yaourt 요구르트', 'crème brûlée 크림 브륄레'까지 두루 알아 두자.
E	Aline는 친구들에게 주기 위한 선물을 사려고 한다. 따라서 선물을 파는 장소여야 하는데 5번의 장소는 관광 상품을 비롯하여 다양한 물건들을 팔고 있다. 5번 광고 보기항에 제시된 'produit 상품'과 함께 'souvenir 기념품', 'cadeau 선물' 등의 어휘들도 함께 숙지하는 것이 좋다.

정답

		ANNONCE N°
A	Paul은 수영복을 살 필요가 있다.	1
B	Pierre는 머리카락이 너무 길다고 생각한다.	4
C	Marie는 친구들과 만날 수 있는 장소를 찾고 있다.	3
D	Olivier는 디저트를 먹길 원한다.	2
E	Aline는 친구들에게 줄 무엇인가를 사길 원한다.	5

독해 평가 EXERCICE 1 실전 연습

Étape 1 공략에 따라 EXERCICE 1 연습 문제를 풀어 보세요.

문제 2

Vous habitez à Paris, en France. Vos amis vont venir vous voir. Vous consultez le programme des activités proposées par votre ville sur un site Internet.
Passez le week-end à Paris !

1

Vous cherchez un endroit où vous reposer ou vous détendre ? Venez découvrir une île magnifique tous les week-ends.
Tarif : 100 euros.

2

Vous vous intéressez aux sports ?
Match de foot à ne pas manquer, au stade Parc, samedi soir à 20 heures.
Tarif : 25 euros.

3

Bienvenue dans un monde magique. Un magicien vous emmène dans un voyage mystérieux. Salle de théâtre, dimanche de 19 h à 20 h 30.
Tarifs : 30 euros ou 20 euros (tarif réduit).

4

Vous adorez les tableaux ? Voici une exposition spéciale de Monet pour vous. Salle de Jupith, samedi de 10 heures à 18 heures.
Tarif unique : 15 euros.

5

C'est maintenant ou jamais pour voir un film muet, salle Zénith, dimanche 10 juillet à 19 heures.
Tarifs : 15 euros ou 10 en tarif réduit.

Écrivez le numéro de l'annonce qui peut intéresser chaque personne dans la case correspondante.

		ANNONCE N°
A	Béatrice aime bien le cinéma.	
B	Arnaud veut devenir peintre.	
C	Catherine adore les spectacles fantastiques.	
D	Cécile est passionnée par le sport.	
E	Daniel voudrait se relaxer.	

Étape 2 문제 2의 필수 어휘를 익히고, 해석을 참조하세요.

필수 어휘 **consulter** 참조하다 | **tarif (m)** 가격 | **réduit** 할인된 | **emmener** 데리고 가다
endroit (m) 장소 | **se détendre** 긴장을 풀다, 휴식하다 | **découvrir** 발견하다

해석

당신은 프랑스 파리에 살고 있습니다. 당신 친구들이 당신을 보러 올 것입니다. 당신은 인터넷 사이트에서 당신 도시가 제안하는 활동들에 관한 프로그램을 참고합니다.

파리에서 주말을 보내세요!

1

당신은 휴식을 취하거나 긴장을 풀 장소를 찾고 계신가요? 매 주말 멋진 섬을 발견하러 오세요.
가격: 100유로

2

당신은 스포츠에 관심이 있나요? 놓쳐서는 안 되는 축구 시합, Parc 경기장, 토요일 저녁 20시
가격: 25유로

3

마술의 세계에 오신 것을 환영합니다. 마술사가 당신을 신비한 여행으로 이끕니다. 연극 공연장, 일요일 19시부터 20시 30분
가격: 30유로 또는 20유로 (할인 가격)

4

당신은 그림들을 아주 좋아하시나요? 여기에 당신을 위한 모네 특별 전시회가 있습니다. Jupith 전시실, 토요일 10시부터 18시까지
균일가: 15유로

5

지금이야말로 무성 영화를 보기 위한 절호의 기회입니다, Zénith 상영관, 7월 10일 일요일 19시
가격: 15 또는 할인 가격 10유로

해당되는 칸에 각 사람들의 관심을 끌 수 있는 광고의 번호를 적으세요.

		ANNONCE N°
A	Béatrice는 영화를 꽤 좋아한다.	
B	Arnaud는 화가가 되기를 원한다.	
C	Catherine는 환상적인 공연들을 아주 좋아한다.	
D	Cécile은 운동에 빠져 있다.	
E	Daniel은 휴식하기를 원한다.	

Étape 3 해설에 따라 문제 분석 및 풀이 요령을 익히세요.

문제 분석

놀러 올 친구들과 주말에 즐길 수 있는 활동으로 무엇이 좋을지, 인터넷 사이트의 광고를 보고 친구들의 희망사항과 연결해야 한다. 영화, 미술, 공연, 운동, 기분 전환 등 핵심 어휘에 초점을 맞추어 각각 관련된 내용의 광고를 연결한다. 인물의 진술에 등장한 어휘나 표현이 광고에 동일하게 제시될 수도 있고, 유의어 또는 유사 표현으로 제시될 수도 있으므로 주의해야 한다.

풀이 요령

A	Béatrice는 'cinéma 영화'를 꽤 좋아한다. 영화와 관련 있는 어휘가 등장한 보기항은 5번이 유일하다. 지문에 등장한 'film muet 무성 영화' 외에도 'séance 상영', 'film d'action 액션 영화', 'film d'aventure 어드벤처 영화', 'film d'horreur 공포 영화' 등 영화 관련 핵심 어휘를 숙지해 두자.
B	Arnaud는 'peintre 화가'가 되기를 희망하므로 그림과 관련된 장소를 방문하고 싶어할 것이다. 'musée 미술관', 'exposition 전시회', 'tableaux 그림들', 'cours de dessin 데생 수업' 등이 관련 핵심어로 제시될 수 있다. 보기항 중 4번에 'tableaux 그림들'이 등장했고 모네 특별 전시회가 있을 예정이라고 언급하므로 정답은 4번.
C	Catherine가 좋아하는 공연과 관련 있는 핵심어는 'magie 마술', 'concert 콘서트' 등이 예상되는데, 그중에서도 특별히 Catherine가 좋아하는 환상적인 분위기를 설명하는 데 적합한 'magique 마술적인', 'mystérieux 신비로운'을 포함한 3번이 정답이 된다.
D	Cécile은 'sport 운동'에 빠져 있는 인물로, 운동을 할 수 있는 장소 또는 운동 경기를 관람할 수 있는 장소를 선호할 것이다. 2번에 'football 축구'와 'match 시합'이 언급되었으며 그 외에도 'tennis 테니스', 'vélo 자전거', 'stade 운동장' 등 운동 관련 핵심어를 알아 두자.
E	'se relaxer 휴식하다, 긴장을 풀다' 관련 활동을 원하는 Daniel은 아마도 'se reposer 휴식을 취하다', 'se promener 산책하다', 'sauna 사우나' 등의 내용을 제시하는 광고에 관심이 있을 것이다. 보기항 중 5번에 'Vous cherchez un endroit où vous reposer ou vous détendre ? 당신은 휴식을 취하거나 긴장을 풀 장소를 찾고 계신가요?'라고 광고하므로 정답은 1번.

정답

		ANNONCE N°
A	Béatrice는 영화를 꽤 좋아한다.	5
B	Arnaud는 화가가 되기를 원한다.	4
C	Catherine는 환상적인 공연들을 아주 좋아한다.	3
D	Cécile은 운동에 빠져 있다.	2
E	Daniel은 휴식하기를 원한다.	1

독해 평가 EXERCICE 1 실전 연습

Étape 1 공략에 따라 EXERCICE 1 연습 문제를 풀어 보세요.

문제 3

Vous habitez en Île-de-France et vos amis vont passer le week-end chez vous. Vous lisez les annonces suivantes sur un site Internet pour leur proposer des activités.

1

Magasin Go Sport

Vente d'articles de sport en boutique près de chez vous, situé au centre commercial. Ouvert tous les jours, sauf le lundi.

2

FNAC

Librairie située au milieu de Paris, elle vend tous les types de livres. Ouvert tous les jours sauf le lundi.

3

L'Institut A la Source de Beauté

Un cadeau à offrir, un anniversaire à fêter ? Offrez des soins beauté, l'Institut A la Source de Beauté se charge de tout. Proposez un moment de détente et de bien-être à vos proches.

4

Piscine Roger Le Gall

34 boulevard Carnot, 12 Paris

Cette piscine propose des leçons de natation. Ouvert toute l'année.

5

Magasin de souvenirs

En face de l'Hôtel de Paris vous pouvez acheter toutes sortes de cadeaux-produits. Ouvert toute l'année, sauf les jours fériés.

Qu'allez-vous proposer à vos amis ? Écrivez le numéro de l'annonce qui peut intéresser chaque personne dans la case correspondante.

		ANNONCE N°
A	Patrice veut acheter son maillot de foot.	
B	Alice aime nager.	
C	Élise a besoin de prendre soin de son visage.	
D	Anna souhaite offrir des cadeaux à ses amis.	
E	Vincent adore lire.	

Étape 2 문제 3의 필수 어휘를 익히고, 해석을 참조하세요.

필수 어휘 **article (m)** 상품, 물품 | **situé** 위치한 | **fêter** 축하하다 | **se charger** 맡다 | **leçon (f)** 수업, 레슨
institut (m) 학원 | **bien-être (m)** 안락함, 행복 | **jour férié (m)** 공휴일

해석

당신은 일 드 프랑스에 살고 있고 당신 친구들이 당신 집으로 주말을 보내러 올 것입니다. 당신은 그들에게 활동들을 제안하기 위해 인터넷 사이트에서 다음의 광고를 읽습니다.

1

Go Sport 상점

당신의 집에서 가깝고, 시내에 위치한 매장에서 스포츠 용품들을 판매. 매일 개장, 월요일 제외

2

FNAC

파리 중심에 자리 잡은 서점, 모든 종류의 책을 팝니다. 월요일 제외 매일 열림

3

A la Source de Beauté 학원

줄 선물, 축하할 기념일? 피부 미용 관리를 선물하세요. A la Source de Beauté 학원이 모든 것을 맡습니다. 당신의 가까운 사람들에게 긴장 완화와 안락한 순간을 추천하세요.

4

Roger Le Gall 수영장

파리 12구 Carnot 34번가
이 수영장은 수영 강습을 제안합니다.
연중 무휴

5

기념품 상점

파리 시청 맞은편, 당신은 모든 종류의 선물 용품을 살 수 있습니다. 연중 무휴, 공휴일 제외

당신은 친구들에게 무엇을 제안하시겠어요? 해당되는 칸에 각 사람들의 관심을 끌 수 있는 광고의 번호를 적으세요.

		ANNONCE N°
A	Patrice는 축구 유니폼을 사고 싶어한다.	
B	Alice는 수영하는 것을 좋아한다.	
C	Élise는 얼굴 관리가 필요하다.	
D	Anna는 친구들에게 선물을 주고 싶어한다.	
E	Vincent은 책 읽는 것을 아주 좋아한다.	

Étape 3 해설에 따라 문제 분석 및 풀이 요령을 익히세요.

문제 분석

인터넷 사이트의 광고에서 친구들과 함께 할 수 있는 활동들을 찾아 연결해야 한다. 보기항 모두 특정 활동을 할 수 있는 장소를 광고하므로, 각 인물들이 선호하는 축구 유니폼, 수영, 피부 관리, 선물 구입, 독서 등 활동 내용에 초점을 맞추어 알맞은 광고를 연결한다.

풀이 요령

A	Patrice는 축구 유니폼을 사고 싶어한다. 따라서 운동 관련 장비 또는 용품들을 파는 장소를 보기에서 찾아야 한다. 보기항 중 1번에 'articles de sports 스포츠 용품들', 'boutique 가게, 매장'을 의미하는 핵심 어휘가 등장하므로 정답이 된다. 스포츠 관련 지문의 경우 문제의 어휘가 이처럼 보기항에 똑같이 등장하는 경우도 있지만 'football 축구', 'tennis 테니스' 등 구체적인 종목이 거론될 수도 있다.
B	수영하는 것을 좋아하는 Alice는 'natation 수영'과 관련 있는 'piscine 수영장', 'mer 바다', 'plage 해변가' 등이 등장하는 광고를 연결해야 할 것이다. 1번 광고가 운동과 관련되어 정답으로 혼동할 수 있는데, 1번은 구매를 위한 상점 광고인 반면 4번은 활동에 대한 광고이다. 수영이라는 구체적인 활동과 연결해야 하므로 정답은 4번.
C	Élise는 얼굴 관리가 필요하므로 얼굴 피부 관리와 관계된 3번 광고가 정답이다. 'salon de beauté 피부 관리실', 'chez le coiffeur 미용실', 'peau 피부', 'visage 얼굴' 등 관련 핵심 어휘를 숙지해 두자.
D	친구들에게 선물을 주고 싶은 Anna는 'magasin 가게' 중에서도 'cadeaux 선물들' 관련 용품을 파는 광고와 연결해야 할 것이다. 2번 보기항에 따르면 'magasin de souvenirs 기념품 상점'을 광고하며 'cadeaux-produits 선물 용품'을 살 수 있다고 하므로 정답은 5번이 된다.
E	Vincent은 책 읽는 것을 아주 좋아한다고 했으므로 'librairie 서점', 'bibliothèque 도서관', 'livre 책', 'lecture 독서' 등의 핵심 어휘가 등장하는 광고를 찾아야 한다. 문제에서 'lire 읽다' 동사를 사용하여 Vincent이 'adore lire 책 읽는 것을 아주 좋아한다'고 제시했으므로 'elle vend tous les types de livres 모든 종류의 책을 판다'라고 한 2번 서점 광고와 부합한다.

정답

		ANNONCE N°
A	Patrice는 축구 유니폼을 사고 싶어한다.	1
B	Alice는 수영하는 것을 좋아한다.	4
C	Élise는 얼굴 관리가 필요하다.	3
D	Anna는 친구들에게 선물을 주고 싶어한다.	5
E	Vincent은 책 읽는 것을 아주 좋아한다.	2

Étape 1 공략에 따라 EXERCICE 1 연습 문제를 풀어 보세요.

Vous et vos amis souhaitez faire des activités pendant le week-end. Vous consultez le programme des activités sur un site Internet.

1

Sport idéal pour passer un week-end d'été. Oubliez la chaleur en plongeant dans l'eau. Piscine Maurice, ouvert de 9 heures à 18 heures.
Tarif : 25 euros (tarif réduit : 15 euros).

2

Vous aimez la nature ? Vous pourrez vous promener avec votre amoureux(se) en appréciant des paysages magnifiques.
Forêt Malmaison, tous les week-ends de 10 heures à 19 heures.
Entrée libre.

3

Vous voulez devenir écrivain ? Stage pour débutants samedi 12 et dimanche 13 avril de 13 heures à 15 heures.
Tarif : 40 euros.

4

Vous vous intéressez au ballet mais vous n'avez pas l'occasion de l'apprendre ? Cours particulier pour débutants samedi 10 et dimanche 11 mai de 10 heures à 12 heures.
Tarif : 50 euros.

5

Le zoo de Vincennes est ouvert !
Vous devez voir tigres, lions et éléphants à tout prix. Venez avec vos amis et ils seront très contents. Tous les jours à partir de 9 heures.
Tarif : 5 euros.

Écrivez le numéro de l'annonce qui peut intéresser chaque personne dans la case correspondante.

		ANNONCE N°
A	Frédéric adore les animaux.	
B	Fabien aime bien la danse classique.	
C	Fiona s'intéresse aux livres.	
D	Gérard sait nager.	
E	Gabriel veut prendre l'air sous les arbres.	

Étape 2 문제 4의 필수 어휘를 익히고, 해석을 참조하세요.

필수 어휘 **souhaiter** 바라다 | **consulter** 참조하다 | **chaleur (f)** 더위 | **plonger** (물에) 담그다
piscine (f) 수영장 | **apprécier** 감상하다, 즐기다 | **écrivain (m)** 작가
particulier 특별한 | **nager** 수영하다 | **prendre l'air** 바람 쐬다, 산책하다

해석

당신과 당신 친구들은 주말 동안 활동을 하기를 원합니다. 당신은 인터넷 사이트에서 활동 프로그램을 참고합니다.

1

여름 주말을 보내기에 이상적인 운동.
물속으로 잠수하면서 더위를 잊으세요.
Maurice 수영장, 9시부터 18시까지 개장
가격: 25유로 (할인 가격: 15유로)

2

자연을 좋아하세요? 멋진 경치를 감상하면서 사랑하는 사람과 산책할 수 있을 것입니다. Malmaison 숲, 매 주말 10시부터 19시까지
무료 입장

3

작가가 되고 싶으세요? 초보자들을 위한 강습, 4월 12일 토요일과 13일 일요일 13시부터 15시까지
가격: 40유로

4

발레에 관심이 있지만 배울 기회가 없나요? 5월 10일 토요일과 11일 일요일 10시부터 12시까지 초보자들을 위한 특별 수업
가격: 50유로

5

Vincennes 동물원이 개장했습니다!
호랑이, 사자, 코끼리를 전체 가격에 볼 수 있습니다. 친구들과 함께 오세요, 그들이 매우 만족할 것입니다. 매일 9시부터
가격: 5유로

해당되는 칸에 각 사람들의 관심을 끌 수 있는 광고의 번호를 적으세요.

		ANNONCE N°
A	Frédéric은 동물들을 아주 좋아합니다.	
B	Fabien은 고전 무용을 꽤 좋아합니다.	
C	Fiona는 책에 관심이 있습니다.	
D	Gérard는 수영을 할 줄 압니다.	
E	Gabriel은 나무 아래서 바람을 쐬고 싶어합니다.	

Étape 3 해설에 따라 문제 분석 및 풀이 요령을 익히세요.

문제 분석

인터넷 사이트의 광고를 보고 친구들과 함께 주말에 할 수 있는 활동을 찾아 연결해야 한다. 친구들이 선호하는 동물, 고전 무용, 독서, 수영, 산책 등 각 활동과 관련 있는 핵심 어휘와 표현을 보기항에서 찾아 연결한다.

풀이 요령

A	Frédéric은 'animaux 동물들'을 아주 좋아한다고 했으므로 'zoo 동물원', 'ferme 농장', 'lion 사자', 'tigre 호랑이', 'éléphant 코끼리', 'singe 원숭이'와 같이 동물과 관련된 장소나 구체적인 동물명이 핵심 어휘로 등장할 가능성이 높다. 보기항 5번에 장소 및 동물 관련 어휘들이 등장하므로 정답은 5번.
B	Fabien이 좋아하는 것은 'danse classique 고전 무용'이므로 'école de danse 무용 학교', 'danse classique 고전 무용', 'danse moderne 현대 무용', 'ballet 발레', 'soirée dansante 저녁 댄스 파티'와 같은 무용 관련 어휘에 초점을 맞춰 광고를 읽는다. 보기항 4번이 'ballet 발레' 수업 광고이므로 정답이 된다.
C	Fiona는 책에 관심이 있으므로 'lecture 독서', 'librairie 서점', 'bibliothèque 도서관', 'livre 책', 'roman 소설', 'salon du livre 도서 박람회', 'écrivain 작가' 등의 관련 어휘를 숙지해 두어야 한다. 3번째 광고에 작가가 되기 위한 강습을 알리므로 정답이 된다.
D	수영을 할 줄 아는 Gérard가 관심 있어할 만한 광고에는 'natation 수영', 'piscine 수영장', 'nager 수영하다', 'se baigner 해수욕하다', 'maillot de bain 수영복' 등이 등장할 가능성이 높다. 1번 보기항에 'piscine 수영장'이 제시되었고 'Oubliez la chaleur en plongeant dans l'eau. 물속으로 잠수하면서 더위를 잊으세요.'가 수영 활동 관련 광고 문구이므로 정답은 1번.
E	Gabriel은 나무 아래에서 바람을 쐬고 싶어하므로 산책 또는 바람 쐬기와 관련된 동작이나 장소명이 광고에 언급될 수 있다. 'promenade 산책' 및 'jardin 정원', 'parc 공원', 'forêt 숲' 등의 명사와 '산책하다'를 의미하는 se promener / se balader까지 알아 두자. 정답은 2번으로, 'Vous pourrez vous promener avec votre amoureux(se) en appréciant des paysages magnifiques. 멋진 경치를 감상하면서 사랑하는 사람과 산책할 수 있을 것입니다.'가 핵심이다.

정답

		ANNONCE N°
A	Frédéric은 동물들을 아주 좋아합니다.	5
B	Fabien은 고전 무용을 꽤 좋아합니다.	4
C	Fiona는 책에 관심이 있습니다.	3
D	Gérard는 수영을 할 줄 압니다.	1
E	Gabriel은 나무 아래서 바람을 쐬고 싶어합니다.	2

독해 평가 EXERCICE 1 실전 연습

Étape 1 공략에 따라 EXERCICE 1 연습 문제를 풀어 보세요.

Vous habitez à Marseille, en France. Des amis viennent chez vous pour passer leurs vacances. Vous voulez leur proposer des activités. Vous consultez les informations suivantes sur un site Internet.

1

Le Montagnard

Magasin d'équipement sportif, près de la montagne. Soldes permanents.

Ouvert de 10 h à 20 h, sauf le dimanche.

2

Restaurant Deux Magots

En face de la mairie, plats gourmands, on peut boire un excellent vin.

Ouvert de 12 h à 22 h tous les jours.

3

Albatros

Magasin de souvenirs, plusieurs types de produits locaux. Idéal pour offrir un cadeau à vos proches.

Ouvert tous les jours, sauf le lundi.

4

Librairie Savant

Près de la Sorbonne, tous les types de livres : romans, essais, etc.

Ouvert de 9 h à 20 h, sauf le dimanche.

5

Marché aux Puces

Sur la place de Clignancourt, découvrez des marchandises très curieuses et bizarres.

Ouvert de 5 h à 8 h tous les samedis.

Écrivez le numéro de l'annonce qui peut intéresser chaque personne dans la case correspondante.

		ANNONCE N°
A	Thierry veut acheter un ballon de football.	
B	Sacha souhaite trouver quelque chose à donner à ses amis.	
C	Sophie est très gourmande.	
D	Vincent collectionne les curiosités.	
E	Muriel aime bien lire.	

Étape 2 문제 5의 필수 어휘를 익히고, 해석을 참조하세요.

필수 어휘 équipement (m) 장비, 용품 | montagne (f) 산 | permanent 지속적인, 끊임없는
souvenir (m) 기념품 | proche 가까운 사람 | en face de ~의 맞은편에
gourmand 미식의, 미식가 | essai (m) 수필, 에세이 | collectionner 수집하다

해석

당신은 프랑스 마르세유에 살고 있습니다. 친구들이 방학을 보내기 위해 당신 집에 옵니다. 당신은 그들에게 활동들을 제안하기를 원합니다. 당신은 인터넷 사이트에서 다음의 정보를 참고합니다.

1

산악인

스포츠 장비 상점, 산 가까이에 위치.
상시 할인 판매. 10시부터 20시까지 개장, 일요일 제외

2

Deux Magots 레스토랑

시청 맞은편, 맛있는 음식들, 훌륭한 포도주를 마실 수 있습니다.
매일 12시부터 22시까지 영업

3

알바트로스

기념품 상점, 여러 종류의 지역 상품들. 지인들에게 선물하기에 이상적.
매일 열림, 월요일 제외

4

Savant 서점

소르본느 가까이 위치, 모든 종류의 책들: 소설, 수필 등.
9시부터 20시까지 영업, 일요일 제외

5

벼룩시장

Clignancourt 광장에서 매우 신기하고 기묘한 상품들을 발견하세요.
매주 토요일 5시부터 8시까지 개장

해당되는 칸에 각 사람들의 관심을 끌 수 있는 광고의 번호를 적으세요.

		ANNONCE N°
A	Thierry는 축구공을 사기를 원한다.	
B	Sacha는 친구들에게 줄 무언가를 찾길 원한다.	
C	Sophie는 매우 미식가이다.	
D	Vincent은 신기한 물건들을 수집한다.	
E	Muriel는 책 읽는 것을 꽤 좋아한다.	

Étape 3 해설에 따라 문제 분석 및 풀이 요령을 익히세요.

문제 분석

놀러 오는 친구들과 함께 방학 동안 할 수 있는 활동들을 인터넷 사이트 광고에서 찾아 연결해야 한다. 친구들의 선호도에 따라 보기항에서 운동 장비, 선물, 음식 맛보기, 물건 수집, 독서 등 관련 장소를 찾아 연결한다.

풀이 요령

A	Thierry는 축구공을 사고 싶어하므로 운동 장비를 파는 장소명 및 운동 관련 어휘와 표현에 집중한다. 'magasin de sport 운동 용품점', 'maillot 유니폼', bonnet (de bain) (수영) 모자', 'vélo / bicyclette 자전거', 'jogging 조깅', 'ski 스키' 등이 언급되는 부분이 있는지 유의하며 정답은 'Magasin d'équipement sportif 스포츠 장비 상점', 즉 보기 1이다.
B	Sacha는 친구들에게 줄 무엇인가를 찾는다. 따라서 선물과 관련된 장소 또는 관련 어휘를 중심으로 독해해야 하며 핵심어는 'grand magasin 백화점', 'offrir 주다, 제공하다', 'cadeau (d'anniversaire) (생일) 선물', 'collier 목걸이', 'bague 반지' 등이 언급될 수 있다. 보기 3번에서 'proches 지인들, 가까운 사람들'에게 선물하기에 이상적이라고 광고하므로 정답은 3번.
C	Sophie는 미식가이므로 'restaurant 식당', 'salle de cuisine 부엌', 'repas 식사', 'déjeuner 점심 식사', 'dîner 저녁 식사', 'plat 음식', 'gourmand / délicieux 맛있는' 등이 광고의 핵심어로 등장할 수 있다. 식당을 소개하는 2번 보기에 'plats gourmands 맛있는 음식들'이 있다고 광고하므로 정답은 2번.
D	신기한 물건들을 수집하는 Vincent이라면 'collection 수집', 'objet rare 진귀한 물건' 관련 광고에 관심이 있을 것이다. 보기 5에 따르면 'curieuse 신기한', 'bizarre 기묘한' 상품을 발견할 수 있으므로 정답이 된다.
E	Muriel은 책 읽는 것을 좋아하므로 'essai 수필', 'roman 소설'이 언급된 4번이 정답이다. 그 외에도 책 읽기와 관련된 'librairie 서점', 'salon-bibliothèque 응접실 겸 서재', 'auteur 작가' 등 관련 어휘를 두루 알아 두자.

정답

		ANNONCE N°
A	Thierry는 축구공을 사기를 원한다.	1
B	Sacha는 친구들에게 줄 무언가를 찾길 원한다.	3
C	Sophie는 매우 미식가이다.	2
D	Vincent은 신기한 물건들을 수집한다.	5
E	Muriel는 책 읽는 것을 꽤 좋아한다.	4

Étape 1 공략에 따라 EXERCICE 1 연습 문제를 풀어 보세요.

문제 6

Vos amis veulent visiter des expositions qui se passent près de chez vous. Vous consultez les informations suivantes sur un site Internet.

1

Salon de mode

Venez découvrir le monde de la mode, défilé extraordinaire, exposition d'habits, salle d'Apollon, vendredi 9 à 19 h. Entrée libre.

2

Exposition des technologies

Vous aimez les robots ? Venez rencontrer les machines de l'avenir, au parc de la Villette, samedi 10 de 9 h à 18 h. Entrée gratuite.

3

Salon de l'agriculture

Amusez-vous avec les animaux à la ferme Noa.
Samedi à 10 h.
Tarif : 5 euros (tarif réduit : 2 euros).

4

Exposition des Impressionnistes

Appréciez les tableaux célèbres de Monet ou Millet au musée d'Orange.
Vendredi à 9 h.
Tarif : 20 euros (catalogue offert).

5

Salon de l'automobile

Vous pouvez essayer des voitures que vous n'avez jamais vues à la salle du Parc.
Samedi à partir de 10 h.
Tarif unique : 10 euros.

Écrivez le numéro de l'annonce qui peut intéresser chaque personne dans la case correspondante.

		ANNONCE N°
A	Hubert est passionné d'art.	
B	Camille souhaite voir des vaches et des chevaux.	
C	Jacques s'intéresse beaucoup aux véhicules.	
D	Lisa adore les vêtements.	
E	Laurent aime les sciences modernes.	

Étape 2 문제 6의 필수 어휘를 익히고, 해석을 참조하세요.

필수 어휘 **mode (f)** 패션, 유형 | **défilé (m)** 행렬 | **avenir (m)** 미래 | **entrée (f)** 입장
gratuit 무료의 | **agriculture (f)** 농업 | **passionné** 열광한 | **vache (f)** 암소
véhicule (m) 자동차, 차량 | **impressionniste** 인상파 화가(작가)

해석

당신 친구들은 당신 집 가까이에서 열리는 전시회들을 방문하고 싶어합니다. 당신은 인터넷 사이트에서 다음의 정보들을 참고합니다.

1

의상 박람회

패션의 세계, 특별한 패션쇼, 의상 전시회를 발견하러 오세요. 아폴론 전시장, 금요일 9시부터 19시까지. 무료 입장

2

과학 기술 전시회

로봇을 좋아하세요? 빌레뜨 공원에 미래의 기계들을 만나러 오세요, 10일 토요일 9시부터 18시까지. 무료 입장

3

농업 박람회

노아 농장에서 동물들과 즐거운 시간을 보내세요. 토요일 10시

가격: 5유로 (할인 가격: 2유로)

4

인상파 화가 전시회

오랑주 미술관에서 모네 또는 밀레의 유명한 작품들을 감상하세요.

금요일 9시

가격: 20유로 (카탈로그 제공)

5

자동차 박람회

파크 전시장에서 당신이 결코 보지 못했던 자동차들을 시운전해 볼 수 있습니다. 토요일 10시부터

균일가: 10유로

해당되는 칸에 각 사람들의 관심을 끌 수 있는 광고의 번호를 적으세요.

		ANNONCE N°
A	Hubert는 미술에 빠져 있다.	
B	Camille는 암소들과 말들을 보고 싶어한다.	
C	Jacques는 차량에 관심이 매우 많다.	
D	Lisa는 옷들을 아주 좋아한다.	
E	Laurent는 현대 과학을 좋아한다.	

Étape 3 해설에 따라 문제 분석 및 풀이 요령을 익히세요.

문제 분석

친구들과 함께 방문할 전시회들을 인터넷 사이트에서 찾아야 하는 문제이다. 친구들의 관심사에 따라 미술, 동물 농장, 자동차, 의상, 과학과 의미가 통하는 장소들을 광고에서 찾아 연결한다.

풀이 요령

A	Hubert는 미술에 빠져 있으므로 'musée 미술관', 'salon 전시실', 'exposition 전시회', 'art 예술', 'tableau 그림', 'sculpture 조각', 'peintre 화가' 등의 내용을 포함한 광고에 관심을 가질 수 있다. 보기 4에 'musée d'Orange 오랑주 미술관' 및 유명한 'Impressionnistes 인상파 화가들'의 이름이 언급되고 있으므로 정답은 **4**번.
B	Camille는 암소들과 말들을 보고 싶어하므로 보기 중 가축 및 축산업 관련 어휘나 동물 종류 이름에 중점이 있는 광고를 찾는다. 'ferme 농장', 'agriculture 농업', 'cochon 돼지', 'coq 수탉', 'oie 거위', 'canard 오리', 'vache 암소', 'cheval 말' 등이 핵심어가 될 수 있으며 정답은 'ferme Noa 노아 농장'을 광고하는 **3**번이 된다.
C	자동차에 관심이 많은 Jacques는 'garage 정비소, 차고', 'salon de l'automobile 자동차 박람회', 'voiture 승용차', 'bus 버스', 'camion 트럭' 등이 언급된 광고에 관심 있어할 수 있다. 일반적으로 자동차는 voiture라고 하나 모든 종류의 자동차를 아우르는 어휘 'véhicule 차량' 역시 알아 두어야 정답 **5**번과 바르게 연결할 수 있다.
D	옷들을 좋아하는 Lisa라면 'boutique de vêtements 의류점' 'défilé de mode 패션쇼', 'robe 드레스', 'jupe 치마', 'pantalon 바지', 'chemise 셔츠' 등 의류 관련 광고와 연결될 가능성이 높다. 'mode 패션', 'habits 의복들'이 언급된 보기 **1**번이 정답으로, Lisa의 진술에 제시된 'vêtements 옷들'은 여러 종류의 옷을 아우르는 어휘임에 유의한다.
E	Laurent은 현대 과학을 좋아하므로 'musée des sciences naturelles 자연 과학 박물관', 'laboratoire 실험실', 'technique scientifique 과학 기술', 'technologie de pointe 첨단 과학', 'robot 로봇' 등의 핵심 어휘를 중심으로 살핀다. 과학과 관련된 내용을 가장 많이 언급하는 보기는 **2**번으로, 'robot 로봇'과 'les machines de l'avenir 미래의 기계들'이 결정적 단서가 된다.

정답

		ANNONCE N°
A	Hubert는 미술에 빠져 있다.	4
B	Camille는 암소들과 말들을 보고 싶어한다.	3
C	Jacques는 자동차에 관심이 매우 많다.	5
D	Lisa는 옷들을 아주 좋아한다.	1
E	Laurent는 현대 과학을 좋아한다.	2

독해 평가 EXERCICE 1 실전 연습

Étape 1 공략에 따라 EXERCICE 1 연습 문제를 풀어 보세요.

문제 7

Vous habitez en France. Vos amis veulent suivre des cours en France et ils vous demandent de les aider. Vous consultez le programme des écoles de langues sur un site Internet.

1

Institut Catholique, situé à Angers, cours généraux (conversation, civilisation française), le lundi et le mercredi de 14 h à 17 h.

200 euros par mois.

2

Institut de Besançon, cours généraux (vocabulaire, grammaire, conversation), le mardi et le jeudi de 10 h à 11 h 30.

250 euros par mois.

3

École de Lyon, cours préparatoire pour le DELF A1 (maximum 10 personnes), le lundi 13 h à 15 h 30.

300 euros par mois.

4

École de Tours, cours intensifs pour les débutants, le samedi de 13 h à 18 h (maximum 5 personnes).

350 euros par mois.

5

École de la Sorbonne, située dans Paris, cours généraux (maximum 10 personnes), le mardi et le vendredi de 13 h à 15 h.

250 euros par mois.

Écrivez le numéro de l'annonce qui peut intéresser chaque personne dans la case correspondante.

		ANNONCE N°
A	Il Young aime la culture française.	
B	Sora souhaite un cours qui finit avant midi.	
C	Hana s'intéresse à des cours qui se déroulent pendant le week-end.	
D	Dahui veut préparer l'examen de langue française.	
E	Hayoung aimerait une école qui se trouve dans la capitale.	

Étape 2 문제 7의 필수 어휘를 익히고, 해석을 참조하세요.

필수 어휘 **aider** 돕다 | **situé** 위치한 | **général** 일반적인 | **civilisation (f)** 문명, 문화 | **par mois** 달마다, 한 달에 **préparatoire** 준비의 | **maximum (m)** 최대 | **intensif** 집중적인 | **se dérouler** 열리다 | **capitale (f)** 수도

해석

당신은 프랑스에 살고 있습니다. 당신 친구들은 프랑스에서 수업을 듣고 싶어하고, 자신들을 도와 달라고 당신에게 부탁합니다. 당신은 인터넷 사이트에서 어학원의 프로그램을 참고합니다.

1

앙제에 위치한 Catholique 학원, 일반 수업(회화, 프랑스 문화), 매주 월요일과 수요일 14시부터 17시까지.
한 달에 200유로

2

Besançon 학원, 일반 수업(어휘, 문법, 회화), 매주 화요일과 목요일 10시부터 11시 30분까지
한 달에 250유로

3

Lyon 학교, 델프 A1 준비 수업 (최대 10명), 매주 월요일 13시에서 15시 30분
한 달에 300유로

4

Tours 학교, 초보자를 위한 집중 수업, 매주 토요일 13시부터 18시까지 (최대 5명).
한 달에 350유로

5

Sorbonne 학교, 파리에 위치, 일반 수업 (최대 10명), 매주 화요일과 금요일 13시부터 15시까지
한 달에 250유로

해당되는 칸에 각 사람들의 관심을 끌 수 있는 광고의 번호를 적으세요.

		ANNONCE N°
A	Il Young은 프랑스 문화를 좋아한다.	
B	Sora는 정오 전에 끝나는 수업을 원한다.	
C	Hana는 주말 동안 진행되는 수업에 관심이 있다.	
D	Dahui는 프랑스어 시험을 준비하고 싶어한다.	
E	Hayoung은 수도에 있는 학교를 원한다.	

Étape 3 해설에 따라 문제 분석 및 풀이 요령을 익히세요.

문제 분석

친구들의 수업을 위해 인터넷 사이트에서 알맞은 어학원을 찾아야 한다. 친구들이 원하는 조건에 따라 프랑스 문화, 수업 시간대, 수업 내용, 어학원 위치 등을 광고에서 파악해서 필요에 맞게 연결해야 한다.

풀이 요령

A	Il Young은 'culture française 프랑스 문화'를 좋아하므로 문화와 관련된 'civilisation française 프랑스 문화', 'monument 기념물', 'patrimoine 문화유산', 'architecture 건축' 관련 수업을 진행하는 학원이 있는지 살펴본다. 문화 수업을 진행하는 곳은 1번이 유일하다. 수업과 관련된 'école 학교', 'institut 학원', 'suivre des cours 수업을 듣다', 'cours privé 개인 수업', 'professeur 선생님', 'élève 학생', 'cours intensif 집중 수업', 'cours pour débutants 초보자반' 등은 빈출 어휘이므로 반드시 숙지해야 한다.
B	Sora는 정오 이전에 끝나는 수업을 원하므로 수업 시간 관련 사항에 초점을 맞추어 살펴본다. 보기 중 오전에 수업을 마치는 어학원은 2번이 유일하며, 'le mardi et le jeudi de 10 h à 11 h 30 매주 화요일과 목요일 10시부터 11시 30분까지'라고 언급하고 있다.
C	Hana는 주말에 진행되는 수업을 원한다. 보기항 4번에서 'samedi 토요일'에 수업이 있다고 밝혔으므로 정답이 된다. 요일을 나타내는 'lundi 월요일', 'mardi 화요일', 'mercredi 수요일', 'jeudi 목요일', 'vendrerdi 금요일', 'samedi 토요일', 'dimanche 일요일'은 반드시 알아 두어야 할 어휘이다.
D	Dahui는 프랑스어 시험을 준비하고 싶어한다. 시험과 관련된 'examen 시험', 'cours préparatoire 준비 수업'을 포함하고 있는 것을 선택해야 한다. 보기들 중 3번만이 프랑스어 시험인 'cours préparatoire pour le DELF A1 델프 A1 준비 수업'을 광고하므로 정답이 된다.
E	Hayoung은 수도에 있는 학교를 원하므로 어학원의 위치를 파악해야 한다. 'située dans Paris 파리에 위치한' 5번 어학원이 정답이 되며, 위치나 장소와 관련된 핵심어는 'capitale 수도', 'situé(e) 위치한', 'loin de ~에서 멀리 떨어진', 'près de ~의 가까이에', 'en face de ~의 맞은편에', 'à côté de ~의 옆에' 등이 있다.

정답

		ANNONCE N°
A	Il Young은 프랑스 문화를 좋아한다.	1
B	Sora는 정오 전에 끝나는 수업을 원한다.	2
C	Hana는 주말 동안 진행되는 수업에 관심이 있다.	4
D	Dahui는 프랑스어 시험을 준비하고 싶어한다.	3
E	Hayoung은 수도에 있는 학교를 원한다.	5

Étape 1 공략에 따라 EXERCICE 1 연습 문제를 풀어 보세요.

문제 8

Vous habitez en France. Vos amis veulent faire des activités d'apprentissage à Paris et ils vous demandent de les aider. Vous consultez le programme des activités sur un site Internet.

1

Vous êtes passionné(e) de musique ? Stage pour débutants (guitare, violon) lundi et mercredi de 10 h à 12 h.

Tarif unique : 150 euros par mois.

2

Vous voulez devenir pâtissier(ère) ?
Occasion exceptionnelle d'apprendre à faire des tartes vous-même. Stage de six mois, tous les mercredis de 13 h à 18 h.

3

Vous vous intéressez à la mode ? On vous propose un stage d'un an pour réaliser votre rêve. Venez découvrir le monde de la mode.
Mardi et jeudi de 14 h à 17 h.

4

Vous souhaitez apprendre à peindre ?
Vous pourrez devenir peintre un jour si vous commencez avec notre atelier.
Tous les jours de 9 h à 12 h sauf le week-end.

5

Vous aimeriez devenir écrivain ?
Stage de quatre mois avec des écrivains très connus. Qui sait ? Vous pourrez peut-être devenir auteur de best-sellers.

Écrivez le numéro de l'annonce qui peut intéresser chaque personne dans la case correspondante.

		ANNONCE N°
A	Jean voudrait faire des gâteaux.	
B	Noa fait souvent du shopping pour acheter des vêtements.	
C	L'écriture est l'activité préférée de Rosa.	
D	Roland va souvent au musée pour apprécier des tableaux.	
E	Renaud veut être membre d'un groupe de rock.	

Étape 2 문제 8의 필수 어휘를 익히고, 해석을 참조하세요.

필수 어휘 **apprentissage (m)** 실습, 수련 | **pâtissier** 파티시에 | **exceptionnel** 특별한 | **réaliser** 실현하다 **rêve (m)** 꿈 | **atelier (m)** 아틀리에, 작업실 | **auteur (m)** 작가 | **préféré** 좋아하는

해석

당신은 프랑스에 살고 있습니다. 당신의 친구들은 파리에서 실습 활동하기를 원하고, 자신들을 도와 달라고 당신에게 부탁합니다. 인터넷 사이트에서 활동 프로그램들을 참고합니다.

1

음악에 빠져 있나요? 초보자들을 위한 강습 (기타, 바이올린) 월요일과 수요일 10시부터 12시

균일가: 한 달에 150유로

2

파티시에가 되고 싶나요? 당신 스스로 타르트 만드는 것을 배우는 특별한 기회. 6개월의 연수, 매주 수요일 13시부터 18시까지

3

패션에 관심이 있나요? 당신의 꿈을 실현시키기 위한 일 년의 연수를 제안합니다. 패션의 세계를 발견하러 오세요.

화요일과 목요일 14시부터 17시까지

4

그림 그리는 것을 배우고 싶으세요? 우리 아틀리에와 함께 시작한다면, 언젠가 화가가 될 수 있을 것입니다.

매일 9시부터 12시까지 주말 제외

5

작가가 되고 싶은가요? 매우 유명한 작가들과 함께 4개월의 실습. 누가 아나요? 당신이 베스트셀러 작가가 될지도.

해당되는 칸에 각 사람들의 관심을 끌 수 있는 광고의 번호를 적으세요.

		ANNONCE N°
A	Jean은 케이크를 만들고 싶어한다.	
B	Noa는 옷을 사기 위해 자주 쇼핑을 한다.	
C	글쓰기는 Rosa가 좋아하는 활동이다.	
D	Roland은 그림을 감상하러 자주 미술관에 간다.	
E	Renaud는 락 그룹 멤버가 되고 싶어한다.	

Étape 3 해설에 따라 문제 분석 및 풀이 요령을 익히세요.

문제 분석

친구들의 연수 활동을 돕기 위해 인터넷 사이트에서 각 친구들이 좋아하는 분야에 맞는 프로그램을 찾아야 한다. 친구들이 희망하는 조건에 따라 제빵, 쇼핑, 독서, 그림 감상 및 음악과 관련하여 이것들을 배울 수 있는 기관이나 장소에 해당하는 보기항을 찾아 연결한다.

풀이 요령

A	Jean은 케이크를 만들고 싶어하므로 제과 및 제빵, 디저트와 관련된 'boulangerie 빵집', 'pâtisserie 제과점', 'pain 빵', 'gâteau 케이크', 'baguette 바게뜨', 'pain au chocolat 초콜릿 빵', 'croissant 크루아상' 등을 두루 떠올리며 보기항을 읽어야 한다. 정답은 2번으로, 스스로 'tartes 타르트들'을 만들 기회를 포함한 'pâtissier 파티시에' 연수 프로그램이다.
B	Noa는 옷을 사기 위해 자주 쇼핑을 하므로 'mode 패션', 'grand magasin 백화점', 'boutique 상점', 'shopping 쇼핑', 'faire des courses 장을 보다' 등의 내용을 포함한 광고에 관심을 가질 가능성이 높다. 'Venez découvrir le monde de la mode. 패션의 세계를 발견하러 오세요.'라고 직접적으로 언급한 보기 3번이 정답이 된다.
C	글쓰기를 좋아하는 Rosa와 연결시켜야 하므로 'ouvrages recommandés 추천 도서들', 'grand écrivain 대문호'와 같이 독서 및 글쓰기 관련 내용을 포함하는 광고를 찾는다. 정답은 5번으로, 'Vous aimeriez devenir écrivain ? 당신은 작가가 되고 싶은가요?'라며 유명한 작가들과 함께 글쓰기 실습이 이루어짐을 광고한다.
D	미술관에 자주 가는 Roland은 'exposition spéciale 특별 전시회', 'peindre 그림을 그리다', 'art contemporain 현대 미술' 관련 내용이 언급된 광고와 연결될 수 있다. 'peintre 화가'가 되기 위해 'atelier 아틀리에'에서 그림을 배울 수 있는 4번 보기항이 정답이다.
E	Renaud는 락 그룹의 멤버가 되기를 원하므로 음악 또는 악기 관련 광고에 관심이 있을 수 있다. 'musique 음악', 'concert 연주회', 'jazz 재즈', 'musique classique 고전 음악', 'guitare 기타', 'piano 피아노', 'violon 바이올린', 'chanteur 가수'와 같은 핵심 어휘에 집중한다. 음악 수업을 광고하는 1번이 정답이 되며, 'guitare 기타', 'violon 바이올린', 'êtes passionné(e) de musique 음악에 빠져 있다'가 결정적 단서이다.

정답

		ANNONCE N°
A	Jean은 케이크를 만들고 싶어한다.	2
B	Noa는 옷을 사기 위해 자주 쇼핑을 한다.	3
C	글쓰기는 Rosa가 좋아하는 활동이다.	5
D	Roland은 그림을 감상하러 자주 미술관에 간다.	4
E	Renaud는 락 그룹 멤버가 되고 싶어한다.	1

독해 평가 EXERCICE 1 실전 연습

Étape 1 공략에 따라 EXERCICE 1 연습 문제를 풀어 보세요.

문제 9

Vous habitez en France et vos familles vous rendent visite le mois prochain. Vous consultez le programme des activités sur un site Internet.

1

Nous vous proposons de faire de la pêche en mer sur un bateau bien équipé à un prix incroyable.
Tarif : 250 euros.

2

Un match à ne pas manquer : PSG vs OM, stade Olympia, samedi à 19 h. Passez un moment inoubliable en soutenant votre équipe préférée.
Tarif : 30 euros.

3

Notre grande promotion commence à partir de la semaine prochaine. Vous pouvez acheter nos produits à moitié prix. Profitez-en !

4

Vous aimez la nature ? On vous propose une balade dans la forêt du Val de Marne. Vous pourrez vous détendre en respirant l'air frais.

5

C'est bientôt la fête du cinéma : ne ratez pas cette bonne occasion. Vous pouvez entrer dans toutes les salles de cinéma à un prix imbattable.

Écrivez le numéro de l'annonce qui peut intéresser chaque personne dans la case correspondante.

		ANNONCE N°
A	Votre père adore le poisson.	
B	Votre mère aime se promener.	
C	Votre frère s'intéresse beaucoup aux films français.	
D	Votre sœur adore faire du shopping.	
E	Le sport est l'une des activités préférées de votre oncle.	

Étape 2 문제 9의 필수 어휘를 익히고, 해석을 참조하세요.

필수 어휘 **pêche (f)** 낚시 | **équipé** 필요한 장비가 갖추어진 | **incroyable** 믿을 수 없는 | **inoubliable** 잊을 수 없는 **promotion (f)** 할인 판매 | **moitié (f)** 절반 | **se détendre** 긴장을 풀다, 휴식하다 **respirer** 숨 쉬다 | **rater** 놓치다 | **imbattable** 낮출 수 없는

해석

당신은 프랑스에 살고 있고 당신 가족이 다음 달에 당신을 방문합니다. 당신은 인터넷 사이트에서 활동 프로그램을 참고합니다.

1

믿을 수 없는 가격에 장비가 잘 갖추어진 배 위에서 바다낚시하는 것을 당신에게 제안합니다.
가격: 250유로

2

놓쳐서는 안 될 시합: 파리 생제르맹 대 올림픽 마르세유, Olympia 경기장, 토요일 19시. 당신의 좋아하는 팀을 응원하면서 잊지 못할 순간을 보내세요.
가격: 30유로

3

대대적 할인 판매가 다음 주부터 시작됩니다. 우리 물건들을 절반 가격으로 구매할 수 있습니다. 이것을 이용하세요!

4

자연을 좋아하세요? Val de Marne 숲에서의 산책을 제안합니다. 신선한 공기를 쐬면서 긴장을 풀 수 있을 것입니다.

5

곧 영화 축제입니다: 이 좋은 기회를 놓치지 마세요. 아주 싼 가격에 모든 영화관을 들어갈 수 있습니다.

해당되는 칸에 각 사람들의 관심을 끌 수 있는 광고의 번호를 적으세요.

		ANNONCE N°
A	당신의 아버지는 생선을 아주 좋아한다.	
B	당신의 어머니는 산책하는 것을 좋아한다.	
C	당신의 남자 형제는 프랑스 영화에 관심이 많다.	
D	당신의 여자 형제는 쇼핑하는 것을 아주 좋아한다.	
E	운동은 당신 삼촌이 좋아하는 활동들 중 하나이다.	

Étape 3 해설에 따라 문제 분석 및 풀이 요령을 익히세요.

문제 분석

가족과 함께 할 활동들을 인터넷 사이트에서 찾아 연결해야 한다. 각 가족 구성원들이 선호 또는 필요로 하는 조건에 따라 음식, 산책, 영화, 쇼핑 그리고 운동과 관련하여 해당되는 기관 및 장소를 보기항 광고에서 선택한다.

풀이 요령

A	아버지는 생선을 좋아하므로 'pêche (en mer) (바다)낚시', 'recette 요리법', 'entrée 전식', 'plat principal 본식', 'dessert 디저트', 'poisson 생선', 'saumon 연어', 'fruits de mer 해산물' 등의 핵심어를 고려하며 광고를 살펴본다. 정답은 바다낚시에 대해 언급하고 있는 1번이다.
B	산책을 좋아하는 어머니는 'bois 숲', randonnée 긴 산책', 'marcher à pied 걷다', 'prendre l'air 바람을 쐬다, 산책을 하다' 관련 광고에 관심 있어할 가능성이 높다. 동사 'se promener 산책하다'는 'balade 산책'과 유의어이므로 정답은 4번이 된다.
C	남자 형제는 프랑스 영화에 관심이 많다고 언급하였다. 따라서 보기들 중 영화와 관련하여 'cinéma 영화', 'metteur en scène 영화감독', 'acteur(rice) 남(여)배우', 'tournage 촬영'과 같은 어휘를 포함하는 광고가 있는지 살펴보아야 한다. 따라서 정답은 'la fête du cinéma 영화 축제'를 광고하는 5번이 된다. 이외에도 영화 장르를 나타내는 'film d'action 액션 영화, film d'horreur 공포 영화, film d'aventure 어드벤처 영화'까지 기억해 두자.
D	쇼핑하기를 좋아하는 여자 형제는 'promotion 할인 판매', 'solde 세일', 'lèche-vitrine 아이쇼핑', 'magasin de vêtements 옷 가게', 'grand magasin 백화점' 등의 어휘에 초점을 맞춰 광고를 읽어야 한다. 보기 중 쇼핑 관련한 광고로 'grande promotion 대대적 할인 판매' 행사를 알리는 3번이 정답이 된다.
E	삼촌이 좋아하는 것은 운동이므로 운동과 관련된 핵심어 'match 시합', 'championnat 선수권 대회', 'coupe du monde 월드컵', 'équipe 팀' 및 구체적 운동 종목을 나타내는 'football 축구', 'tennis 테니스', 'basketball 농구' 등을 알아 두어야 한다. 보기 중 운동 경기와 관련된 내용을 알리는 2번이 정답이 된다.

정답

		ANNONCE N°
A	당신의 아버지는 생선을 아주 좋아한다.	1
B	당신의 어머니는 산책하는 것을 좋아한다.	4
C	당신의 남자 형제는 프랑스 영화에 관심이 많다.	5
D	당신의 여자 형제는 쇼핑하는 것을 아주 좋아한다.	3
E	운동은 당신 삼촌이 좋아하는 활동들 중 하나이다.	2

독해 평가 EXERCICE 1 실전 연습

Étape 1 공략에 따라 EXERCICE 1 연습 문제를 풀어 보세요.

Vous habitez à Paris et vos amis souhaitent acheter certains produits en particulier. Vous consultez les informations sur ces produits sur un site Internet.

1

Magasin de cosmétique

Tous les produits pour protéger les peaux sensibles. Avec nos produits, vous pourrez vous baigner sur la plage sans aucun souci.

2

Boutique de souvenirs

Vous cherchez quelque chose à offrir à vos amis ? Voici des souvenirs de Paris : porte-clés, porte-monnaie, etc. Choisissez-les, ils ont un prix modéré !

3

Magasin de disques

Tous les genres de musiques (rock, pop, etc), rencontrez des chanteurs lors de séances d'autographes.

4

Magasin de vêtements

Promotion exceptionnelle (robes, jupes, pantalons, T-shirts, etc.) Si vous achetez deux vêtements, nous vous offrons gratuitement une paire de chaussettes.

5

Librairie Gallimard

Vous savez que la lecture alimente l'esprit ? Alors, achetez des livres pour enrichir vos émotions.

Écrivez le numéro de l'annonce qui peut intéresser chaque personne dans la case correspondante.

		ANNONCE N°
A	Xavier pense que lire est très important.	
B	Véronique adore la chanson française.	
C	Vincent veut acheter quelque chose pour ses proches.	
D	Thomas a besoin d'acheter des habits.	
E	Sarah doit faire attention au soleil.	

Étape 2 문제 10의 필수 어휘를 익히고, 해석을 참조하세요.

필수 어휘 **en particulier** 특히 | **cosmétique (m)** 화장품 | **peau (f)** 피부 | **sensible** 민감한 **se baigner** 해수욕하다 | **souci (m)** 걱정 | **porte-clés (m)** 열쇠고리 | **modéré** 싼, 적절한 **disque (m)** 음반 | **séance d'autographe (f)** 사인회 | **jupe (f)** 치마 **paire (f)** 켤레, 짝, 쌍 등 2개가 한 벌로 된 것을 가리킴. | **alimenter** 부양하다, 공급하다 | **enrichir** 부유하게 하다

해석

당신은 파리에 살고 있는데, 당신 친구들이 특히 개인적으로 몇몇 물건들을 사고 싶어합니다. 당신은 인터넷 사이트에서 이 물건들에 대한 정보를 참고합니다.

1

화장품 가게

민감한 피부를 보호하기 위한 모든 제품들. 우리 제품들과 함께 아무 걱정 없이, 바닷가에서 해수욕을 할 수 있을 것입니다.

2

기념품 가게

친구들에게 줄 무언가를 찾고 있나요? 여기 파리의 기념품들이 있습니다. 열쇠고리, 지갑 등. 이것들을 고르세요, 가격이 저렴합니다!

3

음반 가게

모든 장르의 음악들 (락, 팝 등), 사인회 때 가수들을 만나 보세요.

4

옷 가게

특별한 할인 판매(드레스, 치마, 바지, 티셔츠 등.) 만약 두 개의 옷을 산다면 양말 한 켤레를 무료로 드립니다.

5

Gallimard 서점

독서가 정신에 양분을 주는 것을 알고 있나요? 자, 당신의 감성을 풍부하게 하기 위한 책들을 사세요.

해당되는 칸에 각 사람들의 관심을 끌 수 있는 광고의 번호를 적으세요.

		ANNONCE N°
A	Xavier는 책 읽는 것이 매우 중요하다고 생각한다.	
B	Véronique는 프랑스 노래를 아주 좋아한다.	
C	Vincent은 지인들을 위한 무언가를 사고 싶어한다.	
D	Thomas는 옷들을 살 필요가 있다.	
E	Sarah는 햇빛에 주의해야 한다.	

Étape 3 해설에 따라 문제 분석 및 풀이 요령을 익히세요.

문제 분석

친구들의 쇼핑과 관련하여 인터넷 사이트에서 적절한 상점 광고를 찾아 연결해야 한다. 친구들이 원하는 물건의 종류에 따라 책, 노래, 선물, 옷 그리고 피부 관련한 상품 광고를 파악해서 알맞은 번호를 적는다.

풀이 요령

A	Xavier는 책 읽는 것을 중시하므로 'librairie 서점', 'salle de lecture 도서 열람실', 'best-seller 베스트셀러', 'salon du livre 도서 박람회', 'lecture 독서'와 같은 관련 어휘가 등장하는지 살펴본다. 책 또는 책 읽기와 관련된 광고는 5번으로, 책 읽기는 'alimente l'esprit 정신에 양분을 준다' 그리고 'enrichir vos émotions 당신의 감성을 풍부하게 한다'며 호소하고 있다.
B	프랑스 노래를 아주 좋아하는 Véronique라면 'chanson 노래', 'fête de la musique 음악 축제', 'musicien 음악가', 'musique classique 고전 음악', 'musique moderne 현대 음악', 'guitare 기타', 'piano 피아노', 'violon 바이올린' 등 음악 관련 내용이 등장하는 광고에 관심 있어할 가능성이 높다. 보기 3번이 'tous les genres de musiques 모든 장르의 음악들'을 만나 볼 수 있는 음반 가게 광고이므로 정답이 된다.
C	Vincent은 지인들에게 무언가 사 주려 한다. 따라서 보기 중 'cadeau de mariage 결혼 선물', 'cadeau de Noël 크리스마스 선물', 'produit touristique 관광 상품' 등이 핵심어가 될 수 있다. 'Vous cherchez quelque chose à offrir à vos amis ? 친구들에게 줄 무언가를 찾고 있나요?' 그렇다면 'souvenirs 기념품들'이 있다고 광고하는 2번이 정답이다.
D	옷을 살 필요가 있는 Thomas라면 'maison de couture 양장점', 'couturier 디자이너', 'mannequin 모델', 'manteau 외투', 'robe pour femme 여성복', 'vêtement d'homme 남성복' 등에 관심 있어할 수 있다. 또한 'jupe 치마', 'robe 원피스', 'pantalon 바지', 'chemise 셔츠' 등 종류별로 옷을 나타내는 어휘들을 숙지하고 있어야 한다. 드레스, 치마, 바지, 티셔츠 등의 할인 판매를 광고하는 4번이 정답이 된다.
E	햇빛을 주의해야 하는 Sarah에게 필요한 광고는 'peau 피부', 'produits de beauté 화장품', 'dermatologie 피부과', 'peau sensible 민감한 피부', 'soins de beauté de la peau 피부 미용 관리' 관련 내용일 가능성이 높다. 따라서 정답은 'Magasin de cosmétique 화장품 가게'를 광고하는 보기 1번이 된다.

정답

		ANNONCE N°
A	Xavier는 책 읽는 것이 매우 중요하다고 생각한다.	5
B	Véronique는 프랑스 노래를 아주 좋아한다.	3
C	Vincent은 지인들을 위한 무언가를 사고 싶어한다.	2
D	Thomas는 옷들을 살 필요가 있다.	4
E	Sarah는 햇빛에 주의해야 한다.	1

EXERCICE 2

이메일이나 초대 메시지 또는 초대에 대한 답신을 읽고 지문을 올바로 이해했는지 질문한다. 간혹 여행 중 친구에게 보내는 서신 형식의 지문이 주어지기도 한다. 초대의 경우 생일, 방학, 축제 행사 등의 내용이 주로 등장하며 일자리 제안이나 업무와 관련된 다소 공적인 내용이 출제되기도 한다. 여행 중 서신의 경우 여행 장소, 감상 및 느낌 관련 내용이 등장하는 경우가 많다.

독해 평가

EXERCICE 2 완전 공략

1 핵심 포인트

4개 EXERCICE 중 난이도는 중간 단계에 해당하며 지문 성격은 주로 이메일이나 메시지와 관련되어 있다. 객관식 3문항, 주관식 2문항으로 구성된다. 독해 영역 총 25점 중 6점을 차지한다.

2 빈출 주제

주로 초대를 용건으로 하는 이메일, 초대에 수락 또는 거부 의사를 전달하는 이메일, 경우에 따라 여행 중 안부를 전하는 내용이 주어지며 지문의 내용을 바르게 파악했는지 질문한다.

3 고득점 전략

(1) 질문의 문장 구조에 유의한다.

주관식에 답할 때 의문사에 따라 답안 작성에 유의한다. Que로 질문하는 내용에는 문장으로 대답하는 것이 아니라 명사(구)로 답해야 한다. 반면에 pourquoi 혹은 comment으로 질문하는 경우는 문장으로 답안을 작성한다.

(2) 문제를 먼저 읽은 다음 핵심 위주로 지문을 읽는다.

반드시 문제를 먼저 읽어야만 어떤 핵심에 초점을 맞춰 지문을 독해할지 전략적으로 접근할 수 있다. 문제에 등장한 의문사, 인물명, 장소명, 숫자 등을 단서로 미리 훑어보면 지문을 읽을 때 보다 핵심적인 어휘와 표현에 집중할 수 있어 유리하다.

(3) 주관식 작성 시 인칭대명사에 주의한다.

주관식 답안 작성 시 지문에 등장한 인칭대명사를 그대로 사용해서는 안 되는 경우가 있다. 예를 들어 지문에서는 응시자를 인칭대명사 tu로 가리켰는데, 문제의 답은 응시자 자신이 해당 이메일이나 편지의 수신자 입장에서 je로 작성해야 한다. 내용을 이해하고도 인칭대명사나 변화형 한두 단어 때문에 감점을 당할 수 있으므로 각별히 주의한다.

독해 평가 EXERCICE 2 실전 연습

Étape 1 공략에 따라 EXERCICE 2 연습 문제를 풀어 보세요.

Vous habitez à Paris, en France. Vous recevez ce message électronique de votre amie française.

> Salut !
>
> C'est avec joie que je t'annonce une grande nouvelle. Mon adorable petite fille vient de naître à 3 heures du matin hier. Elle s'appelle Nadine et elle a les yeux noirs et le nez bien droit comme son papa. Daniel est très heureux d'avoir une petite sœur. Si tu veux rencontrer ma fille en photo, je vais t'en envoyer par courriel. Je suis sûre que tu ne pourras pas quitter ma fille des yeux un seul instant. Pour fêter sa naissance, nous organisons une petite fête avec nos proches le 6 juillet dans le jardin de notre maison. Nous allons préparer des plats et des desserts qui vont te plaire. J'espère que tu viendras fêter la naissance de ma fille. Donne-nous ta réponse avant 31 juin par e-mail.
>
> À très bientôt,
>
> Béatrice

Répondez aux questions.

1 Béatrice a combien d'enfants ?

A ☐ Un.
B ☐ Deux.
C ☐ Trois.

2 Nadine ressemble à ...

A ☐ sa mère.
B ☐ son père.
C ☐ son grand-père.

3 Qu'est-ce qu'elle vous envoie par courriel ?

....

4 Qu'est-ce que vous pouvez goûter pendant la fête ?

....

5 Que devez-vous faire avant 31 juin ?

A ☐ Contacter Béatrice.
B ☐ Acheter un cadeau pour Nadine.
C ☐ Rendre directement visite à Béatrice.

Étape 2 문제 1의 필수 어휘를 익히고, 해석을 참조하세요.

필수 어휘 **nouvelle (f)** 소식 | **quitter** 떠나다 | **instant (m)** 순간 | **fêter** 축하하다 | **naissance (f)** 탄생
proche 가까운 사람 | **plaire** ~의 마음에 들다 | **ressembler** ~을(를) 닮다

해석

당신은 프랑스 파리에 살고 있습니다. 당신의 프랑스 친구로부터 이 이메일을 받습니다.

> 안녕!
> 너에게 중요한 소식을 알리게 되어서 기뻐. 내 사랑스러운 딸이 어제 아침 3시에 막 태어났어. 그녀의 이름은 Nadine이고 아빠처럼 검은 눈과 오똑한 코를 가지고 있어. Daniel은 여동생을 가지게 되어 매우 행복해해. 만약 네가 사진으로 내 딸을 만나기를 원한다면, 그것들을 너에게 이메일로 보내 줄게. 한순간도 내 딸에게서 눈을 떼지 못할 것이라고 확신해.
> 그녀의 탄생을 축하하기 위해, 우리는 우리 집 정원에서 7월 6일에 가까운 사람들과 작은 파티를 해. 우리는 네 마음에 들 음식들과 디저트들을 준비할 거야. 네가 내 딸의 탄생을 축하하러 와 줄 것을 바랄게. 6월 31일 전에 이메일로 우리에게 답을 줘.
> 곧 보자,
> Béatrice

질문에 답하시오.

1 Béatrice는 아이가 몇 명인가?

A ☐ 한 명
B ☐ 두 명
C ☐ 세 명

2 Nadine는 ...를 닮았다.

A ☐ 그녀의 엄마
B ☐ 그녀의 아빠
C ☐ 그녀의 할아버지

3 그녀는 당신에게 메일로 무엇을 보내 주는가?

....

4 파티 동안 당신은 무엇을 맛볼 수 있는가?

....

5 6월 31일 전에 당신은 무엇을 해야 하는가?

A ☐ Béatrice에게 연락하기
B ☐ Nadine를 위한 선물 사기
C ☐ Béatrice를 직접 방문하기

Étape 3 해설에 따라 문제 분석 및 풀이 요령을 익히세요.

문제 분석

이메일을 보낸 용건부터 먼저 파악한다. 딸의 탄생을 알리고 축하 파티에 초대하기 위한 이메일이므로 딸이 언제 몇 시에 태어났는지, 건강 상태는 어떠한지, 아이의 생김새는 어떠한지 등 세부 내용을 질문할 수 있다. 축하 파티 날짜와 파티 장소, 준비된 음식 등 파티 관련 사항도 살펴본다. 마지막으로 참석 여부를 언제까지 결정해서 어떻게 알려야 하는지에도 유의한다.

풀이 요령

1	이메일 특성상 발신자와 수신자에 해당하는 최소 2명과 더불어 이메일 내용 속 인물 몇 명이 언급될 수 있다. 문제에 등장한 Béatrice는 메일을 보낸 발신자로 'Mon adorable petite fille vient de naître à 3 heures du matin hier. 내 사랑스러운 딸이 어제 아침 3시에 막 태어났어.', 'Daniel est très heureux d'avoir une petite sœur. Daniel은 여동생을 가지게 되어 매우 행복해해.'에 따르면 정답은 B.
2	태어난 아기 Nadine은 누구를 닮았는지 질문한다. 문제에서는 'ressembler à ~을(를) 닮다' 문형으로 질문했으나, 지문에서 정답의 단서는 'comme son papa 그녀의 아빠처럼'으로 제시된다. 보기 B의 père가 papa와 같은 뜻이므로 정답은 B. 가족 구성원을 나타내는 'mère, maman 엄마', 'oncle 삼촌', 'tante 이모, 고모', 'cousin(e) 남(여)사촌', 'neveu 남조카', 'nièce 여조카'를 두루 알아 두자.
3	Béatrice가 당신에게 이메일로 보내 주려는 것이 무엇인지 주관식으로 답해야 한다. 'envoyer 보내다'는 유의어로 대체되기 어려우므로 envoyer가 등장하는 부분을 빠르게 찾아 함께 언급되는 명사(구)를 적도록 한다. 'Si tu veux rencontrer ma fille en photo, je vais t'en envoyer par courriel. 만약 네가 사진으로 내 딸을 만나기를 원한다면, 그것들을 너에게 이메일로 보내 줄게.'라고 제안했으므로 정답은 Les photos (de sa fille).
4	파티 동안 무엇을 'goûter 맛볼' 수 있는지 묻고 있다. 'Nous allons préparer des plats et des desserts qui vont te plaire. 우리는 네 마음에 들 음식들과 디저트들을 준비할 거야.'라고 언급했으므로 정답은 Des plats et des desserts. '먹다'를 나타내는 동사 'manger / goûter / prendre'를 모두 숙지하자.
5	문제에서 'avant 31 juin 6월 31일 이전'이라는 구체적인 시점을 제시했으므로 지문에서 해당 날짜 언급 부분을 찾는다. 'Donne-nous ta réponse avant 31 juin par e-mail. 6월 31일 전에 이메일로 우리에게 답을 줘.'에 따르면 정답은 A. 지문에 제시된 'donne-nous ta réponse 답변을 달라'는 요청이 보기 A의 'contacter 연락하다'와 일맥상통한다.

독해 평가 EXERCICE 2 실전 연습

Étape 1 공략에 따라 EXERCICE 2 연습 문제를 풀어 보세요.

문제 2

Vous habitez à Nice, en France. Vous recevez ce message électronique de votre ami français.

Salut !

Comment ça va ? J'ai une grande nouvelle à t'annoncer. Ta sœur vient de devenir maman ! Tu es enfin tonton ! Ta nièce s'appelle Julie et elle se porte bien. Elle pèse 3 kg et elle ressemble beaucoup à ta sœur. Tu pourras voir ses photos sur mon Facebook et je suis sûr que tu trouveras que ma fille est la plus adorable du monde.

Pour fêter sa naissance, ta sœur et moi, nous allons préparer une petite fête en famille le 15 mars chez nous. Je sais bien que tu es très occupé, mais tu ne pourras pas rater l'occasion de rencontrer ta nièce, n'est-ce pas ? Comme tu es un excellent cuisinier, apporte un joli gâteau. Je compte sur toi !

Toute la famille va se réunir ce jour-là et on va bien s'amuser en fêtant la naissance de ma fille.

À très bientôt,

Thomas

Répondez aux questions.

1 Selon ce message, votre sœur ...

A ☐ vient se marier.
B ☐ est devenue tante.
C ☐ vient d'accoucher.

2 Votre nièce ressemble à ...

A ☐ sa mère.
B ☐ son père.
C ☐ son grand-père.

3 Qu'est-ce que vous pouvez trouver sur le Facebook de Thomas ?

....

4 Qu'est-ce que Thomas vous demande ?

....

5 Le 15 mars, ...

A ☐ ce sera une fête entre amis.
B ☐ vous pourrez rencontrer votre famille.
C ☐ vous rencontrerez votre nièce chez vous.

Étape 2 문제 2의 필수 어휘를 익히고, 해석을 참조하세요.

필수 어휘 **tonton (m)** 삼촌 | **nièce (f)** 조카 | **occupé** 바쁜 | **rater** 놓치다 | **apporter** 가져오다
compter sur ~을(를) 믿다 | **se réunir** (사람이) 모이다

해석

당신은 프랑스 니스에 살고 있습니다. 당신의 프랑스 친구로부터 이 이메일을 받습니다.

안녕!

어떻게 지내니? 너에게 알려 줄 중요한 소식이 있어. 네 누나가 방금 엄마가 되었어! 너는 드디어 삼촌이 된 거야. 네 조카 이름은 Julie이고 아주 건강해. 몸무게는 3킬로그램이고 네 누나를 많이 닮았어. 너는 내 페이스북에서 그녀의 사진들을 볼 수 있을 거야. 네가 내 딸이 세상에서 가장 사랑스럽다고 생각할 거라 확신해.

그녀의 탄생을 축하하기 위해, 네 누나와 나는 우리 집에서 3월 15일에 작은 가족 파티를 준비할 거야. 네가 매우 바쁜 줄은 잘 알지만 너는 네 조카를 만날 기회를 놓치지 않을 거야. 안 그래? 너는 훌륭한 요리사니까, 예쁜 케이크 하나 가져와. 너를 믿어!

온 가족이 이날 모일 거고, 우리는 내 딸의 탄생을 축하하면서, 즐거운 시간을 보낼 거야.

곧 보자,

Thomas

질문에 답하시오.

① 이 메시지에 따르면, 당신의 누나가 ...

A ☐ 방금 결혼했다.
B ☐ 숙모가 되었다.
C ☐ 방금 출산했다.

② 당신의 조카는 ...를 닮았다.

A ☐ 그녀의 엄마
B ☐ 그녀의 아빠
C ☐ 그녀의 할아버지

③ 당신은 Thomas의 페이스북에서 무엇을 발견할 수 있는가?

....

④ Thomas는 당신에게 무엇을 요청하는가?

....

⑤ 3월 15일은, ...

A ☐ 친구들 사이의 파티일 것이다.
B ☐ 당신은 당신의 가족을 만날 수 있을 것이다.
C ☐ 당신은 당신 집에서 조카를 만날 것이다.

Étape 3 해설에 따라 문제 분석 및 풀이 요령을 익히세요.

문제 분석

아기의 탄생을 알리는 이메일이다. 지문의 도입부에 가족 구성원을 나타내는 어휘가 등장하므로 태어난 아기와 이메일 발신자, 수신자 간 가족 관계가 어떻게 되는지 파악하며 읽어 나간다. 아기의 건강 상태와 누구를 닮았는지, 생일 파티는 언제 어디에서 열릴 예정인지, 요청 사항은 무엇인지 등 세부 사항을 확인하며 읽는다.

풀이 요령

1	누나에 대한 정보를 묻고 있으며 지문 내용 전개 순서와 문제 순서가 대부분 일치한다는 사실을 감안하여 이메일 서두를 주의하여 읽는다. 'Ta sœur vient de devenir maman ! 네 누나가 방금 엄마가 되었어!'에 따르면 정답은 C. 'devenir maman 엄마가 되다'라는 이메일 내용이 보기 C의 'vient d'accoucher 방금 출산했다'와 부합한다.
2	아이가 누구를 닮았는지는 이메일에서 'elle ressemble beaucoup à ta sœur 네 누나를 많이 닮았다'고 밝히고 있다. 단, 문제의 주어는 'votre nièce 당신의 조카'로 메일을 받는 사람의 누나는 새로 태어난 아기 즉, 조카의 엄마이므로 정답은 A.
3	Thomas의 페이스북에서 무엇을 발견할 수 있는지를 묻고 있으므로 답변은 명사(구) 구조로 작성해야 한다. 고유 명사 'Facebook 페이스북'은 다른 단어로 대체할 수 없으므로 지문에서 그대로 등장하는 부분을 빠르게 찾는다. 'Tu pourras voir ses photos sur mon Facebook et je suis sûr que tu trouveras que ma fille 너는 내 페이스북에서 그녀의 사진들을 볼 수 있을 거야'에 따르면 정답은 Les photos (de ma nièce Julie).
4	이메일에서 Thomas가 요청하는 사항을 찾아야 한다. 전체적으로 아기의 탄생 소식을 알리고 가족 파티 초대의 용건을 전하고 있으며, Thomas가 무언가를 요구 또는 부탁하는 사항은 'Comme tu es un excellent cuisinier, apporte un joli gâteau. 너는 훌륭한 요리사니까, 예쁜 케이크 하나 가져와.'가 유일하다. 그러므로 정답은 Apporter un joli gâteau (d'anniversaire).
5	'15 mars 3월 15일'로 명시된 날짜와 관련하여 어떤 내용이 전개되고 있는지 파악해야 한다. 지문 내용 전개 순서와 문제 순서는 대부분 일치하므로 이메일의 마무리 부분에 집중한다. 'nous allons préparer une petite fête en famille le 15 mars chez nous 우리 집에서 3월 15일에 작은 가족 파티를 준비할 거야'라고 언급했으므로 정답은 B. 열두 달을 나타내는 'janvier 1월', 'février 2월', 'mars 3월', 'avril 4월', 'mai 5월', 'juin 6월', 'juillet 7월', 'août 8월', 'septembre 9월', 'octobre 10월', 'novembre 11월', 'décembre 12월' 모두 기억해 두자.

독해 평가 EXERCICE 2 실전 연습

Étape 1 공략에 따라 EXERCICE 2 연습 문제를 풀어 보세요.

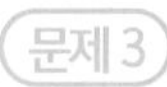

문제 3

Vous habitez à Annecy, en France. Vous recevez ce message électronique de votre ami français.

Salut !

J'espère que tu vas bien. Voilà, je t'envoie ce courriel pour t'annoncer une grande nouvelle. Tu sais que je voulais travailler dans une société française depuis longtemps. J'ai enfin trouvé un travail et j'ai commencé la semaine dernière. Ce n'est pas une grande entreprise mais je suis très content de réaliser mon rêve. En plus, mes collègues de bureau sont très gentils et je pense que je vais bien m'entendre avec eux. Comme mes amis m'ont beaucoup aidé à trouver un travail, je vais organiser une petite fête pour les remercier. Je vais réserver un restaurant près de chez moi le 20 avril à 18 h. Je suis sûr que tu vas adorer la cuisine française : il y aura même des tartes aux pommes comme dessert. J'ai besoin de ta réponse avant le 15 avril pour réserver la table.

À très bientôt,

Julien

Répondez aux questions.

1 Selon ce message, Julien ...

A ☐ cherche un travail.
B ☐ vient de trouver un emploi.
C ☐ vient de quitter son travail.

2 Julien est content parce qu'il a pu ...

A ☐ faire une petite fête.
B ☐ travailler dans une grande entreprise.
C ☐ faire ce qu'il voulait depuis longtemps.

3 Qu'est-ce que Julien pense de ses collègues ?

....

4 Qu'est-ce que vous allez manger pendant la fête ?

....

5 Avant le 15 avril, vous devez ...

A ☐ contacter vos amis.
B ☐ réserver une table au restaurant.
C ☐ confirmer votre présence à Julien.

Étape 2 문제 3의 필수 어휘를 익히고, 해석을 참조하세요.

필수 어휘 **société (f)** 사회, 회사 | **entreprise (f)** 기업, 회사 | **réaliser** 실현하다 | **collègue** 동료 **s'entendre bien avec~** ~와(과) 잘 지내다, 사이가 좋다 | **remercier** 감사하다 | **cuisine (f)** 주방, 요리 **réserver** 예약하다

해석

당신은 프랑스 안시에 살고 있습니다. 당신의 프랑스 친구로부터 이 이메일을 받습니다.

안녕!

네가 잘 지내고 있기를 바라. 다름이 아니라, 너에게 중요한 소식을 전하기 위해 이 이메일을 보내. 내가 오래전부터 프랑스 회사에서 일하고 싶어했다는 걸 너는 알 거야. 마침내 나는 일을 찾았고, 지난주부터 시작했어. 대기업은 아니지만 내 꿈을 이루어서 매우 만족해. 게다가, 내 사무실 동료들이 아주 친절하고, 나는 그들과 잘 지낼 것이라고 생각해. 내 친구들이 내가 일을 찾는 것을 많이 도와주었기 때문에, 그들에게 감사하기 위해 작은 파티를 열려고 해. 4월 20일 18시에 내 집에서 가까운 식당을 예약할 거야. 네가 프랑스 요리를 매우 좋아할 거라고 확신해: 디저트로 사과 파이도 있을 거야. 자리를 예약하기 위해 4월 15일 전에 너의 답변이 필요해.

곧 보자,

Julien

질문에 답하시오.

1 이 메시지에 따르면, Julien은 ...

A ☐ 일자리를 찾고 있다.
B ☐ 막 직장을 찾았다.
C ☐ 막 일을 그만두었다.

2 Julien은 만족스러운데 왜냐하면 그는 ... 수 있었기 때문이다.

A ☐ 작은 파티를 할
B ☐ 대기업에서 일할
C ☐ 그가 오래전부터 원했던 것을 할

3 Julien은 그의 동료들에 대해 어떻게 생각하는가?

....

4 파티 동안 당신은 무엇을 먹을 것인가?

....

5 4월 15일 전에, 당신은 ...해야 한다.

A ☐ 당신 친구들과 연락
B ☐ 식당에 자리를 예약
C ☐ Julien에게 당신의 참석 여부를 확인

Étape 3 해설에 따라 문제 분석 및 풀이 요령을 익히세요.

문제 분석

취업 소식을 알리며 축하 파티에 초대하는 용건의 이메일이다. 먼저 언제 어떤 회사에 취직했는지 기본 정보를 파악한 후 회사 분위기나 동료들과의 관계 등 회사 관련 세부 내용을 확인하며 읽는다. 파티를 열기로 결심한 특별한 이유가 따로 언급된다면 반드시 기억해 두고 파티 시간과 장소, 파티 음식 등 관련 사항을 확인한다. 마무리에서는 언제까지 회신이 필요한지와 그 이유를 파악한다.

풀이 요령

1	발신자인 Julien에 대해 묻고 있으며 보기항 모두 직장 관련 내용이다. 따라서 직장 또는 일에 초점을 맞추어 Julien이 처한 상황이 어떠한지 파악해야 한다. 'J'ai enfin trouvé un travail 마침내 나는 일을 찾았다'라는 소식을 전했으므로 정답은 B.
2	Julien이 'content 만족스러운' 이유를 지문에서 찾아야 한다. 'Tu sais que je voulais travailler dans une société française depuis longtemps. 내가 오래전부터 프랑스 회사에서 일하고 싶어했다는 걸 너는 알 거야.'에 따르면 정답은 C. 'Ce n'est pas une grande entreprise mais je suis très content 대기업은 아니지만 나는 만족해'라고 했으므로 보기 B는 오답이다.
3	직장 동료들에 대한 Julien의 의견은 어떠한지 질문하므로 'collègue 동료' 언급에 유의한다. 'mes collègues de bureau sont très gentils et je pense que je vais bien m'entendre avec eux 내 사무실 동료들이 아주 친절하고, 나는 그들과 잘 지낼 것이라고 생각해'에 따르면 정답은 Ils sont très gentils.
4	지문에서 파티를 위해 준비한 음식은 'Je suis sûr que tu vas adorer la cuisine française : il y aura même des tartes aux pommes comme dessert. 네가 프랑스 요리를 매우 좋아할 거라고 확신해: 디저트로 사과파이도 있을 거야.'라고 언급되었다. 따라서 정답은 La cuisine française et des tartes aux pommes.
5	'Avant le 15 avril 4월 15일 전에'와 같은 특정 날짜는 다른 어휘로 대체될 수 없으므로 구체적인 날짜 관련 언급에 집중한다. 지문 내용 전개 순서와 문제 순서가 대부분 일치하므로 이메일의 마무리 부분에 언급될 가능성이 높다. 'J'ai besoin de ta réponse avant le 15 avril pour réserver la table. 자리를 예약하기 위해 4월 15일 전에 너의 답변이 필요해.'라고 밝혔으므로 정답은 C.

독해 평가 EXERCICE 2 실전 연습

Étape 1 공략에 따라 EXERCICE 2 연습 문제를 풀어 보세요.

문제 4

Vous habitez à Montpellier, en France. Vous recevez ce message électronique de votre amie française.

> Salut !
>
> Comment ça va ? Moi, je vais bien. Je voulais t'annoncer la nouvelle plus tôt mais j'étais trop occupée. Ça fait déjà un an que je ne t'ai pas vu et tu me manques. Ma nouvelle école n'est pas grande, mais très agréable. La plupart des professeurs sont gentils et je m'entends bien avec mes camarades de classe.
>
> Est-ce que tu es libre samedi prochain ? C'est mon anniversaire et je vais inviter mes amis chez moi. Mon père a acheté une maison et nous avons maintenant un joli jardin. Et puis, nous avons deux chiens, je suis sûre que tu vas les adorer. Si tu viens, je vais te présenter mes nouveaux amis et on va bien s'amuser en faisant des activités ensemble. J'ai plein de choses à te raconter, alors tu dois venir me voir. Je vais te donner l'adresse de ma maison plus tard.
>
> À très bientôt,
>
> Laurie

Répondez aux questions.

1 Laurie n'a pas pu vous contacter plus tôt parce qu'elle ...

A ☐ avait suffisamment de temps.
B ☐ avait beaucoup de choses à faire.
C ☐ voulait vous rencontrer par surprise.

2 Laurie ...

A ☐ veut vous voir.
B ☐ a besoin de votre aide.
C ☐ n'a pas envie de vous rencontrer.

3 Quelle est la relation entre Laurie et ses amis de classe ?

....

4 Quel animal allez-vous trouver chez Laurie ?

....

5 Si vous y allez, vous allez ...

A ☐ rencontrer les amis de Laurie.
B ☐ donner votre adresse à Laurie.
C ☐ suivre des cours à l'école avec Laurie.

Étape 2 문제 4의 필수 어휘를 익히고, 해석을 참조하세요.

필수 어휘 manquer 그리워하다, 부족하다 | plupart (f) 대부분 | jardin (m) 정원 | plein de 많은 raconter 이야기하다 | contacter 연락하다 | suffisamment 충분히 | avoir envie de ~을(를) 원하다

해석

당신은 프랑스 몽펠리에에 살고 있습니다. 당신의 프랑스 친구로부터 이 이메일을 받습니다.

안녕!

어떻게 지내니? 나는 잘 지내고 있어. 너에게 더 일찍 소식을 전하고 싶었지만, 내가 너무 바빴어. 내가 너를 보지 못한 지 벌써 일 년이고 네가 보고 싶어. 나의 새 학교는 크지는 않지만 매우 안락해. 대부분의 선생님들은 친절하고 나는 학급 친구들과 잘 지내고 있어.

다음 주 토요일에 너 한가하니? 내 생일인데, 난 집으로 친구들을 초대할 거야. 아버지께서 집을 사셨고 우리는 지금 예쁜 정원이 있어. 그리고 우리는 개가 2마리 있는데, 나는 네가 그들을 아주 좋아할 거라고 확신해. 만약 네가 온다면, 내가 너에게 내 새 친구들을 소개할 거고 우리는 함께 활동들을 하면서 즐거운 시간을 보낼 거야. 너에게 할 이야기가 많으니, 나를 보러 와야 해. 내가 너에게 나중에 우리 집 주소를 줄게.

곧 보자,

Laurie

질문에 답하시오.

1 Laurie는 더 일찍 당신에게 연락하지 못했는데 왜냐하면 그녀는 ...

A ☐ 시간이 충분했기 때문이다.
B ☐ 해야 할 것이 많았기 때문이다.
C ☐ 당신을 깜짝 놀라게 하며 만나길 원했기 때문이다.

2 Laurie는 ...

A ☐ 당신을 보고 싶어한다.
B ☐ 당신의 도움이 필요하다.
C ☐ 당신을 만나는 것은 원하지 않는다.

3 Laurie와 그녀의 학급 친구들 간의 관계는 어떠한가?

....

4 Laurie의 집에서 어떤 동물을 볼 수 있는가?

....

5 만약 당신이 그곳에 간다면, ... 될 것이다.

A ☐ Laurie의 친구들을 만나게
B ☐ Laurie에게 당신의 주소를 주게
C ☐ Laurie와 함께 학교에서 수업을 듣게

Étape 3 해설에 따라 문제 분석 및 풀이 요령을 익히세요.

문제 분석

생일 파티를 열기 위해 친구를 초대하는 이메일이다. 얼마 만에 연락한 상황인지, 만약 오랜만에 연락했다면 왜 그동안 연락하지 못했는지 이유를 파악한다. 학교와 선생님은 어떤지, 학급 친구들은 어떤지 등 발신자의 일상 생활 관련 내용을 확인하며 읽어 나간다. 생일 파티가 열리는 장소와 날짜, 요일 및 기타 특이 사항 정보도 놓쳐서는 안 된다.

풀이 요령

1	왜 Laurie가 더 일찍 소식을 전하지 못했는지 이유를 묻고 있다. 'Je voulais t'annoncer la nouvelle plus tôt mais j'étais trop occupée. 너에게 더 일찍 소식을 전하고 싶었지만, 내가 너무 바빴어.'에 따르면 정답은 **B**.
2	Laurie는 당신 즉, 이메일의 수신자에게 어떤 감정 상태인지 질문한다. 'Ça fait déjà un an que je ne t'ai pas vu et tu me manques. 내가 너를 보지 못한 지 벌써 일 년이고 네가 보고 싶어.'라고 밝히므로 정답은 **A**. 지문의 'tu me manques 네가 보고 싶어'가 보기 A의 'veut vous voir 당신을 보고 싶어한다'와 일맥상통한다.
3	학급 친구를 나타내는 camarade 또는 'ami 친구'가 언급되는 부분을 지문에서 살펴본다. 'La plupart des professeurs sont gentils et je m'entends bien avec mes camarades de classe. 대부분의 선생님들은 친절하고 학급 친구들과 잘 지내고 있어.'라고 설명한다. Laura의 입장에서 작성한 이메일이므로 지문에서는 je, mes를 사용했지만, 질문의 주어가 Laurie이므로 답안 작성 시에는 주어를 3인칭 여성형으로 바꾸어 **Elle s'entend bien avec ses camarades de classe**.라고 작성해야 한다.
4	문제에 제시된 'chez Laurie Laurie의 집' 관련 내용 중에서도 'animal 동물'에 대해 언급한 부분을 파악해야 한다. Laurie가 파티를 열 그녀의 집에는 예쁜 정원이 있고 'nous avons deux chiens, je suis sûre que tu vas les adorer 우리는 개가 2마리 있는데, 나는 네가 그들을 아주 좋아할 거라고 확신해'라는 의견을 밝혔으므로 정답은 **Chiens**.
5	만약 'y 그곳' 즉, Laurie의 집에서 열리는 파티에 가게 된다면 'je vais te présenter mes nouveaux amis et on va bien s'amuser en faisant des activités ensemble. 내가 너에게 내 새 친구들을 소개할 거고 우리는 함께 활동들을 하면서 즐거운 시간을 보낼 거야.'라고 했으므로 정답은 **A**. 'J'ai plein de choses à te raconter, alors tu dois venir me voir. Je vais te donner l'adresse de ma maison plus tard. 너에게 할 이야기가 많으니, 나를 보러 와야 해. 내가 너에게 나중에 우리 집 주소를 줄게.'에 따르면 보기 B는 주소를 줄 사람과 받을 사람이 바뀌어 있으므로 오답이다.

독해 평가 EXERCICE 2 실전 연습

Étape 1 공략에 따라 EXERCICE 2 연습 문제를 풀어 보세요.

문제 5

Vous habitez à Montpellier, en France. Vous recevez ce message électronique de votre ami français.

> Salut !
>
> Ça va ? Moi, je vais bien. Je suis à Paris depuis un mois pour faire un stage. Je voulais t'écrire un peu plus tôt, mais je n'avais pas le temps parce que j'ai dû commencer le travail dès le jour de mon arrivée. Paris est une grande ville et il y a plein de choses à faire. J'ai visité le musée du Louvre avant-hier et j'ai pu voir des tableaux très célèbres. Demain, je vais aller à la tour Eiffel avec mes collègues. Après, on va dîner dans un restaurant très connu à Paris. C'est un restaurant très cher, mais c'est l'entreprise qui paie pour nous. Alors je vais pouvoir goûter des plats délicieux. Mon entreprise organise également une excursion la semaine prochaine et on va visiter des châteaux situés dans le département de la Loire.
>
> À très bientôt,
>
> Laurent

Répondez aux questions.

1 Laurent n'a pas eu le temps de vous écrire parce qu'il ...

A ☐ a visité des monuments de Paris.
B ☐ a dû travailler dès le premier jour.
C ☐ a dû trouver son logement dans Paris.

2 Que pense Laurent de Paris ?

A ☐ On peut y faire beaucoup d'activités.
B ☐ Il ne s'intéresse pas à cette grande ville.
C ☐ C'est une grande ville mais il n'y a pas grande chose à faire.

3 Qu'est-ce que Laurent a vu au musée du Louvre ?

....

4 Qui offre un repas au restaurant ?

A ☐ Laurent.
B ☐ L'entreprise de Laurent.
C ☐ Les collègues de Laurent.

5 Quel est le projet d'excursion dont parle Laurent ?

....

Étape 2 문제 5의 필수 어휘를 익히고, 해석을 참조하세요.

필수 어휘 **stage (m)** 실습, 연수 | **tôt** 일찍 | **visiter** 방문하다 | **avant-hier** 그저께 | **tableau (m)** 그림 | **célèbre** 유명한 | **connu** 알려진 | **cher** 비싼 | **plat (m)** 음식 | **délicieux** 맛있는 | **entreprise (f)** 회사, 기업 | **excursion (f)** 여행

해석

당신은 프랑스 몽펠리에에 살고 있습니다. 당신의 프랑스 친구로부터 이 이메일을 받습니다.

안녕!

잘 지내? 나는 잘 지내. 나는 인턴을 하기 위해 한 달 전부터 파리에 있어. 너에게 좀 더 일찍 편지를 쓰고 싶었지만, 도착한 날부터 나는 일을 시작해야 했기 때문에 시간이 없었어. 파리는 대도시고 할 게 많아. 나는 그저께 루브르 박물관을 방문했고 매우 유명한 그림들을 볼 수 있었어. 내일은 내 동료들과 에펠탑에 갈 거야. 그 후에 우리는 파리에서 매우 유명한 식당에서 저녁을 먹을 거야. 매우 비싼 식당이지만 회사가 우리를 위해 돈을 지불해. 그래서 나는 맛있는 음식들을 맛볼 수 있을 거야. 또한 내 회사가 다음 주에 여행을 준비하고 있어서 우리는 루아르에 위치한 성들을 방문할 거야.

곧 보자,

Laurent

질문에 답하시오.

1 Laurent은 당신에게 편지를 쓸 시간이 없었는데 왜냐하면 그는 ...

A ☐ 파리의 기념물들을 방문했기 때문이다.
B ☐ 첫날부터 일을 해야 했기 때문이다.
C ☐ 파리에서 숙소를 찾아야 했기 때문이다.

2 파리에 대해 Laurent은 어떻게 생각하는가?

A ☐ 이곳에서 많은 활동을 할 수 있다.
B ☐ 그는 이 대도시에 관심이 없다.
C ☐ 대도시기는 하지만 크게 할 것이 없다.

3 Laurent은 루브르 박물관에서 무엇을 보았는가?

....

4 누가 식당에서 식사를 제공하는가?

A ☐ Laurent
B ☐ Laurent의 회사
C ☐ Laurent의 동료들

5 Laurent이 말한 여행의 계획은 무엇인가?

....

Étape 3 해설에 따라 문제 분석 및 풀이 요령을 익히세요.

문제 분석

프랑스에서 인턴 중인 친구가 보낸 이메일이다. 만약 오랜만에 연락했다면 왜 그동안 연락하지 못했는지 이유를 확인한다. 인턴의 목적인 업무 관련 내용을 질문할 수 있으며 파리에서 그동안 경험한 활동과 앞으로의 계획에 대해 과거 시제와 미래 시제를 이용한 질문 역시 출제 가능하다.

풀이 요령

1	왜 연락할 시간이 없었는지 이유를 파악해야 한다. 지문 내용 전개 순서와 문제 순서가 대부분 일치한다는 사실을 감안하여 이메일 서두를 살펴보면 'je n'avais pas le temps parce que j'ai dû commencer le travail dès le jour de mon arrivée 도착한 날부터 나는 일을 시작해야 했기 때문에 시간이 없었어'라고 밝히므로, 정답은 B.
2	파리에 대해 어떻게 생각하는지 질문한다. 도시명은 다른 단어로 대체되기 어려우므로 지문에서 Paris를 그대로 언급할 가능성이 높다. Laurent은 파리에 대해 'Paris est une grande ville et il y a plein de choses à faire. 파리는 대도시고 할 게 많아.'라는 의견을 밝히므로 정답은 A. 의견을 나타내는 'je pense / je trouve 나는 ~(이)라고 생각한다', 'à mon avis 내 생각에는' 문형들을 알아 두자. 보기 C는 앞절은 지문과 부합하나 뒷절 내용이 어긋나므로 오답이다.
3	고유 명사인 'musée du Louvre 루브르 박물관'은 대체되기 어려우므로 지문에서 musée du Louvre가 등장한 부분을 찾는다. 'J'ai visité le musée du Louvre avant-hier et j'ai pu voir des tableaux très célèbres. 나는 그저께 루브르 박물관을 방문했고 매우 유명한 그림들을 볼 수 있었어.'에 따르면 정답은 Des tableaux très célèbres.
4	식사를 'offrir 제공하다' 즉, 식사비를 지불하는 주체가 누구인지 묻는다. Laurent은 동료들과 함께 에펠탑에 갈 예정이며 그 후에는 파리에서 매우 유명한 식당에서 식사할 것이라는 계획을 밝힌다. 식사비에 관련해서는 'C'est un restaurant très cher, mais c'est l'entreprise qui paie pour nous. 매우 비싼 식당이지만 회사가 우리를 위해 돈을 지불해.'라고 설명하므로 정답은 B.
5	'excursion 여행' 계획으로는 어떤 활동이 잡혀 있는지 주관식으로 작성해야 한다. 지문 내용 전개 순서와 문제 순서가 대부분 일치하므로 이메일의 마무리 부분에 유의해서 살펴본다. 'Mon entreprise organise également une excursion la semaine prochaine et on va visiter des châteaux situés dans le département de la Loire. 또한 내 회사가 다음 주에 여행을 준비하고 있어서 우리는 루아르에 위치한 성들을 방문할 거야.'에 따르면 정답은 Visiter des châteaux situés dans le département de la Loire.

독해 평가 EXERCICE 2 실전 연습

Étape 1 공략에 따라 EXERCICE 2 연습 문제를 풀어 보세요.

문제 6

Vous recevez ce message électronique de votre ami français.

Salut !

Ça va ? Tu m'as téléphoné plusieurs fois mais je ne t'ai pas pu répondre parce que j'étais en voyage à l'étranger. J'avais un peu peur de ce voyage car c'était la première fois que je voyageais tout seul. Mais tout s'est bien passé. J'ai décidé d'aller à Rome parce que je m'intéresse à l'histoire. J'ai visité beaucoup de monuments historiques dans cette ville. Après, j'ai pris un café avec un morceau de pizza. C'était vraiment délicieux. Et puis, je suis allé à Nice en train de nuit parce que mon ami français y habite. Il est venu à la gare pour me chercher et nous sommes allés chez ses parents. Ils m'ont bien accueilli et on a pris le petit-déjeuner ensemble. Après, on est allé à la plage et il y avait beaucoup de monde. On s'est baignés et on a bronzé sous un beau soleil. Je vais prendre l'avion après-demain pour rentrer à la maison.

À très bientôt,

Xavier

Répondez aux questions.

1 Xavier s'est inquiété au début de son voyage parce qu'il ...

A ☐ adore voyager tout seul.
B ☐ n'avait jamais eu l'occasion de voyager tout seul.
C ☐ ne voulait pas partir en voyage sans sa famille.

2 Que pense Xavier de Rome ?

A ☐ C'est une ville très moderne.
B ☐ C'est une ville idéale pour s'amuser.
C ☐ C'est une ville qui a une longue histoire.

3 Qu'a fait Xavier après avoir visité des monuments ?

....

4 Les parents de l'ami de Xavier ...

A ☐ n'étaient pas chez eux.
B ☐ ont été très gentils avec lui.
C ☐ n'étaient pas contents de lui.

5 Qu'est-ce que Xavier a fait sur la plage ?

....

Étape 2 문제 6의 필수 어휘를 익히고, 해석을 참조하세요.

필수 어휘 **téléphoner** 전화하다 | **avoir peur de** ~을(를) 두려워하다 | **se passer** 일어나다, 끝나다
répondre 대답하다 | **décider** 결심하다 | **morceau (m)** 한 조각 | **gare (f)** 역 | **accueillir** 맞이하다
plage (f) 해변 | **se baigner** 해수욕하다 | **bronzer** (피부를) 그을리다 | **après-demain** 모레

해석

당신은 프랑스 친구로부터 이 이메일을 받습니다.

안녕!

잘 지내니? 네가 나한테 여러 번 전화를 했었는데, 받지 못했어 왜냐하면 나는 외국 여행 중이었거든. 나는 이 여행을 약간 두려워했는데, 왜냐하면 혼자 여행하는 게 처음이었기 때문이야. 그렇지만 모든 것이 잘됐어. 나는 역사에 관심이 있어서 로마에 가기로 결심했어. 이 도시에서 많은 역사적인 기념물들을 방문했어. 그 후에 피자 한 조각과 함께 커피를 마셨지. 정말 맛있었어. 그리고 야간열차를 타고 니스로 갔는데 왜냐하면 내 프랑스 친구가 그곳에 살고 있거든. 그가 나를 찾으러 역에 와 주었고 우리는 그의 부모님 댁으로 갔어. 그들은 나를 환영해 주었고 우리는 함께 아침 식사를 했어. 그 후에 우리는 해변으로 갔는데 사람들이 많았어. 우리는 아름다운 태양 아래서 해수욕과 일광욕을 했지. 나는 집으로 돌아가기 위해 모레 비행기를 탈 거야.

곧 보자,

Xavier

질문에 답하시오.

1 Xavier는 여행에 대해 처음에 걱정했는데 왜냐하면 그는 ...

A ☐ 혼자 여행하는 것을 아주 좋아하기 때문이다.
B ☐ 혼자 여행할 기회가 한 번도 없었기 때문이다.
C ☐ 가족 없이 여행을 떠나기를 원치 않았기 때문이다.

2 Xavier는 로마에 대해 어떻게 생각하는가?

A ☐ 매우 현대화된 도시이다.
B ☐ 즐기는 데 이상적인 도시이다.
C ☐ 오랜 역사를 가진 도시이다.

3 Xavier는 기념물들을 방문하고 난 후 무엇을 했는가?

....

4 Xavier 친구의 부모님은 ...

A ☐ 그들의 집에 없었다.
B ☐ 그에게 매우 친절했다.
C ☐ 그에 대해서 만족하지 않았다.

5 Xavier는 해변에서 무엇을 했는가?

....

Étape 3 해설에 따라 문제 분석 및 풀이 요령을 익히세요.

문제 분석

여행 중인 친구에게 받은 이메일을 읽고 내용 전반에 대해 고루 답해야 한다. 먼저 연락과 관련하여 여행 중 연락이 자주 이루어졌는지, 그렇지 않았다면 이유는 무엇인지 파악한다. 여행에서 경험한 활동과 방문한 장소, 감상은 어땠는지도 확인하며 읽는다. 친구가 언제 귀국하는지, 언제 다시 만날 예정인지 등 날짜와 숫자 관련 사항에도 유의한다.

풀이 요령

1	여행에 대해 왜 처음에는 's'inquiéter de ~을(를) 걱정하다'의 상태였는지 묻고 있다. 'J'avais un peu peur de ce voyage car c'était la première fois que je voyageais tout seul. 나는 이 여행을 약간 두려워했는데, 왜냐하면 혼자 여행하는 게 처음이었기 때문이야.'에 따르면 정답은 B. 질문에 등장한 핵심어 's'inquiéter de ~을(를) 걱정하다'가 정답 문장의 'avoir peur de ~을(를) 두려워하다'와 일맥상통한다.
2	로마에 대한 생각을 질문한다. 도시명 'Rome 로마'는 대체되기 어려우므로 지문에 그대로 언급되는 부분에 집중한다. 'J'ai décidé d'aller à Rome parce que je m'intéresse à l'histoire. 나는 역사에 관심이 있어서 로마에 가기로 결심했어.'라고 밝히므로 정답은 C.
3	로마를 방문해서 'après avoir visité des monuments 기념물들을 방문한 후' 무엇을 하였는지 질문하므로, 'monuments 기념물들' 방문에 이어지는 내용에 집중한다. 'J'ai visité beaucoup de monuments historiques dans cette ville. Après, j'ai pris un café avec un morceau de pizza. 이 도시에서 많은 역사적인 기념물들을 방문했어. 그 후에 피자 한 조각과 함께 커피를 마셨지.'라고 언급했으므로 정답은 **Il a pris un café avec un morceau de pizza**.
4	친구의 'parents 부모님'이 어떠했는지 묻고 있다. 'Il est venu à la gare pour me chercher et nous sommes allés chez ses parents. Ils m'ont bien accueilli et on a pris le petit déjeuner ensemble. 그가 나를 찾으러 역에 와 주었고 우리는 그의 부모님 댁으로 갔어. 그들은 나를 환영해 주었고 우리는 함께 아침 식사를 했어.'에 따르면 정답은 B.
5	해변에서 어떤 활동을 했는지 주관식으로 작성해야 한다. 지문 내용 전개 순서와 문제 순서가 대부분 일치하므로 이메일의 마무리 부분에 집중한다. 'On s'est baignés et on a bronzé sous un beau soleil. 우리는 아름다운 태양 아래서 해수욕과 일광욕을 했지.'라고 설명하는데, 문제의 주어가 Xavier이므로 주어를 Il로 바꾸고, 인칭대명사 On과 Il / Elle은 동사 변화 규칙이 동일하므로 's'est baignés'와 'a bronzé' 부분은 변화 없이 작성하되 il은 단수 인칭이므로 baignés에서 s를 삭제하면 된다. 그러므로 정답은 **Il s'est baigné et il a bronzé sous un beau soleil**.

독해 평가 EXERCICE 2 실전 연습

Étape 1 공략에 따라 EXERCICE 2 연습 문제를 풀어 보세요.

문제 7

Vous recevez ce message électronique de votre ami français qui habite à Paris.

> Salut,
>
> Comment ça va ? Ça fait deux ans que tu es rentré chez toi. Qu'est-ce que tu vas faire pendant ces vacances d'été ? Comme tu m'as beaucoup parlé de ton pays, j'aimerais vraiment le visiter. Je voudrais apprendre la culture et visiter les monuments dont tu m'as parlé. Tu connais mes amis, Luc et Max ? Quand je leur ai parlé de mon projet de vacances, ils ont voulu partir en voyage avec moi parce qu'ils s'intéressent beaucoup à la culture. Qu'est-ce que tu en penses ? En plus, j'ai trouvé une compagnie aérienne qui fait une promotion spéciale sur les billets d'avion pendant les vacances. Alors mes amis et moi, nous sommes prêts à te rejoindre si tu es d'accord. On va rester pendant deux semaines et je suis sûr qu'on va bien s'amuser. J'espère que nous pourrons passer un excellent moment ensemble.
>
> Réponds-moi vite !
>
> Gérard

Répondez aux questions.

1. Cela fait deux ans que ...

   A ☐ vous habitez en France.
   B ☐ vous avez quitté la France.
   C ☐ vous n'êtes pas allé dans votre pays.

2. Selon ce message, ...

   A ☐ vous avez proposé à Gérard de visiter votre pays.
   B ☐ Gérard ne s'intéresse pas beaucoup à votre pays.
   C ☐ vous avez raconté des choses à Gérard sur votre pays.

3. Qu'est-ce que Gérard souhaite faire ?

   ....

4. Les amis de Gérard veulent voyager avec lui parce qu'ils ...

   A ☐ aimeraient vous rencontrer.
   B ☐ aiment beaucoup la civilisation.
   C ☐ adorent faire des voyages entre amis.

5. Qu'est-ce que la compagnie aérienne fait comme promotion ?

   ....

Étape 2 문제 7의 필수 어휘를 익히고, 해석을 참조하세요.

필수 어휘 **projet (m)** 계획 | **compagnie (f)** 회사 | **aérien** 항공의 | **billet (m)** 표
être prêt à ~할 준비가 되다 | **rejoindre** 다시 만나다, 합류하다 | **civilisation (f)** 문명, 문화

해석

당신은 파리에 살고 있는 프랑스 친구로부터 이 이메일을 받습니다.

안녕,

어떻게 지내니? 네가 너의 나라로 돌아간 지 2년이 되었어. 이번 여름 방학 동안 뭐 할 거야? 네가 나에게 너의 나라에 대해 많이 말했기 때문에, 나는 너의 나라를 정말 방문하고 싶어. 문화를 배우고 네가 내게 말했던 기념물들을 방문하고 싶어. 너 내 친구 Luc과 Max 알지? 내가 그들에게 나의 방학 계획을 말했을 때, 그들은 나와 함께 여행을 떠나고 싶어했어. 왜냐하면 그들은 문화에 관심이 많기 때문이야. 이것에 대해 너는 어떻게 생각하니? 게다가, 나는 방학 동안 비행기 표를 특별 할인 판매하는 항공사를 찾았어. 그래서 만약 네가 동의하면, 나와 내 친구들은 너와 만날 준비가 되어 있어. 우리는 2주 동안 머무를 것이고, 나는 우리가 재미있게 지낼 것이라고 확신해. 우리가 최고의 순간을 함께 보낼 수 있기를 바라.

내게 빨리 답변해 줘!

Gérard

질문에 답하시오.

1. ... 2년이 되었다.

   A ☐ 당신이 프랑스에 산 지
   B ☐ 당신이 프랑스를 떠난 지
   C ☐ 당신 나라에 가지 않은 지

2. 이 메시지에 따르면, ...

   A ☐ 당신은 Gérard에게 당신의 나라를 방문할 것을 제안했다.
   B ☐ Gérard는 당신의 나라에 관심이 많지 않다.
   C ☐ 당신은 Gérard에게 당신의 나라에 관한 것을 이야기했다.

3. Gérard는 무엇을 하기를 바라는가?

   ....

4. Gérard의 친구들은 그와 함께 여행하기를 원하는데 왜냐하면 그들은 ...

   A ☐ 당신을 만나고 싶어하기 때문이다.
   B ☐ 문화를 많이 좋아하기 때문이다.
   C ☐ 친구들과 여행하는 것을 아주 좋아하기 때문이다.

5. 항공사는 할인 판매로 무엇을 하는가?

   ....

Étape 3 해설에 따라 문제 분석 및 풀이 요령을 익히세요.

문제 분석

친구의 나라를 방문하고 싶다는 내용의 이메일이다. 얼마 동안 헤어져 있었는지, 왜 친구의 나라를 방문하고 싶어졌는지 질문할 수 있다. 언제 방문하기를 원하며 친구의 나라에 와서 무엇을 하고 싶은지 구체적인 계획을 파악해야 한다. 동행이 있다면 누구인지 등 추가적인 세부 사항도 놓쳐서는 안 된다.

풀이 요령

1	기간과 관련된 문제로 지문 내용 전개 순서와 문제 순서는 대부분 일치함을 감안하여 이메일 시작 부분에 유의한다. 'Ça fait deux ans que tu es rentré chez toi. 네가 너의 나라로 돌아간 지 2년이 되었어.'에 따르면 정답은 B. 보기항에 제시된 핵심어와 지문의 단서 어휘가 동일하지 않게 제시되어 다소 난이도가 있는 유형이다.
2	'Selon ce message,' 즉, '이 메시지에 따르면,'이라고 포괄적으로 질문하므로 보기항의 어휘와 표현을 통해 지문 중 어느 부분에 초점을 맞추어 단서를 찾을지 헤아려 본다. 모든 보기항에 발신자인 Gérard의 이름과 'votre pays 당신의 나라'가 포함되어 있다. 따라서 Gérard가 친구의 나라에 대해 서술한 부분에 집중해야 한다. 'Comme tu m'as beaucoup parlé de ton pays, j'aimerais vraiment le visiter. 네가 나에게 너의 나라에 대해 많이 말했기 때문에, 나는 너의 나라를 정말 방문하고 싶어.'에 따르면 정답은 C.
3	Gérard가 하고 싶어하는 것을 찾아 주관식으로 작성해야 한다. 희망 또는 바람을 나타내는 'souhaiter 바라다', 'aimerais (aimer 동사의 조건법) 하고 싶다', 'j'ai l'intention de 나는 ~할 생각이다' 등의 표현이 등장하는 부분에 집중한다. 'Je voudrais apprendre la culture et visiter les monuments dont tu m'as parlé. 문화를 배우고 싶고 네가 내게 말했던 기념물들을 방문하고 싶어.'라고 Gérard가 말하므로 정답은 Apprendre la culture et visiter des monuments.
4	친구들이 Gérard와 함께 여행을 떠나고 싶어한다고 말하며 그 이유로 'parce qu'ils s'intéressent beaucoup à la culture 왜냐하면 그들은 문화에 관심이 많기 때문이야'라는 사실을 제시하므로 정답은 B이다.
5	항공사에서 무엇을 할인 판매하는지 질문하므로 'promotion 할인 판매' 언급에 유의한다. 'j'ai trouvé une compagnie aérienne qui fait une promotion spéciale sur les billets d'avion pendant les vacances 나는 방학 동안 비행기 표를 특별 할인 판매하는 항공사를 찾았어'에 따르면 정답은 Billet d'avion.

독해 평가 EXERCICE 2 실전 연습

Étape 1 공략에 따라 EXERCICE 2 연습 문제를 풀어 보세요.

문제 8

Vous recevez ce message électronique de votre ami français qui habite à Paris.

Salut,

Ça va ? Tes examens finaux se sont bien passés ? Je suis content parce que des vacances de deux mois nous attendent. Est-ce que tu as une idée pour ces vacances d'été ? Tu connais mon grand frère ? Il habite au Québec depuis cinq ans et il s'est marié il y a deux ans. Il m'a envoyé un courriel hier pour annoncer une bonne nouvelle. Je suis enfin devenu oncle ! Il m'a proposé de venir passer quelques jours au Québec. Alors j'aimerais y aller avec toi. Qu'est-ce que tu en penses ? Ne t'inquiète pas pour le billet d'avion parce qu'il va m'en envoyer deux. Comme nous n'avons pas encore voyagé ensemble, c'est une bonne occasion pour nous amuser. Il va nous faire visiter des monuments célèbres et on pourra goûter des plats locaux vraiment délicieux. Réponds-moi jusqu'à demain parce que je dois trouver quelqu'un d'autre si tu n'es pas libre.

À demain,

Patrick

Répondez aux questions.

1 Selon ce message, ...

A ☐ les examens viennent de finir.
B ☐ il reste des examens très importants à passer.
C ☐ il y a des examens pendant les vacances.

2 Le frère de Patrick ...

A ☐ habite avec Patrick.
B ☐ est devenu père.
C ☐ vient de s'installer dans un pays étranger.

3 Qu'est-ce que Patrick vous propose ?

....

4 Selon Patrick, ...

A ☐ vous devez acheter votre billet d'avion.
B ☐ c'est lui qui va payer votre billet d'avion.
C ☐ vous n'avez pas besoin de payer votre billet d'avion.

5 Qu'est-ce que vous pouvez faire au Québec ?

....

Étape 2 문제 8의 필수 어휘를 익히고, 해석을 참조하세요.

필수 어휘 **examen (m)** 시험 | **content** 만족한 | **attendre** 기다리다 | **se marier** 결혼하다
s'installer 정착하다, 거주하다 | **envoyer** 보내다 | **annoncer** 알리다
oncle (m) 삼촌 | **s'amuser** 즐기다, 놀다 | **célèbre** 유명한 | **local** 지역적인

해석

당신은 파리에 살고 있는 프랑스 친구로부터 이 이메일을 받습니다.

안녕,

잘 지내니? 마지막 시험들은 잘 끝났어? 두 달의 방학이 우리를 기다리고 있기 때문에 나는 만족해. 이번 여름 방학에 계획 있니? 너 내 형 알지? 그는 5년 전부터 퀘벡에 살고 있는데 2년 전에 결혼했어. 그가 좋은 소식을 알리기 위해 어제 내게 이메일을 보냈어. 나는 마침내 삼촌이 되었어! 그가 퀘벡에 며칠 지내러 오라고 나에게 제안했어. 그래서 나는 너와 함께 그곳에 가고 싶어. 너는 이것에 대해 어떻게 생각하니? 비행기 표는 걱정하지 마 왜냐하면 형이 나에게 그것을 2장 보내 줄 거야. 우리가 아직 함께 여행한 적 없었으니까, 이것은 우리가 즐거운 시간을 보낼 좋은 기회야. 그는 우리가 유명한 기념물들을 방문하게 해 줄 것이고, 우리는 정말 맛있는 지역 음식들을 맛볼 수 있을 거야. 내일까지 내게 답변을 줘 왜냐하면 만약 네가 시간이 안 되면, 다른 누군가를 찾아야 하거든.

내일 보자,

Patrick

질문에 답하시오.

① 이 메시지에 따르면, ...

A □ 시험들이 막 끝났다.
B □ 쳐야 할 매우 중요한 시험들이 남아 있다.
C □ 방학 동안 시험들이 있다.

② Patrick의 형은 ...

A □ Patrick과 살고 있다.
B □ 아버지가 되었다.
C □ 외국에 막 정착했다.

③ Patrick은 당신에게 무엇을 제안하는가?

....

④ Patrick에 따르면, ...

A □ 당신은 비행기 표를 사야만 한다.
B □ 그가 당신의 비행기 표 값을 지불할 것이다.
C □ 당신은 당신의 비행기 표 값을 지불할 필요가 없다.

⑤ 당신은 퀘벡에서 무엇을 할 수 있는가?

....

Étape 3 해설에 따라 문제 분석 및 풀이 요령을 익히세요.

문제 분석

여행 제안을 주제로 한 이메일로, 언제 어떤 계기로 여행 계획을 제안하는지 질문할 수 있다. 여행 예정 장소는 어디인지, 왜 그곳을 여행지로 고려하게 되었는지도 확인한다. 여행 비용은 어떻게 마련할 예정인지, 여행지에 도착해서는 어떤 활동을 할 것인지도 파악해야 한다. 마지막으로 여행 제안에 대한 수락 또는 거부 의사를 언제까지 알려 주어야 하는지도 날짜, 요일, 숫자에 주의하여 읽는다.

풀이 요령

1	'Selon ce message,' 즉, '이 메시지에 따르면,'이라고 포괄적으로 질문하므로 보기항의 어휘와 표현을 통해 지문 중 어느 부분에 초점을 맞추어 단서를 찾을지 예상해 본다. 모든 보기항에 'les examens 시험들'이 포함되었으므로 지문에서 시험과 관련된 내용에 집중한다. 'Tes examens finaux se sont bien passés ? 마지막 시험들은 잘 끝났어?'에 따르면 정답은 A.
2	Patrick의 형에 대한 문제이다. Patrick은 'mon grand frère 나의 형'과 관련하여 'Il habite au Québec depuis cinq ans et il s'est marié il y a deux ans. Il m'a envoyé un courriel hier pour annoncer une bonne nouvelle. Je suis enfin devenu oncle ! 그는 5년 전부터 퀘벡에 살고 있는데 2년 전에 결혼했어. 그가 좋은 소식을 알리기 위해 어제 내게 이메일을 보냈어. 나는 마침내 삼촌이 되었어!'라고 말하므로 A와 C는 제외되며, 정답은 B가 된다.
3	Patrick이 이메일을 보낸 용건 즉, 제안의 구체적인 내용을 질문한다. '제안하다'를 의미하는 동사 proposer / inviter가 등장하는 부분에 집중하면 'Il m'a proposé de venir passer quelques jours au Québec. Alors j'aimerais y aller avec toi. 그가 퀘벡에 며칠 지내러 오라고 나에게 제안했어. 그래서 나는 너와 함께 그곳에 가고 싶어.'라고 언급하므로 **Aller au Québec avec lui.**
4	보기항에 모두 'votre billet d'avion 당신의 비행기 표'가 언급되므로 Patrick이 비행기 표와 관련해 어떻게 말하는지 살펴본다. 'Ne t'inquiète pas pour le billet d'avion parce qu'il va m'en envoyer deux. 비행기 표는 걱정하지 마 왜냐하면 형이 나에게 그것을 2장 보내 줄 거야.'에 따르면 정답은 C. 보기 B의 주어는 Patrick의 형이 아니라 Patrick이기에 오답이다.
5	퀘벡에서 무엇을 할 수 있는지 묻는데, 퀘벡 체류 시점은 미래가 될 예정이므로 장소명 Québec과 미래 시제에 초점을 맞춘다. Patrick은 자기와 함께 퀘벡에 가자며 'Il va nous faire visiter des monuments célèbres et on pourra goûter des plats locaux vraiment délicieux. 그는 우리가 유명한 기념물들을 방문하게 해 줄 것이고, 우리는 정말 맛있는 지역 음식들을 맛볼 수 있을 거야.'라고 제안한다. 따라서 정답은 **Visiter des monuments célèbres et goûter des plats locaux vraiment délicieux.**

독해 평가 EXERCICE 2 실전 연습

Étape 1 공략에 따라 EXERCICE 2 연습 문제를 풀어 보세요.

Vous recevez ce message électronique de votre ami français qui habite à Paris.

> Salut,
>
> Ça va ? Voilà, je t'écris ce courriel parce que j'ai une bonne nouvelle à t'annoncer.
>
> Notre université va ouvrir des cours préparatoires pour le DELF pendant cet été. Je sais que tu prépares l'examen du DELF A2 depuis six mois et je pense que c'est une bonne occasion pour toi de réussir cet examen. En plus, les cours se déroulent dans la matinée et tu pourras continuer à faire ton petit boulot au café.
>
> Les professeurs qui donnent ces cours sont des experts du DELF, donc tu pourras avoir beaucoup d'informations grâce à eux. Mais il faut que tu te dépêches parce que qu'il ne doit pas y avoir plus de dix étudiants par cours. Moi aussi, j'ai l'intention de suivre ces cours, alors on pourra s'y inscrire ensemble. Si tu es d'accord, envoie-moi un courriel ce soir pour prendre rendez-vous.
>
> J'attends ta réponse !
>
> Fiona

Répondez aux questions.

① Cet été, ...

A ☐ il y aura des cours obligatoires à l'université.
B ☐ il y aura des examens pour le DELF à l'université.
C ☐ l'université prépare des cours spéciaux pour les étudiants.

② Selon ce document, vous ...

A ☐ ne voulez pas continuer vos études.
B ☐ ne vous intéressez pas du tout au DELF.
C ☐ avez l'intention de passer l'examen du DELF.

③ Pourquoi n'avez-vous pas besoin d'arrêter votre travail ?

....

④ Les professeurs ...

A ☐ n'ont aucun rapport avec le DELF.
B ☐ n'ont pas beaucoup d'expérience du DELF.
C ☐ sont très compétents dans le domaine du DELF.

⑤ Pourquoi devez-vous vous inscrire le plus vite possible ?

....

Étape 2 문제 9의 필수 어휘를 익히고, 해석을 참조하세요.

필수 어휘 **réussir** 합격하다, 성공하다 | **expert** 전문가 | **grâce à** ~덕분에 | **se dépêcher** 서두르다 | **avoir l'intention de** ~할 생각이다 | **s'inscrire** 등록하다 | **rendez-vous (m)** 약속 | **préparer** 준비하다 | **rapport (m)** 관계 | **compétent** 유능한 | **domaine (m)** 분야, 영역

해석

당신은 파리에 살고 있는 프랑스 친구로부터 이 이메일을 받습니다.

안녕,

잘 지내니? 다름이 아니라, 너에게 알려 줄 좋은 소식이 있어서 너에게 이 이메일을 써.

우리 대학교가 이번 여름 동안 델프를 위한 준비 수업을 열 거야. 나는 네가 6개월 전부터 델프 A2 시험을 준비하고 있는 것을 알고 있는데, 너에게 이 시험을 합격할 수 있는 좋은 기회라고 생각해. 게다가, 수업들은 오전 중에 진행되기 때문에 너는 카페에서 아르바이트하는 것을 계속할 수 있을 거야.

이 수업을 가르치는 선생님들은 델프 전문가들이고, 그래서 너는 그들 덕분에 많은 정보들을 얻을 수 있을 거야. 그렇지만 너는 서둘러야 해 왜냐하면 수업당 학생이 10명 이상이면 안 되기 때문이야. 나도 이 수업들을 들을 생각이니까 우리 함께 거기에 등록할 수 있을 거야. 만약 네가 동의하면, 약속을 정하기 위한 이메일을 오늘 저녁에 내게 보내 줘.

네 대답 기다리고 있을게!

Fiona

질문에 답하시오.

1 올 여름, ...

A ☐ 대학교에서 의무 수업이 있을 것이다.
B ☐ 대학교에서 델프 시험이 있을 것이다.
C ☐ 대학교가 학생들을 위한 특별 수업을 준비한다.

2 이 자료에 따르면, 당신은 ...

A ☐ 학업을 지속하기를 원하지 않는다.
B ☐ 델프에 전혀 관심이 없다.
C ☐ 델프 시험을 칠 생각이다.

3 왜 당신은 일을 그만둘 필요가 없는가?

....

4 선생님들은 ...

A ☐ 델프와 아무 관계가 없다.
B ☐ 델프에 대해 경험이 많지 않다.
C ☐ 델프 분야에서 매우 유능하다.

5 왜 당신은 가능한 한 빨리 등록해야 하는가?

....

Étape 3 해설에 따라 문제 분석 및 풀이 요령을 익히세요.

문제 분석

수업을 같이 듣자고 권유하는 내용의 이메일이다. 수업의 주제는 무엇이며 언제, 어디서 수업을 개설하는지 등 주요 사항을 파악한다. 이 수업을 왜 권하는지, 수업은 어떤 장점이 있는지도 확인한다. 수업에 대한 설명서는 수업을 진행하는 선생님들, 수강 인원수 등과 관련된 질문이 출제될 수 있다. 마지막으로 권유에 대한 수락 여부는 어떻게 알릴 것인지, 언제까지 결정을 마쳐야 하는지 등의 내용이 등장할 수 있다.

풀이 요령

1	방학 동안 대학교에서 진행하는 수업 관련 내용이다. 'Notre université va ouvrir des cours préparatoires pour le DELF pendant cet été. 우리 대학교가 이번 여름 동안 델프를 위한 준비 수업을 열 거야.'에 따르면 정답은 C.
2	'Selon ce document,' 즉, '이 자료에 따르면,'이라고 포괄적으로 질문하므로 보기항의 어휘와 표현을 통해 지문 중 어느 부분에 초점을 맞추어 단서를 찾을지 생각해 본다. 보기항에 'DELF 델프'와 'études 학업, 공부'가 등장하므로 시험 및 공부 관련 정보에 집중한다. 'Je sais que tu prépares l'examen du DELF A2 depuis six mois et je pense que c'est une bonne occasion pour toi de réussir cet examen. 나는 네가 6개월 전부터 델프 A2 시험을 준비하고 있는 것을 알고 있는데, 너에게 이 시험을 합격할 수 있는 좋은 기회라고 생각해.'에 따르면 정답은 C.
3	왜 일을 그만둘 필요가 없는지 질문하므로 업무를 나타내는 핵심 어휘 'travail 일' 또는 'petit boulot 아르바이트' 언급에 집중한다. 'En plus, les cours se déroulent dans la matinée et tu pourras continuer à faire ton petit boulot au café. 게다가, 수업들은 오전 중에 진행되기 때문에 너는 카페에서 아르바이트하는 것을 계속할 수 있을 거야.'라고 밝히므로 정답은 **Parce que les cours se déroulent dans la matinée.**
4	수업을 진행하는 'les professeurs 선생님들' 관련 내용을 정확히 파악해야 한다. 'Les professeurs qui donnent ces cours sont des experts du DELF 이 수업을 가르치는 선생님들은 델프 전문가들이다'라고 언급하므로 정답은 C. 정답 문장의 핵심어 'experts 전문가들'이 보기 C의 'très compétents 매우 유능한'의 의미와 부합한다.
5	'le plus vite possible 가능한 한 빨리' 수업에 등록해야 하는 이유를 주관식으로 작성해야 한다. 'Mais il faut que tu te dépêches parce que qu'il ne doit pas y avoir plus de dix étudiants par cours. 그렇지만 너는 서둘러야 해 왜냐하면 수업당 학생이 10명 이상이면 안 되기 때문이야.'에 따르면 정답은 **Parce que le cours ne doit pas avoir plus de 10 étudiants.**

독해 평가 EXERCICE 2 실전 연습

Étape 1 공략에 따라 EXERCICE 2 연습 문제를 풀어 보세요.

문제 10

Vous recevez ce message électronique de votre ami français qui habite à Paris.

Salut,

J'ai bien reçu ton courriel. Ça va ? Tu t'es bien installé en province ? Et ton nouveau travail ? Tu t'entends bien avec tes collègues de bureau ? J'étais triste quand tu as déménagé à la campagne en raison de ta santé. Mais après tout, la santé est la plus importante, n'est-ce pas ? J'accepte ton invitation avec plaisir. J'aimerais passer quelques jours avec toi. J'ai rencontré Paul hier et je lui ai parlé de ton invitation. Comme il souhaite aussi te voir avec impatience, je voudrais venir chez toi avec lui si tu es d'accord. Tu n'as pas besoin de venir à la gare pour nous chercher, car Paul a acheté une voiture et on y va avec. J'aimerais faire des activités sportives avec toi et on pourra goûter des plats locaux en prenant un verre.

Écris-moi vite !

Roland

Répondez aux questions.

1. Dans son message, Roland ...

   A ☐ vous demande de vos nouvelles.
   B ☐ vous donne de ses nouvelles.
   C ☐ veut avoir des nouvelles de Paul.

2. Selon ce message, ...

   A ☐ vous étiez malade.
   B ☐ vous n'aviez aucun problème de santé.
   C ☐ Roland était content que vous ayez déménagé.

3. Pourquoi Paul a-t-il envie de venir chez vous ?

   ....

4. Roland ne vient pas chez vous en train car ...

   A ☐ il a peur du train.
   B ☐ le billet de train coûte cher.
   C ☐ il va prendre la voiture de Paul.

5. Qu'est-ce que Roland veut faire en plus des activités sportives ?

   ....

Étape 2 문제 10의 필수 어휘를 익히고, 해석을 참조하세요.

필수 어휘 **s'installer** 정착하다, 거주하다 | **province (f)** 지방 | **triste** 슬픈 | **déménager** 이사하다 | **campagne (f)** 시골 | **avec plaisir** 기꺼이 | **souhaiter** 바라다 | **santé (f)** 건강 | **voiture (f)** 자동차 | **plat (m)** 음식

해석

당신은 파리에 살고 있는 프랑스 친구로부터 이 이메일을 받습니다.

안녕,

너의 이메일을 잘 받았어. 잘 지내? 지방에 잘 정착했어? 그리고 너의 새 일은? 사무실 동료들과 잘 지내니? 네가 건강 때문에 시골로 이사를 했을 때, 나는 슬펐어. 그렇지만 결국 건강이 가장 중요하지, 안 그래? 나는 기꺼이 너의 초대를 수락해. 너와 함께 며칠을 보내고 싶어. 어제 Paul을 만나서 그에게 너의 초대에 대해 말했어. 그도 너를 애타게 보기를 원하기 때문에 만약 네가 동의한다면 나는 그와 함께 너의 집에 가고 싶어. 우리를 찾으러 역에 나올 필요는 없어. 왜냐하면 Paul이 차를 샀는데 우리는 그의 차로 그곳에 갈 거야. 너와 함께 스포츠 활동들을 하고 싶어. 그리고 우리는 한잔 하면서 지역 음식을 맛볼 수 있을 거야.

빨리 내게 편지 써!

Roland

질문에 답하시오.

1 그의 메시지에서, Roland은 ...

A ☐ 당신에게 당신의 소식을 묻는다.
B ☐ 당신에게 그의 소식을 전한다.
C ☐ Paul의 소식을 알고 싶어한다.

2 이 메시지에 따르면, ...

A ☐ 당신은 아팠다.
B ☐ 당신은 건강에 아무 문제가 없었다.
C ☐ Roland은 당신이 이사한 것에 대해 만족했다.

3 왜 Paul은 당신 집에 오고 싶어하는가?

....

4 Roland은 기차로 당신 집에 오지 않는데 왜냐하면 ...

A ☐ 그는 기차를 무서워하기 때문이다.
B ☐ 기차표가 비싸기 때문이다.
C ☐ 그는 Paul의 차를 탈 것이기 때문이다.

5 Roland은 스포츠 활동들과 더불어 무엇을 하기를 원하는가?

....

Étape 3 해설에 따라 문제 분석 및 풀이 요령을 익히세요.

문제 분석

이사 간 예전 직장 동료의 초대를 수락하는 Roland의 이메일이다. 문제에서는 수신자 즉, 예전 동료가 이사 간 이유에 대해 질문할 수 있으며 이사 간 지방에서의 생활 관련 내용 역시 출제 가능하다. 초대를 수락한 경우 방문 시 동행이 있는지도 확인하며 읽는다. 방문에 필요한 교통편은 무엇인지, 동료와 만나서 그는 어떤 활동을 할 예정인지, 맛보고 싶은 음식은 무엇인지 등 여행지 관련 정보에도 유의한다.

풀이 요령

1	보기항을 먼저 읽어 Roland이 누구에게 소식을 묻고 있으며, 누구와 관련한 소식을 궁금해하는지 정확히 파악해야 한다. 메일 앞부분에 'Ça va ? Tu t'es bien installé en province ? Et ton nouveau travail ? Tu t'entends bien avec tes collègues de bureau ? 잘 지내? 지방에 잘 정착했어? 그리고 너의 새 일은? 사무실 동료들과 잘 지내니?'라고 두루 질문을 던지며 수신자의 안부를 묻고 있다. 그러므로 정답은 A.
2	'Selon ce message,' 즉, '이 메시지에 따르면,'이라고 포괄적으로 질문하므로 보기항의 어휘와 표현을 통해 단서를 찾아본다. 보기항에 수신자의 건강 문제 및 Roland은 수신자의 이사에 대해 만족했다는 내용이 등장하므로, 이에 초점을 맞춰 살펴본다. 'J'étais triste quand tu as déménagé à la campagne en raison de ta santé. Mais après tout, la santé est la plus importante, n'est-ce pas ? 네가 건강 때문에 시골로 이사를 했을 때, 나는 슬펐어. 그렇지만 결국 건강이 가장 중요하지, 안 그래?'에 따라 정답은 A.
3	왜 Roland의 친구 Paul이 당신의 집에 Roland과 함께 방문하고 싶어하는지 이유를 묻고 있다. Paul의 이름은 다른 단어로 대체될 수 없으므로 Paul 관련 언급 부분에 주의를 기울인다. 'Comme il souhaite aussi te voir avec impatience, je voudrais venir chez toi avec lui si tu es d'accord. 그도 너를 애타게 보기를 원하기 때문에 만약 네가 동의한다면 나는 그와 함께 너의 집에 가고 싶어.'라고 이유가 제시되므로 정답은 **Parce qu'il souhaite aussi me voir avec impatience**.
4	기차 또는 기차역 관련 언급에 이어지는 내용에 주목한다. 'Tu n'as pas besoin de venir à la gare pour nous chercher, car Paul a acheté une voiture et on y va avec. 우리를 찾으러 역에 나올 필요는 없어. 왜냐하면 Paul이 차를 샀는데 우리는 그의 차로 그곳에 갈 거야.'에 따르면 정답은 C.
5	Roland이 도착해서 스포츠 활동들과 더불어 무엇을 하고 싶어하는지 묻고 있다. 'J'aimerais faire des activités sportives avec toi et on pourra goûter des plats locaux en prenant un verre. 너와 함께 스포츠 활동들을 하고 싶어. 그리고 우리는 한잔 하면서 지역 음식을 맛볼 수 있을 거야.'라고 제안했으므로 정답은 **Goûter des plats locaux en prenant un verre**.

EXERCICE 3

메시지, 이메일, 웹 사이트 포스팅 등의 형식으로 제시된 글을 읽고 올바로 이해했는지 질문한다. 특정 주제와 관련된 안내, 사용법, 주의 사항, 지시 및 당부 등의 내용이 주로 제시되며 간단한 신문 기사 형식의 글이 주어지는 경우도 있다. 지문의 길이가 상대적으로 길어서 많은 응시자들이 부담을 느끼나, 지문의 양에 비례하여 정답의 단서도 풍부하게 주어졌다고 생각하며 차분하게 풀어 나가는 것이 중요하다.

독해 평가

EXERCICE 3 완전 공략

1 핵심 포인트

4개 EXERCICE 중 난이도는 중간 단계에 해당하며 대부분 객관식 3문항, 주관식 2문항으로 출제된다. 지문이 길어지는 만큼 반드시 문제를 먼저 읽고, 판단해야 할 핵심 정보가 위치한 문단을 빠르게 파악하는 것이 관건이다.

2 빈출 주제

다양한 주제를 바탕으로 안내, 주의, 지시 등이 주어지고 질문에 답하는 방식으로 이루어진다. 다소 난이도가 있는 신문 기사, 웹 사이트 포스팅 형식의 글이 출제되기도 한다.

3 고득점 전략

(1) 문제를 제대로 이해하지 못하면 소용없다.

EXERCICE 3의 경우 상당수의 응시자들이 EXERCICE 2보다 다소 길어진 지문에 부담을 느낀다. 하지만 문제를 제대로 파악하지도 못한 상태에서 지문 해석에 돌입한다면 결과는 대부분 좋지 못하다. 지문에 제시된 정보의 양이 꽤 많은 편이므로 지문을 읽기 전 문제에서 요구하는 사항들부터 제대로 확인한 후 지문을 독해해야 정답의 단서를 효율적으로 파악할 수 있다.

(2) 의문사로 난이도를 파악하여 시간을 조절한다.

분명 한 번에 답을 고르기 어려운 문제가 존재할 것이다. 잘 안 풀리는 문제에 계속 집중하다가는 시간만 허비되고, 결과적으로 시험이 진행될수록 초조함과 압박감에 시달려 이어지는 시험에 전체적으로 부정적인 영향을 받을 수 있다. 따라서 다소 시간이 걸릴 것 같은 문제는 잠시 보류하고 빨리 다음 문제로 넘어가는 것도 요령이다. 문제에 제시된 의문사에 따라 풀이의 순서를 정하는 것도 시간 단축 방법이 될 수 있다. 'que 무엇을', 'qui 누가', 'quand 언제'. 'où 어디'로 시작한다면 비교적 손쉽게 단서를 파악할 수 있는 경우가 대부분인 반면 'pourquoi 왜', 'comment 어떻게'로 시작하는 질문은 보다 신중한 판단이 필요한 경우가 대부분이기 때문이다.

(3) 지문도 문제도 모르겠다면, 그래도 방법은 있다.

만일 전혀 내용 파악이 안 되고, 모르는 단어가 대부분인데 시간마저 부족한 상황이라도 EXERCICE 3의 6점을 버릴 순 없다. 문제 순서는 지문 내용 전개 순서와 일치하며 A2 단계 특성상 문제에 등장한 어휘를 지문에서 다른 어휘로 대체시킬 수 있는 범위는 매우 한정적이다. 그러므로 최후의 수단이 필요한 경우, 객관식은 최대한 지문의 문장과 일치하는 글자가 많은 보기항을 고른다. 주관식은 문제에 있는 어휘를 지문에서 찾아 그 어휘가 포함된 문장들을 적으면 정답에 가까울 확률이 높다.

독해 평가 EXERCICE 3 실전 연습

Étape 1 공략에 따라 EXERCICE 3 연습 문제를 풀어 보세요.

문제 1

Vous êtes professeur privé et vous recevez ce message.

Bonjour,

Je m'appelle Madame Sylvie et je travaille pour l'institut de langues E-langues. Je vous envoie ce message pour savoir si vous êtes libre à partir du premier juillet jusqu'au 31 août pour donner des cours spéciaux aux étudiants étrangers. Voici le programme de ces cours ;

- cours pour débutants : grammaire et vocabulaire, le lundi et le mercredi de 9 h à 11 h.
- cours de conversation : dialogues quotidiens, le lundi et le mercredi de 13 h à 15 h.
- cours préparatoires : DELF A1 et A2, le jeudi et le vendredi de 9 h à 11 h.
- cours intensifs : DELF B1, tous les samedis de 13 h à 18 h.

Je vous remercie d'avance de me rappeler au 06 21 58 62 10 ou de m'envoyer un courriel pour me dire si vous acceptez notre proposition.

Cordialement,

Madame Sylvie

Répondez aux questions.

1 Madame Sylvie vous envoie ce message pour vous ...

A ☐ donner un rendez-vous.
B ☐ demander votre disponibilité.
C ☐ inviter à un événement dans son institut.

2 Qui va suivre ces cours ?

....

3 Il s'agit d'un travail de ...

☐ A

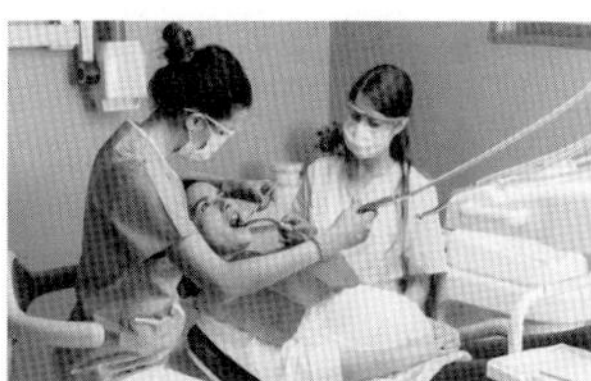

☐ B

☐ C

4 Selon le programme, vous ...

A ☐ travaillez le jeudi soir.
B ☐ travaillez le samedi matin.
C ☐ ne travaillez pas le lundi soir.

5 Combien de jours par semaine allez-vous travailler ?

....

Étape 2 문제 1의 필수 어휘를 익히고, 해석을 참조하세요.

필수 어휘 **privé** 사립의, 개인의 | **institut (m)** 학원 | **envoyer** 보내다 | **libre** 자유로운, 한가한 | **grammaire (f)** 문법 **dialogue (m)** 대화 | **quotidien** 일상의 | **d'avance** 미리 | **proposition (f)** 제안 | **événement (m)** 행사

해석

당신은 개인 교사이고 이 메시지를 받습니다.

안녕하세요,

제 이름은 Sylvie이고 E-langues 학원에서 일하고 있습니다. 당신이 7월 1일부터 8월 31일까지 외국인 학생들에게 특별 수업을 하기 위한 시간이 되는지 알아보기 위해 이 메시지를 보냅니다. 이것이 이 수업들의 프로그램입니다;

- 초보자를 위한 수업: 문법과 어휘, 매주 월요일과 수요일 9시부터 11시까지.
- 회화 수업: 일상 회화, 매주 월요일과 수요일 13시부터 15시까지.
- 준비 수업: 델프 A1과 A2, 매주 목요일과 금요일 9시부터 11시까지.
- 집중 수업: 델프 B1, 매주 토요일 13시부터 18시까지.

만약 당신이 우리의 제안을 받아들인다면, 06 21 58 62 10으로 제게 전화해 주시거나, 메일을 보내 제게 말해 주시는 것에 미리 감사드립니다.

진심을 담아,

Sylvie

질문에 답하세요.

❶ Sylvie씨는 당신에게 ... 위해 이 메시지를 보냅니다.

A ☐ 약속을 잡기
B ☐ 당신의 시간이 가능한지 묻기
C ☐ 학원 행사에 초대하기

❷ 누가 이 수업을 들을 것인가?

....

❸ ... 일에 관한 것이다.

☐ A

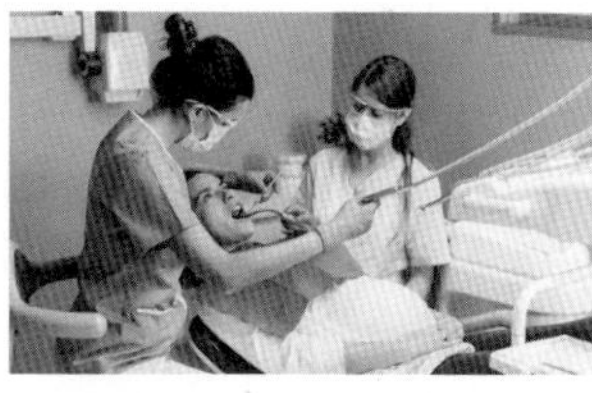
☐ B

☐ C

❹ 프로그램에 따르면, 당신은 ...

A ☐ 매주 목요일 저녁에 일한다.
B ☐ 매주 토요일 아침에 일한다.
C ☐ 매주 월요일 저녁에 일하지 않는다.

❺ 당신은 일주일에 며칠을 일하게 되는가?

....

Étape 3 해설에 따라 문제 분석 및 풀이 요령을 익히세요.

문제 분석

학원 수업에 대해 안내 및 제안하는 이메일이다. 먼저 해당 메시지를 보낸 사람 즉, 메일 발신자와 관련하여 무슨 용건으로 메일을 보냈는지 출제될 수 있다. 수업 프로그램 안내를 주 내용으로 하므로 전체 수업 일수, 과목명, 과목에 따라 수업 요일 및 시간, 알맞은 수강 대상 등 세부 내용도 질문할 수 있다. 마지막으로 수락 여부를 결정해 답신을 줄 것을 요청하는 경우, 답신을 보낼 연락 수단을 객관식으로 고르거나 주관식으로 작성하라고 요구할 수 있다.

풀이 요령

1	이메일 도입부는 보통 이름을 나타내는 'Je m'appelle ~' 문장으로 시작하여 바로 이어서 메시지를 보낸 목적을 언급하는 경우가 대부분이다. Madame Sylvie 역시 자신의 이름과 소속을 밝힌 다음 'Je vous envoie ce message pour savoir si vous êtes libre à partir du premier juillet jusqu'au 31 août pour donner des cours spéciaux aux étudiants étrangers. 당신이 7월 1일부터 8월 31일까지 외국 학생들에게 특별 수업을 하기 위한 시간이 되는지 알아보기 위해 이 메시지를 보냅니다.'라고 용건을 말하므로 정답은 B.
2	수업을 듣는 대상을 묻고 있다. Madame Sylvie가 개설하고자 하는 수업은 'pour donner des cours spéciaux aux étudiants étrangers 외국인 학생들에게 특별 수업을 하기 위한'에 따르면 외국인 학생들을 위한 과정이므로 정답은 **Étudiants étrangers**.
3	이메일 전반의 내용이 무엇에 관한 것인지 질문하므로 주제를 나타내는 사진을 선택해야 한다. 안내하는 모든 프로그램과 진행 요일, 시간, 대상 등이 모두 'cours 수업'에 대한 설명이므로 정답은 'professeur 선생님'이 등장한 A.
4	모든 보기항에서 'travailler 일하다'와 요일을 나타내는 표현이 등장하므로 요일별로 일과 관련해 무슨 내용이 언급되는지 꼼꼼히 비교해 가며 읽어야 한다. 월요일와 수요일에는 오전에 초보자를 위한 수업, 오후에 회화 수업이 있다. 시험 준비반은 목요일과 금요일 오전에 수업이 있고 집중 수업은 토요일 오후에 이루어진다. 따라서 정답은 C.
5	일주일 중 'combien de jours 며칠'을 일하는지 질문한다. 본문에 수업일로 등장한 요일은 'lundi 월요일', 'mercredi 수요일', 'jeudi 목요일', 'vendredi 금요일', 'samedi 토요일' 총 5일이므로 정답은 **5 jours**.

독해 평가 EXERCICE 3 실전 연습

Étape 1 공략에 따라 EXERCICE 3 연습 문제를 풀어 보세요.

문제 2

Vous travaillez à Paris comme guide et vous recevez ce message.

Bonjour,

Je m'appelle M. Martin et je travaille pour l'agence de voyage Gotour. Nous avons un groupe de touristes qui arrive ce dimanche. Alors je vous envoie ce courriel pour savoir si vous pouvez vous charger de ce groupe. Voici le programme de ce voyage :

- dimanche : Venir à l'aéroport jusqu'à 20 h pour les accueillir et les accompagner à l'hôtel.
- lundi : Visite de la tour Eiffel (en 2 heures) et de l'Arc de Triomphe (en 1 h), déjeuner au restaurant français. Promenade sur la Seine (Bateaux Mouches en 1 h) dans l'après-midi. Visite du quartier Montmartre (en 2 h).
- mardi : Visite du musée du Louvre (pendant la matinée), déjeuner au buffet, visite de château de Versailles (en 3 h). Shopping (en 1 h).
- mercredi : Accompagner le groupe à l'aéroport avant 10 h.

Je vous remercie d'avance de me rappeler au 06 14 21 01 98 ou de m'envoyer un courriel pour me dire si vous acceptez notre proposition.

Au revoir,

M. Martin

Répondez aux questions.

1 M. Martin vous envoie ce message pour vous ...

A ☐ donner un rendez-vous.
B ☐ proposer un nouvel emploi.
C ☐ demander votre disponibilité.

2 Il s'agit d'un travail de ...

☐ A ☐ B ☐ C

3 Selon ce programme, les touristes ...

A ☐ goûtent des plats français lundi.
B ☐ visitent des monuments ce dimanche.
C ☐ font une promenade sur la Seine le soir.

4 Qu'est-ce que vous devez faire mardi dans la matinée ?

....

5 Quelle est votre dernière tâche ?

A ☐ Aller à l'aéroport.
B ☐ Accompagner les touristes au magasin.
C ☐ Faire visiter les monuments aux touristes .

Étape 2 문제 2의 필수 어휘를 익히고, 해석을 참조하세요.

필수 어휘 **guide (m)** 안내인, 가이드 | **agence (f)** 대리점 | **se charger** 맡다 | **accueillir** 맞이하다
accompagner 동반하다 | **après-midi** 오후 | **quartier (m)** 동네, 구역
matinée (f) 오전 | **tâche (f)** 임무, 일

해석

당신은 파리에서 가이드로 일하고 있는데 이 메시지를 받습니다.

안녕하세요,

제 이름은 Martin이고 Gotour 여행사에서 근무하고 있습니다. 우리는 이번 주 일요일에 도착하는 관광객 그룹이 있습니다. 그래서 당신이 이 그룹을 맡을 수 있는지를 알기 위해 이 이메일을 보냅니다. 이것이 이 여행 프로그램입니다:

- 일요일: 20시까지 공항에 가서 이들을 맞이하고, 호텔까지 인솔하기.
- 월요일: 에펠탑(2시간)과 개선문(1시간) 방문, 프랑스 식당에서 점심 식사. 오후에 센강 산책 (바또 무슈 1시간). 몽마르트르 지역 방문(2시간).
- 화요일: 루브르 박물관 방문 (아침 동안에), 뷔페 점심 식사, 베르사유 궁전 방문(3시간). 쇼핑 (1시간).
- 수요일: 10시 전에 공항에 그룹 인솔하기.

만약 당신이 우리의 제안을 받아들인다면, 06 14 21 01 98로 제게 전화 주시거나, 메일을 보내 제게 말해 주시는 것에 미리 감사드립니다.

안녕히 계세요,

Martin

질문에 답하세요.

❶ Martin씨는 당신에게 ... 위해 이 메시지를 보낸다.

A ☐ 약속을 잡기
B ☐ 새로운 일자리를 제안하기
C ☐ 당신의 시간이 가능한지 물어보기

❷ ... 일에 관한 것이다.

☐ A ☐ B ☐ C

❸ 이 프로그램에 따르면, 관광객들은 ...

A ☐ 월요일에 프랑스 음식을 맛본다.
B ☐ 이번 주 일요일에 기념물을 방문한다.
C ☐ 저녁에 센강을 산책한다.

❹ 당신은 화요일 아침 동안에 무엇을 해야 하는가?

....

❺ 당신의 마지막 임무는 무엇인가?

A ☐ 공항에 가는 것
B ☐ 관광객들을 상점까지 인솔하는 것
C ☐ 관광객들이 기념물을 방문하게 하는 것

Étape 3 해설에 따라 문제 분석 및 풀이 요령을 익히세요.

문제 분석

여행 가이드 업무를 제안하는 이메일이다. 먼저 보내는 사람과 받는 사람의 관계 및 용건을 파악해야 한다. 관광객들을 안내하는 업무를 용건으로 하므로 관광 기간, 관광 일정, 담당 업무 범위 등 관련 정보가 주어진다. 요일별로 방문할 장소 등 여행 일정 설명과 관련된 세부 정보 역시 출제될 수 있다. 마지막으로 만약 업무 제안을 수락한다면 어떻게 연락을 주어야 하는지도 놓쳐서는 안 된다.

풀이 요령

1	Martin씨가 이메일을 보낸 목적을 묻고 있다. 도입부에서 이름을 나타내는 'Je m'appelle M. Martin 제 이름은 Martin입니다'로 자신을 소개하며 바로 메시지를 보낸 목적을 언급하고 있다. 'Alors je vous envoie ce courriel pour savoir si vous pouvez vous charger de ce groupe. 그래서 당신이 이 그룹을 맡을 수 있는지를 알기 위해 이 이메일을 보냅니다.'가 주된 용건이므로 정답은 C.
2	메시지에서 설명하는 일이 무엇에 관한 것인지 질문한다. 메시지가 시작되기 전 지시문에서 당신은 파리에서 'guide 가이드'로 일하고 있는 설정을 알 수 있으며, Martin씨가 보낸 제안 역시 'un groupe de touristes 관광객 그룹'을 안내하고 파리의 각종 명소를 들르는 여행 프로그램 진행이므로 정답은 A가 된다.
3	관광객들이 즐길 여행 프로그램의 내용으로 옳은 설명을 골라야 한다. 필히 문제부터 읽어야 하는 유형으로, 보기 항부터 훑어보면 요일별 프로그램 내용을 꼼꼼히 살펴야 함을 알 수 있다. 월요일에 'déjeuner au restaurant français 프랑스 식당에서 점심 식사'를 하므로 정답은 A. 일요일은 관광객들이 공항으로 입국하여 호텔에 도착하는 날이고, 센강 산책은 월요일 오후에 이루어지므로 보기 B와 C는 오답이다.
4	'mardi dans la matinée 화요일 아침' 동안에 무엇을 하는지 질문한다. 화요일에 진행할 프로그램은 'Visite du musée du Louvre (pendant la matinée), déjeuner au buffet, visite de château de Versailles (en 3 h). Shopping (en 1 h). 루브르 박물관 방문 (아침 동안에), 뷔페 점심 식사, 베르사유 궁전 방문(3시간), 쇼핑(1시간).'이므로 아침 동안의 활동은 루브르 박물관 방문 즉, **Visite du musée du Louvre.**가 된다.
5	프로그램에서 'dernière tâche 마지막 임무'는 무엇인지 파악해야 하므로 프로그램 설명의 마무리 부분에 주목한다. 마지막 날인 수요일에 해야 할 일은 'Accompagner le groupe à l'aéroport avant 10 h. 10시 전에 공항에 그룹 인솔하기.'이므로 정답은 A.

독해 평가 EXERCICE 3 실전 연습

Étape 1 공략에 따라 EXERCICE 3 연습 문제를 풀어 보세요.

문제 3

Vous travaillez dans une société française et vous recevez ce message de votre collègue de bureau.

Salut,

Comme je te l'ai dit la semaine dernière, je serai en vacances pendant deux semaines à partir du 15 août. Le directeur du bureau m'a téléphoné avant-hier et il m'a dit que tu vas t'occuper de mes affaires de bureau pendant ce temps-là. Alors je vais te dire ce que tu dois faire pendant mon absence.

Tout d'abord, tu dois téléphoner à mes clients pour leur annoncer que c'est toi qui te charges de mes affaires. Pour cela, je vais t'envoyer la liste des clients et leur numéro de téléphone. Et puis, vérifie de temps en temps mes courriers (je vais laisser la clé sur ma table). Je te demande encore une petite chose. Tu trouveras mon pot de fleurs près de la fenêtre du bureau : arrose-le deux fois par semaine, s'il te plaît !

Si tu as des problèmes, appelle-moi sans hésiter n'importe quand. Je pense qu'il vaut mieux faire une réunion pour parler des points nécessaires demain après le travail. On pourra se parler en prenant un verre.

Merci,

Fabien

Répondez aux questions.

1 À partir de quand est-ce que Fabien n'est pas au bureau ?

....

2 Fabien vous écrit ce courriel pour ...

A ☐ proposer un travail.
B ☐ annoncer une bonne nouvelle.
C ☐ parler de ce que vous allez faire.

3 À qui est-ce que vous devez téléphoner ?

....

4 De quel objet devez-vous vous occuper pendant l'absence de Fabien ?

☐ A

☐ B

☐ C

5 Fabien propose de se rencontrer ...

A ☐ le matin.
B ☐ l'après-midi.
C ☐ le soir.

Étape 2 문제 3의 필수 어휘를 익히고, 해석을 참조하세요.

필수 어휘 **directeur** (조직, 업무의) 장(長), 상사 | **s'occuper de** ~을(를) 맡다, 돌보다 | **absence (f)** 부재
affaire (f) 일 | **courrier (m)** 우편물 | **fenêtre (f)** 창 | **appeler** 부르다, 전념하다 | **nécessaire** 필요한

해석

당신은 프랑스 회사에서 근무하는데 사무실 동료로부터 이 메시지를 받습니다.

안녕,
내가 너에게 지난주에 말했던 것처럼, 나는 8월 15일부터 2주 동안 휴가일 예정이야. 부장님이 그저께 나에게 전화해서 이 기간 동안 네가 사무실 나의 일들을 맡게 될 거라고 말했어. 그래서 내가 없는 동안, 네가 해야 할 것을 너에게 말해 줄게.
무엇보다도 우선, 네가 내 일을 맡게 되었다는 것을 알리기 위해 내 고객들에게 전화를 해야 해. 이를 위해, 내가 너에게 고객 명단과 전화번호를 보낼 거야. 그리고 가끔 내 우편들을 확인해 줘 (내 책상 위에 열쇠를 놔둘게). 그리고 너에게 작은 것 하나 더 부탁해: 사무실 창가 근처에 있는 내 화분을 볼 수 있을 텐데, 일주일에 두 번 물을 줘, 부탁해!
만약 문제가 생기면, 아무 때나 주저 말고 내게 전화해 줘. 내일 일 끝나고 필요한 점들에 대해 말하기 위한 미팅을 갖는 게 더 낫다고 생각해. 한잔 하면서 서로 이야기할 수 있을 거야.
고마워,
Fabien

질문에 답하세요.

① 언제부터 Fabien은 사무실에 없는가?

② Fabien은 ... 위해 이 이메일을 당신에게 쓴다.

A ☐ 일을 제안하기
B ☐ 좋은 소식을 알려 주기
C ☐ 당신이 해야 하는 것에 대해 말하기

③ 당신은 누구에게 전화를 해야 하는가?

④ Fabien의 부재 동안 당신은 어떤 물건을 돌봐야만 하는가?

☐ A ☐ B ☐ C

⑤ Fabien은 ... 서로 만나자고 제안한다.

A ☐ 아침에
B ☐ 오후에
C ☐ 저녁에

Étape 3 해설에 따라 문제 분석 및 풀이 요령을 익히세요.

문제 분석

휴가 중 업무 인수인계를 용건으로 하는 이메일이다. 메시지의 앞부분에서는 보내는 사람 즉, Fabien의 휴가 종류와 기간을 먼저 알릴 가능성이 높다. Fabien이 휴가 기간 동안 자신의 업무에 공백이 생기지 않도록 인수자가 무엇을 해야 하는지 하나하나 설명하므로 관련 구체적인 정보를 묻는 문제가 출제될 수 있다. 마지막으로 휴가 기간 동안 혹시라도 문제가 생길 경우에는 어떻게 해야 하는지, 추가 설명이 필요한 부분은 어떻게 마저 의논할 것인지도 질문할 수 있다.

풀이 요령

1	Fabien의 휴가가 시작되는 시점을 질문하고 있다. 'Comme je te l'ai dit la semaine dernière, je serai en vacances pendant deux semaines à partir du 15 août. 내가 너에게 지난주에 말했던 것처럼, 나는 8월 15일부터 2주 동안 휴가일 예정이야.'에 따르면 Fabien이 사무실에 부재하기 시작하는 때는 **À partir du 15 août**.
2	메일을 보낸 이유를 'pour ~하기 위해' 문형으로 질문한다. Fabien은 휴가를 갈 예정으로 'Alors je vais te dire ce que tu dois faire pendant mon absence. 그래서 내가 없는 동안, 네가 해야 할 것을 너에게 말해 줄게.'라고 메일을 보낸 목적을 밝힌다. 따라서 정답은 **C**.
3	당신이 누구에게 'devez téléphoner 전화해야 한다'고 말하는지 파악해야 하므로 지문에서 téléphoner가 언급되는 부분에 집중한다. 'Tout d'abord, tu dois téléphoner à mes clients pour leur annoncer que c'est toi qui te charges de mes affaires. 무엇보다도 우선, 네가 내 일을 맡게 되었다는 것을 알리기 위해 내 고객들에게 전화를 해야 해.'라고 당부하므로 정답은 **Les clients de Fabien**.
4	Fabien이 자리를 비운 동안 무엇을 돌보아야 하는지 질문한다. 'Tu trouveras mon pot de fleurs près de la fenêtre du bureau : arrose-le deux fois par semaine, s'il te plaît ! 사무실 창가 근처에 있는 내 화분을 볼 수 있을 텐데, 일주일에 두 번 물을 줘, 부탁해!'에 따르면 정답은 **A**.
5	Fabien이 아침, 오후, 저녁 중 언제 'se rencontrer 서로 만나자'고 제안하는지 관련 내용에 집중한다. 지문 내용 전개 순서와 문제 순서가 대부분 일치하므로 이메일의 마무리 부분을 살펴보면 'Je pense qu'il vaut mieux faire une réunion pour parler des points nécessaires demain après le travail. 내일 일 끝나고 필요한 점들에 대해 말하기 위한 미팅을 갖는 게 더 낫다고 생각해.'라고 제안하므로 정답은 **C**.

Étape 1 공략에 따라 EXERCICE 3 연습 문제를 풀어 보세요.

문제 4

Vous lisez ces informations sur un site Internet.

Comment faire la demande de visa « vacances travail » ?

La demande de visa doit être faite auprès de la représentation diplomatique ou consulaire en France de la destination d'accueil.

Le visa de long séjour à entrées multiples qui vous sera délivré est valable un an.
À l'exception de l'Australie et de la Nouvelle-Zélande, le nombre de participants à ce programme est limité et fixé chaque année entre les pays participants.

Les conditions à remplir
- être âgé de 18 à 30 ans révolus à la date du dépôt de la demande de visa (35 ans pour le Canada) ;
- ne pas être accompagné d'enfants à charge ;
- être titulaire d'un passeport français en cours de validité ;
- disposer de ressources financières nécessaires pour subvenir aux besoins au début du séjour. Le montant minimal des ressources est fixé chaque année par les États signataires.
- le cas échéant, fournir une lettre de motivation, voire un curriculum vitae ;
- justifier de la possession d'une assurance privée couvrant tous les risques liés à la maladie pour la durée du séjour.

<http://fr.wikihow.com>

Répondez aux questions.

1 Ce document s'adresse à ...

A ☐ des Français qui veulent vivre dans un autre pays.
B ☐ des personnes qui souhaitent travailler dans un pays étranger.
C ☐ des entreprises étrangères qui cherchent des étudiants français.

2 Selon ce document, ...

A ☐ certains pays acceptent des participants sans limite.
B ☐ tous les participants peuvent travailler sans avoir de visa de long séjour.
C ☐ le nombre de candidats n'est pas limité dans tous les pays participants.

3 Vous ne devez pas partir avec ...

☐ A  ☐ B  ☐ C

4 Que fixent les États signataires chaque année ?

....

5 Qu'est-ce que vous devez avoir contre les maladies ?

....

Étape 2 문제 4의 필수 어휘를 익히고, 해석을 참조하세요.

필수 어휘 **vacances travail** 워킹 홀리데이 | **diplomatique** 외교상의 | **consulaire** 영사의
entrée (f) 들어가기, 출입 | **multiple** 다양한 | **délivrer** 발급하다 | **valable** 유효한
participant 참가자 | **révolu** 만기된 | **validité (f)** 유효성 | **ressource (f)** 재력 | **échéant** 만기가 된
curriculum vitae (m) 이력서 | **justifier** ~을(를) 증명하다 | **assurance (f)** 보험

해석

당신은 인터넷 사이트에서 이 정보들을 읽습니다.

'워킹 홀리데이' 비자 신청은 어떻게 하는가?

비자 신청은 가고자 하는 나라의 프랑스 외교부 또는 영사관에서 이루어진다.

당신에게 발급되는 다양한 목적의 입국을 위한 장기 체류 비자는 일 년 동안 유효하다.
오스트레일리아와 뉴질랜드를 제외하고, 참가국 간에 매년 이 프로그램의 참가자 수는 제한되고 고정된다.

충족시켜야 할 조건들
- 비자 신청일을 기하여 만18세부터 30세까지 (캐나다의 경우 35세);
- 부양할 자녀들을 동반하지 않을 것;
- 유효한 프랑스 여권을 가질 것;
- 체류 초기에 필요한 것들의 비용을 대기 위한 필수 재정 수입을 가질 것. 최소 수입 금액은 매년 가입 국가들에 의해 정해짐.
- 만기된 경우, 이력서와 함께 지원 동기서를 제출할 것;
- 체류 기간에 질병과 관련한 모든 위험을 처리해 줄 사보험이 있다는 것을 증명할 것.

<http://fr.wikihow.com>

질문에 답하세요.

1 이 자료는 ... 에 해당된다.

A ☐ 다른 나라에 살기를 원하는 프랑스인들
B ☐ 외국에서 일하고 싶어하는 사람들
C ☐ 프랑스 학생들을 찾는 외국 기업들

2 이 자료에 따르면, ...

A ☐ 몇몇 나라는 제한 없이 지원자들을 받아들인다.
B ☐ 모든 지원자들은 장기 체류 비자 없이 일할 수 있다.
C ☐ 지원자들의 수는 모든 참가국들 간에 제한이 없다.

3 당신은 ...와(과) 함께 떠나면 안 된다.

☐ A ☐ B ☐ C

4 가입 국가들은 매년 무엇을 정하는가?

....

5 질병들에 대비하여 당신은 무엇을 가지고 있어야 하는가?

....

Étape 3 해설에 따라 문제 분석 및 풀이 요령을 익히세요.

문제 분석

워킹 홀리데이 프로그램과 그에 필요한 비자 발급에 관해 안내하는 내용이다. 공문서와 관련된 안내문은 주관하는 기관, 발급에 필요한 절차, 유효 기간 등 가장 기본적인 사항을 파악했는지 묻는 문제가 반드시 출제된다. 구체적으로 나열되는 비자 발급 조건들과 만약 일부 예외 조항이 있다면 무엇인지도 확인하며 읽어야 한다.

풀이 요령

1	안내 정보를 필요로 하는 사람들은 누구인지 구체적으로 파악해야 한다. 지문 내용 전개 순서와 문제 순서는 대부분 일치하므로 이메일 시작 부분에 유의한다. 'Comment faire la demande de visa ≪ vacances travail ≫ ? '워킹 홀리데이' 비자 신청은 어떻게 하는가?'라고 독자 대상을 밝히므로 정답은 B.
2	보기항에 등장한 'participants 지원자들', 'limite 제한', 'visa de long séjour 장기 체류 비자'와 같은 핵심어에 유의해야 하며, 'À l'exception de l'Australie et de la Nouvelle-Zélande, le nombre de participants à ce programme est limité et fixé chaque année entre les pays participants. 오스트레일리아와 뉴질랜드를 제외하고, 참가국 간에 매년 이 프로그램의 참가자 수는 제한되고 고정된다.'에 따르면 정답은 A.
3	누구와 'ne devez pas partir avec 함께 떠나면 안 된다'고 하는지 파악해야 한다. 지문에서 충족되어야 할 조건 중 하나로 'ne pas être accompagné d'enfants à charge ; 부양할 자녀들을 동반하지 않을 것;'을 제시하므로 정답은 B.
4	문제에 제시된 'États signataires 가입 국가들'은 다른 단어로 대체할 수 없으므로 지문에서 그대로 언급된 부분을 찾는다. 'disposer de ressources financières nécessaires pour subvenir aux besoins au début du séjour. Le montant minimal des ressources est fixé chaque année par les États signataires. 체류 초기에 필요한 것들의 비용을 대기 위한 필수 재정 수입을 가질 것. 최소 수입 금액은 매년 가입 국가들에 의해 정해짐.'에 따르면 정답은 Le montant minimal des ressources.
5	지문 내용 전개 순서와 문제 순서가 대부분 일치하므로 이메일의 마무리 부분에서 'maladies 질병들' 관련 언급에 집중하여 살펴보면 'justifier de la possession d'une assurance privée couvrant tous les risques liés à la maladie pour la durée du séjour. 체류 기간에 질병과 관련한 모든 위험을 처리해 줄 사보험이 있다는 것을 증명할 것.'을 요구하므로 정답은 Assurance privée.

독해 평가 EXERCICE 3 실전 연습

Étape 1 공략에 따라 EXERCICE 3 연습 문제를 풀어 보세요.

문제 5

Vous lisez ces informations sur un site Internet.

Le salon de l'emploi

4 bonnes raisons de participer au salon

- Découvrir des entreprises qui recrutent.
- Multiplier les contacts.
- Échanger en face-à-face avec des recruteurs et proposer votre candidature, signe de motivation et de recherche d'emploi active.
- S'entraîner à l'oral et préparer vos arguments en vue de vos futurs entretiens.

Avant le salon, identifiez les entreprises présentes qui vous intéressent et renseignez-vous sur chacune d'entre elles. Quelle est la mission de l'entreprise ? Ses produits ? Son organisation (villes, nombre de collaborateurs) ? Ses clients ou partenaires ? L'objectif est de montrer que vous connaissez l'entreprise et de poser des questions pertinentes pour vous faire remarquer par les recruteurs. Pensez aussi à apporter suffisamment de CV pour les distribuer aux entreprises.

Salons, rencontres thématiques, tables rondes, petits-déjeuners, portes ouvertes : pour ne rien manquer, téléchargez l'application Événements de Pôle emploi !

<www.pole-emploi.fr>

Répondez aux questions.

① Ce document s'adresse à ...

A ☐ des personnes qui souhaitent travailler.
B ☐ des entreprises qui recherchent des employés.
C ☐ des personnes qui veulent un stage de formation.

② Selon ce document, ce salon offre l'occasion ...

A ☐ de vérifier la situation du marché économique.
B ☐ d'avoir des conseils d'orientation pour l'université.
C ☐ d'avoir plus d'informations sur les entreprises.

③ À quoi pouvez-vous vous entraîner dans ce salon ?

☐ A

☐ B

☐ C

④ Quel document devez-vous donner aux entreprises ?

....

⑤ Qu'est-ce que vous devez faire pour connaître les informations importantes de Pôle emploi ?

....

Étape 2 문제 5의 필수 어휘를 익히고, 해석을 참조하세요.

필수 어휘 recruter 모집하다 | face-à-face 마주 보고 | s'entraîner 연습하다, 훈련하다
renseigner 정보를 제공하다 | mission (f) 목적 | collaborateur 협력자 | objectif (m) 목표
pertinent 관련된 | suffisamment 충분히 | distribuer 배포하다 | télécharger 다운로드하다

해석

당신은 인터넷 사이트에서 이 정보들을 읽습니다.

직업 박람회

이 박람회에 참가해야 할 4가지 적합한 이유들

- 채용 모집을 하는 기업들을 발견하기.
- 다양하게 컨택하기.
- 채용자와 마주 보고 이야기를 주고받고, 지원 동기서와 능동적인 구직을 보여 주며 지원서를 제출하기.
- 구술 면접을 연습하고 당신의 미래 면접을 위해 논증을 준비하기.

박람회 전에 당신이 관심을 가지는 참가 기업들을 확인하고, 이들 각자에 대한 정보를 찾으세요. 기업의 목적은 무엇인가? 그들의 상품들? 회사의 조직 (도시, 협력 업체들의 수)?
고객들이나 협력 업체들? 목표는 당신이 이 기업을 알고 있다는 것을 보여주고 채용관들이 당신을 주목하게 만드는 적절한 질문들을 하는 것입니다. 또한 기업들에게 배포할 이력서를 충분히 가져가는 것을 유념하세요.

박람회, 주제별 만남, 원탁 회의, 아침 식사, 설명회: 아무것도 놓치지 않기 위해, Événements de Pôle emploi 어플을 다운로드하세요!

<www.pole-emploi.fr>

질문에 답하세요.

1 이 자료는 ...에 해당된다.

A ☐ 일하기를 바라는 사람들
B ☐ 직원을 찾는 기업들
C ☐ 기업 연수를 원하는 사람들

2 이 자료에 따르면, 이 박람회는 ... 기회를 제공해 준다.

A ☐ 시장 경제의 상황을 확인하는
B ☐ 대학교 진학에 대한 조언을 얻는
C ☐ 기업들에 대한 더 많은 정보를 얻는

3 이 박람회에서 당신을 무엇을 연습할 수 있는가?

☐ A ☐ B ☐ C

4 당신은 기업들에게 어떤 자료를 주어야 하는가?

....

5 Pôle emploi의 중요한 정보를 알기 위해 당신은 무엇을 해야 하는가?

....

Étape 3 해설에 따라 문제 분석 및 풀이 요령을 익히세요.

문제 분석

인터넷 사이트에 올라온 직업 박람회 관련 게시물로, 구직자를 상대로 참여를 독려하며 박람회에 대해 구체적으로 안내하는 내용이다. 참가를 권하는 세부적인 이유와 관련된 보기항 내용을 지문과 비교하여 옳고 그름을 판단하도록 하는 유형이 출제될 수 있다. 참가하기로 했다면 박람회에 오기 전 어떤 준비가 필요한지, 주의 사항은 무엇이 있는지도 확인한다. 마지막으로 박람회에 대한 추가 또는 보다 상세 정보를 얻기 위해 추천하는 사항까지도 놓쳐서는 안 된다.

풀이 요령

1	박람회 내용을 필요로 하는 사람들은 누구인지 선택해야 한다. 지문 내용 전개 순서와 문제 순서는 대부분 일치하므로 이메일 시작 부분에 유의한다. 지문의 도입에서 이 박람회에 참여해야 할 4가지 이유 중 첫 번째로 'Découvrir des entreprises qui recrutent. 채용 모집을 하는 기업들을 발견하기.'를 제시하므로 정답은 A.
2	박람회가 제공하는 기회를 질문하므로 지문의 내용과 일치하는 보기항은 무엇인지 꼼꼼히 대조하여 선택해야 한다. 'Avant le salon, identifiez les entreprises présentes qui vous intéressent et renseignez-vous sur chacune d'entre elles. 박람회 전에 당신이 관심을 가지는 참가 기업들을 확인하고, 이들 각자에 대한 정보를 찾으세요.'에 따르면 정답은 C. 대학교 진학이 아닌 취업 관련 조언을 얻을 수 있는 박람회이므로 보기 B는 오답이며, 시장 경제 상황 관련 내용은 언급된 바 없으므로 보기 A도 제외된다.
3	참가자가 무엇을 연습할 수 있는지 파악해야 한다. 문제에 제시된 핵심어 's'entraîner 연습하다'에 유의해서 살펴보면 정답 문장은 'S'entraîner à l'oral et préparer vos arguments en vue de vos futurs entretiens. 구술 면접을 연습하고 당신의 미래 면접을 위해 논증을 준비하기.'이며, 따라서 정답은 A가 된다.
4	박람회에서 기업들에게 어떤 자료를 제출해야 하는지 주관식으로 작성해야 한다. 'Pensez aussi à apporter suffisamment de CV pour les distribuer aux entreprises. 또한 기업들에게 배포할 이력서를 충분히 가져가는 것을 유념하세요.'에 따르면 정답은 CV. 문제에 제시된 'donner 주다'가 정답 문장의 'distribuer 배포하다'와 의미가 통한다.
5	지문 내용 전개 순서와 문제 순서가 대부분 일치하므로 글의 마무리 부분을 살펴본다. 정보를 얻기 위한 방법으로 'pour ne rien manquer, téléchargez l'application Événements de Pôle emploi ! 아무것도 놓치지 않기 위해, Événements de Pôle emploi 어플을 다운로드하세요!'라고 권유하므로 정답은 **Télécharger l'application Événements de Pôle emploi**.

Étape 1 공략에 따라 EXERCICE 3 연습 문제를 풀어 보세요.

Vous allez voyager dans un pays étranger pour la première fois. Vous lisez ces informations sur un site Internet.

Quelques conseils avant de voyager à l'étranger

Si vous voyagez à l'étranger pour la première fois, voici une liste de conseils précieux à noter avant chaque départ.

1.

Préparez des copies de votre passeport. Comme cela, en cas de perte ou de vol de votre passeport, vous aurez la possibilité de prouver votre identité et vous aurez une chance de rentrer chez vous.

2.

Pensez toujours à avoir de la monnaie locale sur vous car les cartes bancaires ne sont pas forcément acceptées partout.

3.

Pour vos visites, excursions, activités ou spectacles sur place, pensez à acheter vos tickets à l'avance. Cela vous permettra peut-être de bénéficier d'un tarif plus intéressant.

4.

Vérifiez les frais d'entrée/sortie du pays visité. En effet, certains pays imposent aux voyageurs des frais pour entrer et quitter le pays.

<www.travelzoo.com>

Répondez aux questions.

1. Ce document s'adresse à des personnes qui ...

   A ☐ travaillent à l'étranger.

   B ☐ n'ont jamais visité de pays étranger.

   C ☐ ont déjà visité plusieurs fois des pays étrangers.

2. Que devez-vous faire une photocopie ?

☐ A ☐ B ☐ C

3. Vous avez besoin d'avoir de la monnaie locale sur vous car ...

   A ☐ on peut perdre ses cartes bancaires.

   B ☐ on utilise seulement ses cartes bancaires dans un certain pays.

   C ☐ les certains magasins demandent que vous payiez en espèces.

4. Que devez-vous faire pour bénéficier d'un tarif réduit ?

....

5. Qu'est-ce que certains pays demandent aux voyageurs ?

....

Étape 2 문제 6의 필수 어휘를 익히고, 해석을 참조하세요.

필수 어휘 **conseil (m)** 조언 | **liste (f)** 목록 | **précieux** 소중한, 아주 유용한 | **noter** 적다, 주의하다 | **passeport (m)** 여권 | **perte (f)** 분실, 잃어버림 | **vol (m)** 도난 | **monnaie (f)** 돈 | **bancaire** 은행의 | **forcément** 반드시 | **excursion (f)** 여행 | **peut-être** 아마도 | **bénéficier** 혜택을 입다 | **frais (m)** 비용 | **imposer** 강요하다

해석

당신은 처음으로 외국을 여행하려고 합니다. 당신은 인터넷 사이트에서 이 정보들을 읽습니다.

외국을 여행하기 전 몇 가지 조언들

만약 당신이 처음으로 외국을 여행한다면 여기에 매 출발 전 유의해야 할 아주 유용한 조언들의 목록이 있습니다.

1.

당신 여권의 사본들을 준비하세요. 이렇게 하면 여권의 분실 또는 도난의 상황에서 당신은 당신의 신분을 증명할 수 있을 것이고, 당신의 나라로 돌아갈 수 있는 기회를 갖게 될 것입니다.

2.

당신 수중에 현지의 돈을 지닐 것을 항상 생각하세요. 왜냐하면 은행 카드가 어디서나 당연히 수락되는 것은 아니기 때문입니다.

3.

방문, 여행, 활동 또는 즉석 공연에 대한 표를 미리 사 둘 것을 생각하세요. 이것은 당신에게 보다 유리한 가격 혜택을 입도록 해 줄 수도 있습니다.

4.

방문하는 나라의 입국/출국 비용을 확인하세요. 실제로, 몇몇 나라들은 여행객들에게 입국하거나 출국할 때 비용을 부과합니다.

<www.travelzoo.com>

질문에 답하세요.

1 이 자료는 ... 사람들에 해당된다.

A ☐ 외국에서 일하는
B ☐ 외국을 한 번도 방문해 본 적이 없는
C ☐ 이미 외국을 여러 번 방문한

2 당신은 무엇을 복사해야 하는가?

☐ A ☐ B ☐ C

3 당신은 수중에 현지의 돈을 가지고 있을 필요가 있는데 왜냐하면 ...

A ☐ 은행 카드를 분실할 수도 있기 때문이다.
B ☐ 어떤 나라에서는 오직 은행 카드만 사용하기 때문이다.
C ☐ 어떤 상점들은 당신이 현금으로 지불하기를 요구하기 때문이다.

4 할인 가격의 혜택을 받기 위해서는 무엇을 해야 하는가?

....

5 몇몇 나라들은 여행객들에게 무엇을 요구하는가?

....

Étape 3 해설에 따라 문제 분석 및 풀이 요령을 익히세요.

문제 분석

여행에 필요한 조언을 건네는 지문으로, 먼저 이 조언 내용이 어떤 대상의 사람들을 대상으로 하는지 질문할 수 있다. 서류 준비, 현지 돈 휴대, 필요한 표 구매, 출입국 절차 등에 관련하여 구체적인 조언 내용이 나열되므로 상세 내용 및 주의 사항들을 꼼꼼히 파악해 가며 읽는다.

풀이 요령

1	지문의 내용을 필요로 하는 대상을 파악해야 한다. 지문 내용 전개 순서와 문제 순서는 대부분 일치하므로 이메일 시작 부분에 유의한다. 'Si vous voyagez à l'étranger pour la première fois, voici une liste de conseils précieux à noter avant chaque départ. 만약 당신이 처음으로 외국을 여행한다면 여기에 매 출발 전 유의해야 할 아주 유용한 조언들의 목록이 있습니다.'라고 소개하므로 정답은 B.
2	복사해 두어야 할 것을 사진 보기항에서 선택해야 하므로 'photocopie 복사', 'copies 복사본들' 등의 핵심어가 등장하는지 유의하여 읽는다. 분실이나 도난에 대비하여 'Préparez des copies de votre passeport. 당신 여권의 사본들을 준비하세요.'라고 조언하므로 정답은 A.
3	왜 현지 돈을 소지할 필요가 있는지 이유를 질문한다. 'monnaie locale 현지 돈' 관련 언급에 집중하여 알맞은 보기항을 선택해야 한다. 'Pensez toujours à avoir de la monnaie locale sur vous car les cartes bancaires ne sont pas forcément acceptées partout. 당신 수중에 현지의 돈을 지닐 것을 항상 생각하세요 왜냐하면 은행 카드가 어디서나 당연히 수락되는 것은 아니기 때문입니다.'에 따르면 정답은 C. 현금으로 지불하기를 요구받는 상황은 카드가 수락되지 않는 경우에 해당한다.
4	할인 가격의 혜택을 받으려면 무엇을 해야 하는지 파악해야 한다. 'bénéficier 혜택을 입다'에 대해 구체적으로 언급하는 정답 문장은 'Pour vos visites, excursions, activités ou spectacles sur place, pensez à acheter vos tickets à l'avance. Cela vous permettra peut-être de bénéficier d'un tarif plus intéressant. 방문, 여행, 활동 또는 즉석 공연에 대한 표를 미리 사 둘 것을 생각하세요. 이것은 당신에게 보다 유리한 가격 혜택을 입도록 해 줄 수도 있습니다.'로, 정답은 Acheter des tickets à l'avance.
5	몇몇 나라들이 'voyageurs 여행객들'에게 요구하는 특이 사항을 언급한 것이 있는지 파악해야 한다. 지문의 마무리에서 몇몇 나라들은 여행객들에게 입국하거나 출국할 때 비용을 부과하므로 'Vérifiez les frais d'entrée/sortie du pays visité. 방문하는 나라의 입국/출국 비용을 확인하세요.'라고 당부하였다. 그러므로 정답은 Les frais d'entrée/sortie du pays visité.

독해 평가 EXERCICE 3 실전 연습

Étape 1 공략에 따라 EXERCICE 3 연습 문제를 풀어 보세요.

문제 7

Vous hésitez à choisir un métier et vous lisez ces informations sur un site Internet.

Comment choisir sa profession sans se tromper ?

Comment faire un choix quand on a de la difficulté à choisir un métier ?
Mieux vous vous connaissez, plus il y a de chances que la décision prise vous convienne.

- Quelle est votre préférence par rapport aux conditions de travail ? Vous aimez le travail d'équipe ou vous préférez travailler seul ?
- Quelles qualités vous reconnaissez-vous ? De quoi êtes-vous le plus fier ?
- Quel type d'activité préférez-vous pratiquer dans vos loisirs ?
- Quel métier rêviez-vous de pratiquer plus jeune ?
- Voulez-vous travailler à l'extérieur plutôt que dans un bureau ?

Il est possible de faire des recherches à partir de ces critères ainsi que de nombreux autres.
Qu'est-ce qui est le plus important pour vous dans le choix d'une profession ?

Vous n'êtes toujours pas prêt à vous lancer et vous avez des questions ? Ou alors vous avez de précieux conseils à partager ? Laissez un message pour communiquer avec nous !

<www.juliearseneault.com>

Répondez aux questions.

1 Ce document s'adresse à des personnes qui ...

A ☐ s'intéressent aux affaires privées.
B ☐ recherchent de nouveaux employés.
C ☐ réfléchissent à leur vie professionnelle.

2 Il est important de savoir ...

A ☐ le salaire qu'on va recevoir.
B ☐ nos qualités et ce qu'on fait le mieux.
C ☐ la volonté de bien-être des employés pour l'entreprise.

3 Les conditions de travail concernent ...

☐ A

☐ B

☐ C

4 Qu'est-ce qui est important par rapport aux passe-temps ?

....

5 Qu'est-ce qu'on doit considérer par rapport au type d'activité du travail ?

....

Étape 2 문제 7의 필수 어휘를 익히고, 해석을 참조하세요.

필수 어휘 **métier (m)** 직업, 직무 | **pratiquer** 실행하다 | **rêver** 꿈꾸다 | **extérieur (m)** 외부, 밖
critère (m) 기준 | **se lancer** 뛰어들다 | **précieux** 소중한, 아주 유용한 | **réfléchir** 숙고하다
bien-être (m) 복지, 행복 | **passe-temps (m)** 기분 전환, 여가 | **partager** 나누다, 공유하다
communiquer 알리다, 연락을 취하다 | **volonté (f)** 의지

해석

당신은 직업 선택을 망설이고 있고, 인터넷 사이트에서 이 정보들을 읽습니다.

실수하지 않고 어떻게 직업을 선택할 것인가?

직업을 선택하는 어려움을 가지고 있을 때, 어떻게 선택을 해야 하는가?
당신 스스로를 더 잘 알면, 당신에게 적합한 의사 결정의 기회가 더 많다.

- 근무 조건과 관련하여 당신이 선호하는 것은 무엇인가? 팀으로 일하는 것을 좋아하는가 아니면 혼자 일하는 것을 선호하는가?
- 당신의 장점들은 무엇인가? 가장 자신 있는 것은 무엇인가?
- 여가 활동에서 당신은 어떤 유형의 활동들을 하는 것을 선호하는가?
- 더 어렸을 때 어떤 직무를 수행하는 것을 꿈꿨는가?
- 사무실보다는 외부에서 일하기를 원하는가?

많은 다른 것들 및 이 기준들로부터 찾는 것이 가능하다. 직업 선택에서 당신에게 가장 중요한 것은 무엇인가?

여전히 과감하게 뛰어들 준비가 되어 있지 않고 질문이 있는가? 또는 공유할 유용한 조언들이 있는가? 우리에게 연락하기 위해서는 메시지를 남기세요!

<www.juliearseneault.com>

질문에 답하세요.

1. 이 자료는 ... 사람들에 해당된다.

A ☐ 개인 사업에 관심이 있는
B ☐ 새로운 직원들을 찾는
C ☐ 직장 생활에 대해 심사숙고하는

2. ...을(를) 아는 것은 중요하다.

A ☐ 받게 될 월급
B ☐ 장점들과 가장 잘하는 것
C ☐ 기업에 있어서 직원들의 복지에 대한 의지

3. 근무 조건은 ... 와(과) 관련된다.

☐ A  ☐ B  ☐ C

4. 여가 활동과 관련해서 중요한 것은 무엇인가?

5. 근무 활동 유형과 관련해서 고려해야 할 것은 무엇인가?

Étape 3 해설에 따라 문제 분석 및 풀이 요령을 익히세요.

문제 분석

직업 선택을 망설이는 사람들을 대상으로 유용한 조언들을 건네는 내용으로, 올바른 직업 선택을 위해서는 무엇을, 어떻게 해야 하는지 다루고 있다. 이어서 실제로 고려할 점들을 나열하는데 이러한 구체적 사항들을 제대로 파악했는지 묻는 유형이 출제될 수 있다. 이어서 직업 선택에 무엇을 가장 중요하다고 생각하는지 또는 추가적인 질문이나 공유하고 싶은 사항이 있는지도 물으면서 마지막으로 더 많은 정보를 원한다면 어떻게 하라고 권유하는지 질문할 수 있다.

풀이 요령

1	사이트에서 알리는 내용을 가장 필요로 하는 사람은 누구인지 판단해야 한다. 지문 내용 전개 순서와 문제 순서는 대부분 일치하므로 글의 시작 부분을 살펴보면 'Comment choisir sa profession sans se tromper ? 실수하지 않고 어떻게 직업을 선택할 것인가?'를 주제로 직장 생활에 대해 심사숙고해야 할 내용을 안내할 것임을 파악할 수 있다. 그러므로 정답은 C.
2	보기항에 등장한 핵심어 'salaire 월급', 'qualités 장점들', 'bien-être 복지' 중 지문에서 특별히 중요하다고 언급된 사항은 무엇인지 집중한다. 월급과 복지 관련 사항은 등장한 바 없으며 보기항과 관련해 지문에 유일하게 직접적으로 언급된 'Quelles qualités vous reconnaissez-vous ? De quoi êtes-vous le plus fier ? 당신의 장점들은 무엇인가? 가장 자신 있는 것은 무엇인가?'에 따라 정답은 B.
3	문제에 제시된 핵심어 'conditions de travail 근무 조건'은 다른 단어로 대체되기 어려우므로 지문에서 그대로 언급될 가능성이 높다. 'Quelle est votre préférence par rapport aux conditions de travail ? Vous aimez le travail d'équipe ou vous préférez travailler seul ? 근무 조건과 관련하여 당신이 선호하는 것은 무엇인가? 팀으로 일하는 것을 좋아하는가 아니면 혼자 일하는 것을 선호하는가?'를 고려해야 한다고 하였으므로 정답은 팀 업무를 나타낸 A.
4	'passe-temps 여가 활동'과 관련해서는 무엇을 중요하게 생각하는지 판단해야 한다. 주관식인데다 핵심어인 passe-temps이 지문에서 유의어인 'loisirs 여가'로 대체되어 등장하므로 다소 난이도가 있는 유형에 속한다. 정답 문장 'Quel type d'activités préférez-vous pratiquer dans vos loisirs ? 여가 활동에서 당신은 어떤 유형의 활동들을 하는 것을 선호하는가?'에 따르면 자신이 선호하는 여가의 유형이 중요하다고 조언하므로 정답은 **Le type d'activité préférée**.
5	직업 선택 시 고려해야 할 사항 중 지문에서 'type de l'activité du travail 근무 활동 유형'과 관련된 내용은 'Voulez-vous travailler à l'extérieur plutôt que dans un bureau ? 사무실보다는 외부에서 일하기를 원하는가?'가 유일하다. 따라서 정답은 **Vouloir travailler à l'extérieur ou dans un bureau ?**

Étape 1 공략에 따라 EXERCICE 3 연습 문제를 풀어 보세요.

Vous voulez participer à un concours de dessin et vous lisez ces informations sur un site Internet.

Concours de dessin

À l'occasion de la Journée mondiale des donneurs de sang qui a lieu chaque année le 14 juin, l'EFS BFC lance un concours de dessin ouvert à tous sur le thème ≪ Partagez votre pouvoir, donnez votre sang ≫.

Pour participer :

- Envoyez un mail à l'adresse communicationbfc@efs.sante.fr afin que nous puissions vous adresser les éléments à ajouter à vos créations, ainsi que le logo.
- Créez une affiche d'annonce de collecte de sang sur le thème ≪ Partagez votre pouvoir, donnez votre sang ≫. Elle doit représenter le don de sang et permettre de faire comprendre à quoi servent les dons de sang.
- L'affiche doit prévoir un espace pour y ajouter les variables de collecte (date, horaires, lieu).
- Adressez vos créations à l'adresse suivante communicationbfc@efs.sante.fr ou par courrier avant le 12 mai.

Les donneurs du sang noteront les dessins sur la base d'une grille d'évaluation réalisée à partir des critères énoncés ci-dessus.

<https://dondesang.efs.sante.fr>

Répondez aux questions.

1 De quoi s'agit-il ?

☐ A ☐ B ☐ C

2 L'EFS BFC organise un concours pour ...

A ☐ trouver un stage.
B ☐ une bonne cause.
C ☐ faire de la promotion.

3 Comment pouvez-vous participer à ce concours ?

....

4 Qu'est-ce que l'affiche doit montrer ?

....

5 Qui va évaluer vos dessins ?

A ☐ Des experts.
B ☐ Des internautes.
C ☐ Des donneurs de sang.

Étape 2 문제 8의 필수 어휘를 익히고, 해석을 참조하세요.

필수 어휘 **sang (m)** 피 | **lancer** 던지다, 개시하다 | **thème (m)** 주제 | **partager** 나누다, 공유하다
afin que ~하도록 | **ainsi que** ~와(과) 같이 | **représenter** 표현하다 | **don de sang** 헌혈
affiche (f) 포스터 | **création (f)** 창작(물), 작품 | **internaute** 네티즌 | **ajouter** 첨가하다
grille (f) 일람표 | **évaluation (f)** 평가, 측정 | **noter** 점수를 매기다

해석

당신은 그림 대회에 참가하기를 원하는데 인터넷 사이트에서 이 정보들을 읽습니다.

그림 대회

매년 6월 14일에 열리는 세계 헌혈자의 날을 맞이하여 EFS BFC가 '당신의 힘을 나누고, 헌혈해 주세요.'라는 주제로 그림 공모전을 개최합니다.

참가하기 위해서는:

- 로고 제작과 같이, 당신의 창작물에 추가할 요소들을 우리가 당신에게 보낼 수 있도록, communicationbfc@efs.sante.fr 로 이메일을 보내세요.
- '당신의 힘을 나누고, 헌혈해 주세요.'라는 주제로 헌혈에 대한 안내 포스터를 만드세요. 이것은 헌혈을 표현해야 하며 헌혈이 무엇에 쓰이는지 이해하게 해 주어야 합니다.
- 포스터는 헌혈의 다양한 요소들 (날짜, 시간, 장소)이 추가될 수 있는 공간을 미리 고려해야 합니다.
- 다음 주소 communicationbfc@efs.sante.fr 또는 우편을 통해 5월 12일 전에 당신의 창작물을 보내 주세요.

헌혈자들이 위에 언급된 기준들로부터 작성된 평가표를 바탕으로 작품들에 점수를 매길 것입니다.

<https://dondesang.efs.sante.fr>

질문에 답하세요.

① 무엇에 관한 것인가?

☐ A ☐ B ☐ C

② EFS BFC는 ... 를 위해 대회를 개최한다.

A ☐ 인턴을 찾기
B ☐ 좋은 의도
C ☐ 할인 판매하기

③ 이 대회에 어떻게 참가할 수 있는가?

④ 포스터는 무엇을 보여 주어야 하는가?

⑤ 누가 당신의 그림들을 평가하는가?

A ☐ 전문가들
B ☐ 네티즌들
C ☐ 헌혈자들

Étape 3 해설에 따라 문제 분석 및 풀이 요령을 익히세요.

문제 분석

인터넷 사이트를 통해 그림 대회 관련 내용을 안내하고 있다. 대회와 관련된 안내문은 주관하는 기관, 대회의 목적, 대회 주제 등 가장 기본적인 사항을 파악했는지 묻는 유형이 반드시 출제된다. 이어서 그림 대회 참가와 관련된 사항들이 열거되는데 제출 기한, 접수처, 주의해야 할 사항 등을 차례로 확인하며 읽은 후 마지막으로 대회인 만큼 평가자와 평가 기준과 관련하여 언급할 수 있으므로 놓쳐서는 안 된다.

풀이 요령

1	글의 전반 내용을 포괄하는 주제를 묻고 있으며 첫 문제인 만큼 도입부에 단서가 제시될 확률이 높다. 지시문에서 'Vous voulez participer à un concours de dessin et vous lisez ces informations sur un site Internet. 당신은 그림 대회에 참가하기를 원하는데 인터넷 사이트에서 이 정보들을 읽습니다.'라고 명시하므로 정답은 A.
2	단체명에 해당하는 고유 명사 EFS BFC는 다른 단어로 대체되기 어려우므로 지문에 그대로 언급되는 부분을 빠르게 찾는다. EFS BFC는 매년 6월 14일에 열리는 세계 헌혈자의 날을 맞이하여 'Partagez votre pouvoir, donnez votre sang. '당신의 힘을 나누고, 헌혈해 주세요.'라는 주제로 공모전을 개최한다고 소개하였다. 헌혈은 공익적 목적을 띠며 좋은 의도를 가진 행사이므로 정답은 B.
3	대회 참가 방법을 안내하는 부분을 지문에서 찾아 주관식으로 작성해야 한다. 참가 접수 마감일과 접수 방법은 'Adressez vos créations à l'adresse suivante communicationbfc@efs.sante.fr ou par courrier avant le 12 mai. 다음 주소 communicationbfc@efs.sante.fr 또는 우편을 통해 5월 12일 전에 당신의 창작물을 보내 주세요.'라고 알렸으므로 정답은 Par e-mail.
4	포스터에서 보여 주어야 하는 것 즉, 그림에서 무엇을 표현해야 하는지 묻고 있다. montrer / représenter와 같이 '보여 주다', '표현하다'를 나타내는 핵심어를 찾으며 읽는다. 포스터에 대한 안내로 'Elle doit représenter le don de sang et permettre de faire comprendre à quoi servent les dons de sang. 이것은 헌혈을 표현해야 하며 헌혈이 무엇에 쓰이는지 이해하게 해 주어야 합니다.'라고 당부하므로 정답은 Le don de sang.
5	제출한 포스터는 누가 평가하는지 파악해야 한다. 정답 문장은 'Les donneurs du sang noteront les dessins sur la base d'une grille d'évaluation réalisée à partir des critères énoncés ci-dessus. 헌혈자들이 위에 언급된 기준들로부터 작성된 평가표를 바탕으로 작품들에 점수를 매길 것입니다.'로, 문제에 제시된 핵심어 'évaluer 평가하다'가 지문의 'noteront 점수를 매길 것입니다'와 같은 맥락이다. 그러므로 정답은 C.

독해 평가 EXERCICE 3 실전 연습

Étape 1 공략에 따라 EXERCICE 3 연습 문제를 풀어 보세요.

문제 9

Vous allez bientôt finir vos études et vous voulez faire un stage. Vous lisez ces informations sur un site Internet.

Règles à suivre pour réussir son stage

Si le stage découvert est indispensable pour bien s'orienter, le stage de fin d'études peut être déterminant et se transformer en premier emploi. Voici quelques conseils pour être sûr de réussir son stage.

1. Bien choisir son stage
Si vous avez l'impression que l'entreprise ne correspond pas à l'annonce de stage ou à vos attentes, passez votre chemin car vous risquez de perdre votre temps.

2. Se renseigner sur l'entreprise avant son arrivée
Il est indispensable de se renseigner sur l'entreprise, sur son histoire, sur son secteur d'activité, les produits proposés... Tout cela se trouve en général sur le site institutionnel de l'entreprise.

3. Observer, apprendre et s'adapter
Quelles sont les habitudes de l'entreprise ? Des salariés ? Arrivent-ils tôt ou tard ? Comment s'habille-t-on ? Cela peut paraître bête mais adopter les codes de l'entreprise vous permettra de mieux vous intégrer.

4. Faire le point après le stage
Il faut faire le point sur ce que le stage vous a apporté : contenu de votre mission, résultats obtenus... Car il s'agira ensuite de mettre à jour votre CV, ainsi que votre profil sur les réseaux sociaux.
<http://www.regionsjob.com>

Répondez aux questions.

① Ce document s'adresse à des personnes qui ...

A ☐ veulent suivre un stage dans une entreprise.
B ☐ s'intéressent à ouvrir leur propre société.
C ☐ souhaitent travailler comme employé régulier.

② Que devez-vous faire si l'entreprise ne correspond pas à l'annonce de stage ?

....

③ Où est-ce que vous pouvez vous renseigner sur l'entreprise ?

A ☐ Sur les publicités pour leurs produits.
B ☐ Sur leurs annonces d'offres d'emploi.
C ☐ Sur le site Internet de l'entreprise.

④ Pourquoi les activités《observer, apprendre et s'adapter》 sont importantes ?

....

⑤ Qu'est-ce que vous pouvez mettre à jour après le stage ?

☐ A

☐ B

☐ C

Étape 2 문제 9의 필수 어휘를 익히고, 해석을 참조하세요.

필수 어휘 **déterminant** 결정적인 | **attente (f)** 기다림 | **risquer** 위험하게 하다 | **indispensable** 필수적인 **secteur (m)** 분야 | **institutionnel** 제도의 | **paraître** 나타나다 | **s'intégrer** 동화되다 **régulier** 정규의 | **se renseigner sur** ~에 관해 문의(조회)하다 | **observer** 관찰하다 | **salarié** 임금 노동자

해석

당신은 곧 학업이 끝나고 연수를 하기를 원합니다. 당신은 인터넷 사이트에서 이 정보들을 읽습니다.

연수를 성공하기 위해 따라야 할 규칙들

만약 발견된 연수가 제대로 방향을 잡아 나가기 위해 필수적이라면, 졸업 후 연수는 결정적일 수 있고 첫 일자리로 바뀔 수도 있다. 여기에 연수를 확실히 성공하기 위한 조언들이 있다.

1. 연수를 잘 선택할 것

만약 기업이 연수 광고나 당신의 기대에 부합하지 않는다고 느끼면, 가던 길을 가세요 왜냐하면 시간을 낭비할 위험이 있기 때문이다.

2. 도착 전에 기업에 대해 조회하기

기업, 연혁, 활동 분야, 출시된 상품들에 대해 알아보는 것이 필수적이다. 이 모든 것은 일반적으로 기업 사이트에 있다.

3. 관찰하기, 배우고 적응하기

기업의 관례는 무엇인가? 직원들은? 그들은 일찍 도착하는가 아니면 늦게 도착하는가? 옷을 어떻게 입는가? 이것은 바보같이 보일 수 있지만, 기업의 규율을 취하는 것은 당신이 잘 더 동화되도록 해 줄 것이다.

4. 연수 후에 상황 판단을 정확히 하기

연수가 당신에게 가져다 준 것에 대해 상황 판단을 정확히 해야 한다: 당신 임무의 내용, 얻게된 결과들... 왜냐하면 이것은 곧바로 당신의 이력서에 소셜 네트워크의 당신 프로필에 업데이트될 것이기 때문이다.

<http://www.regionsjob.com>

질문에 답하세요.

1. 이 자료는 ... 사람들에 해당된다.

   A ☐ 기업에서 연수하기를 원하는
   B ☐ 자신의 회사를 차리는 데 관심이 있는
   C ☐ 정규직으로 일하기를 원하는

2. 만약 기업이 연수 광고에 부합하지 않는다면, 무엇을 해야 하는가?

   ....

3. 어디서 기업에 대해 정보를 조회할 수 있는가?

   A ☐ 그들의 제품 광고에서
   B ☐ 그들의 구직 광고에서
   C ☐ 그들의 기업의 인터넷 사이트에서

4. 왜 '관찰하기, 배우고 적응하기'의 활동들이 중요한가?

   ....

5. 연수 후에 당신은 무엇을 업데이트할 수 있는가?

☐ A

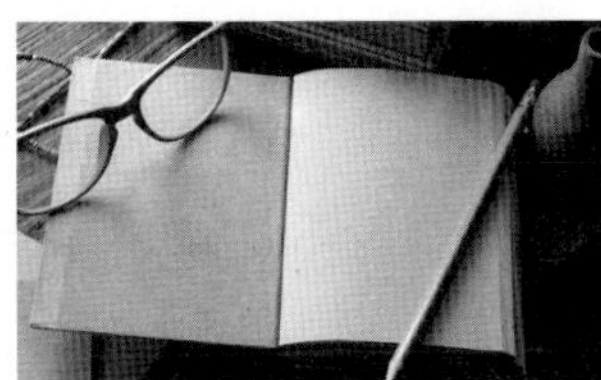

☐ B

☐ C

Étape 3 해설에 따라 문제 분석 및 풀이 요령을 익히세요.

문제 분석

연수에서 성공을 거두기 위해 필요한 조언을 건네는 내용이다. 조언의 특성상 글의 서두에 독자 대상이 언급될 가능성이 크므로 문제에서는 이 글이 어떤 사람들에게 필요한지 대상을 질문할 수 있다. 이어서 연수에 성공하려면 어떤 규칙을 고려하면 좋을지 나열된다. 연수 선택부터 시작 전 문의 사항, 인턴 중 적응 요령, 연수를 마친 후 판단해야 할 사항들까지 각 상황별로 구체적인 요령을 안내하므로 세부적인 내용까지 정확히 파악하며 읽어야 한다.

풀이 요령

1	사이트에서 안내하는 내용이 누구를 대상으로 하는지 선택해야 한다. 지문 내용 전개 순서와 문제 순서는 대부분 일치하므로 글의 시작 부분에서 파악할 수 있다. 지시문에서 'Vous allez bientôt finir vos études et vous voulez faire un stage. 당신은 곧 학업이 끝나고 연수를 하기를 원합니다.'에 따르면 정답은 A.
2	연수 기업 선택과 관련한 문제로서 'ne correspond pas 부합하지 않는다'를 핵심어로 단서를 찾는다. 'Si vous avez l'impression que l'entreprise ne correspond pas à l'annonce de stage ou à vos attentes, passez votre chemin car vous risquez de perdre votre temps. 만약 기업이 연수 광고나 당신의 기대에 부합하지 않는다고 느끼면, 가던 길을 가세요 왜냐하면 시간을 낭비할 위험이 있기 때문이다.'라고 제안하므로 정답은 **Passer le chemin**.
3	기업 정보를 조회할 수 있는 곳을 선택해야 한다. 'se renseigner sur ~에 관해 문의(조회)하다'를 핵심어로 'Se renseigner sur l'entreprise avant son arrivée 도착 전에 기업에 대해 조회하기' 위한 'Tout cela se trouve en général sur le site institutionnel de l'entreprise. 이 모든 것은 일반적으로 기업 사이트에 있다.'고 알리므로 정답은 C.
4	기업에 적응하기 위한 활동이 왜 중요한지 작성해야 한다. 'observer, apprendre et s'adapter 관찰하기, 배우고 적응하기'가 언급되는 3번 조언에 따르면 'Cela peut paraître bête mais adopter les codes de l'entreprise vous permettra de mieux vous intégrer. 이것은 바보같이 보일 수 있지만, 기업의 규율을 취하는 것은 당신이 잘 더 동화되도록 해 줄 것이다.'라고 하므로 정답은 **Car cela permettra de mieux s'intégrer**.
5	연수 경력을 업데이트할 수 있는 곳을 보기항에서 선택해야 한다. 연수 후에 상황 판단을 정확히 해야 한다고 하며 그 이유를 'Car il s'agira ensuite de mettre à jour votre CV, ainsi que votre profil sur les réseaux sociaux. 왜냐하면 이것은 곧바로 당신의 이력서에 소셜 네트워크의 당신 프로필에 업데이트될 것이기 때문이다.'라고 제시하므로 정답은 소셜 네트워크를 나타내는 A.

독해 평가 EXERCICE 3 실전 연습

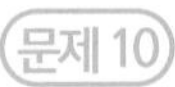

Étape 1 공략에 따라 EXERCICE 3 연습 문제를 풀어 보세요.

문제 10

Vous vous intéressez à la protection de l'environnement et vous lisez ces informations sur un site Internet.

Opération ≪plage propre≫ avec les marins-pêcheurs !

C'est parce qu'ils ont bien conscience qu'une mer propre est essentielle, que les marins-pêcheurs sont à l'initiative de l'opération plage propre, soutenue par la mairie.

Rendez-vous samedi matin à Kerguelen

Petits et grands sont conviés à collecter les déchets sur la plage de Kerguelen à Larmor-Plage, de 9h30 à 13h. Rendez-vous sur le parking rue du Fort, au bout de la plage de Loequeltas. Gants, sacs, chaussures, tous les équipements sont fournis. Les déchets seront amassés dans des bennes, que la mairie larmorienne se chargera de débarrasser.

Fin de la collecte vers 13h. Et après l'effort, le réconfort. Une dégustation de produits du terroir sera offerte à tous les participants.

Des T-shirts seront offerts gratuitement à tous les participants. Venez nombreux !

Pour en savoir plus : <www.plage-propre.org>

Répondez aux questions.

1 Ce ducument s'adresse à des personnes qui ...

A ☐ adorent se baigner à la plage.
B ☐ pensent à l'importance de la nature.
C ☐ s'intéressent à ouvrir leur propre société.

2 Quel est le but de l'opération à Kerguelen ?

A ☐ Collecter des objets précieux
B ☐ Ramasser des déchets sur la plage.
C ☐ Faire une réunion pour protéger l'environnement.

3 Précisez les équipements offerts pour faire cet événement.

....

4 Qui va s'occuper des déchets ramassés ?

....

5 Qu'est-ce qu'on peut avoir sans payer ?

☐ A ☐ B ☐ C

Étape 2 문제 10의 필수 어휘를 익히고, 해석을 참조하세요.

필수 어휘 **environnement (m)** 환경 | **marin** 선원 | **pêcheur** 어부 | **conscience (f)** 인식
initiative (f) 주도 | **mairie (f)** 시청 | **convier** 초대하다 | **chaussure (f)** 신발
amasser 쌓다 | **débarrasser** 치우다 | **dégustation (f)** 시식 | **terroir (m)** 토지

해석

당신은 환경 보호에 관심이 있는데 인터넷 사이트에서 이 정보들을 읽습니다.

선원-어부들과 함께 '깨끗한 해변' 만들기 캠페인!

깨끗한 바다가 중요하다는 것을 잘 인식하고 있기 때문에, 선원-어부들은 시청의 지원을 받아 깨끗한 해변 작업에 앞장서고 있습니다.

토요일 아침 Kerguelen에서 만남
어른들과 아이들은 9시 30분부터 13시까지 Larmor-Plage에 있는 Kerguelen 해변 쓰레기들을 줍는 데 초대됩니다. Loequeltas 해변 끝에 있는 Fort 거리 주차장에서 만남. 장갑, 봉지, 신발 등 모든 장비는 제공됩니다. 쓰레기들은 트럭들에 수거되어, Larmor 시청이 버리는 것을 맡을 것입니다.
13시경 수거 종료. 그리고 수고 뒤에 보상. 모든 참가자들에게 지역 상품 시식이 제공될 것입니다. 티셔츠가 모든 참가자들에게 무료로 제공될 것입니다. 많이 오세요!
더 알고 싶다면: <www.plage-propre.org>

질문에 답하세요.

1 이 자료는 ... 사람들에게 해당된다.

A ☐ 해변에서 해수욕하는 것을 아주 좋아하는
B ☐ 자연의 중요성에 대해 생각하는
C ☐ 자기 회사를 차리는 데 관심이 있는

2 Kerguelen에서 캠페인의 목적은 무엇인가?

A ☐ 가치 있는 물건들을 수집하는 것
B ☐ 해변에 있는 쓰레기를 줍는 것
C ☐ 환경을 보호하기 위한 회의를 하는 것

3 이 행사를 하기 위해 제공되는 장비들을 명시하시오.

....

4 주운 쓰레기들을 누가 담당하게 될 것인가?

....

5 돈을 지불하지 않고 무엇을 얻을 수 있는가?

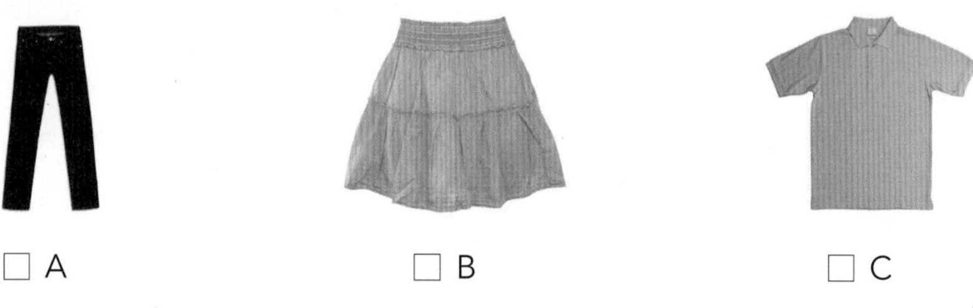

☐ A ☐ B ☐ C

Étape 3 해설에 따라 문제 분석 및 풀이 요령을 익히세요.

문제 분석

깨끗한 해변 만들기 캠페인을 알리고 많은 사람들의 참여를 독려하는 내용이다. 캠페인의 목적 및 주최 기관을 기본적으로 물을 수 있으며, 행사의 구체적인 내용과 관련하여 우선 행사 날짜와 장소를 정확하게 파악해야 한다. 행사 순서에 따라 각 과정별로 누가 무엇을 담당하게 되는지, 준비물은 없는지 등 상세히 확인하며 읽어 내려 간다. 마지막으로 행사를 마친 후 특별 이벤트나 특전으로 제공하는 선물이 있는지도 놓쳐서는 안 된다.

풀이 요령

1	지문의 내용을 누구에게 주로 전하고 있는지 판단해야 한다. 지시문에서 'Vous vous intéressez à la protection de l'environnement et vous lisez ces informations sur un site Internet. 당신은 환경 보호에 관심이 있는데 인터넷 사이트에서 이 정보들을 읽습니다.'라고 알리므로 정답은 B. 지문에서 'intéressez à la protection de l'environnement 환경 보호에 관심이 있다'가 보기 B의 'pensent à l'importance de la nature 자연의 중요성에 대해 생각하는'과 일맥상통한다.
2	캠페인의 목적을 질문한다. 장소명 Kerguelen은 다른 단어로 대체되기 어려우므로 그대로 언급되는 부분을 빠르게 찾는다. 'Rendez-vous samedi matin à Kerguelen 토요일 아침 Kerguelen에서 만남'이며 'Petits et grands sont conviés à collecter les déchets sur la plage de Kerguelen à Larmor-Plage, de 9h30 à 13h. 어른들과 아이들은 9시 30분부터 13시까지 Larmor-Plage에 있는 Kerguelen 해변 쓰레기들을 줍는 데 초대됩니다.'라고 주요 행사를 안내하므로 정답은 B.
3	행사에 제공되는 장비들을 주관식으로 작성해야 한다. 'équipements 장비들'이 언급되는 정답 문장은 'Gants, sacs, chaussures, tous les équipements sont fournis. 장갑, 봉지, 신발 등 모든 장비는 제공됩니다.'이므로 정답은 **Gants, sacs, chaussures**.
4	쓰레기 처리 담당은 누구인지 파악해야 한다. 핵심어 'déchets 쓰레기들', 'se chargera 담당하다'를 염두에 두며 지문의 중반 이후를 살펴보면 'Les déchets seront amassés dans des bennes, que la mairie larmorienne se chargera de débarrasser. 쓰레기들은 트럭들에 수거되어, Larmor 시청이 버리는 것을 맡을 것입니다.'에 따르면 정답은 **La mairie**.
5	행사 후 참여자들에게 주어지는 보상은 'Une dégustation de produits du terroir sera offerte à tous les participants. Des T-shirts seront offerts gratuitement à tous les participants. 모든 참가자들에게 지역 상품 시식이 제공될 것입니다. 티셔츠가 모든 참가자들에게 무료로 제공될 것입니다.'에 따르면 시식 행사와 티셔츠이다. 따라서 정답은 C.

EXERCICE 4

사회 및 시사 이슈를 다루는 글, 캠페인성 홍보문, 기사문 등 다소 난이도가 있는 내용이 등장하여 바르게 이해했는지 질문한다. **EXERCICE** 3과 차이점은 문제에 주어진 문장을 읽고 '**VRAI / FAUX** 참 / 거짓'을 판별한 후, 참 또는 거짓을 입증하는 문장을 지문에서 찾아 써야 하는 유형이 등장한다는 점이다. 해당 문항은 **VRAI / FAUX** 판별과 입증까지 맞춰야 2점을 모두 받을 수 있고, 둘 중 하나라도 틀리면 0점 처리된다.

EXERCICE 4 완전 공략

1 핵심 포인트

4개 EXERCICE 중 마지막 유형으로, 난이도가 가장 높다. 문항 수는 총 6개로 주관식과 객관식이 고루 출제되는데, EXERCICE 4의 가장 큰 특징이자 주의해야 할 유형은 문제에 주어진 문장을 읽고 지문의 내용에 비추어 VRAI ou FAUX 즉, 참 또는 거짓을 선택하고 입증하는 문제이다. 참/거짓 판별뿐만 아니라 그를 입증하는 문장을 지문에서 바르게 찾아 작성해야 2점을 모두 받을 수 있으므로 논리적 사고력과 높은 주의력이 필요하다.

2 빈출 주제

사회적 이슈가 되는 주제의 글, 목적을 가진 캠페인, 선도 및 계몽의 성격을 띤 기사문 등을 제시하고 이에 대한 내용을 질문하는 방식으로 진행된다. A2 단계임을 감안하여 종종 일상생활 관련 내용도 다룬다. 정치, 경제, 의학과 같은 높은 전문성을 띠는 주제들은 거의 출제되지 않는다.

3 고득점 전략

(1) 지문 내용 전개 순서와 문제 순서는 일치한다.

난이도가 높은 만큼 난관에 봉착할 확률도 높다. 문제의 순서와 지문의 내용 순서는 일치한다는 일반적 경향을 우선 염두에 둔다. 첫 번째 문제는 지문 앞부분 내용을, 마지막 문제는 마무리 내용을 기반으로 풀 수 있는 경우가 대부분이다. 따라서 문제마다 순서를 고려하여 지문에서 빠르게 단서를 찾을 수 있도록 한다.

(2) 효율적으로 시간을 활용한다.

잘 풀리지 않는 문제라면 과감하게 잠시 두고, 보다 확실하게 득점할 수 있는 문제를 공략하는 데 시간을 할애하는 것이 이득이다. 특히 참/거짓 판별 및 입증 유형은 판별과 입증 중 하나만 틀려도 2점을 통째로 잃게 된다. 더군다나 EXERCICE 4를 마치고 나서 작문 영역에 할애해야 할 시간까지 확보해야 하므로, 주어진 시간 내에 최대한의 점수를 확보할 수 있도록 시간 관리에 유념해야 한다. 정 어려운 문제는 우선 넘어갔다가 작문까지 마친 후 여유 시간이 있다면 다시 한 번 신중하게 풀어 보는 것이 안전하다.

(3) 안전하게 가는 것이 최선이다.

지문도 문제도 명확히 파악되지 않고 참/거짓 판별 및 입증 등 아무런 단서를 발견하지 못하겠다면, 최후의 방법으로 문제에 등장한 어휘를 지문에서 그림 대조하듯이 찾아 본다. 그리고 최대한 지문의 문장과 일치하는 글자가 많은 보기항을 고르거나, 주관식이라면 그 어휘가 포함된 문장들을 적으면 정답에 가까울 확률이 높다. A2 단계 특성상 문제에 등장한 어휘를 지문에서 다른 어휘로 대체시킬 수 있는 범위는 매우 한정적이기 때문이다.

독해 평가 EXERCICE 4 실전 연습

Étape 1 공략에 따라 EXERCICE 4 연습 문제를 풀어 보세요.

Vous lisez cet article sur un site internet.

Une nouvelle campagne pour promouvoir la santé

Le ministère de la Santé a lancé ce mardi 15 novembre une campagne pour promouvoir la santé en France. Durant plus de deux semaines, du 14 au 30 novembre, de nombreuses activités seront mises en place pour inciter la population française à avoir un rythme de vie plus sain.

Parmi elles, figure l'événement EA'ttitude en nocturne. Toutes les personnes pourront alors venir bouger au jardin du Luxembourg le 18 novembre de 17 h à 22 h.

L'un des buts de cette campagne consiste à lutter contre les mauvaises habitudes. C'est suite à une évaluation du programme "Obésité en 2015" que le ministère de la Santé a compris l'urgence de se pencher sur la question.

Avec cette campagne, le ministre de la Santé espère bien que la population française prendra conscience de l'importance de se dépenser et d'adopter un rythme de vie sain, pour une vie plus équilibrée.

Il souligne surtout la façon dont le tabac met en péril le développement des nations du monde entier et appelle les gouvernements à appliquer des mesures fortes de lutte antitabac. Ces mesures comprennent l'interdiction du marketing et de la publicité pour le tabac et l'interdiction du tabac dans les lieux publics intérieurs et les lieux de travail.

<http://la1ere.francetvinfo.fr>

Répondez aux questions.

① Combien de temps dure la campagne pour promouvoir la santé ?

....

② Cette campagne a pour but de ...

A ☐ promouvoir la bonne santé.
B ☐ faire manger plus de légumes.
C ☐ faire des activités sportives.

③ Qu'est-ce que cette campagne propose aux gens le 18 novembre ?

....

④ Vrai ou faux ? Cochez (☒) la case correspondante et recopiez la phrase ou la partie du texte qui justifie votre réponse.

Le candidat obtient la totalité des points si le choix Vrai/Faux ET la justification sont corrects, sinon aucun point.	**VRAI**	**FAUX**
L'un des objectifs de cette campagne concerne les habitudes dans la vie quotidienne. Justification : ____________________		

⑤ Qu'est-ce que le ministère espère avec cette campagne ?

A ☐ Que les Français prennent plus de médicaments.
B ☐ Que les jeunes Français étudient le domaine médical.
C ☐ Que les Français saisissent l'importance de la santé.

⑥ Vrai ou faux ? Cochez (☒) la case correspondante et recopiez la phrase ou la partie de texte qui justifie votre réponse.

Le candidat obtient la totalité des points si le choix Vrai/Faux ET la justification sont corrects, sinon aucun point.	**VRAI**	**FAUX**
Le ministre souhaite que les gouvernements prennent des mesures plus sévères pour empêcher la consommation de tabac. Justification : ____________________		

Étape 2 문제 1의 필수 어휘를 익히고, 해석을 참조하세요.

필수 어휘 **promouvoir** 촉진하다 | **ministère (m)** 내각 | **inciter** 자극하다 | **sain** 건강한 **en nocturne** 야간에 | **bouger** 움직이다 | **évaluation (f)** 평가 | **se dépenser** 노력하다 **ministre** 장관 | **équilibré** 균형 잡힌 | **souligner** 강조하다 | **entier** 전체의

해석

당신은 인터넷 사이트에서 이 기사를 읽습니다.

건강을 촉진하기 위한 새로운 캠페인

보건부는 11월 15일 이번 화요일에 건강을 촉진시키기 위한 캠페인을 프랑스에서 개최했다. 11월 14일부터 30일까지 2주가 넘는 기간 동안, 프랑스 국민이 더 건강한 삶의 리듬을 가지도록 자극하는 많은 활동들이 시행될 것이다.

많은 활동들 중에서, 야간의 EA'ttitude 행사가 진행된다. 모든 사람들은 11월 18일 17시부터 22시까지 룩셈부르크 정원에 몸을 움직이러 올 수 있을 것이다.

이 캠페인의 목적들 중의 하나는 나쁜 습관들과 맞서는 데 있다. '2015년의 비만' 프로그램의 평가가 보건부로 하여금 이 문제를 연구하는 것에 대한 시급함을 깨닫게 하였다.

이 캠페인과 함께, 보건부 장관은 프랑스 국민이 보다 균형 잡힌 삶을 위해, 건강한 삶의 리듬을 받아들이고, 노력하는 것에 대한 중요성을 인식할 것을 기대한다.

그는 특히 담배가 전 세계 국가 발전을 위태롭게 하는 방식이라 주장하고, 정부 각처가 금연 투쟁에 대한 강력한 조치를 가할 것을 요구한다. 이 조치들은 담배에 대한 마케팅과 광고 금지 그리고 실내 공공장소와 근무지에서의 흡연 금지를 포함한다.

<http://la1ere.francetvinfo.fr>

질문에 답하시오.

1 건강을 촉진하기 위한 캠페인은 얼마 동안 지속되는가?

....

2 이 캠페인은 ... 목적으로 한다.

A ☐ 좋은 건강을 촉진하는 것을
B ☐ 더 많은 야채들을 먹게 하는 것을
C ☐ 스포츠 활동을 하는 것을

3 이 캠페인은 11월 18일 사람들에게 무엇을 제안하는가?

....

4 참 또는 거짓? 해당하는 칸에 X를 하고 당신의 답변을 입증하는 텍스트의 일부나 문장을 옮겨 쓰시오.

지원자는 참/거짓 선택과 입증이 맞을 때 전체 점수를 얻을 수 있으며 그렇지 않은 경우 어떠한 점수도 얻지 못한다.

	참	거짓
이 캠페인의 목적들 중 하나는 일상생활의 습관과 관계된다. 입증: ____________________		

5 이 캠페인과 함께 보건부는 무엇을 기대하는가?

A ☐ 프랑스인들이 더 많은 의약품을 먹을 것
B ☐ 젊은 프랑스인들이 의학 분야를 공부할 것
C ☐ 프랑스인들이 건강의 중요성을 인지할 것

6 참 또는 거짓? 해당하는 칸에 X를 하고 당신의 답변을 입증하는 텍스트의 일부나 문장을 옮겨 쓰시오.

지원자는 참/거짓 선택과 입증이 맞을 때 전체 점수를 얻을 수 있으며 그렇지 않은 경우 어떠한 점수도 얻지 못한다.

	참	거짓
장관은 정부 각처들이 담배 소비를 억제하기 위해 더 엄격한 조치들을 취하는 것을 바란다. 입증: ____________________		

Étape 3 해설에 따라 문제 분석 및 풀이 요령을 익히세요.

지문 분석

건강과 관련한 내용의 기사로 먼저 보건부에 의해 건강을 위한 캠페인이 시행된다는 점을 밝힌다. 이어서 캠페인 진행 기간과 캠페인에서 열리는 활동들의 목적을 알린다. 또한 대표적인 행사를 예로 들면서 어떠한 행위가 이루어지는지를 소개하고 이 행사의 목적이 나쁜 습관들을 없애는 것과 관련되어 있으며 특히 비만에 대한 경각심을 높이는 데 있음을 시사한다. 캠페인을 통해 프랑스 인들의 건강에 대한 중요성 인식 및 담배에 대한 강력한 법적 조치가 이루어질 것임을 암시하고 있다.

풀이 요령

1	행사 기간과 관련한 문제로 날짜와 요일, 달 등을 언급하는 부분을 지문에서 찾아야 한다. 'Durant plus de deux semaines, du 14 au 30 novembre, de nombreuses activités seront mises en place pour inciter la population française à avoir un rythme de vie plus sain. 11월 14일부터 30일까지 2주가 넘는 기간 동안, 프랑스 국민이 더 건강한 삶의 리듬을 가지도록 자극하는 많은 활동들이 시행될 것이다.'에 따르면 정답은 **Plus de deux semaines**.
2	행사 목적을 질문하므로 각 보기항의 핵심어 'bonne santé 좋은 건강', 'légumes 야채들', 'activités sportives 스포츠 활동들'을 되새기며 지문을 읽어 나간다. 보건부 장관은 11월 15일 이번 화요일에 프랑스에서 'campagne pour promouvoir la santé 건강을 촉진시키기 위한 캠페인'을 개최했다고 언급하였다. 그러므로 정답은 **A**.
3	11월 18일이라는 특정 날짜는 다른 단어로 대체될 수 없으므로 지문에서 그대로 언급된 부분을 찾되, 'proposer 제안하다'의 성격을 가진 내용에 집중한다. 'Toutes les personnes pourront alors venir bouger au jardin du Luxembourg le 18 novembre de 17 h à 22 h. 모든 사람들은 11월 18일 17시부터 22시까지 룩셈부르크 정원에 몸을 움직이러 올 수 있을 것이다.'고 밝히므로 정답은 **Venir bouger au jardin du Luxembourg**.
4	이 행사가 일상생활의 'habitude 습관'과 관련이 있는지 판별하고 입증할 근거를 작성해야 한다. 지문에서 이 행사의 목적들 중 하나가 바로 'lutter contre les mauvaises habitudes 나쁜 습관들과 맞서다'임을 제시하므로 문제 4의 문장은 지문과 **VRAI**이며 입증하는 문장은 **L'un des buts de cette campagne consiste à lutter contre les mauvaises habitudes.**가 된다.
5	행사와 관련한 장관의 바람에 대해 질문하므로 행사의 목적 및 장관이 초점을 맞추고 있는 부분을 파악해야 한다. 'le ministre 장관'이 등장한 정답 문장 'le ministre de la Santé espère bien que la population française prendra conscience de l'importance de se dépenser et d'adopter un rythme de vie sain, pour une vie plus équilibrée. 보건부 장관은 프랑스 국민이 보다 균형 잡힌 삶을 위해, 건강한 삶의 리듬을 받아들이고, 노력하는 것에 대한 중요성을 인식할 것을 기대한다.'에 따르면 정답은 **C**.
6	담배 소비에 대한 정부의 제재가 있을 것인지 판별하고 지문을 근거로 입증해야 한다. 보건부 장관은 특히 담배가 전 세계 국가 발전을 위태롭게 하는 방식이라 주장하며 'appelle les gouvernements à appliquer des mesures fortes de lutte antitabac 정부 각처가 금연 투쟁에 대한 강력한 조치를 가할 것을 요구하다'라고 하므로 문제 6의 문장은 지문과 **VRAI**이며 입증하는 문장은 **Il appelle les gouvernements à appliquer des mesures fortes de lutte antitabac.**

Étape 1 공략에 따라 EXERCICE 4 연습 문제를 풀어 보세요.

문제 2

Vous lisez cet article sur un site internet.

LES FAST-FOODS

Comment attirent-ils toujours plus de clients malgré la critique ?
Selon le journal "Le Figaro", le temps pour la pause déjeuner tend à la baisse : les salariés essayant de retourner travailler plus vite, ils cherchent à manger le plus rapidement possible et finissent par acheter dans un fast-food car ils ont la possibilité de prendre à emporter. Et puis, certaines enseignent de restaurations rapides qui vendent des produits bio. Leur but principal était de créer un fast-food avec une alimentation saine, qui est certifiée bio, mais aussi avec des emballages en matières recyclables, donc bons pour l'environnement. Mais ce n'est pas tout, les fast-foods proposent aujourd'hui de plus en plus de produits variés, comme des salades, des hamburgers à base de poulet, de poisson, des croque-monsieurs, ou encore des cafés (comme par exemple la création du McCafé). Afin de vendre au maximum, l'emplacement a également son importance. En effet, les fast-foods s'installent fréquemment aux abords des centres commerciaux et autres lieux très fréquentés.
Les fast-foods invitent tout le monde à venir consommer dans leurs restaurants, mais cela implique de pouvoir servir des plats qui plaisent à tout le monde. On propose pour les adultes des bières, pour les petits des menus enfants, avec des compotes et des yaourts en dessert.
<http://tpe-les-fast-food.e-monsite.com>

Répondez aux questions.

1 Vrai ou faux ? Cochez (☒) la case correspondante et recopiez la phrase ou la partie du texte qui justifie votre réponse.

Le candidat obtient la totalité des points si le choix Vrai/Faux ET la justification sont corrects, sinon aucun point.

	VRAI	FAUX
Le temps du déjeuner des salariés est de plus en plus long. Justification : ______________________		

2 D'après cet article, pourquoi les salariés préfèrent un fast-food ?

A ☐ Car ce n'est pas cher.

B ☐ Car ils peuvent emporter leur repas.

C ☐ Car ils peuvent le manger sur place.

3 Quel est l'objectif principal des restaurants qui vendent des produits bio ?

....

4 Quel est l'avantage des emballages en matières recyclables ?

....

5 Vrai ou faux ? Cochez (☒) la case correspondante et recopiez la phrase ou la partie du texte qui justifie votre réponse.

Le candidat obtient la totalité des points si le choix Vrai/Faux ET la justification sont corrects, sinon aucun point.

	VRAI	FAUX
Les menus des fast-foods ne sont pas très diversifiés. Justification : ______________________		

6 Qu'est-ce que les fast-foods font afin de vendre au maximum ?

A ☐ Ils font souvent des promotions dans les parcs publics.

B ☐ Ils se situent dans les endroits où il y a beaucoup de monde.

C ☐ Ils s'installent près du quartier où il n'y a pas beaucoup d'habitants.

Étape 2 문제 2의 필수 어휘를 익히고, 해석을 참조하세요.

필수 어휘 **attirer** 끌어당기다 | **critique (f)** 비판 | **baisse (f)** 낮아지기, 하락 | **vendre** 판매하다 | **emballage (m)** 포장 | **de plus en plus** 더욱 더 | **emplacement (m)** 자리 | **fréquemment** 자주 | **impliquer** 내포하다, 함축하다, 전제하다 | **consommer** 소비하다 | **yaourt (m)** 요구르트 | **emporter** 가지고 가다

해석

당신은 인터넷 사이트에서 이 기사를 읽습니다.

패스트푸드

비판에도 불구하고 어떻게 패스트푸드점은 여전히 더 많은 고객들을 모으는가?
“Le Figaro” 신문에 따르면, 점심 식사를 위한 시간이 줄어드는 추세이다: 더 빨리 일하러 돌아가는 직장인들, 그들은 가능한 한 빨리 먹으려 애쓰고, 패스트푸드점에서 구매하는 것으로 끝나는데 왜냐하면, 포장해 갈 수 있기 때문이다. 그리고 어떤 이들은 유기농 제품을 파는 패스트푸드 산업에 대해 알려 준다. 이들의 주된 목적은 유기농이라고 보증된 건강한 음식뿐만 아니라 재활용 소재로 된 포장지와 함께, 그래서 환경에 좋은 패스트푸드점을 만드는 것에 있었다. 그렇지만 이게 다가 아니다. 패스트푸드점은 오늘날 샐러드, 닭고기, 생선으로 만든 햄버거, 크로크무슈 또는 커피(예를 들어 맥카페 개설)과 같은 다양한 제품을 제안한다. 최대한 많이 판매하기 위해 위치 또한 중요하다. 실제로 패스트푸드점들은 흔히 상업 중심지 근처나, 사람들이 많이 찾는 또다른 장소들에 위치하고 있다.
패스트푸드점들은 모든 사람들이 그들의 식당에 소비하러 올 것을 권하지만, 이것은 모든 사람들이 만족하는 음식들을 제공할 수 있다는 것을 전제로 한다. 성인들에게는 맥주, 어린이들에게는 스튜와 디저트로 요구르트가 있는 어린이 메뉴를 제안한다.
<http://tpe-les-fast-food.e-monsite.com>

질문에 답하시오.

① 참 또는 거짓? 해당하는 칸에 X를 하고 당신의 답변을 입증하는 텍스트의 일부나 문장을 옮겨 쓰시오.

지원자는 참/거짓 선택과 입증이 맞을 때 전체 점수를 얻을 수 있으며 그렇지 않은 경우 어떠한 점수도 얻지 못한다.

	참	거짓
직장인들은 점심 식사 시간이 점점 더 길어진다. 입증: ______________________________		

② 이 기사에 따르면, 왜 직장인들은 패스트푸드를 선호하는가?

A ☐ 왜냐하면 비싸지 않기 때문이다.
B ☐ 왜냐하면 그들은 그들의 식사를 가져갈 수 있기 때문이다.
C ☐ 왜냐하면 그들은 그것을 그 자리에서 먹을 수 있기 때문이다.

③ 유기농 제품들을 판매하는 식당들의 주된 목적은 무엇인가?

....

④ 재활용 소재로 된 포장지들의 장점은 무엇인가?

....

⑤ 참 또는 거짓? 해당하는 칸에 X를 하고 당신의 답변을 입증하는 텍스트의 일부나 문장을 옮겨 쓰시오.

지원자는 참/거짓 선택과 입증이 맞을 때 전체 점수를 얻을 수 있으며 그렇지 않은 경우 어떠한 점수도 얻지 못한다.

	참	거짓
패스트푸드 메뉴들이 그렇게 다양하진 않다. 입증: ______________________________		

⑥ 최대한 많이 판매하기 위해 패스트푸드점들은 무엇을 하는가?

A ☐ 공원에서 할인 판매를 자주 한다.
B ☐ 많은 사람들이 있는 장소들에 위치한다.
C ☐ 주민들이 많지 않은 동네 근처에 자리 잡는다.

Étape 3 해설에 따라 문제 분석 및 풀이 요령을 익히세요.

지문 분석

신문 기사를 인용하고 왜 패스트푸드점이 성황인지를 분석하며 글의 도입부를 시작한다. 패스트푸드점 음식의 변화 또한 중요한 내용인데 단순히 식사 시간상의 장점만 있는 것이 아니라 음식의 질을 향상시키기 위한 노력이 진행되고 있음을 밝히고 있다. 또한 패스트푸드점이 성공하기 위해서 무엇이 중요한지 강조하고 있다. 마지막으로 패스트푸드점이 좀 더 구체적으로 다양한 기준과 고객 취향을 고려하여 변화를 꾀하고 있음을 언급한다.

풀이 요령

1	직장인들의 점심 식사 시간이 점점 더 길어지는지 지문의 내용에 비추어 일치 여부를 판단해야 한다. "Le Figaro" 신문에 따르면 'le temps pour la pause déjeuner tend à la baisse 점심 식사를 위한 시간이 줄어드는 추세이다'라고 언급했으므로 문제 1의 문장은 지문과 FAUX이며 입증하는 문장은 Le temps pour la pause déjeuner tend à la baisse.가 된다.
2	패스트푸드점에 대한 직장인들의 선호 이유와 관련한 문제로 각 보기항의 핵심어 'n'est pas cher 비싸지 않다', 'peuvent emporter 가져갈 수 있다', 'peuvent le manger sur place 그 자리에서 먹을 수 있다'를 고려하여 지문을 읽는다. 패스트푸드점이 비판에도 불구하고 점점 더 많은 고객들을 모으고 있는 이유로 'car ils ont la possibilité de prendre à emporter. 왜냐하면, 포장해 갈 수 있기 때문이다.'를 언급했으므로 정답은 B.
3	유기농 제품들을 판매하는 목적을 질문하므로 핵심어 'produits bio 유기농 제품들' 및 'but principal 주된 목적' 언급에 집중한다. 'Leur but principal était de créer un fast-food avec une alimentation saine, qui est certifiée bio, 이들의 주된 목적은 유기농이라고 보증된 건강한 음식뿐만 아니라'에 따르면 주된 목적은 Créer un fast-food avec une alimentation saine, qui est certifiée bio.
4	재활용 소재로 된 포장지들의 장점을 작성해야 하므로 'emballages 포장지들' 관련 부분을 살펴본다. 유기농 제품들을 판매하는 목적 중 하나로 'avec des emballages en matières recyclables, donc bons pour l'environnement 재활용 소재로 된 포장지와 함께 환경에 좋은' 패스트푸드점을 만들기 위함을 제시했으므로 정답은 Ils sont bons pour l'environnement.
5	지문에 따르면 패스트푸드점들은 메뉴가 그렇게 다양하지 않기는커녕 'proposent aujourd'hui de plus en plus de produits variés 오늘날 다양한 제품들을 제안한다'고 소개했으므로 문제5의 문장은 지문과 FAUX이며 입증하는 문장은 Les fast-foods proposent aujourd'hui de plus en plus de produits variés.
6	문제에 제시된 'afin de vendre au maximum 최대한 많이 판매하기 위해'는 다른 단어로 대체되기 어려우며 문제의 순서와 지문의 내용 전개 순서는 대체로 일치하므로 지문의 마무리 부분에 afin de vendre au maximum을 언급한 부분에 집중한다. 'Afin de vendre au maximum, l'emplacement a également son importance. En effet, les fast-foods s'installent fréquemment aux abords des centres commerciaux et autres lieux très fréquentés. 최대한 많이 판매하기 위해 위치 또한 중요하다. 실제로 패스트푸드점들은 흔히 상업 중심지 근처나, 사람들이 많이 찾는 또다른 장소들에 위치하고 있다.'에 따르면 정답은 B.

독해 평가 EXERCICE 4 실전 연습

Étape 1 공략에 따라 EXERCICE 4 연습 문제를 풀어 보세요.

Vous lisez cet article sur un site internet.

L'échange de maisons fait le bonheur des familles

Le fait d'échanger sa maison ou son appartement pour les vacances présente de nombreux avantages et les inconvénients de cette nouvelle façon de voyager sont plutôt rares.

Économie : aucun frais d'hébergement, ni hôtel, ni location

Échanger sa maison ou son appartement vous permet de réaliser d'importantes économies tout en passant d'excellentes vacances.

Originalité et authenticité : voyagez autrement

En échangeant votre maison, vous vous offrez la possibilité unique de visiter de différentes régions, de découvrir d'autres villes ou des villages pittoresques. Vous découvrez des arts de vivre, vous appréhendez d'autres cultures.

Sécurité : votre maison est entre de bonnes mains

Quand vous échangez votre maison ou votre appartement, vous pouvez partir en vacances l'esprit tranquille. En effet, les personnes avec qui vous échangez votre logement sont des personnes de confiance et vous pouvez leur laisser votre maison.

Bien-être et liberté : votre "chez-vous" ailleurs

Oubliez les bagages lourds et volumineux ! Il est inutile d'encombrer vos valises, car tout est déjà sur place dans la maison de vos vacances échanges : les équipements, les appareils, les jeux, etc. sont à votre disposition.

Commencez tout de suite à chercher une maison où séjourner et inscrivez-vous pour échanger la vôtre !

<https://www.intervac.fr>

Répondez aux questions.

1 Vrai ou faux ? Cochez (☒) la case correspondante et recopiez la phrase ou la partie du texte qui justifie votre réponse.

Le candidat obtient la totalité des points si le choix Vrai/Faux ET la justification sont corrects, sinon aucun point.	**VRAI**	**FAUX**
Cet article parle des avantages de l'échange de maisons. Justification : ______________________		

2 D'après cet article, si on échange sa maison, on ...

A ☐ a besoin d'un autre logement.
B ☐ paie un loyer moins cher.
C ☐ peut passer des vacances en économisant de l'argent.

3 Qu'est-ce qu'on peut avoir l'occasion de mieux comprendre en échangeant sa maison ?

....

4 D'après cet article, avec qui on échange sa maison ?

....

5 Vrai ou faux ? Cochez (☒) la case correspondante et recopiez la phrase ou la partie du texte qui justifie votre réponse.

Le candidat obtient la totalité des points si le choix Vrai/Faux ET la justification sont corrects, sinon aucun point.	**VRAI**	**FAUX**
On est obligé d'emporter de gros bagages si on échange sa maison. Justification : ______________________		

6 Qu'est-ce qu'on doit faire en premier pour échanger sa maison ?

A ☐ On doit chercher quelqu'un de confiance.
B ☐ Il est nécessaire d'acheter les équipements indispensables.
C ☐ Il faut d'abord chercher une maison d'échange où loger.

Étape 2 문제 3의 필수 어휘를 익히고, 해석을 참조하세요.

필수 어휘 **échange (m)** 교환 | **bonheur (m)** 행복 | **authenticité (f)** 진정함 | **autrement** 다르게
pittoresque 경치가 좋은 | **valise (f)** 여행용 가방, 캐리어 | **appareil (m)** 기계 | **séjourner** 체류하다
emporter 가지고 가다 | **confiance (f)** 신뢰 | **volumineux** 부피가 큰 | **encombrer** 혼잡하게 하다

해석

당신은 인터넷 사이트에서 이 기사를 읽습니다.

집 교환은 가족들의 행복을 만든다.

휴가를 위해 집이나 아파트를 교환하는 것은 많은 장점들을 소개하며, 여행하는 이 새로운 방법의 단점들은 비교적 드물다.
경제성: 어떠한 숙소, 호텔, 임대 비용이 들지 않는다.
집이나 아파트를 교환하는 것은 당신이 훌륭한 휴가를 보내면서 중요한 경제성을 실현하게 해 준다.
독창성과 진정함: 다르게 여행하라.
당신의 집을 교환하면서, 당신은 다른 지역들을 방문하고 경치가 좋은 다른 도시들이나 마을들을 발견하는 유일한 가능성을 즐긴다. 당신은 삶의 예술을 발견하고 다른 문화들을 이해한다.
안전성: 당신의 집은 믿을 만한 사람의 손에 있다.
당신이 집이나 아파트를 교환할 때, 당신은 평온한 마음으로 휴가를 떠날 수 있다. 실제로 당신과 집을 교환하는 사람들은 믿을 만한 사람들이고 당신은 그들에게 집을 맡길 수 있다.
행복과 자유: 다른 곳의 '당신 집'
무겁고 부피가 나가는 짐들은 잊으세요! 당신은 짐 가방을 혼잡하게 할 필요가 없다. 왜냐하면 모든 것이 당신이 교환하는 휴가 집에 이미 마련되어 있기 때문이다: 장비들, 기계들, 게임들 등은 당신이 사용할 수 있도록 준비되어 있다.
거주할 집을 찾는 것을 즉시 시작하라 그리고 당신의 집을 교환하기 위해 가입하시오!

<https://www.intervac.fr>

질문에 답하시오.

1 참 또는 거짓? 해당하는 칸에 X를 하고 당신의 답변을 입증하는 텍스트의 일부나 문장을 옮겨 쓰시오.

지원자는 참/거짓 선택과 입증이 맞을 때 전체 점수를 얻을 수 있으며 그렇지 않은 경우 어떠한 점수도 얻지 못한다.

	참	거짓
이 기사는 집 교환의 장점들에 대해 말하고 있다. 입증: ______________________		

2 이 기사에 따르면, 만약 집을 교환하면, 우리는 ...

A □ 또 다른 숙소가 필요하다.
B □ 임대료를 덜 비싸게 지불한다.
C □ 돈을 절약하면서 휴가를 보낼 수 있다.

3 집을 교환하면서 무엇을 더 잘 이해할 수 있는 기회를 가질 수 있는가?

....

4 이 기사에 따르면, 누구와 집을 교환하는가?

....

5 참 또는 거짓? 해당하는 칸에 X를 하고 당신의 답변을 입증하는 텍스트의 일부나 문장을 옮겨 쓰시오.

지원자는 참/거짓 선택과 입증이 맞을 때 전체 점수를 얻을 수 있으며 그렇지 않은 경우 어떠한 점수도 얻지 못한다.

	참	거짓
만약 집을 교환하면, 큰 짐들을 가져가야만 한다. 입증: ______________________		

6 집을 교환하기 위해 처음으로 해야 할 것은 무엇인가?

A □ 신뢰할 수 있는 누군가를 찾아야 한다.
B □ 꼭 필요한 장비들을 살 필요가 있다.
C □ 우선 거주할 교환 집을 찾아야 한다.

Étape 3 해설에 따라 문제 분석 및 풀이 요령을 익히세요.

지문 분석

집 교환에 대한 기사이다. 먼저 서두에서 이 제도의 장점이 많다고 밝히며 하나씩 구체적으로 나열하는데, 집 교환 제도의 경제성, 독창성, 안전성, 편리성 등을 각각의 근거와 함께 제시한다. 마무리에서는 이 제도를 이용하고 싶은 사람들에게 적극 활용할 것을 권고하고 있다.

풀이 요령

1	집 교환 제도의 장점에 대해 말하고 있는지 판단 후 입증할 문장을 적어야 한다. 휴가를 위해 집이나 아파트를 교환하는 것은 많은 장점들을 소개하며 여행하는 이 새로운 방법의 단점들이 비교적 드물다고 기사의 도입부에서부터 결론을 제시하고 그 이유를 차례차례 언급하므로 문제1의 문장은 지문과 VRAI이며 입증하는 문장은 Le fait d'échanger sa maison ou son appartement pour les vacances présente de nombreux avantages et les inconvénients de cette nouvelle façon de voyager sont plutôt rares.
2	집 교환 시 일어날 수 있는 상황으로 옳은 것을 보기항에서 선택해야 한다. 'Économie : aucun frais d'hébergement, ni hôtel, ni location 경제성: 어떠한 숙소, 호텔, 임대 비용이 들지 않는다.'에 따르면 정답은 C. 숙소 및 임대 비용이 아예 들지 않는다고 장점으로 소개하므로 보기 A와 B 모두 오답이 된다.
3	집 교환을 통해 무엇을 더 잘 이해할 수 있는지 질문하므로 '이해하다'를 나타내는 핵심어 comprendre 및 appréhender가 등장하는지 유의한다. 지문의 중반부에 'Vous découvrez des arts de vivre, vous appréhendez d'autres cultures. 당신은 삶의 예술을 발견하고 다른 문화들을 이해한다.'는 장점이 소개되므로 정답은 D'autres cultures.
4	누구와 집을 교환하는지 주관식으로 작성해야 하는 유형이다. 지문에서 사람을 가리키는 명사 personnes 및 gens가 등장하는 부분에 특히 주의를 기울여야 한다. 'En effet, les personnes avec qui vous échangez votre logement sont des personnes de confiance et 실제로 당신과 집을 교환하는 사람들은 믿을 만한 사람들이고'에 따르면 정답은 Des personnes de confiance.
5	여행 짐을 나타내는 핵심어 bagages를 염두에 두고 관련 언급 부분을 살펴봐야 한다. 'Oubliez les bagages lourds et volumineux ! 무겁고 부피가 나가는 짐들은 잊으세요!'며 짐 가방을 채워 복잡하게 할 필요가 없다고 하므로 문제5의 큰 짐을 가져가야 한다는 문장은 지문과 FAUX이고, 입증하는 문장은 Oubliez les bagages lourds et volumineux ! Il est inutile d'encombrer vos valises.가 된다. bagages의 유의어 valises까지 기억해 두자.
6	집 교환 시 처음으로 무엇을 해야 하는지 파악해야 한다. 마지막 문제인 만큼 지문의 마무리 부분에 초점을 맞추면 'Commencez tout de suite à chercher une maison où séjourner et inscrivez-vous pour échanger la vôtre ! 거주할 집을 찾는 것을 즉시 시작하라 그리고 당신의 집을 교환하기 위해 가입하시오!'에 따라 정답은 C.

독해 평가 EXERCICE 4 실전 연습

Étape 1 공략에 따라 EXERCICE 4 연습 문제를 풀어 보세요.

문제 4

Vous lisez cet article sur un site internet.

Camping en famille

Rien de tel qu'un camping pour des vacances en famille originales ! Passez d'agréables moments avec votre famille en choisissant parmi nos offres de location de camping pas cher, en France ou à l'étranger.

À la montagne, au bord de la mer ou dans une nature magnifique, les vacances en famille sont l'occasion d'avoir des liens plus forts, de partager de bons moments et de trouver des centres d'intérêt communs. Pour vivre une nouvelle aventure, l'idéal est d'opter pour une location en famille dans un camping. Cette formule offre en effet un fabuleux cocktail de plaisir et de bonne humeur. En outre, vous avez le choix entre divers sites pour que votre camping en famille soit inoubliable : cadre de vacances de rêve sur la plage, environnement dans les zones montagneuses, etc.

Petits et grands peuvent faire des activités selon la destination choisie : randonnée, golf, sports nautiques, visite de musées, etc. De plus, bon nombre de campings sont dotés d'une piscine chauffée, et proposent un espace de jeux et des animations pour les enfants : activités manuelles, clubs... Pour mettre l'accent sur le confort, les campings proposent la location de mobile homes, chalets. Tous sont équipés de lits confortables et d'un coin cuisine.

<http://www.promovacances.com>

Répondez aux questions.

1 Qu'est-ce qu'on propose pour passer des vacances idéales en famille ?

....

2 Quel est l'avantage de cette activité pour la famille ?

A ☐ Passer des moments agréables ensemble.
B ☐ Partager de bons moments avec des amis.
C ☐ Laisser du temps libre à chaque membre de la famille.

3 Que peut expérimenter la famille qui fait une location dans un camping ?

....

4 Vrai ou faux ? Cochez (☒) la case correspondante et recopiez la phrase ou la partie du texte qui justifie votre réponse.

Le candidat obtient la totalité des points si le choix Vrai/Faux ET la justification sont corrects, sinon aucun point.	**VRAI**	**FAUX**
On n'a qu'une possibilité pour choisir la destination des vacances. Justification : ______________________		

5 Quelle activité peut-on faire ?

A ☐ Une visite culturelle.
B ☐ Une aventure extraordinaire.
C ☐ Des animations pour les adultes.

6 Vrai ou faux ? Cochez (☒) la case correspondante et recopiez la phrase ou la partie du texte qui justifie votre réponse.

Le candidat obtient la totalité des points si le choix Vrai/Faux ET la justification sont corrects, sinon aucun point.	**VRAI**	**FAUX**
Il y a un espace pour cuisiner dans les mobile homes et les chalets. Justification : ______________________		

Étape 2 문제 4의 필수 어휘를 익히고, 해석을 참조하세요.

필수 어휘 **aventure** (f) 모험 | **intérêt** (m) 관심 | **commun** 공통의 | **montagneux** 산이 많은 | **opter** 선택하다 | **fabuleux** 엄청난 | **humeur** (f) 기분 | **cadre** (m) 범위, 틀 | **nautique** 수상의 | **manuel** 손으로 하는 | **confort** (m) 안락(함) | **partager** 나누다, 공유하다 | **expérimenter** 경험하다 | **chalet** (m) 산장

해석

당신은 인터넷 사이트에서 이 기사를 읽습니다.

가족과의 캠핑

가족과의 독창적인 휴가를 위해서 캠핑보다 더 나은 것이 없습니다! 비싸지 않은 우리의 캠핑카 임대 제안들 중에 선택하여, 프랑스나 외국에서 당신 가족과 안락한 순간들을 보내세요.

산에서, 바닷가에서 또는 멋진 자연 속에서 가족과의 휴가는 더 강한 연대감을 갖게 하고 좋은 순간들을 함께 하며 공통적인 관심사들을 발견할 기회입니다. 새로운 모험을 체험하기 위해, 이상적인 것은 캠핑장에서 가족 단위 임대를 택하는 것입니다. 이 방식은 실제로 즐겁고 기분 좋은 특별한 칵테일을 제공합니다. 게다가 잊을 수 없는 가족 캠핑을 위해 당신은 여러 사이트들 중에서 선택할 수 있습니다. 해변에서의 꿈 같은 바캉스의 일환, 산악지대의 환경 등.

어린이들과 어른들은 선택된 행선지에 따라 활동들을 할 수 있습니다: 긴 산책, 골프, 해양 스포츠, 미술관 방문 등. 게다가, 많은 캠핑장들이 온수 수영장을 갖추고 있으며 아이들을 위한 만화 영화와 놀이 공간을 제안합니다: 손으로 하는 활동들, 클럽들... 편안함을 강조하기 위해, 캠핑장들은 이동 주택 임대와 산장을 제안합니다. 모두 편안한 침대와 요리 공간을 갖추고 있습니다.

<http://www.promovacances.com>

질문에 답하시오.

① 가족과 이상적인 휴가를 보내기 위해 무엇을 제안하는가?

....

② 가족을 위한 이 활동의 장점은 무엇인가?

A ☐ 함께 안락한 순간들을 보내는 것
B ☐ 친구들과 좋은 순간들을 공유하는 것
C ☐ 가족 각 일원들에게 자유 시간을 주는 것

③ 캠핑장에서 임대를 한 가족은 무엇을 경험할 수 있는가?

....

④ 참 또는 거짓? 해당하는 칸에 X를 하고 당신의 답변을 입증하는 텍스트의 일부나 문장을 옮겨 쓰시오.

지원자는 참/거짓 선택과 입증이 맞을 때 전체 점수를 얻을 수 있으며 그렇지 않은 경우 어떠한 점수도 얻지 못한다.

	참	거짓
휴가지를 선택하기 위한 하나의 수단만 있을 뿐이다. 입증: ______________________		

⑤ 어떤 활동들을 할 수 있는가?

A ☐ 문화적 방문
B ☐ 특별한 모험
C ☐ 성인들을 위한 만화 영화

⑥ 참 또는 거짓? 해당하는 칸에 X를 하고 당신의 답변을 입증하는 텍스트의 일부나 문장을 옮겨 쓰시오.

지원자는 참/거짓 선택과 입증이 맞을 때 전체 점수를 얻을 수 있으며 그렇지 않은 경우 어떠한 점수도 얻지 못한다.

	참	거짓
이동 주택들과 산장들에는 요리하기 위한 공간이 있다. 입증: ______________________		

Étape 3 해설에 따라 문제 분석 및 풀이 요령을 익히세요.

지문 분석

가족 캠핑에 관한 기사문이 주어졌다. 먼저 가족 휴가에 있어 캠핑은 가장 좋은 활동임을 언급하며 저렴한 가격의 다양한 가족 캠핑카 임대에 대해 소개할 것임을 알린다. 이어서 구체적으로 자연 속 가족 캠핑의 장점들을 연대감, 관심사 발견, 새로운 방식의 삶 등으로 근거를 들며 나열한다. 또한 가족 캠핑장에서 할 수 있는 다양한 활동들을 제시하며 편리함과 안락함을 갖춘 장소임을 강조한다.

풀이 요령

1	휴가 동안 가족을 위한 이상적인 것은 무엇인지 주관식으로 작성해야 한다. 문제 순서는 지문 내용 전개 순서를 따르므로 지문의 시작에 집중하면 'Rien de tel qu'un camping pour des vacances en famille originales ! 가족과의 독창적인 휴가를 위해서 캠핑보다 더 나은 것이 없습니다!'라고 단언하므로 정답은 Un camping.
2	가족 캠핑의 장점을 질문하므로 보기항에 등장한 가족들끼리의 활동, 친구들과의 활동, 가족 구성원 각자의 활동 관련 언급을 찾는다. 프랑스나 외국에서 'Passez d'agréables moments avec votre famille 당신 가족과 안락한 순간들을 보내세요'라고 제안하므로 정답은 A.
3	캠핑장을 임대한 가족이 경험할 수 있는 것을 질문한다. 가족 단위 임대를 권하며 'Cette formule offre en effet un fabuleux cocktail de plaisir et de bonne humeur. 이 방식은 실제로 즐겁고 기분 좋은 특별한 칵테일을 제공합니다.'라고 하므로 캠핑장을 임대한 가족이 경험하게 되는 것은 Un fabuleux cocktail de plaisir et de bonne humeur. 문제에서 동사 'expérimenter 경험하다'로 질문한 내용을 정답 문장에서는 'offrir 제공하다'로 유추하여야 한다.
4	잊을 수 없는 가족 캠핑을 위해 'vous avez le choix entre divers sites 당신은 여러 사이트들 중에서 선택할 수 있습니다'라고 제안하며 해변에서의 꿈 같은 바캉스의 일환, 산악 지대의 환경과 같은 예시를 덧붙였다. 따라서 문제4의 문장은 지문과 FAUX이고, 입증하는 문장은 Vous avez le choix entre divers sites pour que votre camping en famille soit inoubliable이 된다.
5	문화, 모험, 만화 영화 중 어떤 활동을 할 수 있는지 선택해야 한다. 지문에서 언급된 'randonnée, golf, sports nautiques, visite de musées, etc 긴 산책, 골프, 해양 스포츠, 미술관 방문 등'의 활동을 포괄할 수 있는 정답 보기항은 A이다.
6	캠핑 장소에 요리하기 위한 공간이 있는지 판단해야 하며 특히 문제에 등장한 핵심어 'mobile homes 이동 주택들', 'chalets 산장들'에 집중해서 읽는다. 편안함을 강조하기 위해, 캠핑장들은 이동 주택, 산장 임대를 제안하며 'Tous sont équipés de lits confortables et d'un coin cuisine. 모두 편안한 침대와 요리 공간을 갖추고 있습니다.'라고 안내하므로 문제6의 문장은 지문과 VRAI이며 입증 문장은 Tous sont équipés de lits confortables et d'un coin cuisine.

독해 평가 EXERCICE 4 실전 연습

Étape 1 공략에 따라 EXERCICE 4 연습 문제를 풀어 보세요.

문제 5

Vous lisez cet article sur un site internet.

Salon du Livre de Paris 2017

Le plus grand événement généraliste dédié au livre en France !

Du 24 au 27 mars 2017, rendez-vous Porte de Versailles pour la 37ème édition de Livre Paris. Créé en 1981, le Salon du Livre de Paris rassemble chaque année les éditeurs, les auteurs français et internationaux, et plus de 150 000 amoureux de la lecture.

Manifestation culturelle indispensable de la vie publique française, l'événement est connu par la richesse du programme et des rencontres qu'il propose à ses visiteurs durant quatre jours : plus de 800 événements et animations, et près de 3 000 auteurs présents pour présenter leurs ouvrages ou prendre la parole lors de conférences et débats avec les lecteurs.

Pour la première fois depuis sa création, le Salon met en lumière les lettres et la culture d'un pays du monde arabe, témoignant ainsi du dynamisme et de la richesse des échanges entre le Maroc et la France sur le plan littéraire.

Du 24 au 27 mars, plongez dans cette création littéraire grâce à de nombreux événements organisés au cœur du Salon.

Cet événement fait partie des idées sorties du week-end :

Horaires : Vendredi - Samedi de 10 h à 20 h, Dimanche de 10 h à 19 h, Lundi de 9 h à 19 h

Tarif : Plein tarif : 12€ ; -26ans : 6€ ; gratuit pour les moins de 18 ans

<http://www.parisetudiant.com>

Répondez aux questions.

1 Combien de jours dure cet événement ?

....

2 Selon ce document, ...

A ☐ on ne rencontre que des auteurs français.
B ☐ cet événement est ouvert pour la première fois en 2017.
C ☐ c'est un grand événement pour les gens qui adorent la lecture.

3 Qu'est-ce que cet événement représente pour la vie publique française ?

....

4 Vrai ou faux ? Cochez (☒) la case correspondante et recopiez la phrase ou la partie du texte qui justifie votre réponse.

Le candidat obtient la totalité des points si le choix Vrai/Faux ET la justification sont corrects, sinon aucun point.	**VRAI**	**FAUX**
Beaucoup d'auteurs introduisent leurs livres au grand public pendant le Salon. Justification : ________________________		

5 Pendant cet événement, on peut ...

A ☐ acheter des livres à prix avantageux.
B ☐ participer au concours pour devenir écrivain.
C ☐ rencontrer spécialement le monde littéraire du pays arabe.

6 Vrai ou faux ? Cochez (☒) la case correspondante et recopiez la phrase ou la partie du texte qui justifie votre réponse.

Le candidat obtient la totalité des points si le choix Vrai/Faux ET la justification sont corrects, sinon aucun point.	**VRAI**	**FAUX**
On peut y entrer sans payer si on a seize ans. Justification : ________________________		

Étape 2 문제 5의 필수 어휘를 익히고, 해석을 참조하세요.

필수 어휘 **dédié** 헌정된, 바쳐진 | **rasssembler** 모으다 | **éditeur** 편집자 | **indispensable** 필수적인 **richesse (f)** 풍부함 | **témoigner** 증명하다 | **ouvrage (m)** 작품 | **dynamisme (m)** 역동성 **littéraire** 문학적인 | **faire partie de** ~의 일부를 이루다

해석

당신은 인터넷 사이트에서 이 기사를 읽습니다.

2017년 도서 박람회

프랑스에서 책을 위한 가장 큰 일반 행사!

2017년 3월 24일부터 27일까지, 제37회 파리 도서 박람회를 위해 Porte de Versailles 집합. 1981년에 탄생한 파리 도서 박람회는 매년 편집자, 프랑스 작가와 국제적인 작가, 그리고 15만 명 이상의 독서를 사랑하는 사람들을 모이게 한다.

프랑스 공공 영역의 꼭 필요한 문화적 행사로, 이 행사는 프로그램의 풍부함과 4일 동안 방문객들에게 제안하는 만남들로 잘 알려져 있다: 800개 이상의 행사들과 만화 영화, 자신의 작품을 소개하거나 독자들과의 토론, 컨퍼런스에서 발언하기 위해 3천여 명의 작가들이 참석한다.

전시회가 생긴 이후 처음으로, 도서 박람회는 문학적 차원에서 모로코와 프랑스 간 교류의 풍부함과 역동성을 또한 보여 주면서, 아랍 세계 한 국가의 문화와 문학을 밝힌다.

3월 24일부터 27일까지, 도서 박람회에서 편성된 많은 행사들에 힘입어 문학 작품들에 빠져 보자.

이 행사는 주말 외출 계획에 속한다.

시간: 금요일-토요일 10시부터 20시, 일요일 10시부터 19시, 월요일 9시부터 19시.

가격: 보통 요금 12유로, 26세 미만 6유로, 18세 미만 무료.

<http://www.parisetudiant.com>

질문에 답하시오.

1 이 행사는 며칠간 지속되는가?

....

2 이 자료에 따르면, ...

A ☐ 프랑스 작가들만 만난다.

B ☐ 이 행사는 2017년에 최초로 열린다.

C ☐ 독서를 아주 좋아하는 사람들을 위한 큰 행사이다.

3 이 행사는 프랑스 공공 영역에서 무엇을 의미하는가?

....

4 참 또는 거짓? 해당하는 칸에 X를 하고 당신의 답변을 입증하는 텍스트의 일부나 문장을 옮겨 쓰시오.

지원자는 참/거짓 선택과 입증이 맞을 때 전체 점수를 얻을 수 있으며 그렇지 않은 경우 어떠한 점수도 얻지 못한다.

	참	거짓
많은 작가들이 도서 박람회 동안 대중들에게 그들의 저서들을 소개한다. 입증: ______________________________		

5 이 행사 동안, 우리는 ... 수 있다.

A ☐ 좋은 가격에 책들을 살

B ☐ 작가가 되기 위한 대회에 참가할

C ☐ 특별히 아랍 국가의 문학 세계를 만날

6 참 또는 거짓? 해당하는 칸에 X를 하고 당신의 답변을 입증하는 텍스트의 일부나 문장을 옮겨 쓰시오.

지원자는 참/거짓 선택과 입증이 맞을 때 전체 점수를 얻을 수 있으며 그렇지 않은 경우 어떠한 점수도 얻지 못한다.

	참	거짓
만약 16세라면 돈을 내지 않고, 이곳에 입장할 수 있다. 입증: ______________________________		

Étape 3 해설에 따라 문제 분석 및 풀이 요령을 익히세요.

지문 분석

도서 박람회에 대한 기사이다. 먼저 행사 일정을 설명하고 참가자들에 대해 소개한다. 또한 이 행사가 문화적 성격을 가지며 프랑스에서 많은 사람들에게 인기 있다는 사실을 밝힌다. 전시회 동안 열리는 활동과 관련하여 다양한 도서들과 작가들과의 만남, 토론이 진행된다는 점을 언급한다. 마무리에서는 이번 도서 박람회의 특징은 아랍 국가에 초점이 맞추어져 있음을 안내하고 박람회 일정과 입장료 관련 정보를 알린다.

풀이 요령

1	기간 또는 날짜를 나타내는 숫자에 유의한다. 문제의 순서는 일반적으로 지문 내용의 전개 순서를 따르므로 글의 도입부에 집중하면 제37회 파리 도서 박람회를 위해 'Du 24 au 27 mars 2017 2017년 3월 24일부터 27일까지' Porte de Versailles에서 집합한다고 안내하므로 행사 기간은 총4일 즉, **4 jours**.이다.
2	문제를 먼저 읽어 보기항의 주요 내용을 빠르게 파악하고 핵심어 위주로 지문을 읽어야 한다. 'Créé en 1981, le Salon du Livre de Paris rassemble chaque année les éditeurs, les auteurs français et internationaux, et plus de 150 000 amoureux de la lecture. 1981년에 탄생한 파리 도서 박람회는 매년 편집자, 프랑스 작가와 국제적인 작가, 그리고 15만 명 이상의 독서를 사랑하는 사람들을 모이게 한다.'가 핵심 문장이다. 국제적인 작가들이 참석하므로 A는 오답이며, 1981년에 도서 박람회가 열리기 시작했으므로 B도 제외된다. 15만 명 이상 참여하는 규모라면 매우 큰 행사이므로 정답은 **C**.
3	행사에 대한 프랑스 사람들의 생각 또는 의견을 질문하며 특히 핵심어인 'la vie publique française 프랑스 공공 영역' 측면에서 파악해야 한다. 'Manifestation culturelle indispensable de la vie publique française, 프랑스 공공 영역의 꼭 필요한 문화적 행사로,'에 따르면 정답은 **Manifestation culturelle**.
4	도서 박람회에서 치러지는 주요 활동과 관련해서 'plus de 800 événements et animations, et près de 3000 auteurs présents pour présenter leurs ouvrages ou prendre la parole lors de conférences et débats avec les lecteurs. 800개 이상의 행사들과 만화 영화, 자신의 작품을 소개하거나 독자들과의 토론, 컨퍼런스에서 발언하기 위해 참석한 3천여 명의 작가들이 참석한다.'고 안내하므로 문제4의 문장은 지문과 **VRAI**이며 입증 문장은 **Près de 3 000 auteurs présents pour présenter leurs ouvrages**.
5	도서 박람회에서 경험할 수 있는 것으로 좋은 가격, 대회, 아랍 문학 중 무엇을 제시하는지 찾아야 한다. 'le Salon met en lumière les lettres et la culture d'un pays du monde arabe, témoignant ainsi du dynamisme et de la richesse des échanges entre le Maroc et la France sur le plan littéraire. 도서 박람회는 문학적 차원에서 모로코와 프랑스 간 교류의 풍부함과 역동성을 또한 보여 주면서, 아랍 세계 한 국가의 문화와 문학을 밝힌다.'에 따르면 정답은 **C**. 책 가격 또는 대회 관련 사항은 언급된 바 없다.
6	입장료 관련 언급 중 'gratuit pour les moins de 18 ans 18세 미만 무료'라고 안내하므로 문제6의 문장은 지문과 **VRAI**이며 입증 문장은 **Gratuit pour les moins de 18 ans**.

 공략에 따라 EXERCICE 4 연습 문제를 풀어 보세요.

문제 6

Vous lisez cet article sur un site internet.

Accueillir un enfant sans vacances

Être une famille de vacances, c'est permettre à l'un de ces enfants qui ne partent jamais ailleurs de chez eux de pouvoir découvrir d'autres régions, de s'enrichir de l'autre et bien sûr, nous aussi nous nous enrichissons de lui.

Être famille de vacances, c'est un concept super simple, mis au point par le Secours populaire : vous vous engagez à accueillir chez vous un enfant, pendant un temps donné, en contactant la structure du Secours populaire français la plus proche de chez vous.

Sur le site du SPF, on peut lire ce témoignage qui a fini de me convaincre :

≪Kevin vient chaque année pendant trois semaines, au mois de juillet.

Quand il est arrivé, il avait six ans. Il nous faisait rire, il était adorable. On s'était vraiment amusé, il était aussi très bien élevé. Il aurait pu donner des cours à nos petits-enfants !

On habite en pleine campagne, les enfants font du vélo, ils vont à la piscine, ils jouent beaucoup. Ma femme et moi se baladons la montagne, les enfants font du cheval ou vont à la piscine.

Être famille de vacances est quelque chose de très enrichissant, on ne fait pas que donner, on reçoit aussi beaucoup des enfants. Il n'y a pas assez de volontaires, pourtant ça ne demande pas tant d'efforts. Un petit jardin, une autre façon de vivre, c'est déjà un vrai changement pour un enfant.≫

<http://bebe.doctissimo.fr>

Répondez aux questions.

1 Vrai ou faux ? Cochez (☒) la case correspondante et recopiez la phrase ou la partie du texte qui justifie votre réponse.

Le candidat obtient la totalité des points si le choix Vrai/Faux ET la justification sont corrects, sinon aucun point.

	VRAI	FAUX
On propose cette activité pour les enfants qui voyagent beaucoup. Justification : ______		

2 Selon ce document, être famille de vacances est ...

A ☐ une idée très compliquée.
B ☐ une action difficile à réaliser.
C ☐ une sorte d'action humanitaire.

3 Comment faire pour vous engager à accueillir chez vous un enfant ?

....

4 Qu'est-ce que Kevin aurait pu faire pour les petits-enfants ?

....

5 Vrai ou faux ? Cochez (☒) la case correspondante et recopiez la phrase ou la partie du texte qui justifie votre réponse.

Le candidat obtient la totalité des points si le choix Vrai/Faux ET la justification sont corrects, sinon aucun point.

	VRAI	FAUX
Les enfants de la famille qui témoigne se promènent dans la montagne. Justification : ______		

6 Selon ce document, ...

A ☐ il y a beaucoup de gens qui veulent être famille de vacances.
B ☐ il faut offrir beaucoup de choses aux enfants.
C ☐ il est important d'avoir une forte volonté pour aider les enfants.

Étape 2 문제 6의 필수 어휘를 익히고, 해석을 참조하세요.

필수 어휘 s'enrichir 풍부해지다 | concept (m) 개념 | accueillir 맞이하다 | structure (f) 구조
témoignage (m) 증언 | se convaincre 확신하다 | (bien) élevé (잘) 자란
se balader 산책하다 | volontaire 자원자 | changement (m) 변화 | effort (m) 노력

해석

당신은 인터넷 사이트에서 이 기사를 읽습니다.

바캉스 없는 아이들을 맞이하기

바캉스 가족 되기는 그들의 집으로부터 결코 다른 곳으로 떠나지 않는 이 아이들 중 한 명이 다른 지역을 발견하고, 타인으로 인해 풍요로워지게 해 주는 것이다. 그리고 물론 우리도 그 아이로 인해 풍요로워진다.

바캉스 가족 되기는 Secours Populaire 단체에 의해 만들어진 아주 간단한 개념이다: 당신 집에서 가장 가까운 Secours populaire français 단체에 연락하면, 당신은 주어진 시간 동안 한 아이를 당신 집으로 맞이하는 데 참가할 수 있다.

SPF 사이트에서 나를 설득했던 이 증언을 읽을 수 있다:

"Kevin은 매년 7월에 3주간 옵니다. 그가 도착했을 때, 그는 6살이었어요. 그는 우리를 웃게 해 주고, 매우 사랑스러웠죠. 우리는 정말 즐거웠고 그는 또한 매우 잘 자랐어요. 그는 우리 손주들을 가르칠 수도 있었을 텐데!

우리는 시골에 살고 있는데, 아이들은 자전거를 타고 수영장에 가며 많이 놉니다. 내 아내와 나는 산을 산책하고 아이들은 말을 타거나 수영장에 갑니다.

바캉스 가족 되기는 매우 풍요로운 어떤 것입니다. 우리는 주기만 하는 것이 아니라, 아이들로부터 많이 받기도 합니다. 자원 봉사자들이 그다지 많지는 않지만, 그것은 엄청난 수고를 요구하지는 않습니다. 작은 정원, 또 다른 사는 방식, 이것은 이미 아이에게 하나의 진정한 변화입니다."

<http://bebe.doctissimo.fr>

질문에 답하시오.

1 참 또는 거짓? 해당하는 칸에 X를 하고 당신의 답변을 입증하는 텍스트의 일부나 문장을 옮겨 쓰시오.

지원자는 참/거짓 선택과 입증이 맞을 때 전체 점수를 얻을 수 있으며 그렇지 않은 경우 어떠한 점수도 얻지 못한다.

	참	거짓
여행을 많이 하는 아이들에게 이 활동을 제안한다. 입증: ______________________________		

2 이 자료에 따르면, 바캉스 가족 되기는 ...

A ☐ 매우 복잡한 개념이다.
B ☐ 실현시키기 힘든 행동이다.
C ☐ 일종의 인도주의적 행동이다.

3 아이를 당신 집에 맞이하는 데 참여하려면 어떻게 해야 하는가?

....

4 Kevin은 손주들에게 무엇을 할 수도 있었는가?

....

5 참 또는 거짓? 해당하는 칸에 X를 하고 당신의 답변을 입증하는 텍스트의 일부나 문장을 옮겨 쓰시오.

지원자는 참/거짓 선택과 입증이 맞을 때 전체 점수를 얻을 수 있으며 그렇지 않은 경우 어떠한 점수도 얻지 못한다.

	참	거짓
증언하는 가족의 아이들은 산속을 산책한다. 입증: ______________________________		

6 이 자료에 따르면, ...

A ☐ 바캉스 가족 되기를 원하는 많은 사람들이 있다.
B ☐ 아이들에게 많은 것을 제공해야 한다.
C ☐ 아이들을 돕기 위한 강한 의지를 갖는 것이 중요하다.

Étape 3 해설에 따라 문제 분석 및 풀이 요령을 익히세요.

지문 분석

바캉스 없는 아이들을 맞이하여 함께 방학을 보내는 활동에 관해 안내한다. 다양한 지역 방문, 만남 기회 제공, 상호 이익 등의 장점을 알리며 어떻게 이 활동에 참여할 수 있는지 설명한다. 이어서 구체적으로 참여자의 인터뷰를 인용하여 얼마나 이 활동이 실제로 유용하고 긍정적인 체험이었는지 뒷받침하고 있다. 마무리로는 바캉스 없는 아이와 함께하는 활동을 위해 가장 중요한 것은 다름 아닌 의지임을 강조한다.

풀이 요령

1	어떤 아이들이 바캉스 가족 되기 활동의 대상이 되는지 파악해야 한다. 'c'est permettre à l'un de ces enfants qui ne partent jamais ailleurs de chez eux de pouvoir découvrir d'autres régions, 그들의 집으로부터 결코 다른 곳으로 떠나지 않는 이 아이들 중 한 명이 다른 지역을 발견하고,'에 따르면 문제1의 문장은 지문과 **FAUX**이며 입증 문장은 **C'est permettre à l'un de ces enfants qui ne partent jamais ailleurs de chez eux**.
2	바캉스 가족 되기에 대해 보기 A와 같이 매우 복잡한 개념인지 아니면 반대로 간단한 개념인지 관련한 의견은 언급된 바 없다. 'pourtant ça ne demande pas tant d'efforts. 그것은 엄청난 수고를 요구하지는 않습니다.' 에 따르면 보기 B 역시 제외된다. 'Être famille de vacances est quelque chose de très enrichissant, on ne fait pas que donner, on reçoit aussi beaucoup des enfants. 바캉스 가족 되기는 매우 풍요로운 어떤 것입니다. 우리는 주기만 하는 것이 아니라, 아이들로부터 많이 받기도 합니다.'에 따라 보기 **C**가 정답임을 도출할 수 있다.
3	바캉스 없는 아이들을 맞이하기 위해 어떤 절차를 거치는지 언급한 부분에 집중한다. 'vous vous engagez à accueillir chez vous un enfant, pendant un temps donné, en contactant la structure du Secours populaire français la plus proche de chez vous. 당신 집에서 가장 가까운 Secours populaire français 단체에 연락하면, 당신은 주어진 시간 동안 한 아이를 당신 집으로 맞이하는 데 참가할 수 있다.'고 하므로 정답은 **En contactant la structure du Secours populaire français la plus proche de chez moi**.
4	활동에 참여했던 아이인 Kevin이 자신을 맞이해 준 가정의 아이들에게 해 줄 수도 있었을 활동을 파악해야 한다. 인명은 다른 단어로 대체되기 어려우므로 Kevin이 언급된 부분에서 단서를 찾는다. Kevin과 관련된 인터뷰에 따르면 'Il aurait pu donner des cours à nos petits-enfants ! 그는 우리 손주들을 가르칠 수도 있었을 텐데! 라고 회상하므로 정답은 **Donner des cours**.
5	아이들과 관련하여 특히 'montagne 산'에서 이루어지는 활동이 언급되는지 유의한다. 인터뷰에 따르면 내 아내와 나는 산을 산책하고 'les enfants font du cheval ou vont à la piscine 아이들은 말을 타거나 수영장에 갑니다.'라고 하므로 문제5의 문장은 지문과 **FAUX**이며, 입증 문장은 **Les enfants font du cheval ou vont à la piscine**.
6	포괄적으로 질문하므로 반드시 보기항의 핵심어를 먼저 읽어야 하는 유형이다. 'Il n'y a pas assez de volontaires, 자원 봉사자들이 그다지 많지는 않지만,'에 따라 보기 A가 먼저 제외되고, 바캉스 가족 되기는 어느 한쪽이 주기만 하는 것이 아니라 서로 풍요로워지는 활동임을 강조하므로 B 역시 오답이다. 지문의 전반적인 내용에 드러난 글쓴이의 생각과 부합하는 맥락은 **C**이다.

독해 평가 EXERCICE 4 실전 연습

Étape 1 공략에 따라 EXERCICE 4 연습 문제를 풀어 보세요.

문제 7

Vous lisez cet article sur un site internet.

Camps d'été "Réussir Sa Vie" pour adolescents

Une semaine inoubliable dans les Pyrénées avec 120 jeunes de ta région !

Chaque été, Fondacio propose les camps "Réussir Sa Vie" pour les adolescents. Sur chaque camp, nous accueillons 100 à 120 ados de 14 à 18 ans.

Un camp fait par les jeunes, pour les jeunes
La responsabilisation des jeunes est au cœur de la pédagogie des camps RSV. Les jeunes sont invités à venir deux jours avant le début du camp et à prendre différentes responsabilités.

Une semaine pour grandir, se découvrir
L'ensemble de la pédagogie (chants, musique, enseignements vivants et interactifs, témoignages, silence, partage en petits groupes, etc.) favorise un climat de joie, de confiance, de vérité et d'écoute.

Les activités de l'après-midi
Tous les après-midis, par groupe de dix à quinze jeunes, des activités créatives et artistiques ainsi que sportives sont organisées. Les jeunes choisissent la veille au soir les activités créatives et sportives qu'ils souhaitent faire le lendemain.

Pour toutes questions relatives à l'organisation du camp (inscription, transport, etc), vous pouvez nous contacter par mail jeunes.camps@fondacio.fr

<http://www.fondacio.fr>

Répondez aux questions.

1 Combien de jours dure ce programme "Réussir Sa Vie" ?

....

2 Quel est l'objectif principal de la pédagogie des camps RSV ?

....

3 Vrai ou faux ? Cochez (☒) la case correspondante et recopiez la phrase ou la partie du texte qui justifie votre réponse.

Le candidat obtient la totalité des points si le choix Vrai/Faux ET la justification sont corrects, sinon aucun point.

	VRAI	FAUX
Le programme se déroule dans une ambiance agréable. Justification : ______________________		

4 Quelles activités les jeunes peuvent-ils choisir la veille ?

A ☐ Les activités sportives.
B ☐ Les activités économiques.
C ☐ Les activités politiques.

5 Vrai ou faux ? Cochez (☒) la case correspondante et recopiez la phrase ou la partie du texte qui justifie votre réponse.

Le candidat obtient la totalité des points si le choix Vrai/Faux ET la justification sont corrects, sinon aucun point.

	VRAI	FAUX
Il n'y a que des activités culturelles dans le programme de l'après-midi. Justification : ______________________		

6 Comment contacter cette organisation pour avoir plus d'informations ?

A ☐ Par Internet.
B ☐ Par courrier.
C ☐ Par téléphone.

Étape 2 문제 7의 필수 어휘를 익히고, 해석을 참조하세요.

필수 어휘 **adolescent** 청소년 | **responsabilisation (f)** 책임감 고취 | **pédagogie (f)** 교육학
grandir 성장하다 | **silence (m)** 고요, 침묵 | **témoignage (m)** 증언, 증거
favoriser 조장하다 | **climat (m)** 분위기 | **veille (f)** 전날 | **relatif** 관련된 | **lendemain (m)** 다음날

해석

당신은 인터넷 사이트에서 이 기사를 읽습니다.

청소년들을 위한 '인생 성공하기' 여름 캠프

너의 지역 120명의 청소년들과 함께 피레네 산맥에서 잊지 못할 한 주를!

매년 Fondacio는 청소년들을 위한 '인생 성공하기' 캠프를 제안한다. 각 캠프에서 우리는 14세에서 18세까지의 100명에서 120명의 청소년들을 맞이한다.

청소년들에 의해, 청소년들을 위해 만들어진 캠프
청소년들의 책임감 고취가 RSV 캠프 교육의 핵심이다. 청소년들은 캠프 시작 2일 전에 와서 여러 가지의 책임들을 맡게 된다.

성장하고 자신을 발견하기 위한 일주일
교육 전체 (노래, 음악, 생생하고 상호 작용적 교육, 경험담, 침묵, 소그룹으로 분담)는 기쁨, 신뢰, 진실 그리고 경청의 분위기를 조성한다.

오후 활동들
매 오후마다, 10명에서 15명의 청소년들 그룹에 의해 스포츠적이면서 창조적이고 예술적인 활동들이 기획된다. 청소년들은 전날 저녁, 다음날 하고 싶은 창조적이고 스포츠적인 활동들을 선택한다.

캠프 구성과 관련된 모든 질문들 (등록, 교통 등)에 대해서, 당신은 jeunes.camps@fondacio.fr 이메일을 통해 우리에게 연락할 수 있다.

<http://www.fondacio.fr>

질문에 답하시오.

1 '인생 성공하기' 이 프로그램은 며칠 지속되는가?

2 RSV 캠프 교육의 주된 목적은 무엇인가?

3 참 또는 거짓? 해당하는 칸에 X를 하고 당신의 답변을 입증하는 텍스트의 일부나 문장을 옮겨 쓰시오.

지원자는 참/거짓 선택과 입증이 맞을 때 전체 점수를 얻을 수 있으며 그렇지 않은 경우 어떠한 점수도 얻지 못한다.

	참	거짓
이 프로그램은 편안한 분위기 속에서 진행된다. 입증: ______		

4 청소년들은 전날 어떤 활동들을 선택할 수 있는가?

A ☐ 스포츠 활동들
B ☐ 경제 활동들
C ☐ 정치 활동들

5 참 또는 거짓? 해당하는 칸에 X를 하고 당신의 답변을 입증하는 텍스트의 일부나 문장을 옮겨 쓰시오.

지원자는 참/거짓 선택과 입증이 맞을 때 전체 점수를 얻을 수 있으며 그렇지 않은 경우 어떠한 점수도 얻지 못한다.

	참	거짓
오후 프로그램에는 문화적인 활동들만 있다. 입증: ______		

6 더 많은 정보들을 얻기 위해서는, 이 단체에 어떻게 연락해야 하는가?

A ☐ 인터넷을 통해
B ☐ 우편을 통해
C ☐ 전화를 통해

Étape 3 해설에 따라 문제 분석 및 풀이 요령을 익히세요.

지문 분석

청소년을 위한 여름 캠프 관련 정보를 제공하는 기사이다. 먼저 캠프가 진행되는 장소 및 참가 인원수, 대상 연령대 등을 언급하며 캠프의 목표를 알린다. 이어서 캠프에서 열리는 구체적인 활동에 대해 설명한다. 전체적으로 캠프의 활동은 청소년이 주체가 되어 스스로 발전할 수 있는 기회가 됨을 강조하며 시간대에 따른 활동도 안내한다. 마지막으로 캠프에 어떻게 참가할 수 있는지 알리며 마무리하고 있다.

풀이 요령

1	기간 또는 날짜를 나타내는 숫자에 유의한다. 문제의 순서는 일반적으로 지문 내용의 전개 순서를 따르므로 글의 도입부에 집중하면 너의 지역 120명의 청소년들과 함께 'Une semaine inoubliable dans les Pyrénées 피레네 산맥에서 잊지 못할 한 주를' 보내라고 하므로 프로그램 기간은 1주일이다. 따라서 정답은 Une semaine.
2	RSV 캠프 교육의 목적을 질문한다. 고유 명사인 RSV는 다른 단어로 대체되기 어려우므로 지문에 그대로 언급된 부분에 유의한다. 'La responsabilisation des jeunes est au cœur de la pédagogie des camps RSV. 청소년들의 책임감 고취가 RSV 캠프 교육의 핵심이다.'라고 밝히므로 정답은 La responsabilisation des jeunes.
3	프로그램 즉, 캠프의 분위기는 어떠한지 파악해야 한다. 지문에 따르면 캠프에서 이루어지는 모든 교육은 'favorise un climat de joie, de confiance, de vérité et d'écoute. 기쁨, 신뢰, 진실 그리고 경청의 분위기를 조성한다.'고 밝히므로 프로그램이 편안한 분위기 속에서 진행된다고 한 문제3의 문장은 지문과 VRAI가 된다. 입증 문장은 L'ensemble de la pédagogie favorise un climat de joie, de confiance, de vérité et d'écoute.
4	전날이라는 구체적인 시점에 선택 가능한 활동을 질문하므로 스포츠, 경제, 정치 중 어떤 맥락의 활동이 'la veille au soir 전날 저녁'과 함께 언급되는지 살펴본다. 'Les jeunes choisissent la veille au soir les activités créatives et sportives qu'ils souhaitent faire le lendemain. 청소년들은 전날 저녁, 다음날 하고 싶은 창조적이고 스포츠적인 활동들을 선택한다.'고 언급하므로 정답은 A.
5	오후 프로그램의 성격은 어떠한지가 핵심이므로 지문에서 'l'après-midi 오후' 언급에 집중한다. 'Tous les après-midis, par groupe de dix à quinze jeunes, des activités créatives et artistiques ainsi que sportives sont organisées. 매 오후마다, 10명에서 15명의 청소년들 그룹에 의해 스포츠적이면서 창조적이고 예술적인 활동들이 기획된다.'고 하므로 문제5의 문장은 지문과 FAUX이며 입증 문장은 Tous les après-midis, des activités créatives et artistiques ainsi que sportives sont organisées.
6	문제의 순서는 일반적으로 지문 내용의 전개 순서와 일치하므로 지문의 결말에 유의하여 살펴본다. 'Pour toutes questions relatives à l'organisation du camp (inscription, transport, etc), vous pouvez nous contacter par mail à jeunes.camps@fondacio.fr. 캠프 구성과 관련된 모든 질문들 (등록, 교통 등)에 대해서, 당신은 jeunes.camps@fondacio.fr 이메일을 통해 우리에게 연락할 수 있다.'에 따르면 정답은 A.

독해 평가 EXERCICE 4 실전 연습

Étape 1 공략에 따라 EXERCICE 4 연습 문제를 풀어 보세요.

Vous lisez cet article sur un site internet.

Les secrets du succès des parcs d'attractions à la française

Beaucoup de parcs d'attractions ouvrent leurs portes pour vous permettre de vivre de merveilleuses aventures en famille et de ressentir des émotions. Toute la famille peut garder des souvenirs plein la tête. Les parcs investissent en moyenne 20 % de leur chiffre d'affaires dans de nouvelles attractions, qui permettent d'attirer de nouveaux visiteurs en fidélisant les autres.

≪ Nous faisons aussi un gros travail d'écoute des visiteurs en utilisant leurs questionnaires de satisfaction et en les interrogeant directement sur le parc, afin de pouvoir nous adapter à leurs attentes. ≫, déclare Julien Kauffmann, vice-président de Disneyland Paris.

Pour que la visite d'un parc d'attractions demeure une sortie familiale, il faut bien évidemment qu'elle demeure accessible financièrement.

Forts de leur succès, les parcs d'attractions français accueillent désormais une clientèle internationale. ≪ La moitié de nos 15 millions de visiteurs annuels sont étrangers. Nos spectacles sont traduits en six langues et depuis cette année, les visiteurs peuvent se connecter sur notre appli smartphone qui leur délivre toutes les traductions en direct ≫, indique Nicolas de Villiers.

<http://www.20minutes.fr>

Répondez aux questions.

1 Pour quel but les parcs d'attractions ouvrent-ils leurs portes ?

....

2 Pourquoi est-ce que les parcs investissent beaucoup d'argent dans de nouvelles attractions ?

....

3 Vrai ou faux ? Cochez (☒) la case correspondante et recopiez la phrase ou la partie du texte qui justifie votre réponse.

Le candidat obtient la totalité des points si le choix Vrai/Faux ET la justification sont corrects, sinon aucun point.	**VRAI**	**FAUX**
Les parcs essaient d'écouter la demande des visiteurs. Justification : ______________________		

4 À quoi les parc font-ils attention pour permettre les sorties familiales ?

A ☐ À la qualité du repas.

B ☐ À garder des billets économiques.

C ☐ Au problème de la sécurité.

5 Vrai ou faux ? Cochez (☒) la case correspondante et recopiez la phrase ou la partie du texte qui justifie votre réponse.

Le candidat obtient la totalité des points si le choix Vrai/Faux ET la justification sont corrects, sinon aucun point.	**VRAI**	**FAUX**
Il n'y a que des visiteurs français dans les parcs d'attractions français. Justification : ______________________		

6 Qu'est-ce qui permet aux visiteurs de comprendre les spectacles en français ?

A ☐ Le guide.

B ☐ Le téléphone portable.

C ☐ La machine à traduire.

Étape 2 문제 8의 필수 어휘를 익히고, 해석을 참조하세요.

필수 어휘 **attraction (f)** 매력, 오락 | **ressentir** 느끼다 | **en moyenne** 평균적으로 | **investir** 투자하다
attirer 끌어당기다 | **chiffre d'affaires (m)** 수익 | **fidéliser** 단골 손님으로 만들다
interroger 묻다, 질문하다 | **afin de** ~하기 위하여 | **attente (f)** 기대
demeurer 지목되다, 남다 | **évidemment** 확실히 | **désormais** 이제는 | **traduction (f)** 번역

해석

당신은 인터넷 사이트에서 이 기사를 읽습니다.

프랑스풍 놀이 공원들의 성공 비밀

많은 놀이공원들은 당신이 가족과 신비한 모험을 경험하고 감동을 느끼게 하기 위해 개장한다. 가족 전부는 머릿속 가득 추억들을 간직할 수 있다. 공원들은 다른 사람들을 단골로 만들면서, 새로운 방문객들을 끌어당기게 하는 새로운 오락거리에 평균적으로 수익의 20%를 투자한다.
"우리는 그들에게 직접 공원에 대해 묻고, 만족도에 대한 그들의 설문지를 활용하면서 그들의 기대에 부응하기 위한 방문객들을 경청하는 중요한 작업을 또한 하고 있습니다."라고 파리 디즈니랜드의 부사장인 Julien Kauffmann은 밝힌다.
놀이공원 방문이 하나의 가족 외출로 지속되기 위해 분명 재정적으로 접근할 수 있어야 한다.
이들의 성공에 힘입어, 프랑스 놀이공원들은 이제 국제적인 고객들을 맞이한다. "연간 150만 명의 방문객의 절반이 외국인입니다. 우리 공연들은 6개의 언어들로 번역되어 있고 올해부터 방문객들은 모든 번역을 바로 해 주는 우리 스마트폰 어플에 접속할 수 있습니다", Nicolas de Villiers는 알려 준다.

<http://www.20minutes.fr>

질문에 답하시오.

1 어떤 목적으로 놀이공원들이 개장하는가?

....

2 왜 공원들은 새로운 오락거리에 많은 돈을 투자하는가?

....

3 참 또는 거짓? 해당하는 칸에 X를 하고 당신의 답변을 입증하는 텍스트의 일부나 문장을 옮겨 쓰시오.

지원자는 참/거짓 선택과 입증이 맞을 때 전체 점수를 얻을 수 있으며 그렇지 않은 경우 어떠한 점수도 얻지 못한다.

	참	거짓
공원들은 방문객들의 요구를 들으려고 노력한다. 입증: ______________________		

4 공원들은 가족 외출을 할 수 있게 하기 위해 무엇에 주의를 기울이는가?

A ☐ 식사의 품질에
B ☐ 경제적인 티켓을 유지하는 것에
C ☐ 안전 문제에

5 참 또는 거짓? 해당하는 칸에 X를 하고 당신의 답변을 입증하는 텍스트의 일부나 문장을 옮겨 쓰시오.

지원자는 참/거짓 선택과 입증이 맞을 때 전체 점수를 얻을 수 있으며 그렇지 않은 경우 어떠한 점수도 얻지 못한다.

	참	거짓
프랑스 놀이공원에는 프랑스 방문객들만 있다. 입증: ______________________		

6 방문객들로 하여금 프랑스어로 된 공연을 이해하게 해 주는 것은 무엇인가?

A ☐ 가이드
B ☐ 휴대폰
C ☐ 번역기

Étape 3 해설에 따라 문제 분석 및 풀이 요령을 익히세요.

지문 분석

프랑스 놀이공원의 현황 및 성공의 비결을 알리는 기사이다. 먼저 놀이공원들이 가족 중심의 고객들을 주요 대상으로 한다는 점과 더 많은 방문객들을 새롭게 유치하기 위해 투자하고 있음을 소개한다. 이어서 한 놀이공원 대표자의 인터뷰를 인용하여 놀이공원의 활성화와 방문객들의 기대에 부응하기 위한 노력을 강조한다. 또한 놀이공원의 성공 전략들을 언급하면서 고객층을 국제적으로 넓히기 위해 어떤 정책을 시행했는지 또 다른 관계자의 말을 인용하고 있다.

풀이 요령

1	지문의 도입부에 놀이공원의 개장 목적은 'Beaucoup de parcs d'attractions ouvrent leurs portes pour vous permettre de vivre de merveilleuses aventures en famille et de ressentir des émotions. 많은 놀이 공원들은 당신이 가족과 신비한 모험을 경험하고 감동을 느끼게 하기 위해 개장한다.'라고 안내하므로 정답은 **Vivre de merveilleuses aventures en famille et ressentir des émotions**.
2	의문사 'pourquoi 왜'로 질문하는 주관식인 만큼 다소 난이도가 있는 유형이다. 문제에 제시된 핵심어 'investir 투자하다'에 집중한다. 'Les parcs investissent en moyenne 20 % de leur chiffre d'affaires dans de nouvelles attractions, qui permettent d'attirer de nouveaux visiteurs en fidélisant les autres. 공원들은 다른 사람들을 단골로 만들면서, 새로운 방문객들을 끌어당기게 하는 새로운 오락거리에 평균적으로 수익의 20%를 투자한다.'에 따르면 투자의 목적은 **Pour attirer de nouveaux visiteurs en fidélisant les autres**.
3	Julien Kauffmann의 인터뷰 중 'Nous faisons aussi un gros travail d'écoute des visiteurs en utilisant leurs questionnaires de satisfaction et les interrogeant directement sur le parc 우리는 그들에게 직접 공원에 대해 묻고, 만족도에 대한 그들의 설문지를 활용하면서' 그들의 기대에 부응하기 위한 방문객들을 경청하는 중요한 작업을 하고 있다고 하므로 문제3의 문장은 지문과 **VRAI**이며, 입증 문장은 **Nous faisons aussi un gros travail d'écoute des visiteurs en utilisant leurs questionnaires de satisfaction et les interrogeant directement sur le parc.**가 된다.
4	보기항의 식사, 가격, 안전성 중 지문에서 강조하는 사항은 무엇인지 'sorties familiales 가족 외출'에 집중하여 살펴본다. 'Pour que la visite d'un parc d'attractions demeure une sortie familiale, il faut bien évidemment qu'elle demeure accessible financièrement. 놀이공원 방문이 하나의 가족 외출로 지속되기 위해 분명 재정적으로 접근할 수 있어야 한다.'에 따라 정답은 **B**.
5	놀이공원의 방문객은 프랑스 사람들만 오는지의 여부를 지문에서 파악해야 한다. 프랑스 놀이공원들은 이제 국제적인 고객들을 맞이하며 Nicolas de Villiers의 인터뷰에 따르면 'La moitié de nos 15 millions de visiteurs annuels sont étrangers. 연간 150만 명의 방문객의 절반이 외국인입니다.'라고 하므로 문제5의 문장은 지문과 **FAUX**이며 입증 문장은 **La moitié de nos 15 millions de visiteurs annuels sont étrangers**.
6	외국인 방문객들이 프랑스어로 된 공연을 이해하도록 돕는 장치는 무엇인지 'les spectacles 공연' 관련 언급에 유의한다. 공연들은 6개의 언어들로 번역되어 있고 'depuis cette année, les visiteurs peuvent se connecter sur notre appli smartphone qui leur délivre toutes les traductions en direct 올해부터 방문객들은 모든 번역을 바로 해 주는 우리 스마트폰 어플에 접속할 수 있습니다'라는 설명에 따르면 정답은 **B**.

독해 평가 EXERCICE 4 실전 연습

Étape 1 공략에 따라 EXERCICE 4 연습 문제를 풀어 보세요.

문제 9

Vous lisez cet article sur un site internet.

Pour la Journée mondiale de la Terre, adoptez (virtuellement) un endroit sur Terre

La Journée mondiale de la Terre aura lieu le 22 avril prochain et à cette occasion, la NASA propose au grand public d'adopter l'un des 64 000 endroits disponibles sur Terre de manière virtuelle.
Le 22 avril prochain, nous célébrerons la Journée mondiale de la Terre qui met l'accent cette année sur l'environnement et le climat.
Organisée depuis 1970 aux États-Unis, cette journée est progressivement devenue le principal événement écologiste de la planète. Elle a pour but de communiquer les messages nécessaires pour la sauvegarde de notre planète.
Ainsi, la NASA organise l'opération "Adopt The Planet" pendant laquelle le grand public est invité à adopter virtuellement l'un des 64 000 endroits disponibles. Après avoir encodé le nom, on recevra de nombreuses informations, cartes et images satellite.
La NASA diffusera le 26 avril prochain une émission en direct et cette émission sera diffusée depuis le site de la NASA.

<http://www.sciencepost.fr>

Répondez aux questions.

1 Qu'est-ce que la NASA propose au public le 22 avril prochain ?

2 Quels sont les sujets de la Journée mondiale de la Terre de cette année ?

3 Vrai ou faux ? Cochez (☒) la case correspondante et recopiez la phrase ou la partie du texte qui justifie votre réponse.

Le candidat obtient la totalité des points si le choix Vrai/Faux ET la justification sont corrects, sinon aucun point.	**VRAI**	**FAUX**
Cette journée n'a rien à avoir avec l'événement écologique. Justification : ______		

4 Quel message les gens peuvent-ils comprendre grâce à cette journée ?

A ☐ Le rôle de la NASA est très important.
B ☐ Il faut prendre conscience de la crise la Terre.
C ☐ Nous devons apprécier le développement technologique.

5 Vrai ou faux ? Cochez (☒) la case correspondante et recopiez la phrase ou la partie du texte qui justifie votre réponse.

Le candidat obtient la totalité des points si le choix Vrai/Faux ET la justification sont corrects, sinon aucun point.	**VRAI**	**FAUX**
On a besoin d'encoder le nom pour avoir des informations. Justification : ______		

6 Comment peut-on voir l'émission ?

A ☐ À la radio.
B ☐ Sur tous les sites Internet.
C ☐ Sur le site Internet de la NASA.

Étape 2 문제 9의 필수 어휘를 익히고, 해석을 참조하세요.

필수 어휘 **terre (f)** 땅, 지구 | **virtuellement** 가상으로 | **manière (f)** 방식 | **progressivement** 점차적으로 **adopter** 채택하다, 취하다 | **environnement (m)** 환경 | **climat (m)** 기후 **écologiste** 자연 보호를 지지하는 | **planète (f)** 지구 | **sauvegarde (f)** 보호 | **satellite (m)** 위성 **diffuser** 흩뜨리다, 방송하다 | **émission (f)** 방송, 프로그램 | **site (m)** 사이트

해석

당신은 인터넷 사이트에서 이 기사를 읽습니다.

세계 지구의 날을 위해 지구의 한 장소를 (가상으로) 고르세요

세계 지구의 날이 다음 4월 22일에 개최될 것이고, 이 기회로 NASA는 대중들에게 가상의 방식으로 지구에 이용 가능한 64,000개의 장소들 중 하나를 고를 것을 제안한다.

다음 4월 22일 우리는 올해 환경과 기후를 강조하는 세계 지구의 날을 기념할 것이다.

1970년 미국에서 조직된 이래로, 이날은 점차적으로 지구의 친환경적인 중요한 행사가 되었다. 이날은 우리의 지구 보호를 위해 필요한 메시지들을 알리는 데 목적이 있다.

NASA는 'Adopt The Planet' 캠페인을 기획하는데, 이 캠페인 동안 대중들은 이용 가능한 64,000개의 장소들 중 하나를 가상으로 고르는 데 초대된다. 이름을 코드화한 후에 우리는 수많은 정보들, 지도들, 위성 사진들을 받을 것이다.

NASA는 다음 4월 26일에 라이브로 프로그램을 방송할 것이며 이 프로그램은 NASA 사이트로부터 방송될 것이다.

<http://www.sciencepost.fr>

질문에 답하시오.

1 다음 4월 22일 NASA는 대중들에게 무엇을 제안하는가?

2 올해 세계 지구의 날의 주제들은 무엇인가?

3 참 또는 거짓? 해당하는 칸에 X를 하고 당신의 답변을 입증하는 텍스트의 일부나 문장을 옮겨 쓰시오.

지원자는 참/거짓 선택과 입증이 맞을 때 전체 점수를 얻을 수 있으며 그렇지 않은 경우 어떠한 점수도 얻지 못한다.

	참	거짓
이날은 친환경 행사와 아무런 관계가 없다. 입증: ______________________		

4 이날 덕분에 사람들은 어떤 메시지를 이해할 수 있는가?

A ☐ NASA의 역할이 매우 중요하다.
B ☐ 지구의 위기에 대해 인식해야 한다.
C ☐ 우리는 기술 발달을 높이 평가해야 한다.

5 참 또는 거짓? 해당하는 칸에 X를 하고 당신의 답변을 입증하는 텍스트의 일부나 문장을 옮겨 쓰시오.

지원자는 참/거짓 선택과 입증이 맞을 때 전체 점수를 얻을 수 있으며 그렇지 않은 경우 어떠한 점수도 얻지 못한다.

	참	거짓
정보들을 받기 위해서는 이름을 코드화해야 한다. 입증: ______________________		

6 프로그램을 어떻게 볼 수 있는가?

A ☐ 라디오에서
B ☐ 모든 인터넷 사이트에서
C ☐ NASA의 인터넷 사이트에서

Étape 3 해설에 따라 문제 분석 및 풀이 요령을 익히세요.

지문 분석

NASA에서 주최하는 세계 지구의 날 행사와 관련된 기사이다. 도입부에서는 행사가 열리는 날짜와 함께 행사의 주제를 개괄한다. 행사가 처음 만들어진 때와 유래, 목적에 대해서도 설명하며 궁극적으로 지구를 구하기 위한 소통을 위해 개최하는 행사임을 강조한다. Adopt The Planet 활동과 관련해서는 정보들, 지도들, 위성 사진들을 받기 위해 무엇을 해야 하는지 설명하고 있다. NASA 사이트에서 라이브 프로그램으로 방송될 것이라고 안내하며 마무리한다.

풀이 요령

1	명시된 날짜는 다른 단어로 대체되기 어려우므로 '22 avril prochain 다음 4월 22일' 및 'la NASA NASA', 'proposer 제안하다'를 핵심어로 단서를 찾는다. 'La Journée mondiale de la Terre aura lieu le 22 avril prochain et à cette occasion, la NASA propose au grand public d'adopter l'un des 64 000 endroits disponibles sur Terre de manière virtuelle. 세계 지구의 날이 다음 4월 22일에 개최될 것이고, 이 기회로 NASA는 대중들에게 가상의 방식으로 지구에 이용 가능한 64,000개의 장소들 중 하나를 고를 것을 제안한다.'에 따르면 정답은 **Adopter l'un de 64 000 places disponibles sur Terre de manière virtuelle**.
2	문제에 제시된 'Journée mondiale de la Terre 세계 지구의 날' 및 'mettre l'accent sur qc ~을(를) 강조하다' 문형에 집중하여 지문에서 단서를 찾는다. 'Le 22 avril prochain, nous célébrerons la Journée mondiale de la Terre qui met l'accent cette année sur l'environnement et le climat. 다음 4월 22일 우리는 올해 환경과 기후를 강조하는 세계 지구의 날을 기념할 것이다.'이므로 정답은 **L'environnement et le climat**.
3	지문에서 안내하는 지구의 날 행사가 친환경적 성격과 얼마만큼 관계가 있는지 판단하고, 근거 내용을 입증해야 한다. 지구의 날 행사는 'Organisée depuis 1970 aux États-Unis, cette journée est progressivement devenue le principal événement écologiste de la planète. 1970년 미국에서 조직된 이래로, 이날은 점차적으로 지구의 친환경적인 중요한 행사가 되었다.'고 밝히므로 문제3의 문장은 지문과 **FAUX**이며, 입증 문장은 **Cette journée est progressivement devenue le principal événement écologiste de la planète**.가 된다.
4	행사를 통해 어떤 메시지를 대중들에게 이해시키고자 하는지 파악해야 한다. 'Elle a pour but de communiquer les messages nécessaires pour la sauvegarde de notre planète. 이날은 우리의 지구 보호를 위해 필요한 메시지들을 알리는 데 목적이 있다.'고 언급하므로 정답은 **B**.
5	'encoder 코드화하다'를 단서로 지문에서 언급된 부분을 빠르게 찾아 본다. 'Après avoir encodé le nom, on recevra de nombreuses informations, cartes et images satellite. 이름을 코드화한 후에 우리는 많은 정보들, 지도들, 위성 사진들을 받을 것이다.'에 따르면 정보들을 받기 위해서는 이름을 코드화해야 하므로 문제5의 문장은 지문과 **VRAI**이며, 입증 문장은 **Après avoir encodé le nom, on recevra de nombreuses informations, cartes et images satellite**.가 된다.
6	프로그램 시청 경로를 질문하며 문제의 순서는 일반적으로 지문 내용의 전개 순서와 일치하므로 지문의 결말에 유의하여 살펴본다. NASA는 다음 4월 26일에 라이브로 프로그램을 방송할 것이며 'cette émission sera diffusée depuis le site de la NASA. 이 프로그램은 NASA 사이트로부터 방송될 것이다.'라고 밝히므로 정답은 **C**.

Étape 1 공략에 따라 EXERCICE 4 연습 문제를 풀어 보세요.

문제 10

Vous lisez cet article sur un site internet.

Fête des voisins

En 2017, la Fête des Voisins se tient le vendredi 19 mai.

Comment se portent les relations entre les voisins en France ? Selon une enquête, un tiers des sondés déclare leur relation excellente, un peu plus d'un tiers la considère "normale" et un peu moins d'un tiers la trouve ni bonne ni mauvaise.
Quelles sont les principales sources de tension entre voisins ? Pour la moitié des personnes interrogées, les nuisances sonores arrivent en tête. Et quelles sont les qualités qui font en revanche un "bon voisin" ? 52 % des sondés ont cité la politesse, mais aussi la discrétion pour 36% d'entre eux.
Si vous souhaitez organiser l'opération dans votre quartier, rien de plus simple ! Il vous suffit de récupérer l'affiche d'Immeubles en fête dans votre mairie ou de la télécharger sur le site Internet de l'association Immeublesenfete.com. Puis de faire un peu de publicité autour de vous.
L'affiche de la Fête des voisins est désormais disponible sur le site officiel de l'association Immeubles en fête. Particuliers ou associations, vous pouvez la télécharger librement.

<http://www.linternaute.com>

Répondez aux questions.

1 Quel est le sujet de l'enquête ?

....

2 Vrai ou faux ? Cochez (☒) la case correspondante et recopiez la phrase ou la partie du texte qui justifie votre réponse.

Le candidat obtient la totalité des points si le choix Vrai/Faux ET la justification sont corrects, sinon aucun point.

	VRAI	FAUX
Plus de la moitié des sondés pensent qu'ils s'entendent bien avec leurs voisins. Justification : ______________________		

3 Moins de 30 % des sondés ...

A ☐ ont des problèmes avec leurs voisins.
B ☐ ne s'intéressent pas à la relation entre voisins.
C ☐ pensent que la relation avec leurs voisins n'est ni bonne ni mauvaise.

4 Vrai ou faux ? Cochez (☒) la case correspondante et recopiez la phrase ou la partie du texte qui justifie votre réponse.

Le candidat obtient la totalité des points si le choix Vrai/Faux ET la justification sont corrects, sinon aucun point.

	VRAI	FAUX
Ce sont les bruits qui causent les principales sources de tension entre voisins. Justification : ______________________		

5 Qu'est-ce qui est le plus important pour être un bon voisin ?

....

6 Comment peut-on obtenir l'affiche de la Fête des voisins ?

A ☐ Par Internet.
B ☐ Par courrier.
C ☐ Par la mairie.

Étape 2 문제 10의 필수 어휘를 익히고, 해석을 참조하세요.

필수 어휘 **se porter** 상태가 ~하다 | **enquête (f)** 조사 | **un tiers** 3분의 1 | **sondé** 여론 조사 대상자 **considérer** 여기다, 간주하다 | **tension (f)** 긴장 | **moitié (f)** 절반 | **nuisance (f)** 공해 | **sonore** 소리의 **en revanche** 반면에 | **politesse (f)** 예의 | **discrétion (f)** 조심성 | **récupérer** 회수하다 | **publicité (f)** 광고

해석

당신은 인터넷 사이트에서 이 기사를 읽습니다.

이웃 축제

2017년, 이웃 축제가 5월 19일 금요일에 열린다.

프랑스에서 이웃들 간의 관계는 어떠한가? 조사에 따르면, 응답자 중 3분의 1이 훌륭한 관계라고 말했고 3분의 1보다 조금 많은 사람들이 '정상'이라 여기며, 3분의1 조금 안 되는 사람들은 좋지도 나쁘지도 않다고 간주한다.
이웃들 사이에 긴장의 주요 원인들은 무엇일까? 질문을 받은 사람들 중 절반에 있어서, 소음 공해가 첫 번째다. 반대로 '좋은 이웃'이 되기 위한 자질은 무엇일까? 응답자의 52%가 예의를 언급했지만, 또한 이들 중 36%는 조심성이라고 언급했다.
만약 당신이 당신 동네에서 이 행사를 기획하고 싶다면 더 이상 간단한 것은 없다! 당신의 시청에서 Immeuble en fête 포스터를 가져가거나, 단체의 인터넷 사이트 immeublesenfete.com에서 그것을 다운로드 받는 것으로 충분하다. 그리고 당신 주변에 약간 광고를 하라.
이웃 축제 포스터는 이제부터 Immeubles en fête 단체의 공식 사이트에서 사용 가능하다. 개인 또는 단체는 그것을 자유롭게 다운로드 받을 수 있다.

<http://www.linternaute.com>

질문에 답하시오.

① 조사의 주제는 무엇인가?

....

② 참 또는 거짓? 해당하는 칸에 X를 하고 당신의 답변을 입증하는 텍스트의 일부나 문장을 옮겨 쓰시오.

지원자는 참/거짓 선택과 입증이 맞을 때 전체 점수를 얻을 수 있으며 그렇지 않은 경우 어떠한 점수도 얻지 못한다.

	참	거짓
응답자들 중 반 이상이 이웃들과 잘 지낸다고 생각한다. 입증: ______________________		

③ 응답자들 중 30% 미만은 ...

A ☐ 이웃들과 문제들이 있다.

B ☐ 이웃 관계에 관심이 없다.

C ☐ 이웃과의 관계가 좋지도 나쁘지도 않다고 생각한다.

④ 참 또는 거짓? 해당하는 칸에 X를 하고 당신의 답변을 입증하는 텍스트의 일부나 문장을 옮겨 쓰시오.

지원자는 참/거짓 선택과 입증이 맞을 때 전체 점수를 얻을 수 있으며 그렇지 않은 경우 어떠한 점수도 얻지 못한다.

	참	거짓
이웃들 간 긴장감의 주요 원인들을 야기하는 것은 소음들이다. 입증: ______________________		

⑤ 좋은 이웃이 되기 위한 가장 중요한 것은 무엇인가?

....

⑥ 이웃 축제의 포스터를 어떻게 얻을 수 있는가?

A ☐ 인터넷을 통해서

B ☐ 우편을 통해서

C ☐ 시청을 통해

Étape 3 해설에 따라 문제 분석 및 풀이 요령을 익히세요.

지문 분석

인터넷에 게재된 이웃 축제에 관한 기사이다. 특정 행사 안내 기사는 기본 정보가 되는 행사 시기 및 행사명이 도입부에 등장하는 경우가 많다. 지문에서는 여론 조사를 근거로 프랑스 사람들의 이웃 간 관계에 대한 통계를 언급하면서 다소 부정적인 조사 결과와 그 이유를 분석한다. 중반 이후부터는 그렇다면 좋은 이웃이 되기 위해서 무엇이 필요하며 또 중요한지 대안을 제시한다. 마무리로 이웃 축제를 자신의 동네에서 열기 위한 방법을 구체적으로 안내하며 끝맺고 있다.

풀이 요령

1	일반적으로 지문 내용의 전개 순서와 문제의 순서는 일치하므로 지문의 도입부를 꼼꼼히 읽되 'enquête 조사' 관련 언급에 특히 유의한다. 'Selon une enquête, 조사에 따르면,'의 바로 앞 문장에 등장한 조사의 주제는 바로 'Comment se portent les relations entre les voisins en France ? 프랑스에서 이웃들 간의 관계는 어떠한가?'이므로 정답은 Comment se portent les relations entre les voisins en France ?
2	여론 조사에서 나타난 세부 사항들을 정확히 파악하고 꼼꼼하게 대조해야 정답을 맞출 수 있는 유형이다. 'un tiers des sondés déclare leur relation excellente 응답자 중 3분의 1이 훌륭한 관계라고 말했고'에 따르면 이웃들과 잘 지낸다고 생각하는 응답자의 비율은 30%를 조금 넘는 정도이다. 따라서 문제2의 문장은 지문과 FAUX임을 알 수 있으며, 입증 문장은 Un tiers des sondés déclare leur relation excellente.가 된다. 'un demi 2분의 1, 절반, 30분', 'un tiers 3분의 1', 'un quart 4분의 1, 15분'은 자주 등장하는 분수 표현이므로 알아 두자.
3	문제2와 마찬가지로 숫자 관련 표현에 유의하되 조사 결과 하나하나를 잘 구분하면서 읽어야 정답을 고를 수 있다. 'un peu moins d'un tiers la trouve ni bonne ni mauvaise. 3분의1 조금 안 되는 사람들은 좋지도 나쁘지도 않다고 간주한다.'고 하였으므로 정답은 C. 문제에 제시된 'moins de 30 % 30% 미만'과 지문의 'un peu moins d'un tiers 3분의1 조금 안 되다'가 일맥상통한다.
4	이웃 사이에 긴장을 유발하는 주된 원인으로 무엇을 지목하는지 판단하여 참/거짓을 판별하고 입증 근거를 파악해야 한다. 이웃들 사이에 긴장의 주요 원인은 조사에 따르면 'Pour la moitié des personnes interrogées, les nuisances sonores arrivent en tête. 질문을 받은 사람들 중 절반에 있어서, 소음 공해가 첫 번째다.'라고 밝혀졌으므로 문제4의 문장은 지문과 VRAI이며, 입증 문장은 Les nuisances sonores arrivent en tête. 이다.
5	좋은 이웃이 되기 위한 조건을 질문하므로 'bon voisin 좋은 이웃'을 핵심어로 지문을 살펴보면 'Et quelles sont les qualités qui font en revanche un "bon voisin" ? 52 % des sondés ont cité la politesse, mais aussi la discrétion pour 36% d'entre eux. 반대로 '좋은 이웃'이 되기 위한 자질은 무엇일까? 응답자의 52%가 예의를 언급했지만, 또한 이들 중 36%는 조심성이라고 언급했다.'는 결과가 나왔으므로 가장 중요한 조건은 La politesse.
6	포스터를 어디에서 얻을 수 있는지 질문하므로 'l'affiche 포스터' 언급 부분에 집중한다. 'Particuliers ou associations, vous pouvez la télécharger librement. 개인 또는 단체는 그것을 자유롭게 다운로드 받을 수 있다.'고 안내하며 마무리하므로 정답은 A. 우편 또는 시청을 통한 포스터 제공은 언급된 바 없다.

Production écrite

1 작문 완전 분석

A2 작문 평가의 유형은 총 2개로 나뉜다. 1번 유형은 여행 또는 연수에 대한 경험담을 작성하는 유형으로 13점이 부여된다. 2번 유형은 12점이 부여되며 두 가지 방식 중에서 출제되는데 한 가지는 이메일이나 편지글의 형식으로 초대, 제안, 부탁의 글을 작성하는 방식, 다른 한 가지는 상대로부터 수신한 초대, 제안, 부탁의 이메일이나 편지글을 읽고 이에 대해 수락이나 거절의 글을 작성하는 방식이다.

2 작문 유형 파악

EXERCICE	특징
1 주어진 상황에 대한 경험담 작성 (13점)	여행, 교환 학생, 어학연수, 기업 연수 등과 관련하여 현지에서 겪은 일들과 각종 활동에 대해 이메일 또는 일기를 작성하는 형식으로 출제된다.
2 상대에게 수락이나 거절의 답신 작성 또는 초대, 제안, 감사, 사과, 축하, 요청, 부탁, 통지의 글 작성 (12점)	상대의 이메일이나 편지에 대해 수락 또는 거절의 답신을 작성하거나, 따로 주어진 글 없이 초대, 제안, 감사, 사과, 축하, 요청, 부탁, 통지의 글을 작성하는 형식으로 출제된다. 유의할 점은 어떤 주제로 작성하든 주어진 특정 장소 또는 행사에서 일어날 사건이나 활동에 대해 구체적으로 기술해야 한다는 것이다. 특히 거절의 답신을 작성할 경우, 거절의 이유를 명확히 밝히고 다른 기회에 만나자고 제안하는 내용을 반드시 덧붙여야 한다.

3 작문 평가 이것만은 꼭!

❶ 최소 단어 수를 준수하되 분량은 넉넉히 작성한다.

2개의 작문 유형 모두 문제 맨 마지막에 단어 수 규정이 명시되는데 EXERCICE 1은 최소 60단어 이상, EXERCICE 2는 60~80단어로 작성하도록 지시하고 있다. 2개의 유형 모두 일단 60단어를 채우지 못하면 감점되므로, 지침상 최소 단어수인 60단어에서 80단어는 넘겨서 작성하도록 한다. 단 80단어를 초과하더라도 채점 범위에서 제외되거나 감점이 되지는 않는다. 또한 A2 응시 수준에서 60~80단어에 딱 맞추어 감점 요소 없이 완성도 높은 글을 작성하기는 현실적으로 쉽지 않다. 따라서 일부 감점 요소가 있을 것을 염두에 두고, 100단어 정도까지는 채워서 작성하면 바람직하다.

❷ 지시문에 제시된 상황을 언급해서 작성한다.

지시문에는 응시자가 어떤 상황을 가정해야 하며 어떤 종류의 글을 어떤 형식으로 작성해야 하는지의 안내가 주어진다. 따라서 응시자는 지시 사항을 꼼꼼히 살펴 작문 시 지시 사항에서 제시된 내용들을 빠짐없이 구체적으로 언급해 가며 작성해야 한다. 이를 어길 시 적잖이 감점 요소가 됨을 명심하자.

❸ 답안지 교체가 어려울 수 있으므로 적절한 필기구를 준비한다.

시험장에서 작문 연습용 종이를 배부하기는 하나, 상당수의 응시자들이 시간 제한의 부담을 느껴 답안지에 바로 작성을 시작하는 경우가 많다. 하지만 작문을 하다 보면 앞에서 썼던 내용을 지우고 수정해 가며 작성해야 하는 경우가 많으며, 답안지를 통째로 교환하고자 하는 응시자들도 있다. 답안지 교체를 희망하는 모든 응시자들에게 새 답안지를 주기에는 감독관에게 배부된 여분이 매우 적다. 따라서 연습용 종이가 아닌 답안지에 직접 작성할 경우 우선 연필로 적으면서 수정을 하고 최종적으로 펜으로 작성하면 안전하다. 또는 수정 테이프를 이용하여 지우고 그 위에 다시 쓸 수 있다. 본인의 작문 숙련도에 따라 필요한 도구를 준비하여 사용하도록 한다.

EXERCICE 1

작문한 글을 받을 대상이 누구인지 정확히 파악하고, 글의 형식이 무엇인지에 따라 작성해야 한다. 또한 지시 사항에서 언급한 내용들을 빠짐없이 포함시키도록 유의한다. 작성 분량은 최소 60단어 이상이며 적어도 80단어 이상 작성하기를 권장한다.

EXERCICE 1 완전 공략

1 핵심 포인트

다양한 주제와 상황을 가정하여 지시 사항에 따라 작성하는데, 지시 사항을 모두 준수하면서도 언급해야 할 활동이나 사건에 대해 자신의 느낌을 풍부하게 쓰는 것이 중요하다. 작문을 마친 후 지시문에 언급된 내용들 중 빠뜨린 것이 없는지 반드시 재확인하여 필요하다면 추가 및 보완하도록 한다.

2 빈출 주제

여행, 학업 연수, 업무 관련 연수 또는 출장과 같은 특정 주제가 등장하며 이에 대한 자신의 느낌을 작성하게 된다. A2 작문의 경우 일반적으로 친구에게 여행 경험담을 적어 보내는 주제가 대부분이었으나, 최근 직장 관련 연수 또는 출장 관련 내용이 빈번히 등장하는 등 작문 주제가 다양해졌다. 그만큼 난이도 역시 높아져 기존에 비해 더 철저한 준비가 요구된다.

3 고득점 전략

(1) 글의 형식부터 정확히 파악해서 작성한다.

응시자는 먼저 작성해야 할 글이 이메일인지, 편지인지, 일기인지, 기고문인지 형식부터 정확히 파악해야 한다. 이를 지키지 않으면 아무리 좋은 구성에 잘 짜인 글을 작성하더라도 기본 형식이 틀렸다는 이유로 큰 감점을 당하게 된다. 따라서 반드시 지시문에 명시된 글의 형식을 파악하고, 그에 부합하게 작성해야 한다.

(2) 지시문에 언급된 사항을 모두 포함하여 90~100단어 분량으로 작성한다.

지시 사항에 언급된 활동, 사건 등을 모두 포함시켜야 하며 특히 이에 대한 자신의 느낌을 다채롭게 덧붙여야 한다. 단어 수는 최소 60단어라는 규정이 주어지므로 그 미만으로 작성하면 감점되지만, 단어 수를 초과한다고 해서 감점이 되지는 않는다. 따라서 응시자는 작성한 문장들 중 일부 감점이 될 가능성까지 고려하여 90~100단어 정도까지 글을 작성하면 보다 안전한 전략이 된다.

작문 평가 EXERCICE 1 실전 연습

Étape 1 공략에 따라 작문해 보세요.

문제 1

Vous êtes en train de voyager dans un pays étranger et vous envoyez un courriel à votre ami. Vous lui racontez votre voyage et donnez vos impressions.

(60 mots minimum)

Nombre de mots :

Étape 2 문제 1의 필수 어휘를 익히고, 해석을 참조하세요.

필수 어휘 être en train de ~하는 중이다 | courriel (m) 이메일 | raconter 이야기하다
impression (f) 인상, 느낌 | rester 머무르다, 있다 | été (m) 여름 | suivre (강의를) 수강하다
cours (m) 수업 | proposer 제안하다 | donc 그래서 | enfin 마침내 | plaire ~의 마음에 들다
avant-hier 그저께 | aéroport (m) 공항 | chercher 찾다 | accueillir 맞이하다
apprécier (예술 작품을) 감상하다 | célèbre 유명한 | queue (f) 줄 | magnifique 훌륭한 | cadeau (m) 선물

해석

당신은 외국을 여행 중인데 당신의 친구에게 이메일을 보냅니다. 당신은 그에게 당신의 여행을 이야기하고 당신의 느낌을 전합니다. (최소 60 단어)

Étape 3 **해설에 따라 작문 구성을 익히고, 모범 답안을 확인해 보세요.**

작문 구성

개요	외국 여행 중 친구에게 이메일을 보내 여행에 대한 이야기를 전해야 한다. 주요 방문지, 음식, 앞으로의 계획 등의 순서로 전개하되 여행 중의 감상을 풍부하게 작성한다.
진행 방식	**간략한 인사 및 여행 계기 설명** Salut ! Comment ça va ? 안녕! 어떻게 지내? / 어떻게 지내세요? Comment vas-tu ? / Tu vas bien ? 어떻게 지내? / 잘 지내? Il m'a proposé de passer les vacances chez lui cet été. 그가 나에게 이번 여름에 자기 집에서 휴가를 보낼 것을 제안했어.
	여행지 도착과 마중 Mon ami est venu à l'aéroport pour me chercher. 내 친구가 나를 찾으러 공항에 왔어. **친구 가족과의 만남** Sa famille m'a bien accueilli. 그의 가족은 나를 환영해 주었어. **명소 방문** J'ai visité le musée du Louvre hier. Je suis aussi allé voir la tour Eiffel aujourd'hui. 나는 어제 루브르 박물관을 방문했어. 오늘은 또한 에펠탑에 갔어. **맛있는 식사** J'ai goûté des plats délicieux. 나는 맛있는 음식을 맛보았어.
	앞으로의 계획 및 작별 인사 Demain, je vais partir pour l'Italie avec mon ami. On va visiter Rome. Je vais rentrer dans deux semaines. 내일, 나는 내 친구와 함께 이탈리아로 떠날 거야. 우리는 로마를 방문할 거야. 나는 2주 뒤에 귀국할 거야.

모범 답안

Salut,

J'ai un ami français qui est resté chez moi pendant un mois quand il a suivi les cours de coréen en Corée l'année dernière. Il m'a proposé de passer les vacances chez lui cet été. Je voulais voyager en France depuis longtemps donc j'ai enfin décidé d'y aller pour la France.

Quel temps fait-il chez toi ? Ici, il a plu hier mais il fait beau depuis ce matin. Je suis arrivé avant-hier et mon ami est venu à l'aéroport pour me chercher. Sa famille m'a bien accueilli et j'ai visité le musée du Louvre hier. Il était assez grand et j'ai pu apprécier des tableaux très célèbres que j'ai vus seulement dans les livres. Je suis aussi allé voir la tour Eiffel aujourd'hui. Il y avait trop de monde et j'ai fait la queue pour y monter. La vue était magnifique.

Demain, je vais partir pour l'Italie avec mon ami. On va visiter Rome et on va manger des pizzas. Je vais rentrer dans deux semaines et je vais te montrer mes photos. Je vais acheter un joli cadeau pour toi.

Bises,

Jong Ho

해석

안녕,

나에게는 작년에 한국에서 한국어 수업을 들을 때 한 달 동안 내 집에 머물렀던 프랑스 친구가 한 명 있어. 그가 나에게 이번 여름에 자기 집에서 휴가를 보낼 것을 제안했어. 나는 오래전부터 프랑스를 여행하고 싶었기에 마침내 프랑스로 떠나기로 결심했어.

너의 나라 날씨는 어때? 여기는 어제 비가 왔지만 오늘 아침부터 날씨가 좋아. 나는 그저께 도착했고 내 친구가 나를 찾으러 공항에 왔어. 그의 가족은 나를 환영해 주었고 나는 어제 루브르 박물관을 방문했어. 꽤 컸고, 내가 책에서만 보았던 매우 유명한 그림들을 감상할 수 있었어. 오늘은 또한 에펠탑에 갔어. 사람들이 너무 많아서 그곳에 올라가기 위해 줄을 섰지. 경치가 훌륭했어.

내일, 나는 내 친구와 함께 이탈리아로 떠날 거야. 우리는 로마를 방문하고 피자를 먹을 거야. 2주 뒤에 나는 귀국하고, 너에게 내 사진들을 보여 줄게. 나는 너를 위해 예쁜 선물을 살 거야.

안녕,

Jong Ho

작문 평가 EXERCICE 1 실전 연습

Étape 1 공략에 따라 작문해 보세요.

Vous venez de rentrer après avoir visité le Canada avec votre famille. Vous écrivez un e-mail à vos amis pour parler de votre voyage et donner vos impressions.

(60 mots minimum)

Nombre de mots :

Étape 2 문제 2의 필수 어휘를 익히고, 해석을 참조하세요.

필수 어휘 écrire 쓰다 | tout le monde 모든 사람들 | revenir 다시 오다, 돌아오다 | travailler 일하다 | là-bas 그곳에(서) | habiter 살다 | campagne (f) 시골 | lac (m) 호수 | près de 가까이에 | presque 거의 | pêcher (물고기를) 낚다 | poisson (m) 물고기 | se promener 산책하다 | forêt (f) 숲 | natation (f) 수영 | piscine (f) 수영장 | centre-ville (m) 도심 | apporter 가져오다 | plat (m) 요리 | protéger 보호하다 | frais 시원한

해석

당신은 당신 가족과 함께 캐나다를 방문한 후, 막 귀국했습니다. 당신은 친구들에게 당신의 여행에 대해 이야기하고 느낌을 전하기 위해 이메일을 씁니다. (최소 60 단어)

Étape 3 해설에 따라 작문 구성을 익히고, 모범 답안을 확인해 보세요.

작문 구성

<table>
<tr><td>개요</td><td>캐나다에서의 가족 여행에서 돌아와서 여행 중 했던 활동과 느낌을 친구 여럿에게 보내는 이메일 형식으로 작성한다.</td></tr>
<tr><td rowspan="3">진행 방식</td><td>간략한 인사 및 여행을 가게 된 계기 설명
Salut tout le monde,
모두들 안녕,
Comment allez-vous ?
어떻게들 지내니?
Mon grand frère travaille au Canada et ma famille a décidé d'aller le voir là-bas.
내 형이 캐나다에서 일을 하는데 내 가족은 그를 보러 그곳에 가기로 결정했어.</td></tr>
<tr><td>형의 집 묘사
Il habite dans une maison à la campagne et elle était assez grande pour ma famille. Il y a un lac près de chez lui.
그는 시골에 있는 집에 살고 있고 우리 가족에게 꽤 컸어. 그의 집 가까이에는 호수가 있어.

아버지의 활동
Mon père y est allé presque tous les jours pour pêcher des poissons.
나의 아버지는 거의 매일 물고기를 낚시하기 위해 그곳에 가셨어.

어머니와 누나의 활동
Ma mère et ma grande sœur se sont promenées en forêt.
나의 어머니와 누나는 숲속을 산책했어.

여행지에 대한 의견
Je pense que le Canada est un pays où la nature est bien protégée.
나는 캐나다가 자연이 잘 보존된 나라라고 생각해.</td></tr>
<tr><td>앞으로의 계획 및 작별 인사
Je vous conseille d'y aller un jour.
나는 너희들에게 언젠가 그곳에 가기를 추천해.</td></tr>
</table>

모범 답안

Salut tout le monde,

Comment allez-vous ? Je suis revenu de voyage il y a trois jours. Mon grand frère travaille au Canada et ma famille a décidé d'aller le voir là-bas.

Il habite dans une maison à la campagne et elle était assez grande pour ma famille. Il y a un lac près de chez lui et mon père y est allé presque tous les jours pour pêcher des poissons. Ma mère et ma grande sœur se sont promenées en forêt. Et puis, mon petit frère et moi, nous avons fait de la natation à la piscine qui se trouve au centre-ville. Les voisins sont venus chez mon grand frère pour accueillir ma famille et ils ont apporté des plats qui étaient vraiment délicieux.

Je pense que le Canada est un pays où la nature est bien protégée. L'air est très frais et les paysages sont magnifiques. Alors, je vous conseille d'y aller un jour.

Bises,

Fabien

해석

모두들 안녕,

어떻게들 지내니? 나는 3일 전에 여행에서 돌아왔어. 내 형이 캐나다에서 일을 하는데 내 가족은 그를 보러 그곳에 가기로 결정했어.

그는 시골에 있는 집에 살고 있고 우리 가족에게 꽤 컸어. 그의 집 가까이에는 호수가 있고 나의 아버지는 거의 매일 물고기를 낚시하기 위해 그곳에 가셨어. 나의 어머니와 누나는 숲속을 산책했어. 그리고 내 남동생과 나는 도심에 있는 수영장에서 수영을 했어. 이웃들은 우리 가족을 환영하기 위해 형 집에 왔는데, 그들은 정말 맛있었던 음식들을 가져왔어.

나는 캐나다가 자연이 잘 보존된 나라라고 생각해. 공기도 매우 맑고 풍경도 멋져. 그래서 나는 너희들에게 언젠가 그곳에 가기를 추천해.

안녕,

Fabien

Étape 1 공략에 따라 작문해 보세요.

Vous avez fait un stage linguistique en France pendant les vacances et vous écrivez à votre ami pour parler de votre séjour et donner vos impressions.

(60 **mots minimum**)

Nombre de mots :

Étape 2 문제 3의 필수 어휘를 익히고, 해석을 참조하세요.

필수 어휘 **stage (m)** 실습, 연수 | **linguistique** 언어의 | **séjour (m)** 체류 | **inoubliable** 잊을 수 없는
devenir ~이(가) 되다 | **occasion (f)** 기회 | **s'améliorer** 개선되다, 향상되다 | **été (m)** 여름
matière (f) 과목 | **civilisation (f)** 문명 | **débutant** 초보자 | **lentement** 천천히
comprendre 이해하다 | **excursion (f)** 소풍 | **château (m)** 성 | **prochain** 다음의 | **région (f)** 지역

해석

당신은 방학 동안 프랑스에서 어학연수를 했고 당신의 체류에 대해 이야기하고 당신의 느낌을 전하기 위해 친구에게 편지를 씁니다. (최소 60 단어)

Étape 3 해설에 따라 작문 구성을 익히고, 모범 답안을 확인해 보세요.

작문 구성

<table>
<tr><td>개요</td><td>방학 동안 프랑스에서 어학연수를 하고 난 후 친구에게 프랑스에서의 활동에 대해 설명하고 소감을 전하는 내용이다.</td></tr>
<tr><td rowspan="3">진행 방식</td><td>간략한 인사 및 어학연수 계기 설명
Salut ! Comment ça va ?
안녕! 어떻게 지내? / 어떻게 지내세요?
Comment vas-tu ? / Tu vas bien ?
어떻게 지내? / 잘 지내?
Je cherche toujours des occasions pour m'améliorer en français. Alors j'ai décidé de suivre des cours de français en France cet été.
나는 항상 프랑스어를 잘하기 위한 기회들을 찾고 있어. 그래서 나는 이번 여름에 프랑스에서 프랑스어 수업을 듣기로 결심했어.</td></tr>
<tr><td>수업 과목 소개 및 선생님 묘사
Il y avait plusieurs matières : grammaire, conversation et civilisation française.
여러 과목들이 있었어: 문법, 회화와 프랑스 문화.
Le professeur était très gentil.
선생님은 매우 친절하셨어.

주변 여행 활동 묘사
On a visité des châteaux et des musées.
우리는 성들과 미술관들을 방문했어.</td></tr>
<tr><td>앞으로의 계획 및 작별 인사
Je voudrais revenir en France l'année prochaine pour à la fois continuer mes études et visiter plusieures régions.
나는 공부를 계속하는 동시에 여러 지역을 방문하기 위해 내년에 프랑스에 다시 가고 싶어.</td></tr>
</table>

모범 답안

Salut,

Comment ça va ? Moi, j'ai passé un mois inoubliable en France. Comme je veux devenir professeur de français, je cherche toujours des occasions pour m'améliorer en français. Alors j'ai décidé de suivre des cours de français en France cet été.

Il y avait plusieurs matières : grammaire, conversation et civilisation française.

J'ai choisi le cours pour les débutants et il y avait sept élèves dans ma classe. Le professeur était très gentil et il parlait très lentement pour que nous puissions comprendre. L'école de langues a organisé une excursion et elle était très intéressante.

On a visité des châteaux et des musées avec un guide. Il nous a bien expliqué toutes les histoires ou les tableaux.

Je voudrais revenir en France l'année prochaine pour à la fois continuer mes études et visiter plusieurs régions.

Bises,

Catherine

해석

안녕,

어떻게 지내니? 나는 프랑스에서 잊지 못할 한 달을 보냈어. 나는 프랑스어 선생님이 되고 싶어해서 항상 프랑스어를 잘하기 위한 기회들을 찾고 있어. 그래서 나는 이번 여름에 프랑스에서 프랑스어 수업을 듣기로 결심했어.

여러 과목들이 있었어: 문법, 회화와 프랑스 문화.

나는 초보자를 위한 수업을 선택했는데 내 반에는 7명의 학생들이 있었어. 선생님은 매우 친절하셨고 그는 우리가 이해할 수 있도록 매우 천천히 말했어. 어학원에서는 여행을 준비했는데 매우 재미있었어.

우리는 가이드와 함께 성들과 미술관들을 방문했어. 그는 우리에게 모든 역사들이나 그림들을 잘 설명해 주었어.

나는 공부를 계속하는 동시에 여러 지역을 방문하기 위해 내년에 프랑스에 다시 가고 싶어.

안녕,

Catherine

작문 평가 EXERCICE 1 실전 연습

Étape 1 공략에 따라 작문해 보세요.

문제 4

Vous travaillez dans une entreprise et vous êtes en train de faire un stage en France. Vous écrivez à votre ami pour lui expliquer ce que vous avez fait et donner vos impressions.

(60 **mots minimum**)

Nombre de mots :

Étape 2 문제 4의 필수 어휘를 익히고, 해석을 참조하세요.

필수 어휘 **entreprise (f)** 기업 | **stage (m)** 실습, 연수 | **signer** 서명하다 | **contrat (m)** 계약서
content 만족한 | **réunion (f)** 회의 | **rapport (m)** 보고 | **heureusement** 다행히
collègue 동료 | **ambiance (f)** 분위기 | **convivial** 친근한, 가족 같은

해석

당신은 기업에서 근무하고 있고 프랑스에서 연수를 하는 중입니다. 당신이 했던 것을 설명하고 당신의 느낌을 전달하기 위해 친구에게 편지를 씁니다. (최소 60 단어)

Étape 3 해설에 따라 작문 구성을 익히고, 모범 답안을 확인해 보세요.

작문 구성

<table>
<tr><td>개요</td><td>기업에서 근무하면서 프랑스로 연수를 간 상황을 가정하고 일, 동료들, 근무 조건 등 업무 관련 내용과 그에 대한 자신의 느낌을 위주로 작성한다.</td></tr>
<tr><td rowspan="3">진행 방식</td><td>간략한 인사 및 연수 계기 설명
Salut ! Comment ça va ?
안녕! 어떻게 지내? / 어떻게 지내세요?
Comment vas-tu ? / Tu vas bien ?
어떻게 지내? / 잘 지내?
Mon entreprise a signé un contrat avec une société française cette année et j'ai été envoyé en France.
내 회사가 올해 프랑스 회사와 계약을 했고 나는 프랑스로 보내졌어.</td></tr>
<tr><td>많은 회의와 회사일
Le travail n'était pas facile. Il y avait des réunions presque tous les jours.
업무는 쉽지 않았어. 거의 매일 회의가 있었지.

직장 동료와의 관계 및 근무 분위기
Je peux travailler avec mes collègues dans une ambiance conviviale et je m'adapte au mode de vie d'ici.
나는 가족적인 분위기 속에서 내 동료들과 일할 수 있고 나는 이곳의 삶의 방식에 적응하고 있어.

프랑스 동료의 집 방문
J'ai passé le week-end dernier chez mon collègue français.
나는 프랑스 동료의 집에서 지난 주말을 보냈어.</td></tr>
<tr><td>앞으로의 계획 및 제안
Je te propose de venir ici pendant les vacances.
나는 휴가 동안 여기에 오라고 너에게 제안해.
On pourra visiter Paris et on va voyager dans beaucoup de régions.
우리는 파리를 방문하고 많은 지역을 여행할 수 있을 거야.</td></tr>
</table>

모범 답안

Salut,

Comment ça va ? Moi, ça fait un mois que je suis en France. Mon entreprise a signé un contrat avec une société française cette année et j'ai été envoyé en France parce que je savais parler français. Au début, j'étais très content de cette décision car j'ai toujours voulu venir en France depuis que j'étais étudiant.

Pourtant, le travail n'était pas facile. Il y avait des réunions presque tous les jours et j'ai dû envoyer beaucoup de rapports à mon entreprise en Corée. Heureusement, maintenant je peux travailler avec mes collègues dans une ambiance conviviale et je m'adapte au mode de vie d'ici.

Et puis, j'ai des amis français et je m'entends bien avec eux. J'ai passé le week-end dernier chez mon collègue français.

Comme je vais rester en France pendant trois ans, je te propose de venir ici pendant les vacances. Qu'est-ce que tu en penses ? On pourra visiter Paris et on va voyager dans beaucoup de régions.

Bises,

Vincent

해석

안녕,

어떻게 지내니? 나는 프랑스에 있은 지 한 달이 되었어. 내 회사가 올해 프랑스 회사와 계약을 했고 나는 프랑스로 보내졌는데 왜냐하면 내가 프랑스어를 할 줄 알았기 때문이야. 나는 처음에 이 결정에 대해 매우 만족했는데 왜냐하면 내가 학생일 때부터 프랑스에 항상 가고 싶어했거든.

그러나 업무는 쉽지 않았어. 거의 매일 회의가 있었고 나는 한국에 있는 내 회사에 많은 보고서를 보내야 했어. 다행히도, 지금 나는 가족적인 분위기 속에서 동료들과 일할 수 있고 나는 이곳의 삶의 방식에 적응하고 있어.

그리고 나는 프랑스 친구들이 있고 그들과 잘 지내. 나는 프랑스 동료의 집에서 지난 주말을 보냈어.

나는 3년 동안 프랑스에 머물 것이니까 휴가 동안 여기에 오라고 너에게 제안해. 너는 어떻게 생각하니? 우리는 파리를 방문하고 많은 지역을 여행할 수 있을 거야.

안녕,

Vincent

작문 평가 EXERCICE 1 실전 연습

Étape 1 공략에 따라 작문해 보세요.

문제 5

Vous vous êtes inscrit au club de sport et vous écrivez à un ami français pour lui expliquer ce que vous avez fait la semaine dernière. Vous lui racontez ce que vous aimez dans ce club.

(60 mots minimum)

Nombre de mots :

Étape 2 문제 5의 필수 어휘를 익히고, 해석을 참조하세요.

필수 어휘 **conseiller** 권하다, 충고하다 | **se reposer** 쉬다 | **s'inscrire** 등록하다 | **commencer** 시작하다 | **apprendre** 배우다 | **entretenir** 유지하다 | **santé (f)** 건강 | **faire partie de** ~에 속하다 | **équipe (f)** 팀 | **tournoi (m)** 시합 | **participer à** ~에 참가하다 | **médicament (m)** 약 | **froid (m)** 냉기, 추위

해석

당신은 스포츠 클럽에 가입했고 지난주 당신이 했던 것을 설명하기 위해 프랑스 친구에게 편지를 씁니다. 당신은 그에게 이 클럽에서 당신이 좋아하는 것을 이야기합니다. (최소 60 단어)

Étape 3 해설에 따라 작문 구성을 익히고, 모범 답안을 확인해 보세요.

작문 구성

개요	친구에게 스포츠 클럽에 가입하고 1주일 동안 어떤 활동을 했으며 좋은 점은 무엇이었는지 감상을 작성한다.
진행 방식	**인사말과 안부 묻기** Salut ! Comment ça va ? 안녕! 어떻게 지내? / 어떻게 지내세요? Comment vas-tu ? / Tu vas bien ? 어떻게 지내? / 잘 지내? Comment se passent tes vacances ? 방학을 어떻게 보내고 있니? **스포츠 클럽에 가입했음을 설명** Je me suis inscrit à un club de sport près de chez moi il y a deux semaines. 나는 2주 전에 집 가까이에 있는 스포츠 클럽에 가입했어.
	스포츠 클럽에서 수영을 선택한 이유 J'ai commencé à apprendre la natation car c'est un sport idéal pour entretenir la santé. 나는 수영을 배우기 시작했어. 왜냐하면 그것은 건강을 유지하는 데 이상적인 운동이기 때문이야. **축구팀에 가입해서 정기적으로 운동을 함** Je fais partie d'une équipe de football et on joue au foot trois fois par semaine. 나는 축구팀의 일원인데 우리는 일주일에 3번 축구를 해. **스포츠클럽이 좋은 이유 설명** J'aime surtout ce club parce que je peux faire du sport n'importe quand. 나는 특히 이 클럽이 좋은데 왜냐하면 내가 아무 때나 운동을 할 수 있기 때문이야.
	운동 효과 및 친구에게 권장 Je me sens beaucoup mieux et je dors bien sans prendre de médicaments. Je te conseille de faire du sport comme moi. 나는 훨씬 좋아졌고 약을 먹지 않고 잠을 잘 자. 나는 너에게 나처럼 운동할 것을 추천해.

모범 답안

Salut,

Comment se passent tes vacances ? Moi, j'étais très malade au début de cette année et le docteur m'a conseillé de me reposer et de faire du sport. Alors, je me suis inscrit à un club de sport près de chez moi il y a deux semaines.

J'ai commencé à apprendre la natation car c'est un sport idéal pour entretenir la santé. J'ai peur de l'eau depuis que je suis petit, alors je ne voulais pas y entrer. Mais je sais nager maintenant même si je ne le fais pas encore très bien. D'ailleurs, je fais partie d'une équipe de football et on joue au foot trois fois par semaine. Il y a un tournoi de football régional dans un mois et on va y participer.

J'aime surtout ce club parce que je peux faire du sport n'importe quand. En plus, les matériels sportifs sont tout nouveaux et les entraîneurs sont très gentils.

Maintenant, je me sens beaucoup mieux et je dors bien sans prendre de médicaments. Je sais que tu prends froid chaque année, donc je te conseille de faire du sport comme moi. Après tout, la santé est la chose la plus importante dans la vie, n'est-ce pas ?

Bises,

Noa

해석

안녕,

방학을 어떻게 보내고 있니? 나는 올해 초에 매우 아팠는데 의사가 나에게 휴식을 취하고 운동을 할 것을 추천했어. 그래서 나는 2주 전에 집 가까이에 있는 스포츠 클럽에 가입했어.

나는 수영을 배우기 시작했어. 왜냐하면 그것은 건강을 유지하는 데 이상적인 운동이기 때문이야. 나는 어렸을 때부터 물을 무서워해서, 그곳에 들어가고 싶지 않았어. 비록 여전히 잘 못하지만, 지금 나는 수영을 할 줄 알아. 게다가 나는 축구팀의 일원인데 우리는 일주일에 3번 축구를 해. 한 달 뒤에 지역 축구 대회가 있어서 우리는 거기에 참가할 거야.

나는 특히 이 클럽이 좋은데 왜냐하면 내가 아무 때나 운동을 할 수 있기 때문이야. 게다가, 운동 장비들은 완전히 새것이고 코치들이 매우 친절해.

이제 나는 훨씬 좋아졌고 약을 먹지 않고 잠을 잘 자. 나는 네가 매년 감기에 걸리는 것을 알아. 그래서 나는 너에게 나처럼 운동할 것을 추천해. 결국 건강이 인생에서 가장 중요하지, 안 그래?

안녕,

Noa

작문 평가 EXERCICE 1 실전 연습

Étape 1 공략에 따라 작문해 보세요.

Une agence de voyage organise un concours sur le thème du voyage. Elle demande aux participants d'écrire sur leurs expériences de voyage. Vous avez passé plusieurs mois dans une région francophone. Vous racontez votre expérience et vous donnez vos impressions sur cette région sur le site Internet de cette agence.

(60 mots minimum)

Nombre de mots :

Étape 2 문제 6의 필수 어휘를 익히고, 해석을 참조하세요.

필수 어휘 **agence (f)** 대리점 | **voyage (m)** 여행 | **concours (m)** 대회 | **thème (m)** 주제
francophone 프랑스어권의 | **souffrir** 고통을 겪다 | **soif** 갈증, 목마름 | **sale** 더러운
soigner 보살피다 | **construire** 짓다 | **creuser** (~을) 파다 | **puits (m)** 우물
dur 힘든 | **se rendre compte de** ~을(를) 깨닫다 | **agréable** 안락한

해석

한 여행사가 여행에 대한 주제로 대회를 개최합니다. 여행사는 참가자들에게 그들의 여행 경험에 대해 글을 쓸 것을 요구합니다. 당신은 프랑스어권 지역에서 몇 개월을 보냈습니다. 당신은 이 여행사 인터넷 사이트에 당신의 경험을 이야기하고 이 지역에 대한 당신의 느낌을 전합니다. (최소 60 단어)

Étape 3 해설에 따라 작문 구성을 익히고, 모범 답안을 확인해 보세요.

작문 구성

개요	여행사에서 개최한 대회에 참가하여 프랑스어권 지역을 여행한 경험담을 인터넷 사이트에 게재하는 형식으로 작성한다.
진행 방식	**인사말 및 여행 동기 설명** Je suis étudiant en médecine et mon professeur nous a proposé d'aller à Gabon pendant les vacances pour aider les habitants qui souffrent à cause des maladies. 나는 의대생이고 나의 선생님께서 우리들에게 병으로 고통받는 주민들을 돕기 위해 방학 동안 가봉에 가자고 제안하셨습니다.
	식수 상태와 현지 아이들의 건강 묘사 L'eau était très sale et on ne pouvait pas en boire. De plus, beaucoup d'enfants étaient malades. 물은 너무 더러웠고 우리는 그것을 마실 수가 없었습니다. 게다가, 많은 아이들이 아팠습니다. **학생들의 활동 소개** Les filles soignaient les enfants dans une maison pendant que les garçons aidaient à creuser des puits. 남자애들이 우물을 파는 것을 돕는 동안 여자애들은 집안에서 아이들을 돌보았습니다.
	여행지에서 느낀 소감 On a passé des mois dans ce village. Il est vrai que le travail là-bas était dur pour nous. 우리는 이 마을에서 몇 달을 보냈습니다. 이곳에서의 일이 우리에게 힘들었던 것은 사실입니다. **여행에서 돌아와 얻은 교훈** Pourtant, cette expérience nous a fait nous rendre compte de combien nous vivions dans des conditions agréables en comparaison avec les gens des pays pauvres. 그러나 이 경험이 우리로 하여금 가난한 나라의 사람들과 비교해서 얼마나 우리가 안락한 조건에서 살고 있는지를 깨닫게 해 주었습니다.

모범 답안

Bonjour,
Je m'appelle Léon et j'aimerais vous raconter mon expérience dans un pays francophone. Je suis étudiant en médecine et mon professeur nous a proposé d'aller à Gabon pendant les vacances pour aider les habitants qui souffrent à cause des maladies.
Nous sommes arrivés dans un village et il faisait très chaud. J'avais vraiment soif mais l'eau était très sale et on ne pouvait pas en boire. De plus, beaucoup d'enfants étaient malades et ça m'a fait de la peine pour eux. Les filles soignaient les enfants dans une maison pendant que les garçons aidaient à creuser des puits.
On a passé des mois dans ce village. Il est vrai que le travail là-bas était dur pour nous. Pourtant, cette expérience nous a fait nous rendre compte de combien nous vivions dans des conditions agréables en comparaison avec les gens des pays pauvres.
Merci de m'avoir lu,
Léon

해석

안녕하세요,
제 이름은 Léon이고 프랑스어권 나라에서의 내 경험을 당신에게 이야기하고 싶습니다. 나는 의대생이고 나의 선생님께서 우리들에게 병으로 고통받는 주민들을 돕기 위해 방학 동안 가봉에 가자고 제안하셨습니다.
우리는 한 마을에 도착했고 매우 더웠습니다. 나는 목이 매우 말랐지만 물은 너무 더러웠고 우리는 그것을 마실 수가 없었습니다. 게다가, 많은 아이들이 아팠고, 그것은 그들에 대한 내 마음을 아프게 했습니다. 남자애들이 우물을 파는 것을 돕는 동안 여자애들은 집안에서 아이들을 돌보았습니다.
우리는 이 마을에서 몇 달을 보냈습니다. 이곳에서의 일이 우리에게 힘들었던 것은 사실입니다. 그러나 이 경험이 우리로 하여금 가난한 나라의 사람들과 비교해서 얼마나 우리가 안락한 조건에서 살고 있는지를 깨닫게 해 주었습니다.
읽어 줘서 감사합니다,
Léon

작문 평가 EXERCICE 1 실전 연습

Étape 1 공략에 따라 작문해 보세요.

문제 7

Vous êtes en France en tant qu'étudiant d'échange. Vous écrivez à votre ami pour lui expliquer ce que vous faites. Vous lui racontez ce que vous avez aimé depuis que vous êtes là-bas.

(60 **mots minimum**)

Nombre de mots :

Étape 2 문제 7의 필수 어휘를 익히고, 해석을 참조하세요.

필수 어휘 en tant que ~(으)로서 | échange (m) 교환 | actuel 현재의 | s'inquiéter 걱정하다 | se dérouler 진행되다, 일어나다 | camarade 동료 | par ailleurs 게다가 | monument (m) 기념물 | goûter 맛보다 | escargot (m) 달팽이 | retourner 돌아오다

해석

당신은 교환 학생으로서 프랑스에 있습니다. 친구에게 당신이 하는 것을 설명하기 위해 당신은 편지를 씁니다. 그에게 당신이 그곳에 있은 이후로 좋아했던 것을 이야기합니다. (최소 60 단어)

Étape 3 해설에 따라 작문 구성을 익히고, 모범 답안을 확인해 보세요.

작문 구성

개요	교환 학생으로 프랑스에 체류하며 겪은 사건들과 활동을 설명하고, 어떤 점이 좋았는지 느낌을 작성한다.
진행 방식	**현재까지 체류 기간 및 총평** Cela fait six mois que je suis en France et je suis très content de ma vie actuelle. 내가 프랑스에 있은 지 6개월이 되었고 나는 지금 생활에 아주 만족해. **처음 도착했을 당시 설명** Je devais suivre des cours mais je me suis beaucoup inquiété. Heureusement, mes camarades français m'ont beaucoup aidé et ils m'ont encouragé. 나는 수업을 들어야만 했는데 많이 걱정했어. 다행히, 프랑스 친구들이 나를 많이 도와주었고 격려해 주었어.
	친구와 함께 파리의 집 방문 L'un des mes amis français est allé chez ses parents à Paris et il m'a proposé d'y aller avec lui. 내 프랑스 친구들 중에 한 명이 파리에 있는 부모님 집에 갔는데 나에게 그와 함께 그곳에 가자고 제안했어. **파리의 명소 방문** J'ai visité des monuments célèbres, comme la tour Eiffel, le musée du Louvre et l'Arc de Triomphe. 나는 에펠탑, 루브르 박물관 그리고 개선문과 같은 유명한 기념물들을 방문했어. **친구 가족과 함께한 시간 묘사** Sa famille m'a invité à dîner dans un restaurant et j'ai goûté des escargots à la bourguignonne. 그의 가족이 식당에서 저녁 식사하는 데 나를 초대해서 나는 부르고뉴 달팽이 요리를 맛보았어.
	앞으로의 계획 J'aimerais revenir en France après mes études à l'université. 나는 대학에서 학업을 끝내고 프랑스로 다시 가고 싶어.

모범 답안

Salut,

Comment ça va ? Cela fait six mois que je suis en France et je suis très content de ma vie actuelle.

Quand je suis arrivé, j'avais un peu peur. Je devais suivre des cours mais je me suis beaucoup inquiété car ils se déroulaient en français. Heureusement, mes camarades français m'ont beaucoup aidé et ils m'ont encouragé. Par ailleurs, les professeurs étaient très gentils avec moi, alors j'ai pu m'adapter à la vie universitaire.

La semaine dernière, l'un de mes amis français est allé chez ses parents à Paris et il m'a proposé d'y aller avec lui. Alors j'ai visité des monuments célébres, comme la tour Eiffel, le musée du Louvre et l'Arc de Triomphe. Et puis, sa famille m'a invité à dîner dans un restaurant et j'ai goûté des escargots à la bourguignonne. C'était vraiment bon.

Je vais retourner dans mon pays dans six mois, mais j'aimerais revenir en France après mes études à l'université. Je t'envoie les photos que j'ai prises en France. On se reverra l'année prochaine !

Bises,

Inho

해석

안녕,

어떻게 지내? 내가 프랑스에 있은 지 6개월이 되었고 나는 지금 생활에 아주 만족해.

내가 도착했을 때, 약간 두려웠어. 나는 수업을 들어야만 했는데 많이 걱정했어 왜냐하면 수업이 프랑스어로 진행되었기 때문이야. 다행히, 프랑스 친구들이 나를 많이 도와주었고 격려해 주었어. 게다가 선생님들은 나에게 매우 친절하셔서, 나는 학교 생활에 적응할 수 있었어.

지난주에는 내 프랑스 친구들 중에 한 명이 파리에 있는 부모님 집에 갔는데 나에게 그와 함께 그곳에 가자고 제안했어. 그래서 나는 에펠탑, 루브르 박물관 그리고 개선문과 같은 유명한 기념물들을 방문했어. 그리고 그의 가족이 식당에서 저녁 식사하는 데 나를 초대해서 나는 부르고뉴 달팽이 요리를 맛보았어. 정말 맛있었어.

나는 6개월 뒤에 내 나라로 돌아갈 것이지만 대학에서 학업을 끝내고 프랑스로 다시 가고 싶어. 내가 프랑스에서 찍은 사진들을 너에게 보낼게. 우리는 내년에 다시 보자!

안녕,

Inho

작문 평가 EXERCICE 1 실전 연습

Étape 1 공략에 따라 작문해 보세요.

문제 8

Votre école de langues a organisé une fête. Vous et vos camarades de classe y avez participé. Vous écrivez à vos amis pour leur expliquer ce que vous avez fait. Vous leur racontez ce que vous avez aimé pendant cette fête.

(60 mots minimum)

Nombre de mots :

Étape 2 문제 8의 필수 어휘를 익히고, 해석을 참조하세요.

필수 어휘 fête (f) 파티 | ouverture (f) 개설 | d'abord 우선 | pièce (f) 작품
habit (m) 의상 | un peu 약간 | souvenir (m) 추억

해석

당신의 어학원에서 파티를 열었습니다. 당신과 반 친구들은 거기에 참가했습니다. 당신은 친구들에게 당신이 했던 것을 설명하기 위해 편지를 씁니다. 당신은 그들에게 이 파티 동안 당신이 좋아했던 것을 이야기합니다. (최소 60 단어)

Étape 3 해설에 따라 작문 구성을 익히고, 모범 답안을 확인해 보세요.

작문 구성

개요	어학원에서 주최한 파티에 참가한 경험담을 친구들에게 설명해야 한다. 파티에서 어떤 활동이나 행사가 열렸는지 및 자신의 소감을 작성한다.
진행 방식	**파티 주최측 및 파티 개최 이유** Mon école de langues a fait une fête pour célébrer le vingtième anniversaire de son ouverture. 내 어학원에서 개원 20주년을 축하하기 위해 파티를 했어.
	코미디 연극 공연과 음식 준비 On a joué une pièce de comique et on a aussi préparé des plats internationaux. 우리는 코미디 연극을 공연했고 또한 세계 각국의 음식을 준비했어. **파티 복장 묘사** On a porté des costumes traditionnels. 우리는 전통 의상을 입었어. **노래하고 춤추며 재미있게 보냈음을 묘사** Il y a eu une soirée dansante à la fin de la fête. Tout le monde a chanté et dansé. 축제 마지막에 저녁 댄스 파티가 있었어. 모든 사람들이 노래하고 춤을 췄어.
	파티를 마친 느낌 묘사 Je pense qu'elle restera un des meilleurs souvenirs de ma vie. 나는 파티가 내 인생에서 가장 좋은 추억들 중 하나로 남을 것이라고 생각해.

모범 답안

Salut tout le monde,

Comment allez-vous ? Moi, je vais bien. Mon école de langues a fait une fête pour célébrer le vingtième anniversaire de son ouverture.

Alors nous avons décidé de participer à cette fête. D'abord, on a joué une pièce de comique et beaucoup de monde est venu la voir. Et puis, on a aussi préparé des plats internationaux. On a porté des costumes traditionnels et j'ai mis un hanbok. Pas mal de gens se sont intéressés à mon habit. Il y a eu une soirée dansante à la fin de la fête. Tout le monde a chanté et dansé en prenant des verres.

Nous étions un peu fatigués après avoir préparé cette fête, mais je pense qu'elle restera un des meilleurs souvenirs de ma vie.

Bises,

Mi Hi

해석

모두 안녕,

어떻게들 지내니? 나는 잘 지내. 내 어학원에서 개원 20주년을 축하하기 위해 파티를 했어.

그래서 우리는 이 파티에 참가하기로 결정했어. 우선, 우리는 코미디 연극을 공연했는데 많은 사람들이 그것을 보러 왔어. 그리고 우리는 또한 세계 각국의 음식을 준비했어. 우리는 전통 의상을 입었는데 나는 한복을 입었어. 적지 않은 사람들이 내 의상에 관심을 보였어. 축제 마지막에 저녁 댄스 파티가 있었어. 모든 사람들이 한잔 하면서 노래하고 춤을 췄어.

우리는 이 파티를 준비하고 약간 피곤했지만 나는 파티가 내 인생에서 가장 좋은 추억들 중 하나로 남을 것이라고 생각해.

안녕,

Mi Hi

작문 평가 EXERCICE 1 실전 연습

Étape 1 공략에 따라 작문해 보세요.

문제 9

Cela fait un mois que vous travaillez dans une entreprise française. Vous écrivez un courriel à votre ami pour lui donner vos nouvelles. Vous lui racontez le travail que vous faites et l'entreprise ainsi que la relation avec vos collègues.

(60 **mots minimum**)

Nombre de mots :

Étape 2 문제 9의 필수 어휘를 익히고, 해석을 참조하세요.

필수 어휘 **nouvelle (f)** 소식 | **ainsi que** 더불어 | **vite** 빨리 | **loin** 멀리 | **à pied** 걸어서
compliqué 복잡한 | **employé** 직원 | **repos (m)** 휴식 | **respecter** 존중하다
discuter 토의하다 | **librement** 자유롭게 | **contacter** 연락하다

해석

당신은 프랑스 회사에서 일한 지 한 달이 되었습니다. 당신은 당신의 소식을 전하기 위해 친구에게 이메일을 씁니다. 당신은 그에게 당신이 하는 일과 회사, 동료들과의 관계를 이야기합니다. (최소 60 단어)

Étape 3 해설에 따라 작문 구성을 익히고, 모범 답안을 확인해 보세요.

작문 구성

개요	프랑스 회사에 한 달 동안 근무하면서 경험한 업무 및 동료 관련 내용과 그에 대한 느낌을 친구에게 보내는 이메일로 작성한다.
진행 방식	**현재까지의 근무 기간, 주거 상태, 출퇴근 수단** Cela fait déjà un mois que je travaille dans une entreprise française. J'ai trouvé un studio près d'elle et j'y vais à pied. 내가 프랑스 회사에서 일한 지 벌써 한 달이 되었어. 나는 회사 가까이에 원룸을 구했고 회사에 걸어서 가.
	직위 및 동료들과의 관계 Je suis nouvel employé. Je me suis beaucoup inquiété quand j'ai commencé à travailler. Heureusement, ils étaient tous gentils avec moi. 나는 신입 사원이야. 일을 시작했을 때 나는 걱정을 많이 했어. 다행히도, 그들은 모두 내게 친절했어. **회사의 복지 혜택 활용** Il y a une salle de sport dans cette entreprise et j'y utilise souvent pendant l'heure de repos. 이 회사 안에는 헬스장이 있어서 휴식 시간 동안 나는 이곳을 자주 이용해. **근무 환경 및 장점 설명** On peut travailler dans une ambiance familiale. Et puis, on respecte l'opinion des autres et on peut se discuter librement lors d'une réunion. 우리가 가족 같은 분위기 속에서 일할 수 있어. 그리고 우리는 다른 사람들의 의견을 존중하고 회의 때 자유롭게 서로 토론을 할 수 있어.
	앞으로의 희망 제시 Je souhaite que je pourrai travailler longtemps ici. 나는 이곳에서 오랫동안 일할 수 있었으면 좋겠어.

모범 답안

Salut !

J'espère que tu vas bien. Cela fait déjà un mois que je travaille dans une entreprise française. Que le temps passe vite ! Comme elle est loin de chez moi, j'ai trouvé un studio près d'elle et j'y vais à pied.

Mon travail d'ici n'est pas très compliqué parce que je suis encore nouvel employé. Je me suis beaucoup inquiété quand j'ai commencé à travailler car je devais parler en français avec mes collègues. Heureusement, ils étaient tous gentils avec moi et je m'entends bien avec eux maintenant. Il y a une salle de sport dans cette entreprise et j'y utilise souvent pendant l'heure de repos.

Ce que j'aime le plus dans cette entreprise, c'est qu'on peut travailler dans une ambiance familiale. Et puis, on respecte l'opinion des autres et on peut se discuter librement lors d'une réunion.

Je souhaite que je pourrai travailler longtemps ici. Si tu as l'occasion de venir dans cette région, contacte-moi !

Bise,

Sébastien

해석

안녕!

네가 잘 지내고 있기를 바라. 내가 프랑스 회사에서 일한 지 벌써 한 달이 되었어. 시간이 어찌나 빠르게 가는지! 회사가 내 집에서 멀기 때문에, 나는 회사 가까이에 원룸을 구했고 회사에 걸어서 가.

이곳에서의 내 일은 아주 복잡하지는 않은데 왜냐하면 나는 아직 신입 사원이기 때문이야. 일을 시작했을 때 나는 걱정을 많이 했는데 왜냐하면 동료들과 프랑스어로 말을 해야 했기 때문이야. 다행히도, 그들은 모두 내게 친절했고, 나는 지금 그들과 잘 지내고 있어. 이 회사 안에는 헬스장이 있어서 휴식 시간 동안 나는 이곳을 자주 이용해.

이 회사에서 내가 제일 좋아하는 것은 우리가 가족 같은 분위기 속에서 일할 수 있다는 거야. 그리고 우리는 다른 사람들의 의견을 존중하고 회의 때 자유롭게 서로 토론을 할 수 있어.

나는 이곳에서 오랫동안 일할 수 있었으면 좋겠어. 만약 네가 이 지역에 올 기회가 있다면, 내게 연락해!

안녕,

Sébastien

작문 평가 EXERCICE 1 실전 연습

Étape 1 공략에 따라 작문해 보세요.

문제 10

Vous avez assisté à la cérémonie de mariage de votre ami samedi dernier. Vous écrivez un courriel à un autre ami pour raconter ce qui s'est passé à cet événement.

(60 mots minimum)

Nombre de mots :

Étape 2 문제 10의 필수 어휘를 익히고, 해석을 참조하세요.

필수 어휘 assister à ~에 출석(참가)하다 | cérémonie (f) 예식 | événement (m) 행사
connaître 알다 | parfait 완벽한 | après ~후에 | rencontrer 만나다 | quotidien 일상의
verre (m) 컵, 한잔 | nouvelle (f) 소식

해석

당신은 지난주 토요일에 친구 결혼식에 참석했습니다. 당신은 다른 친구에게 이 행사에서 일어난 것을 이야기하기 위해 이메일을 씁니다. (최소 60 단어)

Étape 3 해설에 따라 작문 구성을 익히고, 모범 답안을 확인해 보세요.

작문 구성

개요	친구의 결혼식에 다녀온 후 결혼식에서 어떤 일들이 있었는지, 그에 대한 자신의 느낌은 어땠는지 또 다른 친구에게 보내는 이메일로 작성한다.
진행 방식	**이메일의 전체 주제 즉, 친구의 결혼식에 다녀왔음을 언급** Il m'a invité à la cérémonie de son mariage et j'y suis allé samedi dernier. 그가 나를 그의 결혼식에 초대해서 나는 지난주 토요일에 그곳에 갔어.
	결혼식 장소 및 신부 묘사 Le mariage s'est passé dans un grand hall de l'hôtel. Il m'a présenté sa future femme et elle était grande et très belle. 결혼은 호텔 큰 홀에서 진행되었어. 그는 내게 그의 미래 아내를 소개시켜 주었는데 그녀는 키가 크고 아주 아름다웠어. **결혼식장 음식 맛 묘사** Ils ont préparé un buffet et les plats étaient délicieux. 그들은 뷔페를 준비했는데 음식들이 맛있었어.
	결혼식장에서 생긴 일 설명 J'ai rencontré quelques amis et nous nous sommes parlés de la vie quotidienne et du travail en prenant un verre. J'étais très content de rencontrer mes vieux amis que je n'ai pas eu de nouvelles. 나는 몇몇 친구들을 만났고 우리는 한잔 하면서 일상생활과 일에 대해 서로 말했지. 나는 소식이 없었던 오랜 친구들을 만나서 매우 만족했어.

모범 답안

Salut,

Comment ça va ? Tu connais mon ami Luc ? Il m'a invité à la cérémonie de son mariage et j'y suis allé samedi dernier.

Le mariage s'est passé dans un grand hall de l'hôtel et il y avait beaucoup de monde. Il m'a présenté sa future femme et elle était grande et très belle. C'était un couple parfait. Après la cérémonie, je suis allé au restaurant. Ils ont préparé un buffet et les plats étaient délicieux.

J'ai rencontré quelques amis et nous nous sommes parlés de la vie quotidienne et du travail en prenant un verre. J'étais très content de rencontrer mes vieux amis que je n'ai pas eu de nouvelles.

Bises,

Jean

해석

안녕,

어떻게 지내니? 너 내 친구 Luc 아니? 그가 나를 그의 결혼식에 초대해서 나는 지난주 토요일에 그곳에 갔어.

결혼은 호텔 큰 홀에서 진행되었는데 사람들이 많았어. 그는 내게 그의 미래 아내를 소개시켜 주었는데 그녀는 키가 크고 아주 아름다웠어. 완벽한 커플이었지. 예식 후에, 나는 식당으로 갔어. 그들은 뷔페를 준비했는데 음식들이 맛있었어.

나는 몇몇 친구들을 만났고 우리는 한잔 하면서 일상생활과 일에 대해 서로 말했지. 나는 소식이 없었던 오랜 친구들을 만나서 매우 만족했어.

안녕,

Jean

EXERCICE 2

주어진 이메일 또는 편지를 읽고 이에 대한 답신을 작성하는 방식과, 주어진 글 없이 바로 지시 사항에 부합하는 글을 작성하는 방식으로 나뉜다. 답신의 주제는 수락 또는 거절로 나눌 수 있는데, 두 가지 경우 모두 염두에 두고 실전 훈련을 하는 것이 바람직하다. 거절의 답신을 쓰도록 출제된다면 반드시 거절 후 새로운 대안을 제시하는 내용 등을 덧붙여 작문을 좀 더 풍부하게 구성한다.

작문 평가 EXERCICE 2 완전 공략

1 핵심 포인트

발신자와 수신자와의 관계 및 성, 수, 존칭 여부에 유의하여 작성해야 한다. 이를 고려하지 않은 작문은 큰 감점 요소가 된다. 개인 간의 이메일인지 또는 여러 명에게 보내는 단체 메일인지, 받는 사람과의 관계는 어떻게 설정되어 있는지 정확히 파악하고 그에 부합하는 호칭과 변화형을 사용해 작문하도록 한다.

2 빈출 주제

주어진 글 없이 바로 작성하는 방식보다는 답신 형식으로 작성하는 방식이 좀 더 출제 빈도가 높다. 두 가지 방식 모두 초대, 제안, 감사, 사과, 축하, 요청, 부탁, 통지 등의 주제 안에서 출제되는 경우가 대부분이다. 상황별로는 수락과 거절이 있으며 평상시 두 경우 모두 고려하여 작문 연습을 해야 한다.

3 고득점 전략

(1) 지시 사항에 충실히 부합하도록 작성한다.

만약 수락 또는 거절을 지시에 어긋나게 쓰면 작문이 아무리 훌륭하더라도 감점을 당하게 된다. 작성해야 할 글이 수락인지 거절인지부터 정확히 파악해서 수락의 경우 적극적인 찬성과 그 이유를 작성한다. 거절인 경우 왜 거절할 수밖에 없는지 상세한 설명을 제시한다. 주어진 글 없이 바로 작성해야 한다면 초대, 제안, 감사, 사과, 축하, 요청, 부탁, 통지 등 전제된 상황을 숙지하고 적절한 표현을 구사하여 작문한다.

(2) 새로운 제안을 반드시 덧붙여 작성한다.

수락의 경우 상대방의 초대, 제안, 요청, 부탁에 대해 동의 및 수락 의향과 더불어 어떤 새로운 관련 일을 하고 싶은지까지 반드시 언급해야 고득점을 받을 수 있으며, 자신도 그 일을 예전부터 하고 싶었다는 등의 내용까지 덧붙이면 금상첨화다. 거절의 경우 직설적으로 의사를 밝히기보다는 자신도 정말 그 일을 해 보고 싶었으나 어쩔 수 없이 거절할 수밖에 없다는 흐름으로 거절의 이유를 자연스럽게 밝히도록 한다. 또한 대안으로 어떻게 하면 좋겠는지 추가적인 의견을 반드시 제시한다.

작문 평가 EXERCICE 2 실전 연습

Étape 1 공략에 따라 작문해 보세요.

Vous avez reçu un e-mail de votre ami.

Salut à tous,

Vous allez tous bien ? Voilà, j'ai 19 ans ce samedi et je vais organiser une petite fête chez moi à 18 h. J'espère que vous pouvez tous venir pour fêter mon anniversaire.

À samedi !

Julien

Vous acceptez l'invitation de Julien. Vous lui parlez des activités que vous voulez faire ce jour-là. (60 – 80 mots)

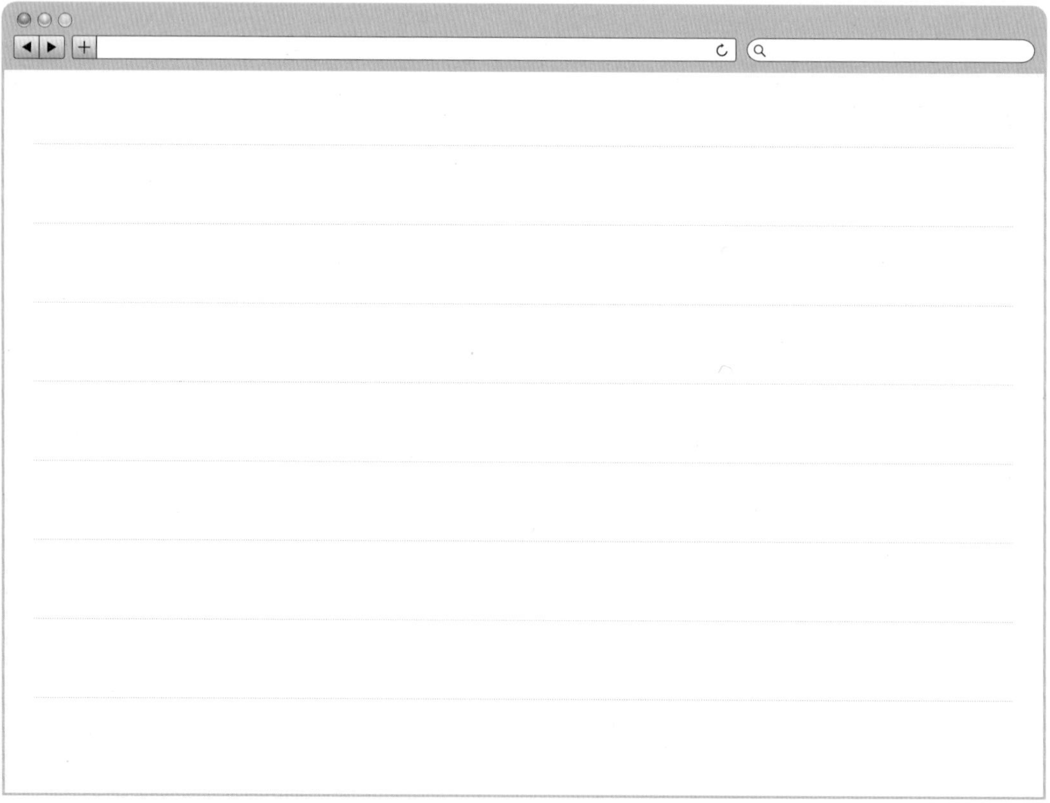

Nombre de mots :

Étape 2 문제 1의 필수 어휘를 익히고, 해석을 참조하세요.

필수 어휘 **recevoir** 받다 | **espérer** 바라다 | **fêter** 축하하다 | **accepter** 수락하다 | **activité (f)** 활동
courriel (m) 이메일 | **école primaire (f)** 초등학교 | **vélo (m)** 자전거 | **ensemble** 함께
invitation (f) 초대 | **plaisir (m)** 기쁨 | **anniversaire (m)** 생일 | **acheter** 사다 | **apporter** 가져오다

해석

당신은 당신의 친구로부터 이메일을 받았습니다.

모두 안녕,

너희들 모두 잘 지내지? 다름이 아니라, 이번 주 토요일에 내가 19살이 되어서, 집에서 18시에 조그마한 파티를 하려고 해. 너희들 모두 내 생일을 축하하기 위해 오기를 바란다.

토요일에 보자!

Julien

당신은 Julien의 초대를 수락합니다. 당신은 그에게 이날 당신이 하고 싶은 활동들에 대해 말합니다. (60-80 단어)

Étape 3 해설에 따라 작문 구성을 익히고, 모범 답안을 확인해 보세요.

작문 구성

개요	친구의 생일 초대를 수락하고 이날 하고 싶은 활동에 대해 친구에게 이메일로 답신을 작성한다.
진행 방식	**이메일을 잘 받았으며 친밀함 강조** J'ai bien reçu ton courriel. 너의 이메일 잘 받았어. Ça fait déjà plus de dix ans qu'on se connaît. 우리가 서로 알고 지낸 지 벌써 10년이 넘었구나. Je me souviens qu'on s'entendait bien quand on était collégiens. 나는 우리가 중학생이었을 때 서로 잘 지냈던 것을 기억하고 있어.
	초대 수락 및 좋은 점 설명 J'accepte ton invitation avec plaisir. Je pense que c'est une bonne occasion pour moi de rencontrer tes autres amis. 나는 너의 초대를 기꺼이 수락할게. 너의 다른 친구들을 만날 수 있는 나에게 좋은 기회라고 생각해. **영화 관람 제안** J'ai acheté un DVD qui vient de sortir la semaine dernière. C'est un film d'action et je sais bien que tu adores ce genre de film. 나는 지난주에 막 출시된 DVD를 샀어. 그것은 액션 영화인데 나는 네가 이런 장르의 영화를 아주 좋아하는 것을 잘 알아.
	작별 인사 및 기대감 나타내기 On va passer un bon moment en le regardant. 우리는 그것을 보면서 좋은 순간을 보낼 거야.

모범 답안

Salut,

J'ai bien reçu ton courriel. On s'est rencontré à l'école primaire et ça fait déjà plus de dix ans qu'on se connaît. Que le temps passe vite ! Je me souviens qu'on s'entendait bien quand on était collégiens. On allait souvent au cinéma et on faisait du vélo ensemble.

Alors j'accepte ton invitation avec plaisir. Je pense que c'est une bonne occasion pour moi de rencontrer tes autres amis le jour de ton anniversaire. J'ai acheté un DVD qui vient de sortir la semaine dernière. C'est un film d'action et je sais bien que tu adores ce genre de film. On va passer un bon moment en le regardant. Et puis, je vais aussi apporter ton gâteau d'anniversaire.

À ce samedi,

Paul

해석

안녕,

너의 이메일 잘 받았어. 우리가 초등학교에서 만났으니까, 우리가 서로 알고 지낸 지 벌써 10년이 넘었구나. 시간이 어찌나 빠르게 지나가는지! 나는 우리가 중학생이었을 때 서로 잘 지냈던 것을 기억하고 있어. 우리는 자주 극장에 가고 자전거도 함께 타곤 했지.

그래서 나는 너의 초대를 기꺼이 수락할게. 생일날에 너의 다른 친구들을 만날 수 있는 나에게 좋은 기회라고 생각해. 나는 지난주에 막 출시된 DVD를 샀어. 그것은 액션 영화인데 나는 네가 이런 장르의 영화를 아주 좋아하는 것을 잘 알아. 우리는 그것을 보면서 좋은 순간을 보낼 거야. 그리고 내가 너의 생일 케이크도 가져갈게.

이번 주 토요일에 봐,

Paul

작문 평가 EXERCICE 2 실전 연습

Étape 1 공략에 따라 작문해 보세요.

문제 2

Vous avez reçu un e-mail de votre ami.

Salut,

Comment vas-tu ? Moi, je vais très bien. Je serai seul à la maison le week-end prochain car mes parents partent en voyage. Alors j'aimerais que tu viennes chez moi pour passer le week-end avec moi. Tu peux venir avec un de tes amis si tu veux.

Réponds-moi vite !

Vous acceptez l'invitation de votre ami. Vous lui parlez de votre arrivée. (60 – 80 **mots**)

Nombre de mots :

Étape 2 문제 2의 필수 어휘를 익히고, 해석을 참조하세요.

필수 어휘 **seul** 혼자 | **répondre** 대답하다 | **arrivée (f)** 도착 | **perdre** 잃다 | **téléphone portable (m)** 핸드폰 **moyen (m)** 방법 | **vérifier** 확인하다 | **numéro (m)** 번호 | **en fait** 사실 | **aider** 돕다 | **fort** 강한, 튼튼한 **proposition (f)** 제안 | **gare (f)** 역 | **chercher** 찾다 | **sinon** 그렇지 않으면 | **directement** 곧바로

해석

당신은 당신의 친구로부터 이메일을 받았습니다.

안녕,

어떻게 지내니? 나는 아주 잘 지내고 있어. 다음 주말에 나는 집에 혼자 있을 건데 왜냐하면 내 부모님께서 여행을 떠나시거든. 그래서 나는 네가 나와 함께 주말을 보내기 위해 내 집에 와 주었으면 좋겠어. 만약 네가 원하면 친구들 중 한 명과 같이 와도 되고.

내게 빨리 답변해 줘!

당신은 당신 친구의 초대를 수락합니다. 당신은 그에게 당신의 도착에 대해 말합니다. (60–80 단어)

Étape 3 해설에 따라 작문 구성을 익히고, 모범 답안을 확인해 보세요.

작문 구성

개요	주말을 함께 보내자는 친구의 제안을 수락하면서 친구가 있는 곳에 언제 어떻게 갈 것인지 알리는 답신을 이메일로 작성한다.
진행 방식	**그간 연락하지 못했던 이유 설명 및 초대 수락** Je voulais te contacter mais j'ai perdu mon téléphone portable la semaine dernière. 나는 너에게 연락하고 싶었지만 지난주에 휴대폰을 잃어버렸어. Je pense que c'est une bonne idée de passer le week-end avec toi. 너와 함께 주말을 보내는 것이 좋은 생각이라고 생각해. Alors j'accepte ta proposition avec plaisir. 그래서 나는 너의 초대를 기꺼이 수락할게.
	다른 친구와 동반 참석 제안 J'ai parlé à mon ami Luc et il était très content parce qu'il n'a jamais visité Paris. 나는 내 친구 Luc에게 말했는데 그는 파리를 방문한 적이 한 번도 없어서 매우 만족해했어. **기차 도착 예정 시간을 알리고 마중 가능 여부 문의** On va arriver en train à 13 h. Tu peux venir à la gare pour nous chercher ? 우리는 기차로 13시에 도착할 거야. 너 우리를 찾으러 역에 나올 수 있니?
	마중이 불가능할 경우 대안 제시 및 회신 요청 Sinon, on prendra un taxi et on va venir directement chez toi. 그렇지 않으면, 우리가 택시를 타고 너의 집으로 바로 갈게. Réponds-moi. 내게 답변 줘.

모범 답안

Salut,

J'étais très content quand j'ai reçu ton courriel ce matin. Je voulais te contacter mais j'ai perdu mon téléphone portable la semaine dernière. Alors je n'avais pas de moyen de vérifier ton numéro de téléphone.

En fait, j'ai un examen de français bientôt et je voulais te demander de m'aider car tu es fort en français. Je pense que c'est une bonne idée de passer le week-end avec toi. Tu pourras m'aider à préparer mon examen, alors j'accepte ta proposition avec plaisir.

J'en ai parlé à mon ami Luc et il était très content parce qu'il n'a jamais visité Paris. On va arriver en train à 13 h : tu peux venir à la gare pour nous chercher ? Sinon, on prendra un taxi et on va venir directement chez toi.

Réponds-moi,

À samedi,

Xavier

해석

안녕,

오늘 아침 네 이메일을 받았을 때 나는 아주 만족했어. 나는 너에게 연락하고 싶었지만 지난주에 휴대폰을 잃어버렸어. 그래서 너의 전화번호를 확인할 방법이 없었어.

사실 나는 곧 프랑스어 시험이 있는데, 네가 프랑스어를 잘하니까 네가 나를 도와주었으면 좋겠어. 너와 함께 주말을 보내는 것이 좋은 생각이라고 생각해. 너는 내가 시험 준비하는 것을 도와줄 수 있을 것이고 그래서 나는 너의 초대를 기꺼이 수락할게.

나는 그것에 대해 내 친구 Luc에게 말했는데 그는 파리를 방문한 적이 한 번도 없어서 매우 만족해했어. 우리는 기차로 13시에 도착할 거야: 너 우리를 찾으러 역에 나올 수 있니? 그렇지 않으면, 우리가 택시를 타고 너의 집으로 바로 갈게.

내게 답변 줘,

토요일에 봐,

Xavier

작문 평가 EXERCICE 2 실전 연습

Étape 1 공략에 따라 작문해 보세요.

Vous habitez à Paris et vous recevez cette carte dans votre boîte aux lettres :

INVITATION

5 mai : la fête de l'école

Notre école organise une fête pour nos anciens étudiants. Il y aura des spectacles préparés par nos élèves et un cocktail. Nous espérons que beaucoup d'anciens de notre école vont venir passer un moment agréable avec nous.

Vous répondez à l'invitation pour confirmer votre présence. Vous vous présentez et vous parlez des activités que vous voulez faire. (60 – 80 mots)

Nombre de mots :

Étape 2 문제 3의 필수 어휘를 익히고, 해석을 참조하세요.

필수 어휘 recevoir 받다 | carte (f) 카드 | boîte (f) 상자, 우편함 | souvenir (m) 기억, 추억 | lycée (m) 고등학교
espérer 바라다, 기대하다 | spectacle (m) 공연 | confirmer 확인하다 | présenter 소개하다
à propos de ~에 관하여 | se rappeler 회상하다 | sûr 확신하는 | s'amuser 즐기다, 놀다

해석

당신은 파리에 살고 있고 우편함에서 이 카드를 받았습니다:

> 초대
>
> 5월 5일: 학교 축제
>
> 우리 학교가 졸업생들을 위한 축제를 개최합니다. 우리 학생들이 준비한 공연들과 칵테일이 있을 것입니다. 많은 졸업생들이 멋진 순간을 우리와 함께 보내기 위해 와 주기를 바랍니다.

당신은 당신의 참석 여부를 확인하기 위해 초대에 답합니다. 당신을 소개하고 당신이 하고 싶은 활동들에 대해 말합니다. (60-80단어)

Étape 3 해설에 따라 작문 구성을 익히고, 모범 답안을 확인해 보세요.

작문 구성

<table>
<tr><td>개요</td><td>졸업생들을 위한 축제 초대에 수락 의향을 전달하고, 간략한 자기소개와 함께 축제에서 무엇을 하고 싶은지 답신을 작성한다.</td></tr>
<tr><td rowspan="3">진행 방식</td><td>초대장을 잘 받았음을 전달
J'ai bien reçu votre carte d'invitation à propos de la fête de l'école.
나는 학교 축제에 관한 당신의 초대장을 잘 받았습니다.

간단한 자기소개
Je m'appelle Max et cela fait déjà dix ans que j'ai fini le lycée.
제 이름은 Max이고 고등학교를 졸업한 지 벌써 10년이 되었어요.</td></tr>
<tr><td>축제에서 교실을 방문하기를 희망
J'aimerais visiter la classe où j'ai étudié.
내가 공부했던 교실을 방문하고 싶습니다.

옛 선생님들과의 만남을 희망
Je voudrais aussi rencontrer mes anciens professeurs.
또한 옛 선생님들을 만나 뵙고 싶습니다.

다른 친구들과 함께 갈 것임을 제안
J'ai parlé à quelques-uns de mes amis au sujet de la fête et ils étaient tous d'accord pour y venir.
나는 내 친구들 몇몇에게 축제에 대해 말했는데 그들은 모두 거기에 가는 데 찬성했습니다.</td></tr>
<tr><td>추가 정보 문의
J'aimerais avoir un peu plus d'informations sur cette fête.
나는 이 축제에 대해 더 많은 정보를 원합니다.</td></tr>
</table>

모범 답안

Bonjour,

J'ai bien reçu votre carte d'invitation à propos de la fête de l'école. Je m'appelle Max et cela fait déjà dix ans que j'ai fini le lycée. Je me rappelle de temps en temps les bons souvenirs que j'ai gardés avec mes camarades du lycée.

Alors j'accepte votre invitation avec plaisir. J'aimerais visiter la classe où j'ai étudié pour me rappeler mes années de lycéen. Je voudrais aussi rencontrer mes anciens professeurs. J'ai parlé à quelques-uns de mes amis au sujet de la fête et ils étaient tous d'accord pour y venir. Je suis sûr qu'on va bien s'amuser.

J'aimerais avoir un peu plus d'informations sur cette fête. Pourriez-vous m'envoyer le programme par courriel, s'il vous plaît ? Merci.

À très bientôt,

Max

해석

안녕하세요,

나는 학교 축제에 관한 당신의 초대장을 잘 받았습니다. 제 이름은 Max이고 고등학교를 졸업한 지 벌써 10년이 되었어요. 나는 가끔 내가 고등학교 친구들을 간직했던 아름다운 추억들을 떠올립니다.

그래서 나는 당신의 초대를 기꺼이 수락합니다. 나의 고등학생 때를 떠올리기 위해 내가 공부했던 교실을 방문하고 싶습니다. 또한 옛 선생님들을 만나 뵙고 싶습니다. 나는 내 친구들 몇몇에게 축제에 대해 말했는데 그들은 모두 거기에 가는 데 찬성했습니다. 나는 우리가 재미있게 놀 것을 확신합니다.

나는 이 축제에 대해 더 많은 정보를 원합니다. 이메일로 프로그램을 저에게 보내 주실 수 있나요? 감사합니다.

곧 뵙기를 바랍니다,

Max

작문 평가 EXERCICE 2 실전 연습

Étape 1 공략에 따라 작문해 보세요.

문제 4

Vous habitez à Paris et vous recevez ce courriel :

Bonjour,

Toutes nos félicitations ! Vous avez été sélectionné par notre tirage au sort. Vous pouvez partir en vacances avec votre famille sur une île magnifique.

Si vous acceptez notre offre, envoyez-moi un courriel pour confirmer votre participation.

Vous répondez à l'agence de voyage pour accepter cette offre. Vous demandez des informations plus précises. (60 – 80 mots)

Nombre de mots :

Étape 2 문제 4의 필수 어휘를 익히고, 해석을 참조하세요.

필수 어휘 félicitation (f) 축하 | sélectionné 선택된 | tirage au sort (m) 추첨 | île (f) 섬 | magnifique 멋진 | participation (f) 참가 | agence (f) 대리점 | offre (f) 제안 | précis 분명한 | exceptionnel 특별한 | cuisine (f) 요리 | départ (m) 출발 | loger 묵다 | vêtement (m) 옷 | d'avance 미리

해석

당신은 파리에 살고 있고 이 이메일을 받습니다:

> 안녕하세요,
>
> 축하드립니다! 당신은 우리 추첨에 당첨되었습니다. 당신은 당신의 가족과 함께 멋진 섬으로 휴가를 떠나실 수 있습니다.
>
> 만약 당신이 우리의 제안을 수락하시면, 당신의 참여 여부를 확인하기 위해 제게 이메일을 보내 주세요.

당신은 이 제안을 받아들이기 위해 여행사에 답변을 합니다. 당신은 보다 구체적인 정보들을 요구합니다. (60-80 단어)

Étape 3 해설에 따라 작문 구성을 익히고, 모범 답안을 확인해 보세요.

작문 구성

<table>
<tr><td>개요</td><td>가족 여행 추첨에 당첨되었음을 통지하는 이메일에 수락 의사를 전달하고, 구체적인 정보를 추가로 문의하는 답신을 작성한다.</td></tr>
<tr><td rowspan="3">진행 방식</td><td>이메일을 잘 받았으며 이번 여행의 의미 설명
J'ai bien reçu votre courriel à propos du voyage offert.
나는 공짜 여행에 관한 당신의 이메일을 잘 받았습니다.
Je suis très heureux d'accepter votre cadeau parce que je n'ai jamais passé de vacances dans une île.
당신의 선물을 받아서 매우 행복한데 왜냐하면 나는 섬에서 휴가를 보낸 적이 한 번도 없었거든요.</td></tr>
<tr><td>여행지에 대한 기대감
Mon père adore la cuisine à base de poisson et il sera très content de ce voyage.
나의 아버지께서는 생선 요리를 아주 좋아하셔서, 이 여행에 대해 매우 만족해하실 거예요.</td></tr>
<tr><td>여행 기간 문의
Combien de jours doit-on rester dans cette île ?
우리는 이 섬에서 며칠 동안 머물 예정인가요?

출발 및 돌아오는 날짜 문의
Quelle est la date de départ et de retour ?
출발과 돌아오는 날짜는 어떻게 되죠?

숙소 문의
Où peut-on se loger ?
우리는 어디에서 묵을 수 있나요?

준비할 옷 문의
Quels vêtements doit-on préparer ?
우리는 어떤 옷을 준비해야 하나요?</td></tr>
</table>

모범 답안

Bonjour,

J'ai bien reçu votre courriel à propos du voyage offert. Je suis très heureux d'accepter votre cadeau parce que je n'ai jamais passé de vacances dans une île.

Ce sera une expérience exceptionnelle pour moi de rester avec ma famille dans un lieu très spécial. Mon père adore la cuisine à base de poisson et il sera très content de ce voyage.

Cependant, je voudrais vous demander un peu plus d'informations sur ce séjour. Combien de jours doit-on rester dans cette île ? Quelle est la date de départ et de retour ? Où peut-on se loger ? Quels vêtements doit-on préparer ?

Merci d'avance pour les informations que vous pourrez me donner.

Cordialement,

Arnaud

해석

안녕하세요,

나는 공짜 여행에 관한 당신의 이메일을 잘 받았습니다. 당신의 선물을 받아서 매우 행복한데 왜냐하면 나는 섬에서 휴가를 보낸 적이 한 번도 없었거든요.

그것은 내게 매우 이례적인 공간에서 가족들과 함께 머무르는 특별한 경험이 될 거예요. 나의 아버지께서는 생선요리를 아주 좋아하셔서, 이 여행에 대해 매우 만족해하실 거예요.

그런데, 나는 당신에게 이 체류에 대해 좀 더 많은 정보를 부탁드리고 싶습니다. 우리는 이 섬에서 며칠 동안 머물 예정인가요? 출발과 돌아오는 날짜는 어떻게 되죠? 우리는 어디에서 묵을 수 있나요? 우리는 어떤 옷을 준비해야 하나요?

당신이 내게 줄 수 있는 정보들에 대해 미리 감사드립니다.

안녕히 계세요,

Arnaud

작문 평가 EXERCICE 2 실전 연습

Étape 1 공략에 따라 작문해 보세요.

문제 5

Vous habitez à Paris et vous recevez ce courriel de votre ami :

> Salut les amis,
> Vous allez bien ? Comment se passent vos vacances ? Moi, je vais partir pour la France pendant deux semaines et je cherche quelqu'un pour voyager avec moi. La date du départ est prévu pour le 7 juillet.
> Répondez-moi vite !

Vous acceptez sa proposition et vous lui parlez des activités que vous voulez faire pendant le voyage. (60 – 80 mots)

Nombre de mots :

Étape 2 문제 5의 필수 어휘를 익히고, 해석을 참조하세요.

필수 어휘 prévu 예정된 | proposition (f) 제안 | étranger (m) 외국 | dangereux 위험한
projet (m) 계획 | rapidement 빨리 | décider 결정하다 | destination (f) 행선지, 도착지
logement (m) 숙소 | attendre 기다리다

해석

당신은 파리에 살고 있고 당신의 친구로부터 이 이메일을 받습니다:

안녕 친구들,
너희들 잘 지내니? 방학은 어떻게 보내고 있니? 나는 2주 동안 프랑스로 떠날 건데 나와 함께 여행할 누군가를 찾고 있어. 출발 날짜는 7월 7일로 예정되어 있어.
내게 빨리 답변해 줘!

당신은 그의 제안을 받아들이고 그에게 여행 동안 당신이 하기 원하는 활동들에 대해 말합니다. (60-80 단어)

Étape 3 해설에 따라 작문 구성을 익히고, 모범 답안을 확인해 보세요.

작문 구성

개요	함께 여행할 친구를 찾는 단체 메일에 수락의 뜻을 밝히고, 여행 동안 무엇을 하고 싶은지 구체적으로 작성한다. 받은 메일이 단체 메일이기에 상대방을 지칭할 때 'tu 너'가 아닌 'vous 너희들'이 사용되었음을 확인할 수 있다.
진행 방식	**인사말과 함께 간단히 근황 소개** Je suis rentré à la maison pour passer du temps avec mes parents il y a trois jours. 나는 부모님과 함께 시간을 보내기 위해 3일 전에 집으로 돌아왔어.
	제안 수락 이유 Ils pensent que c'est trop dangereux de voyager seul. Mais si je pars avec toi, ils ne pourront qu'accepter mon projet de voyage. 그들은 혼자 여행하는 것이 너무 위험하다고 생각하시거든. 하지만 내가 만약 너와 함께 떠나면 그들은 내 여행 계획을 수락할 수밖에 없을 거야. **수락 의사를 명시** Alors j'accepte ta proposition avec plaisir. 그러니 나는 기꺼이 너의 제안을 받아들일게. **유명 관광지 방문 및 맛있는 음식을 맛볼 계획 언급** On va visiter des monuments célèbres et on va goûter des plats délicieux. 우리는 유명한 기념물들을 방문하고 맛있는 음식들을 맛볼 거야.
	보다 구체적인 계획을 위한 만남 제안 Je pense qu'on doit se voir le plus rapidement possible pour décider du programme du voyage. 나는 여행 계획을 정하기 위해 우리가 가능한 한 빨리 서로 만나야 한다고 생각해.

모범 답안

Salut,

Je viens de recevoir ton courriel. Ça fait une semaine que les vacances ont commencé et je suis rentré à la maison pour passer du temps avec mes parents il y a trois jours.

En fait, je voulais partir en voyage à l'étranger pendant ces vacances mais mes parents ne sont pas d'accord car ils pensent que c'est trop dangereux de voyager seul. Mais si je pars avec toi, ils ne pourront qu'accepter mon projet de voyage. Alors j'accepte ta proposition avec plaisir.

On va visiter des monuments célèbres et on va goûter des plats délicieux. Je suis sûr qu'on va bien s'amuser !

Je pense qu'on doit se voir le plus rapidement possible pour décider du programme du voyage : la destination, le logement, le jour du retour, etc.

J'attends ta réponse !

À très bientôt,

Laurent

해석

안녕,

나는 너의 이메일을 방금 받았어. 방학이 시작한 지 일주일이 되었고, 나는 부모님과 함께 시간을 보내기 위해 3일 전에 집으로 돌아왔어.

사실, 나는 이번 방학 동안 외국으로 여행을 떠나고 싶은데 부모님께서 동의를 하지 않으셔, 왜냐하면 그들은 혼자 여행하는 것이 너무 위험하다고 생각하시거든. 하지만 내가 만약 너와 함께 떠나면 그들은 내 여행 계획을 수락할 수밖에 없을 거야. 그러니 나는 기꺼이 너의 제안을 받아들일게.

우리는 유명한 기념물들을 방문하고 맛있는 음식들을 맛볼 거야. 나는 우리가 재미있게 놀 거라고 확신해!

나는 여행 계획을 정하기 위해 우리가 가능한 한 빨리 서로 만나야 한다고 생각해: 행선지, 숙소, 귀국날 등.

너의 답변을 기다릴게!

곧 보자,

Laurent

작문 평가 EXERCICE 2 실전 연습

Étape 1 공략에 따라 작문해 보세요.

문제 6

Vous avez reçu un e-mail de votre ami.

Salut à tous,

Vous allez tous bien ? Voilà, j'ai 19 ans ce samedi et je vais organiser une petite fête chez moi à 18 h. J'espère que vous pouvez tous venir pour fêter mon anniversaire.

À samedi !

Julien

Vous refusez l'invitation et vous expliquez pourquoi. Puis vous lui proposez une autre activité. (60 – 80 **mots**)

Nombre de mots :

Étape 2 문제 6의 필수 어휘를 익히고, 해석을 참조하세요.

필수 어휘 fêter 축하하다 | refuser 거절하다 | félicitation (f) 축하 | réussir 합격하다
anniversaire (m) 생일, 기념일 | dur 열심히 | examen (m) 시험 | féliciter 축하하다
se promener 산책하다 | exposition (f) 전시회 | tellement 그토록, 매우

해석

당신은 당신의 친구로부터 이메일을 받았습니다.

모두 안녕,

너희들 모두 잘 지내니? 다름이 아니라, 이번 주 토요일에 내가 19살이 되어서, 집에서 18시에 조그마한 파티를 하려고 해. 너희들 모두 내 생일을 축하하기 위해 오기를 바란다.

토요일에 보자!

Julien

당신은 초대를 거절하고 이유를 설명합니다. 그리고 당신은 그에게 다른 활동을 제안합니다. (60-80 단어)

Étape 3 해설에 따라 작문 구성을 익히고, 모범 답안을 확인해 보세요.

작문 구성

개요	친구의 생일 초대에 거절 의사를 먼저 표시하고, 그 대신 다른 활동들을 함께 하자고 제안하는 내용을 답신으로 작성한다.
진행 방식	**상대방에게 좋은 일이 있음을 가정하여 축하함으로써 거절의 미안함을 간접적으로 미리 표현** Tu avais réussi l'examen du DELF A2. 너는 델프 A2 시험에 합격했구나. Je sais bien que tu as travaillé dur pour cet examen, alors je suis content pour toi. 나는 네가 이 시험을 위해 열심히 공부했다는 것을 잘 알아, 네가 잘돼서 기뻐.
	거절 의사 전달 Je voudrais tellement accepter ton invitation pour te féliciter, mais malheureusement je ne peux pas. 나도 너를 축하하기 위해 네 초대를 매우 수락하고 싶지만, 안타깝게도 그럴 수가 없어. **거절 이유 설명** Je dois aller à l'aéroport ce jour-là car mes parents vont rentrer de leur voyage. 나는 그날 공항에 가야 하는데 왜냐하면 내 부모님께서 여행에서 돌아오실 거거든. **대신 생일 선물을 보낼 예정** Je vais t'envoyer un livre comme cadeau d'anniversaire, j'espère que ça va te plaire. 내가 생일 선물로 너에게 책을 보낼 건데, 그것이 네 마음에 들기를 바라.
	함께할 수 있는 다른 활동 제안 C'est bientôt les vacances, alors je voudrais que tu viennes chez moi passer quelques jours à Paris. On pourra visiter des expositions très intéressantes. 곧 방학이니까 나는 네가 파리에서 며칠 보내러 내 집에 왔으면 좋겠어. 우리는 아주 흥미로운 전시회들을 방문할 수 있을 거야.

모범 답안

Salut,

Comment ça va ? Moi, je vais très bien. D'abord, toutes mes félicitations ! Paul m'a dit que tu avais réussi l'examen du DELF A2. Je sais bien que tu as travaillé dur pour cet examen, alors je suis content pour toi.

Je voudrais tellement accepter ton invitation pour te féliciter, mais malheureusement je ne peux pas. Je dois aller à l'aéroport ce jour-là car mes parents vont rentrer de leur voyage. Je vais t'envoyer un livre comme cadeau d'anniversaire, j'espère que ça va te plaire.

À part ça, c'est bientôt les vacances, alors je voudrais que tu viennes chez moi passer quelques jours à Paris. On pourra se promener dans le jardin du Luxembourg ou bien on pourra visiter des expositions très intéressantes.

Bises,

Patrick

해석

안녕,

어떻게 지내니? 나는 잘 지내. 우선, 축하해! Paul이 나한테 네가 델프 A2 시험에 합격했다고 말했어. 나는 네가 이 시험을 위해 열심히 공부했다는 것을 잘 알아, 네가 잘돼서 기뻐.

나도 너를 축하하기 위해 네 초대를 매우 수락하고 싶지만, 안타깝게도 그럴 수가 없어. 나는 그날 공항에 가야 하는데 왜냐하면 내 부모님께서 여행에서 돌아오실 거거든. 내가 생일 선물로 너에게 책을 보낼 건데, 그것이 네 마음에 들기를 바라.

그것 말고도 곧 방학이니까 나는 네가 파리에서 며칠 보내러 내 집에 왔으면 좋겠어. 우리는 룩셈부르크 공원을 산책하거나 아주 흥미로운 전시회들을 방문할 수 있을 거야.

안녕,

Patrick

작문 평가 EXERCICE 2 실전 연습

Étape 1 공략에 따라 작문해 보세요.

Vous avez reçu un e-mail de votre ami.

> Salut,
>
> Comment vas-tu ? Moi, je vais très bien. Je serai seul à la maison le week-end prochain, car mes parents partent en voyage. Alors j'aimerais que tu viennes chez moi pour passer le week-end avec moi. Tu peux venir avec un de tes amis si tu veux.
>
> Réponds-moi vite !

Vous refusez l'invitation et vous expliquez pourquoi. Puis vous lui proposez une autre activité. (60–80 mots)

Nombre de mots :

Étape 2 문제 7의 필수 어휘를 익히고, 해석을 참조하세요.

필수 어휘 seul 혼자서 | se sentir (느낌·기분이) ~하다 | conseiller 권하다, 충고하다 | agréablement 기분 좋게 matin (m) 아침 | journée (f) 하루, 낮 동안 | match (m) 시합 | absolument 꼭 | projet (m) 계획 prochain 다음의 | participer à ~에 참가하다 | commencer 시작하다

해석

당신은 당신의 친구로부터 이 이메일을 받았습니다.

> 안녕,
>
> 어떻게 지내니? 나는 아주 잘 지내고 있어. 다음 주말에 나는 집에 혼자 있을 건데 왜냐하면 내 부모님께서 여행을 떠나시거든. 그래서 나는 네가 나와 함께 주말을 보내기 위해 내 집에 와 주었으면 좋겠어. 만약 네가 원하면 친구들 중 한 명과 같이 와도 되고.
>
> 내게 빨리 답변해 줘!

당신은 초대를 거절하고 이유를 설명합니다. 그리고 당신은 그에게 다른 활동을 제안합니다. (60~80 단어)

Étape 3 해설에 따라 작문 구성을 익히고, 모범 답안을 확인해 보세요.

작문 구성

개요	주말을 함께 보내자는 친구의 제안에 거절의 뜻을 밝히며 그 이유를 설명해야 한다. 대신 다음 기회에 함께할 수 있는 활동 제안을 덧붙여 답신을 작성한다.
진행 방식	**인사말과 안부 묻기** Salut, ça va ? Quel temps fait-il à Paris ? 안녕, 잘 지내? 파리 날씨는 어때? **근황 전달** Moi, j'ai commencé à faire du sport tous les matins et je me sens beaucoup mieux maintenant. 나는 매일 아침 운동을 하기 시작했는데 지금은 많이 나아진 것을 느껴.
	제안을 수락하고 싶지만 불가피한 거절 의사 전달 J'aimerais accepter ta proposition mais je ne peux pas. 나는 너의 제안을 수락하고 싶지만 그럴 수가 없어. **거절 이유 설명** Je fais partie du club de football et il y a un match très important samedi prochain. 나는 축구 클럽 일원이고 다음 주 토요일에 매우 중요한 시합이 있거든.
	다른 활동 제안 및 작별 인사 Mes amis et moi, nous allons voyager en Italie pendant une semaine et tu peux venir avec nous. 내 친구들과 나는 일주일 동안 이탈리아를 여행할 건데, 너 우리랑 같이 가도 돼. On va aller à Rome et on pourra goûter des plats délicieux. 우리는 로마에 갈 것이고 맛있는 음식을 맛볼 수 있을 거야.

모범 답안

Salut,

Ça va ? Quel temps fait-il à Paris ? Ici, il fait beau. Comment se passent tes vacances ? Moi, j'ai commencé à faire du sport tous les matins et je me sens beaucoup mieux maintenant. Je te conseille d'en faire aussi car on peut commencer agréablement la journée comme ça.

J'aimerais accepter ta proposition mais je ne peux pas. Je fais partie du club de football et il y a un match très important samedi prochain. Alors je dois absolument y participer.

Est-ce que tu as des projets le mois prochain ? Mes amis et moi, nous allons voyager en Italie pendant une semaine et tu peux venir avec nous. Qu'est-ce que tu en penses ? On va aller à Rome et on pourra goûter des plats délicieux.

Réponds-moi !

Bises,

Roland

해석

안녕,

잘 지내? 파리 날씨는 어때? 여기는 날씨가 좋아. 방학을 어떻게 보내고 있니? 나는 매일 아침 운동을 하기 시작했는데 지금은 많이 나아진 것을 느껴. 너도 그것을 하기를 권하는데 왜냐하면 하루를 이처럼 기분 좋게 시작할 수 있거든.

나는 너의 제안을 수락하고 싶지만 그럴 수가 없어. 나는 축구 클럽 일원이고 다음 주 토요일에 매우 중요한 시합이 있거든. 그래서 나는 꼭 거기에 참가해야만 해.

너 다음 달에 계획 있니? 내 친구들과 나는 일주일 동안 이탈리아를 여행할 건데, 너 우리랑 같이 가도 돼. 너는 어떻게 생각하니? 우리는 로마에 갈 것이고 맛있는 음식을 맛볼 수 있을 거야.

내게 답변 줘!

안녕,

Roland

작문 평가 EXERCICE 2 실전 연습

Étape 1 공략에 따라 작문해 보세요.

문제 8

Vous habitez à Paris et vous recevez cette carte dans votre boîte aux lettres :

INVITATION

5 mai : la fête de l'école

Notre école organise une fête pour nos anciens étudiants. Il y aura des spectacles préparés par nos élèves et un cocktail. Nous espérons que beaucoup d'anciens de notre école vont venir passer un moment agréable avec nous.

Vous refusez l'invitation et vous expliquez pourquoi. (60 – 80 **mots**)

Nombre de mots :

Étape 2 문제 8의 필수 어휘를 익히고, 해석을 참조하세요.

필수 어휘 ancien 이전의 | agréable 기분 좋은 | quitter 떠나다 | permettre 허락하다, 가능하게 하다
souvenir (m) 추억 | se rappeler 회상하다 | lycéen 고등학생 | également 똑같이
raison (f) 이유 | personnel 개인적인 | revoir 다시 보다 | fois (f) 번, 회

해석

당신은 파리에 살고 있고 우편함에서 이 카드를 받았습니다:

> 초대
>
> 5월 5일: 학교 축제
>
> 우리 학교가 졸업생들을 위해 축제를 개최합니다. 우리 학생들이 준비한 공연들과 칵테일이 있을 것입니다. 많은 졸업생들이 멋진 순간을 우리와 함께 보내기 위해 와 주기를 바랍니다.

당신은 초대를 거절하고 이유를 설명합니다. (60~80 단어)

Étape 3 해설에 따라 작문 구성을 익히고, 모범 답안을 확인해 보세요.

작문 구성

개요	졸업생들을 위한 학교 축제 초대에 거절의 의사를 나타내고 그 이유를 답신으로 전달한다. 학교를 그리워하고 있으나 피치 못해 거절할 수밖에 없는 안타까운 마음이 드러나도록 작성한다.
진행 방식	**간략한 자기소개 및 이메일을 받은 소감** Je m'appelle Benoît et cela fait déjà 15 ans que j'ai quitté le lycée mais votre message m'a permis de me rappeler de bons souvenirs quand j'étais encore lycéen. 내 이름은 Benoît이고 내가 고등학교를 떠난 지 이미 15년이 되었지만 당신의 메시지는 내가 아직 고등학생이었을 때 좋은 추억을 떠올리게 해 주었습니다.
	초대에 응하지 못하는 안타까움 표현 J'aimerais vraiment revenir au lycée pour savoir combien il a changé depuis que je suis parti. 나는 내가 졸업한 이래로 고등학교가 얼마나 바뀌었는지 알기 위해 정말로 고등학교에 다시 가고 싶습니다. **옛 선생님들에 대한 그리움 표현** Et puis, je voudrais également revoir mes anciens professeurs. 그리고, 나는 옛 선생님들도 다시 보고 싶습니다. **거절 이유 제시** Pourtant, je ne peux pas accepter votre invitation cette fois-ci car je pars à l'étranger au début du mois de mai pour des raisons personnelles. 그러나 이번에는 당신의 초대를 수락할 수가 없는데 왜냐하면 개인적인 일로 인해 5월 초에 외국으로 떠나기 때문입니다.
	행사를 성공리에 치르기를 희망하며 마무리 Je vous souhaite que beaucoup d'anciens étudiants puissent venir pour fêter l'anniversaire de l'école. 많은 졸업생들이 학교 기념일을 축하하기 위해 올 수 있기를 바랍니다.

모범 답안

Bonjour,

J'ai bien reçu votre carte d'invitation. Je m'appelle Benoît et cela fait déjà 15 ans que j'ai quitté le lycée mais votre message m'a permis de me rappeler de bons souvenirs quand j'étais encore lycéen.

J'aimerais vraiment revenir au lycée pour savoir combien il a changé depuis que je suis parti. Et puis, je voudrais également revoir mes anciens professeurs.

Pourtant, je ne peux pas accepter votre invitation cette fois-ci car je pars à l'étranger au début du mois de mai pour des raisons personnelles. Je vous souhaite que beaucoup d'anciens étudiants puissent venir pour fêter l'anniversaire de l'école. Et j'espère que je pourrai y venir la prochaine fois.

Cordialement,

Benoît

해석

안녕하세요,

나는 당신의 초대장을 잘 받았습니다. 내 이름은 Benoît이고 내가 고등학교를 떠난 지 이미 15년이 되었지만 당신의 메시지는 내가 아직 고등학생이었을 때 좋은 추억을 떠올리게 해 주었습니다.

나는 내가 졸업한 이래로 고등학교가 얼마나 바뀌었는지 알기 위해 정말로 고등학교에 다시 가고 싶습니다. 그리고, 나는 옛 선생님들도 다시 보고 싶습니다.

그러나 이번에는 당신의 초대를 수락할 수가 없는데 왜냐하면 개인적인 일로 인해 5월 초에 외국으로 떠나기 때문입니다. 많은 졸업생들이 학교 기념일을 축하하기 위해 올 수 있기를 바랍니다. 그리고 저도 다음번에 그곳에 갈 수 있기를 희망합니다.

안녕히 계세요,

Benoît

작문 평가 EXERCICE 2 실전 연습

Étape 1 공략에 따라 작문해 보세요.

문제 9

Vous habitez à Paris et vous recevez ce courriel de votre ami :

Salut les amis,

Vous allez bien ? Comment se passent vos vacances ? Moi, je vais partir pour la France pendant deux semaines et je cherche quelqu'un pour voyager avec moi. La date du départ est prévu pour le 7 juillet.

Répondez-moi vite !

Vous refusez la proposition et vous expliquez pourquoi. (60 – 80 **mots**)

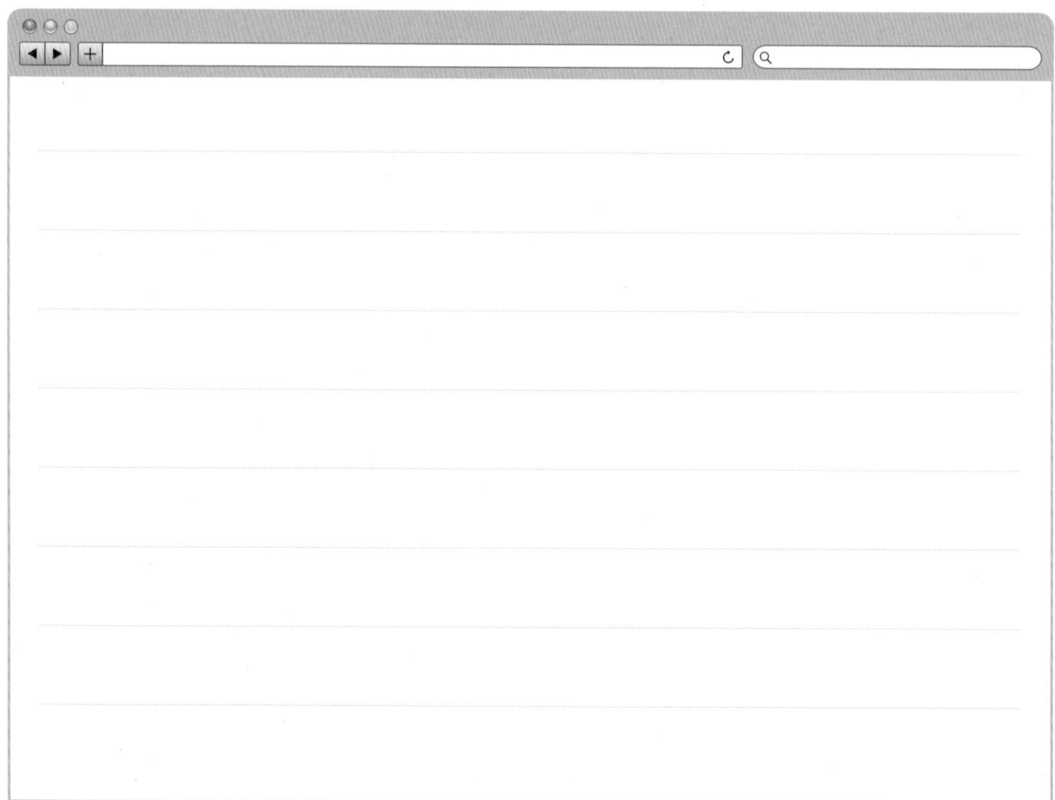

Nombre de mots :

Étape 2 문제 9의 필수 어휘를 익히고, 해석을 참조하세요.

필수 어휘 **quelqu'un** 누군가 | **tout le monde** 모든 사람들 | **idéal** 이상적인 | **accueillir** 맞이하다
apprendre 배우다 | **accompagner** 동행하다 | **rencontrer** 만나다 | **art (m)** 예술
avoir l'intention de ~할 생각이다 | **téléphoner** 전화하다 | **occasion (f)** 기회 | **souhaiter** 바라다

해석

당신은 파리에 살고 있고 당신의 친구로부터 이 이메일을 받습니다:

> 안녕 친구들,
> 너희들 잘 지내지? 방학은 어떻게 보내고 있니? 나는 2주 동안 프랑스로 떠날 건데 나와 함께 여행할 누군가를 찾고 있어. 출발 날짜는 7월 7일로 예정되어 있어.
> 빨리 답변해 줘!

당신은 제안을 거절하고 이유를 설명합니다. (60-80 단어)

Étape 3 해설에 따라 작문 구성을 익히고, 모범 답안을 확인해 보세요.

작문 구성

개요	함께 여행할 친구를 찾는 단체 메일에 거절의 뜻을 밝히고 함께 여행할 수 없는 이유를 설명한다. 응시자 대신 여행에 동참해 줄 다른 친구를 소개하고, 그 친구에게 연락할 것을 제안하며 이메일을 보낸 친구의 의견에 신경을 쓰고 있음을 피력한다.
진행 방식	**방학 동안의 활동 등 근황 소개** J'ai un ami français qui m'a invité chez lui. Alors j'ai voyagé en France pendant deux semaines. 나는 프랑스 친구가 한 명 있는데 그가 나를 그의 집으로 초대했어. 그래서 2주 동안 프랑스를 여행했어.
	거절 이유 설명 Comme j'ai déjà voyagé en France cet été, je ne peux pas faire un autre voyage. 내가 이번 여름에 이미 프랑스를 여행했기 때문에 또 다른 여행을 할 수 없어. **여행을 원하는 또 다른 친구 소개** Gérard m'a dit qu'il avait l'intention de partir en voyage à l'étranger. Donc tu peux lui téléphoner pour lui demander de voyager avec toi. Gérard는 외국으로 여행을 떠날 생각이라고 나에게 말했어. 그러니까 너와 함께 여행하자고 그에게 전화할 수 있을 거야.
	비록 함께 여행하지 못하지만 좋은 여행이 되기를 희망 J'espère que nous aurons une autre occasion de voyager ensemble et je te souhaite un bon voyage. 나는 우리가 함께 여행할 수 있는 또 다른 기회가 있을 것을 바라고 좋은 여행이 되길 바랄게.

모범 답안

Salut,

Ça va ? J'ai bien reçu ton courriel. Je me demande si tout le monde passe de bonnes vacances. Moi, j'ai un ami français qui m'a invité chez lui. Alors j'ai voyagé en France pendant deux semaines. Je suis resté chez lui et ses parents m'ont bien accueilli. Je pense que la France est un pays idéal où l'on peut apprendre la culture et l'art.

Comme j'ai déjà voyagé en France cet été, je ne peux pas faire un autre voyage. Alors je ne pourrai pas t'accompagner même si ça aurait été une bonne occasion pour nous de bien nous entendre. J'ai rencontré Gérard hier soir et il m'a dit qu'il avait l'intention de partir en voyage à l'étranger. Donc tu peux lui téléphoner pour lui demander de voyager avec toi.

J'espère que nous aurons une autre occasion de voyager ensemble et je te souhaite un bon voyage.

Bises,

Pascal

해석

안녕,

잘 지내니? 나는 네 이메일을 잘 받았어. 나는 모두가 방학을 잘 보내고 있는지 궁금하네. 나는 프랑스 친구가 한 명 있는데 그가 나를 그의 집으로 초대했어. 그래서 2주 동안 프랑스를 여행했어. 나는 그의 집에 머물렀는데 부모님들이 나를 환영해 주었어. 나는 프랑스가 문화와 예술을 배울 수 있는 이상적인 나라라고 생각해.

내가 이번 여름에 이미 프랑스를 여행했기 때문에 또 다른 여행을 할 수 없어. 그래서 그것이 우리에게 서로를 잘 이해할 좋은 기회임에도 불구하고 나는 너와 동행할 수 없을 거야. 나는 어제 저녁에 Gérard를 만났는데 그는 외국으로 여행을 떠날 생각이라고 나에게 말했어. 그러니까 너와 함께 여행하자고 그에게 전화할 수 있을 거야.

나는 우리가 함께 여행할 수 있는 또 다른 기회가 있을 것을 바라고 좋은 여행이 되길 바랄게.

안녕,

Pascal

작문 평가 EXERCICE 2 실전 연습

Étape 1 공략에 따라 작문해 보세요.

문제 10

Vous habitez à Paris et vous recevez ce courriel de votre ami :

Salut,

Ça va ? Voilà, le festival va commencer la semaine prochaine dans notre ville. Il y aura beaucoup de spectacles intéressants à voir. Tu veux venir ?

Vous refusez sa proposition et vous lui expliquez pourquoi. Vous proposez une autre activité (60 – 80 mots)

Nombre de mots :

Étape 2 문제 10의 필수 어휘를 익히고, 해석을 참조하세요.

필수 어휘 **festival (m)** 축제 | **spectacle (m)** 공연 | **déménager** 이사하다 | **s'installer** 정착하다, 거주하다
voisin 이웃 | **folklorique** 민속의 | **promettre** 약속하다 | **annuler** 취소하다
promesse (f) 약속 | **billet (m)** 표 | **libre** 자유로운, 한가한 | **région (f)** 지역

해석

당신은 파리에 살고 있고 당신의 친구로부터 이 이메일을 받습니다:

> 안녕,
> 잘 지내니? 다름이 아니라, 다음 주에 우리 마을에서 페스티벌이 시작할 거야. 볼 만한 재미있는 공연들이 많이 있을 거야. 너 올래?

당신은 그의 제안을 거절하고 그에게 이유를 설명합니다. 당신은 다른 활동을 제안합니다. (60~80 단어)

Étape 3 해설에 따라 작문 구성을 익히고, 모범 답안을 확인해 보세요.

작문 구성

개요	친구의 페스티벌 초대를 거절하며 그 이유를 설명하는 내용으로 답신을 작성한다. 지시문에 언급했듯 다른 활동까지 반드시 제안하며 작문을 마무리해야 한다.
진행 방식	**인사말 및 일 때문에 이사를 한 친구의 상황을 설정하여 안부 묻기** Je n'ai pas eu de tes nouvelles depuis que tu as déménagé dans ta nouvelle ville pour ton travail. 네가 일 때문에 새로운 도시로 이사 간 후로 나는 너의 소식을 못 접했어. Tu t'es bien installé dans ta nouvelle maison ? Et les voisins ? Ils sont gentils avec toi ? 너는 새집에 잘 정착했니? 그리고 이웃들은? 그들은 너에게 친절하니?
	초대를 정말 수락하고 싶은 마음을 미리 전달 Je sais que le festival de ta ville est très connu en France. J'aimerais vraiment voir le spectacle de danse folklorique. 나는 너의 마을의 페스티벌이 프랑스에서 아주 유명한 것을 잘 알고 있어. 나는 민속춤 공연을 정말 보고 싶어. **거절할 수밖에 없는 사정 설명** J'ai promis à ma famille de voyager avec eux la semaine prochaine et on a déjà acheté nos billets de train. Alors il est difficile d'annuler ma promesse. 내 가족에게 다음 주에 함께 여행하기로 약속해서 우리는 이미 기차표를 구매했어. 그래서 약속을 취소하기가 어려워.
	대신 방학 또는 휴가 기간 동안 함께할 활동 제안 Qu'est-ce que tu vas faire pendant ces vacances d'été ? On pourrait se voir si tu es libre. 이번 여름 방학 동안 너 뭐 할 거니? 만약 너 시간이 되면 우리 볼 수 있을 거야. J'ai acheté une nouvelle voiture, alors on peut visiter plusieurs régions avec. 내가 새 차를 샀는데 우리는 내 차로 여러 지역을 함께 방문할 수 있어.

모범 답안

Salut,

Comment ça va ? J'ai bien reçu ton courriel. Je n'ai pas eu de tes nouvelles depuis que tu as déménagé dans ta nouvelle ville pour ton travail. Alors tu t'es bien installé dans ta nouvelle maison ? Et les voisins ? Ils sont gentils avec toi ? Tes enfants aiment leur nouvelle école ?

Je sais que le festival de ta ville est très connu en France. J'aimerais vraiment voir le spectacle de danse folklorique. Malheureusement, je ne peux pas aller à ce festival cette fois-ci. J'ai promis à ma famille de voyager avec eux la semaine prochaine et on a déjà acheté nos billets de train. Alors il est difficile d'annuler ma promesse.

Qu'est-ce que tu vas faire pendant ces vacances d'été ? On pourrait se voir si tu es libre. J'ai acheté une nouvelle voiture, alors on peut visiter plusieurs régions avec. Je pense qu'on va bien s'amuser. Qu'est-ce que tu en penses ?

Réponds-moi !

Bises,

Richard

해석

안녕,

어떻게 지내니? 나는 네 이메일을 잘 받았어. 네가 일 때문에 새로운 도시로 이사 간 후로 나는 너의 소식을 못 접했어. 그래서 말인데, 너는 새집에 잘 정착했니? 그리고 이웃들은? 그들은 너에게 친절하니? 네 아이들은 새 학교를 좋아하고?

나는 너의 마을의 페스티벌이 프랑스에서 아주 유명한 것을 잘 알고 있어. 나는 민속춤 공연을 정말 보고 싶어. 안타깝지만, 나는 이번에 그 페스티벌에 갈 수가 없어. 내 가족에게 다음 주에 함께 여행하기로 약속해서 우리는 이미 기차표를 구매했어. 그래서 약속을 취소하기가 어려워.

이번 여름 방학 동안 너 뭐 할 거니? 만약 너 시간이 되면 우리 볼 수 있을 거야. 내가 새 차를 샀는데 우리는 내 차로 여러 지역을 함께 방문할 수 있어. 나는 우리가 재미있게 놀 수 있다고 생각해. 너는 어떻게 생각하니?

내게 답변해 줘!

안녕,

Richard

작문 평가 EXERCICE 2 실전 연습

Étape 1 공략에 따라 작문해 보세요.

문제 11

C'est bientôt votre anniversaire et vous écrivez à vos amis pour les inviter. Vous leur parlez des activités que vous allez faire ce jour-là. (60 – 80 mots)

Nombre de mots :

Étape 2 문제 11의 필수 어휘를 익히고, 해석을 참조하세요.

필수 어휘 **commander** 주문하다 | **écran (m)** 화면 | **chanter** 노래하다 | **s'amuser** 즐기다, 놀다
manquer 그리워하다, 부족하다 | **bientôt** 곧 | **anniversaire (m)** 생일 | **film (m)** 영화
nombreux 수많은 | **pizza (f)** 피자

해석

곧 당신 생일이고 당신은 친구들을 초대하기 위해 편지를 씁니다. 당신은 그들에게 이날 당신이 할 활동들에 대해 말합니다. (60-80 단어)

Étape 3 해설에 따라 작문 구성을 익히고, 모범 답안을 확인해 보세요.

작문 구성

<table>
<tr><td>개요</td><td>생일 축하 파티에 초대하겠다는 용건을 알리며 파티에서 어떤 활동을 할 것인지 구체적으로 제시함으로써 초대 수락을 바라는 마음을 전달한다.</td></tr>
<tr><td rowspan="3">진행 방식</td><td>간단한 인사와 초대 이유
C'est bientôt mon anniversaire.
곧 내 생일이야.
Alors je vais organiser une petite fête chez moi.
그래서 나는 내 집에서 작은 파티를 열려고 해.</td></tr>
<tr><td>생일 파티에서 피자를 먹으며 영화 보기 제안
Je vais commander les pizzas que vous adorez et on va regarder un film.
나는 너희들이 아주 좋아하는 피자를 시킬 거고 우리는 영화를 볼 거야.

노래방에 갈 계획을 제안
On va aller au karaoké pour chanter et danser.
우리는 노래하고 춤추러 노래방을 갈 거야.</td></tr>
<tr><td>꼭 와 주기를 바라는 희망을 전달하며 끝맺음
Je suis sûr qu'on va bien s'amuser et venez nombreux.
나는 우리가 재미있게 놀 것이라고 확신하니까 많이들 와.</td></tr>
</table>

모범 답안

Salut tout le monde,

Vous allez tous bien ? Je ne vous ai pas vus depuis les dernières vacances et vous me manquez. Je vous envoie ce courriel parce que c'est bientôt mon anniversaire.

Alors je vais organiser une petite fête chez moi le 6 août à 18 h. Mes parents ont rendez-vous pour dîner avec leurs amis et ils ne seront pas à la maison. Je vais commander les pizzas que vous adorez et on va regarder un film sur le grand écran de la télé qu'on a achetée il y a une semaine. Après, on va aller au karaoké pour chanter et danser.

Je suis sûr qu'on va bien s'amuser et venez nombreux.

Répondez-moi vite !

Béatrice

해석

모두 안녕,

너희들 모두 잘 지내니? 나는 지난 방학 이후로 너희들을 보지 못해서 너희들이 보고 싶어. 너희들에게 이 이메일을 보내는 것은 곧 내 생일이기 때문이야.

그래서 나는 8월 6일 18시에 내 집에서 작은 파티를 열려고 해. 부모님들께서 친구들과 저녁 약속이 있으셔서 집에 안 계실 거야. 나는 너희들이 아주 좋아하는 피자를 시킬 거고 우리는 일주일 전에 산 텔레비전의 큰 화면으로 영화를 볼 거야. 그러고 나서 우리는 노래하고 춤추러 노래방을 갈 거야.

나는 우리가 재미있게 놀 것이라고 확신하니까 많이들 와.

내게 빨리 답변해 줘!

Béatrice

작문 평가 EXERCICE 2 실전 연습

Étape 1 공략에 따라 작문해 보세요.

문제 12

Vous avez l'intention de partir en vacances et vous cherchez quelqu'un qui peut voyager avec vous. Vous écrivez à vos amis à propos du voyage et vous leur parlez des activités que vous allez faire pendant ce voyage. (60 – 80 **mots)**

Nombre de mots :

Étape 2 문제 12의 필수 어휘를 익히고, 해석을 참조하세요.

필수 어휘 **se terminer** 끝나다 | **ferme (f)** 농장 | **autre jour** 요전에 | **d'ailleurs** 게다가
se trouver 있다 | **montagne (f)** 산 | **au milieu de** ~의 가운데에 | **vélo (m)** 자전거
respirer 숨 쉬다 | **village (m)** 마을 | **air (m)** 공기 | **paysage (m)** 경치 | **pur** 순수한, 맑은
se reposer 쉬다 | **se détendre** 긴장을 풀다, 휴식하다

해석

당신은 휴가를 떠날 생각이고 당신과 함께 여행할 수 있는 누군가를 찾고 있습니다. 당신은 여행에 관해 친구들에게 편지를 쓰고, 이 여행 동안 당신이 할 활동에 대해 그들에게 말합니다. (60-80 단어)

Étape 3 해설에 따라 작문 구성을 익히고, 모범 답안을 확인해 보세요.

작문 구성

<table>
<tr><td>개요</td><td>함께 여행할 친구를 찾는 이메일을 작성해야 한다. 제안의 설득력을 높이기 위해서 여행을 해야 하는 이유를 먼저 제시하고, 여행지에 대한 정보 및 어떤 활동을 할 예정인지 밝힌다. 참석 여부에 대해 확인 연락을 바란다고 마무리하면 자연스럽다.</td></tr>
<tr><td rowspan="3">진행 방식</td><td>인사말과 함께 여행 이유 제시
Salut tout le monde !
모두 안녕!
Les examens viennent de se terminer et c'est le moment de s'amuser, n'est-ce pas ?
시험이 막 끝났으니 즐길 순간이야, 안 그래?</td></tr>
<tr><td>시골에 있는 친구의 초대를 계기로 여행 제안
J'ai un ami qui habite à la campagne et il m'a proposé de venir chez lui pendant les vacances.
나는 시골에 살고 있는 친구가 있는데 그가 나에게 방학 동안 그의 집에 오라고 제안했어.

여행지에서 보게 될 것들을 안내
Sa famille a une ferme et on peut voir des animaux.
그의 가족은 농장을 가지고 있는데 우리는 동물들을 볼 수 있어.
Et puis, le paysage est vraiment magnifique.
그리고, 경치가 정말 멋져.

활동 안내
On pourra se promener ou faire du vélo en respirant l'air pur.
우리는 산책을 하거나 맑은 공기를 마시면서 자전거를 탈 수 있을 거야.</td></tr>
<tr><td>여행 정보 및 답신 부탁
Le jour du départ sera le 6 juillet et on va y aller en train.
출발 날짜는 7월 6일일 거고 우리는 기차로 그곳에 갈 거야.
Alors envoyez-moi un courriel si l'un d'entre vous s'intéresse à ce voyage !
그러니까 만약 너희들 중에 한 명이 이 여행에 관심이 있으면 내게 이메일을 보내 줘!</td></tr>
</table>

모범 답안

Salut tout le monde !

Les examens viennent de se terminer et c'est le moment de s'amuser, n'est-ce pas ?

J'ai un ami qui habite à la campagne et il m'a proposé de venir chez lui pendant les vacances. Il m'a aussi proposé de venir avec des amis.

Sa famille a une ferme et on peut voir des animaux. Et puis, il m'a envoyé les photos de son village l'autre jour, le paysage était vraiment magnifique. D'ailleurs, comme ce village se trouve au milieu de la montagne, on pourra se promener ou faire du vélo en respirant l'air pur. Ce sera une bonne occasion de se reposer et se détendre.

Le jour du départ sera le 6 juillet et on va y aller en train. Alors envoyez-moi un courriel si l'un d'entre vous s'intéresse à ce voyage !

À bientôt,

Muriel

해석

모두 안녕!

시험이 막 끝났으니 즐길 순간이야, 안 그래?

나는 시골에 살고 있는 친구가 있는데 그가 나에게 방학 동안 그의 집에 오라고 제안했어. 또한 그는 내게 친구들과 함께 오라고 제안했어.

그의 가족은 농장을 가지고 있는데 우리는 동물들을 볼 수 있어. 그리고 요전에 그가 내게 그의 마을 사진을 보냈는데 경치가 정말 멋졌어. 게다가, 이 마을은 산 한가운데에 있어서, 우리는 산책을 하거나 맑은 공기를 마시면서 자전거를 탈 수 있을 거야. 이것은 휴식하고 긴장을 풀 수 있는 좋은 기회가 될 거야.

출발 날짜는 7월 6일일 거고 우리는 기차로 그곳에 갈 거야. 그러니까 만약 너희들 중에 한 명이 이 여행에 관심이 있으면 내게 이메일을 보내 줘!

곧 보자,

Muriel

작문 평가 EXERCICE 2 실전 연습

Étape 1 공략에 따라 작문해 보세요.

문제 13

Votre école va organiser une fête et vous allez jouer une pièce. Vous écrivez à un ami pour l'inviter à cette fête. (60 – 80 mots)

Nombre de mots :

Étape 2 문제 13의 필수 어휘를 익히고, 해석을 참조하세요.

필수 어휘 jouer 공연하다 | pièce (f) 연극 | célébrer 축하하다 | spectacle (m) 공연
répéter 되풀이하다, 연습하다 | rôle (m) 역할 | principal 주된, 중요한
avouer 고백하다, 인정하다 | encouragement (m) 격려 | à partir de ~(으)로부터

해석

당신의 학교는 축제를 개최할 것이고 당신은 연극을 할 것입니다. 당신은 이 축제에 초대하기 위해 친구에게 편지를 씁니다. (60-80 단어)

Étape 3 해설에 따라 작문 구성을 익히고, 모범 답안을 확인해 보세요.

작문 구성

<table>
<tr><td>개요</td><td>학교 축제 행사에 초대하는 편지를 작성해야 한다. 참석을 부탁하기 위한 근거로 축제 기간 동안 어떤 행사가 열리며 자신은 어떤 준비를 했는지, 어떤 마음가짐으로 임했는지 등의 내용을 뒷받침하면 보다 충실한 작문이 된다.</td></tr>
<tr><td rowspan="3">진행 방식</td><td>인사와 안부 묻기
Comment se passent tes vacances ?
방학 어떻게 보내고 있니?

초대 안내
C'est bientôt l'anniversaire de mon école et elle va organiser une fête pour le célébrer.
곧 우리 학교 기념일이라 이를 축하하기 위해 축제를 개최할 거야.</td></tr>
<tr><td>선생님의 제안에 따라 공연 예정
Notre professeur nous a proposé de faire un spectacle.
우리 선생님께서 우리에게 공연을 할 것을 제안하셨어.

공연을 위한 준비
Je suis allé à l'école presque tous les jours pour répéter.
나는 연습을 하기 위해 거의 매일 학교에 갔어.

자신이 맡은 역할 소개
Je vais jouer le rôle principal dans cette pièce.
나는 이 연극에서 주인공 역할을 할 거야.

축제를 앞둔 자신의 마음 상태 설명 및 간곡한 참석 부탁
J'avoue que je me demande si je peux bien le faire.
내가 잘할 수 있을지 의문이 들어.
Alors, j'ai vraiment besoin de tes encouragements.
그래서 나는 너의 격려가 정말 필요해.</td></tr>
<tr><td>행사에 대한 추가적인 내용
Il y aura une soirée dansante après le spectacle et je suis sûr qu'on va bien s'amuser.
공연 후에 저녁 댄스 파티가 있을 건데 나는 우리가 재미있게 놀 거라고 확신해.

답신 부탁
Réponds-moi vite !
내게 빨리 답변해 줘!</td></tr>
</table>

모범 답안

Salut,

Comment se passent tes vacances ? C'est bientôt l'anniversaire de mon école et elle va organiser une fête pour le célébrer.

Notre professeur nous a proposé de faire un spectacle et nous avons décidé de jouer une pièce de théâtre. Alors, je suis allé à l'école presque tous les jours pour répéter. Je vais jouer le rôle principal dans cette pièce.

J'avoue que je me demande si je peux bien le faire. Alors, j'ai vraiment besoin de tes encouragements.

Il y aura une soirée dansante après le spectacle et je suis sûr qu'on va bien s'amuser. Ça va commencer à partir de 18 heures et je vais t'envoyer le programme par Internet. Tu peux venir avec tes amis si tu veux.

Réponds-moi vite !

Richard

해석

안녕,

방학 어떻게 보내고 있니? 곧 우리 학교 기념일이라 이를 축하하기 위해 축제를 개최할 거야.

우리 선생님께서 우리에게 공연을 할 것을 제안하셔서 우리는 연극을 하기로 결정했어. 그래서 나는 연습을 하기 위해 거의 매일 학교에 갔어. 나는 이 연극에서 주인공 역할을 할 거야.

내가 잘할 수 있을지 의문이 들어. 그래서 나는 너의 격려가 정말 필요해.

공연 후에 저녁 댄스 파티가 있을 건데 나는 우리가 재미있게 놀 거라고 확신해. 그것은 18시부터 시작할 것이고 내가 인터넷으로 프로그램을 너에게 보내 줄게. 만약 네가 원하면 친구들을 데려와도 돼.

내게 빨리 답변해 줘!

Richard

작문 평가 EXERCICE 2 실전 연습

Étape 1 공략에 따라 작문해 보세요.

문제 14

Vous travaillez dans une entreprise. Vous avez une réunion très important ce vendredi avec votre client mais vous ne pouvez pas y aller en raison d'un problème personnel. Alors vous demandez à votre collègue de s'occuper de votre client. (60 – 80 mots)

Nombre de mots :

Étape 2 문제 14의 필수 어휘를 익히고, 해석을 참조하세요.

필수 어휘 **réunion (f)** 회의 | **client** 고객 | **s'occuper de** ~을(를) 맡다, 돌보다 | **contrat (m)** 계약
hospitalisé 입원한 | **à cause de** ~때문에 | **voiture (f)** 자동차 | **signer** 서명하다
n'importe quand 언제든지 | **campagne (f)** 시골 | **appel (m)** 부름, 호출 | **accident (m)** 사고
laisser 남기다, 두다 | **aide (f)** 도움 | **service (m)** 도움, 조력 | **render** 주다, 돌려주다
demander 부탁하다, 요청하다

해석

당신은 기업에서 일하고 있습니다. 당신은 이번 금요일에 고객과 아주 중요한 회의가 있지만 개인적인 문제로 거기에 갈 수 없습니다. 그래서 당신은 동료에게 당신의 고객을 맡아 달라고 부탁합니다. (60-80 단어)

Étape 3 해설에 따라 작문 구성을 익히고, 모범 답안을 확인해 보세요.

작문 구성

개요	회사 일과 관련하여 동료에게 대신 업무를 해 줄 것을 부탁하는 글을 작성한다. 부탁할 수밖에 없는 이유를 먼저 설명한 후 부탁할 업무 내용을 전달하고, 동료에게 감사의 마음을 표현하며 글을 마무리한다.
진행 방식	**부탁할 일에 대해 먼저 양해 구하기** Voilà, je t'envoie ce courriel pour te demander quelque chose. 다름이 아니라, 내가 너에게 부탁할 것이 좀 있어서 이 이메일을 보내. Je devais rencontrer mon client ce vendredi pour un contrat, mais je ne pourrai pas venir. 나는 계약을 위해 이번 주 금요일에 고객을 만나야 하는데 갈 수가 없을 거야.
	부탁할 수밖에 없는 상황을 구체적으로 설명 Mon père habite seul à la campagne et il est hospitalisé. 내 아버지가 시골에 혼자 사시는데 입원하셨대. Comme il n'a personne qui peut s'occuper de lui, je dois prendre le train demain matin pour rester avec lui. 그를 돌볼 수 있는 사람이 아무도 없어서 내가 그와 함께 있기 위해 내일 아침에 기차를 타야 해.
	부탁하려는 업무 설명 Tu n'as qu'à lui faire signer le contrat. 너는 그가 계약서에 서명하게만 하면 돼. Je vais le laisser sur la table de mon bureau. 내가 내 사무실 책상 위해 계약서를 놔둘게. **동료에게 고마움 전달** Merci pour ton aide et je n'oublierai jamais ce service que tu me rends. 너의 도움에 고맙고 네가 내게 준 이 도움을 결코 잊지 않을게.

모범 답안

Salut,

Voilà, je t'envoie ce courriel pour te demander quelque chose. Je dois rencontrer mon client ce vendredi pour un contrat, mais je ne pourrai pas venir.

Tu sais que mon père habite seul à la campagne. J'ai reçu un appel de l'hôpital et il est hospitalisé ce soir à cause d'un accident de voiture. Comme il n'a personne qui peut s'occuper de lui, je dois prendre le train demain matin pour rester avec lui.

Alors j'aimerais te demander de voir mon client à ma place. Ce n'est pas très difficile, tu n'as qu'à lui faire signer le contrat. Je vais le laisser sur la table de mon bureau. Si tu as des problèmes, téléphone-moi n'importe quand.

Merci pour ton aide et je n'oublierai jamais ce service que tu me rends.

Véronique

해석

안녕,

다름이 아니라, 내가 너에게 부탁할 것이 좀 있어서 이 이메일을 보내. 나는 계약을 위해 이번 주 금요일에 고객을 만나야 하는데 갈 수가 없을 거야.

너는 내 아버지가 시골에 혼자 사시는 걸 알 거야. 나는 병원으로부터 전화 한 통을 받았는데, 그가 자동차 사고로 오늘 저녁에 입원하셨대. 그를 돌볼 수 있는 사람이 아무도 없어서 내가 그와 함께 있기 위해 내일 아침에 기차를 타야 해.

그래서 나 대신에 네가 내 고객을 만나는 것을 부탁하고 싶어. 그렇게 어렵지는 않은 것이, 너는 그가 계약서에 서명하게만 하면 돼. 내가 내 사무실 책상 위에 계약서를 놔둘게. 만일 문제가 있으면, 나에게 언제든지 전화해.

너의 도움에 고맙고 네가 내게 준 이 도움을 결코 잊지 않을게.

Véronique

작문 평가 EXERCICE 2 실전 연습

Étape 1 공략에 따라 작문해 보세요.

문제 15

Vous avez voulu trouver un petit boulot pendant les vacances et vous travaillez dans un café depuis deux semaines. Le patron cherche un autre employé et vous proposez à votre ami de prendre ce travail. Vous lui parlez des conditions de travail et du salaire. (60 – 80 mots)

Nombre de mots :

Étape 2 문제 15의 필수 어휘를 익히고, 해석을 참조하세요.

필수 어휘 boulot (m) 일 | patron 주인 | employé 직원 | près de 가까이에 | chercher 찾다
penser 생각하다 | à pied 걸어서 | recevoir 받다 | heure (f) 시간 | payé 지불되는
par heure 시간당 | présenter 소개하다 | salaire (m) 급여 | condition (f) 조건

해석

당신은 방학 동안에 아르바이트를 구하기를 원했고 2주 전부터 카페에서 일을 하고 있습니다. 카페 주인이 또 다른 직원을 구하고 있고 당신은 친구에게 이 일을 하는 것을 제안합니다. 당신은 그에게 근무 조건과 월급에 대해 말합니다. (60~80 단어)

Étape 3 해설에 따라 작문 구성을 익히고, 모범 답안을 확인해 보세요.

작문 구성

개요	자신이 일하는 카페에서 함께 일하자고 친구에게 제안해야 한다. 구체적인 근무 조건과 장점을 자세히 설명하고 마무리로는 만약 친구가 긍정적 의향이 있을 경우 소개하겠다고 끝맺으면 자연스럽다.
진행 방식	**인사말과 함께 연락 이유 설명** J'ai une information pour toi. 너를 위한 정보가 있어. Tu cherches encore un petit boulot ? 너 아직도 아르바이트 찾고 있니? Je travaille dans un café depuis deux semaines. 나는 2주 전부터 카페에서 일하고 있어.
	카페 위치 설명 Le café est tout près de chez toi et tu peux y venir à pied. 카페는 너의 집에서 아주 가까워서 너는 이곳에 걸어서 올 수 있어. **함께 일하는 동료들 설명** Les employés d'ici sont très gentils. 여기 직원들이 매우 친절해. **급료 안내 및 그에 대한 의견 제시** On reçoit 15 euros par heure : je pense que c'est bien payé. 시간당 15유로를 받아: 나는 잘 받는다고 생각해.
	관심이 있다면 연락 달라는 언급과 함께 작별 인사 Rappelle-moi si ce travail t'intéresse ! 만약 네가 이 일에 관심이 있으면 나에게 전화해! Je vais te présenter au patron. 카페 주인에게 너를 소개할게.

모범 답안

Salut,

Ça fait déjà trois semaines que les vacances ont commencé. Je t'envoie ce courriel parce que j'ai une information pour toi. Tu cherches encore un petit boulot ?

Moi, je travaille dans un café depuis deux semaines et le patron est en train de chercher un employé pour travailler pendant les vacances. Alors j'ai pensé à toi.

Le café est tout près de chez toi et tu peux y venir à pied. Et puis, comme on commence le travail à 13 h, on peut dormir suffisamment. En plus, les employés d'ici sont très gentils et le travail n'est pas très dur. Et surtout, on reçoit 15 euros par heure : je pense que c'est bien payé.

Rappelle-moi si ce travail t'intéresse ! Je vais te présenter au patron.

Fiona

해석

안녕,

방학이 시작한 지 벌써 3주가 되었어. 내가 너에게 이 이메일을 보내는 것은 너를 위한 정보가 있어서야. 너 아직도 아르바이트 찾고 있니?

나는 2주 전부터 카페에서 일하고 있는데 주인이 방학 동안 일할 직원을 구하고 있는 중이야. 그래서 나는 네가 생각났어.

카페는 너의 집에서 아주 가까워서 너는 이곳에 걸어서 올 수 있어. 그리고 13시에 일을 시작하기 때문에 충분히 잠을 잘 수 있어. 게다가, 여기 직원들이 매우 친절하고 일이 대단히 힘들진 않아. 특히 시간당 15유로를 받아: 나는 잘 받는다고 생각해.

만약 네가 이 일에 관심이 있으면 나에게 전화해! 카페 주인에게 너를 소개할게.

Fiona

Production orale

1 구술 완전 분석

A2 구술 평가의 유형은 총 3가지로 구분된다. 1번 유형은 응시자의 인적 사항, 가족, 기호, 여가, 계획, 장래 희망 등 개인적인 사항들에 대해 말하고 감독관의 질문에 답변하는 방식이다. 2번 유형은 준비실에 마련되어 있는 문제지들 중에서 2개를 선택한 후 20초 정도 문제를 살피고, 그중 최종적으로 하나를 골라 답변한 후 감독관과 문답하는 방식이다. 마지막 3번 유형은 역할 분담 즉, 상황극 평가로 먼저 준비실에 배치된 10여개의 쪽지 중 2개를 선택하여 20초 내에 하나를 최종 선택한다. 이어서 시험실에서 해당 쪽지에 적혀 있는 상황에 맞추어 감독관과 대화를 진행하는 방식이다.

2 구술 유형 파악

EXERCICE	특징
1 Entretien Dirigé (약 1분 30초)	응시자의 이름, 나이, 직업, 거주지, 기호도, 여가 활동, 프랑스어 학습, 장래 희망, 미래 계획 등 개인적 사항과 관련된 문답을 주고받는 형식으로 진행된다.
2 Monologue suivi (약 2분)	준비실에 입장 후 뒤집혀 있는 10여 개의 쪽지들 중 2개를 골라 구술 주제를 살펴보고, 20초 내외의 시간 동안 최종적으로 1개의 쪽지를 선택한다. 최종 쪽지에 기재된 주제로 감독관 앞에서 발표 후, 감독관의 질문 2~3개에 대해 문답을 주고받는 형식으로 진행된다.
3 Exercice en interaction (약 3~4분)	준비실에 입장 후 뒤집혀 있는 10여 개의 쪽지들 중 2개를 골라 구술 주제를 살펴보고, 20초 내외의 시간 동안 최종적으로 1개의 쪽지를 선택한다. 최종 쪽지에 기재된 상황 설정에 맞추어 감독관과 상황극 대화를 주고받는 형식으로 진행된다.

3 구술 평가 이것만은 꼭!

❶ 질문을 이해하지 못했다면 반드시 되묻는다.

구술 평가에서 감점을 방지하는 데 중요한 요소는 바로 감독관이 묻는 내용을 이해하지 못했을 경우 대충 넘어가서는 안 된다는 것이다. 질문에 대한 이해가 모자라면 엉뚱한 답변을 하기 쉬운데, 이러한 경우 답변을 아무리 문법적으로 정확하고 유창하게 말했더라도 감점이 크다. 감독관에게 다시 한 번 말해 달라고 부탁하여 질문에 부합하는 답변을 하는 것이 바람직하다.

❷ 맡은 역할을 정확히 파악한다.

상황극 평가의 경우 제시된 상황을 읽고 역할에 맞게 감독관과 가상 대화를 진행해야 한다. 중요한 것은 응시자의 역할과 감독관의 역할을 혼동하여 대화를 진행할 경우 점수를 거의 받지 못하게 된다. 혹시 감독관이 역할이 바뀌었다고 알려 주어도 이미 응시자는 당황하여 대화를 원만하게 이끌어 가기 어렵다. 설정된 상황에 따라 나와 감독관의 역할 분담이 어떻게 되는지 대화 시작 전 정확하게 파악해야 한다.

❸ 쪽지 선택에도 요령이 필요하다.

2개의 쪽지 중 최종적으로 1개를 선택할 때, 약 20초라는 짧은 시간 동안 모든 내용을 파악하고 답변의 키워드까지 구성하기는 무리인 경우가 많다. 제목을 보고 어떤 상황이나 장소에서 벌어지는 내용인지 먼저 파악하고, 전체적으로 훑어서 모르는 어휘가 적은 주제로 최종 선택하는 것이 요령이다.

구술 시험장 Tip!

* 수험표에 적힌 구술 시험 준비실에 입장하면, 10분간 EXERCICE 2와 EXERCICE 3에 대한 주제를 선정하고 연습용 종이에 메모까지 마쳐야 한다.
* 보통 한 시험실에 3~4명의 감독관이 있고 자신의 이름을 부르는 감독관 앞으로 가면 된다.
* 감독관에 따라 의자에 'Asseyez-vous. 앉으세요.'라고 말한 후 'convocation 수험표' 및 'pièce d'identité 신분증'을 보여 달라고 요청하여 채점표에 사인까지 받고 나서 Comment ça va ?라고 안부를 묻고 본격적으로 시험을 시작하는 경우도 있고, 응시자가 자리에 앉자마자 안부를 묻는 감독관도 있다. 두 경우 모두 'Je vais bien, merci. Et vous ? 좋습니다, 감사합니다. 당신은요?'라고 대답을 해야 한다.
* 구술 시작 전 감독관들은 시험이 어떻게 진행되는지 프랑스어로 설명을 해 주거나 'Vous êtes prêt(e) ? 준비되었나요?', 'On peut commencer ? 시작할까요?'라고 말한다. 이럴 땐 간단히 'Oui. 네.'라고 답하면 된다.

EXERCICE 1

ENTRETIEN DIRIGÉ

EXERCICE 1은 '**Entretien Dirigé** 인터뷰'로서 인적 사항, 신변, 취미나 기호, 학업 및 기타 다양한 주제로 감독관과 문답을 주고받는다. 기본적으로 응시자 개인에 대한 질의응답이 이루어진다고 보면 되며, 감독관에 따라 질문 형식이 두 가지로 나뉜다. 첫 번째 형식은 응시자의 신상에 대한 내용들을 하나씩 주제별로 물어보는 방식이며 두 번째 형식은 응시자의 인적 사항에 대해 종합적으로 물어보는 방식이다. 두 번째 형식의 경우 주로 '**Parlez-moi de vous.** 당신에 대해 말하세요.'라고 질문한다.

구술 평가

EXERCICE 1 완전 공략

1 핵심 포인트

구술 평가에서 가장 중요한 핵심은 감독관의 질문을 제대로 이해하고, 자신이 알고 있는 사항을 빠짐없이 구체적으로 전달하는 것이다. 과장된 발음이나 어설픈 추임새와 같이 기교적인 요소는 지양하는 것이 바람직하다. 주어진 시간 동안 전체적으로 무난한 내용의 답변을 정확하게 발표하는 데 초점을 둔다.

2 빈출 주제

이름·나이 등 인적 사항, 거주지·직업·신분 등 신변 정보, 영화·음악 등 취미나 기호, 학교·선생님·과목 등 학업, 여행·교통·계절 등 기타 광범위한 문답의 주제가 등장한다.

3 고득점 전략

(1) 실전 훈련과 반복만이 답이다.

긴장감이 흐르는 시험장 환경에서 그 자리에서 묻는 감독관의 말에 대해 즉석에서 대답하는 형식이기에, 자신의 회화 능력을 양껏 펼치지 못하는 경우가 많다. 본서에는 EXERCICE 1에 고정적으로 등장하는 자기 소개와 그간 단골로 출제된 주제별·종합적 질문들에 대한 고득점 모범 답변을 제공한다. 충분한 반복을 통해 내 것으로 만들어 시험장에서 술술 말할 수 있도록 실전 훈련한다.

(2) 나에게 유리한 주제로 대화를 이끈다.

질문받을 수 있는 주제의 범위가 넓으므로 만약 자신이 준비하지 않은 주제에 대해 질문을 받더라도 당황하지 말고, 최대한 나에게 유리한 주제로 대화를 전개할 수 있도록 순발력을 발휘하자. 예를 들어 좋아하는 운동에 대해 완성도 있게 답변할 수 있는데 뜻밖에 감독관이 독서를 좋아하는지 질문했다고 가정하자. 이런 경우 독서를 좋아한다며 준비되지 않은 내용을 늘어놓거나 독서를 좋아하지 않는다며 대화를 끊을 것이 아니라, 독서는 별로 즐기지 않으나 운동을 굉장히 좋아한다고 말하며 대화를 주도하면 된다.

(3) 좋은 첫인상을 심어 준다.

구술 평가의 시작인 EXERCICE 1은 전체 구술 평가 중 가장 난이도가 낮으며, 주제가 정해져 있으므로 답변을 충분히 미리 준비할 수 있다. 단 그렇다고 외운 대로 읊는 인상을 주거나 감독관의 질문이 끝나기도 전에 답변을 급히 시작해서는 안 된다. EXERCICE 1부터 감독관에게 나에 대한 좋은 인상을 심어 주겠다는 생각으로 인사, 표정, 어조, 전반적인 태도에도 신경 쓰며 답변한다.

구술 평가 EXERCICE 1 실전 연습

① 주제별 문답 실전 훈련

1. 이름

Track 1-01

Étape 1 필수 어휘를 익히세요.

필수 어휘 **comment** 어떻게 | **vous** 당신 | **s'appeler** ~(이)라고 불리다, (이름이) ~이다 | **quel** 어떤
votre 당신의 | **nom (m)** 이름

Étape 2 주제에 따른 답변 구성 요령을 참조하세요.

이름을 묻는 표현은 감독관에 따라 여러 가지 문형으로 제시될 수 있으므로 응시자는 반드시 아래의 표현들을 숙지하고 있어야 한다. 특히 구술 평가는 감독관의 주관적 판단이 다소 개입되는 영역이자 이름 묻고 답하기는 구술 평가의 시작인 경우가 많으므로, 좋은 첫인상을 심어 주기 위해서 친근하면서도 예의 바른 어조에 신경 쓴다.

Étape 3 모범 답변을 참조하여 실전 훈련하세요.

당신의 이름은 무엇입니까?	내 이름은 OOO입니다.
Comment vous appelez-vous ? Vous vous appelez comment ? Quel est votre nom ?	Je m'appelle OOO.

2. 나이

Track 1-02

Étape 1 필수 어휘를 익히세요.

필수 어휘 **âge (m)** 나이 | **avoir** ~을(를) 가지고 있다 | **je** 나 | **tu** 너 | **dix-sept** 17 | **dix-huit** 18 | **dix-neuf** 19

Étape 2 주제에 따른 답변 구성 요령을 참조하세요.

초급 학습자들에게 프랑스어 숫자를 즉석에서 유창하게 말하기는 부담스러운 경우가 많다. 따라서 응시자는 자신의 나이에 해당하는 숫자를 반드시 암기하여 정확한 숫자 발음의 답변을 준비한다.

Étape 3 모범 답변을 참조하여 실전 훈련하세요.

나이가 어떻게 되죠(니)?, 몇 살이니(입니까)?	내 나이는 17 (18 / 19)세입니다(이야).
Quel âge avez-vous ? Vous avez quel âge ? Tu as quel âge ?	J'ai dix-sept (dix-huit / dix-neuf) ans.

3. 거주지 Track 1-03

Étape 1 필수 어휘를 익히세요.

필수 어휘 **où** 어디에 | **habiter** 살다 | **à** ~에 | **ça** 이것, 저것, 그것 | **prendre** (시간이) 걸리다 | **combien** 얼마나 **temps (m)** 시간 | **pour** ~을(를) 위해 | **venir** 오다 | **ici** 여기에 | **bus (m)** 버스 | **métro (m)** 지하철

Étape 2 주제에 따른 답변 구성 요령을 참조하세요.

거주지와 관련하여 추가 질문이 이어지는 경우에 대비하여 동네가 조용하다, 교통이 편리하다, 주민들이 친절하다는 등의 보충 설명 내용까지 준비한다.

Étape 3 모범 답변을 참조하여 실전 훈련하세요.

당신은 어디에 살고 있나요?	나는 서울 (인천)에 살고 있어요.
Où habitez-vous ? Vous habitez où ?	J'habite à Séoul (Incheon).
여기까지 오는 데 얼마나 걸렸나요?	1(2)시간 걸렸습니다.
Ça a pris combien de temps pour venir ici ?	Ça m'a pris une (deux) heure(s).
당신은 여기에 어떻게 오셨죠?	나는 버스 (지하철)을 타고 왔습니다.
Comment êtes-vous venu(e) ici ?	Je suis venu(e) en bus (métro).

구술 평가 EXERCICE 1 실전 연습

4. 직업, 신분

Track 1-04

Étape 1 필수 어휘를 익히세요.

필수 어휘 **être** ~(이)다 | **profession (f)** 직업 | **que** 무엇 | **faire** 하다 | **dans** ~안에 | **vie (f)** 인생 | **étudiant** 학생 **premier** 첫 번째의 | **deuxième** 두 번째의 | **année (f)** 해, 년 | **département (m)** 학과 **lycéen** 고등학생 | **grand** 큰 | **entreprise (f)** 기업 | **fonctionnaire** 공무원 | **salarié** 봉급 생활자, 직장인

Étape 2 주제에 따른 답변 구성 요령을 참조하세요.

응시자의 상황에 따라 학생 또는 직장인이라고 먼저 밝힌다. 학생이라면 학과와 학년을 말한다. 직장인이라면 업무를 구체적으로 묘사하다가 어휘가 복잡해질 수 있으므로 기업에서 일한다거나 공무원이라는 식으로 간단하게 답변하는 것이 좋다.

Étape 3 모범 답변을 참조하여 실전 훈련하세요.

당신의 직업은 무엇인가요?	나는 프랑스어과 1 (2) 학년입니다. 나는 고등학생입니다.
Quelle est votre profession ?	Je suis étudiant(e) en première (deuxième) année du département de français. Je suis lycéen(ne).
당신은 무슨 일을 하시나요?	나는 대기업에 근무하고 있습니다. 나는 공무원입니다.
Qu'est-ce que vous faites dans la vie ?	Je travaille dans une grande entreprise. Je suis fonctionnaire.
당신은 학생이세요?	네, 나는 학생입니다. 아니요, 나는 직장인입니다.
Vous êtes étudiant(e) ?	Oui, je suis étudiant(e). Non, je suis salarié(e).

5. 기호

감독관이 추가 질문을 가장 많이 하는 주제로, 응시자가 무엇을 좋아하는지에 따라 보다 구체적인 질문이 이어지기 때문에 이에 추가로 답변할 내용까지 미리 예상하고 준비해야 한다. 소주제별로 기호와 관련된 질문 유형과 모범 답변을 연습해 보자.

운동 Track 1-05

Étape 1 필수 어휘를 익히세요.

필수 어휘 aimer 좋아하다 | sport (m) 운동 | adorer 아주 좋아하다 | genre (m) 종류 | football (m) 축구
parce que 왜냐하면 | combien 얼마나 | semaine (f) 주 | mois (m) 달 | avec ~와(과) 함께
ami 친구 | école (f) 학교 | joueur 선수 | bien 잘

Étape 2 주제에 따른 답변 구성 요령을 참조하세요.

운동을 선택한 경우 응시자는 먼저 자신이 어떤 운동을 좋아하는지, 일주일에 몇 번 누구와 그 운동을 하는지, 어떤 선수나 팀을 좋아하고 그 이유는 무엇인지의 흐름으로 답변을 구성한다.

Étape 3 모범 답변을 참조하여 실전 훈련하세요.

기호도	E	Qu'est-ce que vous aimez ? (Vous aimez le sport ?) 당신은 무엇을 좋아하세요? (당신은 운동을 좋아하세요?)
	C	J'aime le sport. (Oui, j'adore ça.) 나는 운동을 좋아합니다. (네, 나는 그것을 아주 좋아합니다.)
운동 종류	E	Quel genre de sport aimez-vous ? 당신은 어떤 종류의 운동을 좋아하세요?
	C	J'adore le football (le tennis), (la natation). 나는 축구(테니스), (수영)을 아주 좋아합니다.
운동 횟수	E	Vous en faites souvent ? 당신은 그것을 자주 하시나요?
	C	Non, parce que je n'ai pas le temps d'en faire. 아니요, 왜냐하면 나는 그것을 할 시간이 없어요.
	E	Vous en faites combien de fois par semaine (par mois) ? 당신은 일주일 (한 달)에 몇 번 그것을 하시나요?
	C	J'en fais une (deux / trois) fois par semaine. 나는 그것을 일주일에 한 번, (두 번 / 세 번) 합니다.
운동 장소, 같이하는 사람	E	Vous en faites avec qui et où ? 당신은 누구와 어디에서 그것을 하시나요?
	C	J'en fais avec mes amis à l'école. 나는 학교에서 친구들과 그것을 합니다.
좋아하는 선수	E	Quel joueur aimez-vous et pourquoi ? 당신이 좋아하는 선수는 누구이고 이유는요?
	C	J'aime OOO parce qu'il joue bien au football. 나는 OOO을(를) 좋아하는데 왜냐하면 그는 축구를 잘하기 때문입니다.

음악 Track 1-06

Étape 1 필수 어휘를 익히세요.

필수 어휘 **musique (f)** 음악 | **surtout** 특히 | **écouter** 듣다 | **souvent** 자주 | **tous les jours** 매일 | **chanteur** 가수
préférer 선호하다 | **pourquoi** 왜 | **beau** 잘생긴 | **danser** 춤추다 | **concert (m)** 공연장
travailler 공부하다, 말하다 | **coûter** 비용이 들다 | **cher** 비싼 | **instrument (m)** 악기

Étape 2 주제에 따른 답변 구성 요령을 참조하세요.

음악을 좋아하며 구체적으로 어떤 종류의 음악을 특히 좋아하는지 답변한다. 어느 장소에서 주로 음악을 듣는지, 좋아하는 가수는 누구이며 왜 그 가수를 좋아하는지 이유를 제시한다. 음악과 관련하여 추가적으로 등장할 수 있는 질문은 다룰 줄 아는 악기가 있는지인데, 이러한 경우 'Je joue ~ 나는 ~을(를) 연주한다' 문형에 악기명을 연결하여 답변한다.

Étape 3 모범 답변을 참조하여 실전 훈련하세요.

기호도	E	Vous aimez la musique ? 당신은 음악을 좋아하나요?
	C	Oui, j'adore surtout le hip-hop. 네, 나는 특히 힙합을 아주 좋아합니다.
음악 종류	E	Vous en écoutez souvent ? Et où ? 당신은 그것을 자주 듣나요? 어디에서요?
	C	Oui, j'en écoute tous les jours dans le métro ou le bus. 네, 나는 지하철이나 버스에서 그것을 매일 들어요.
가수	E	Quel est votre chanteur ou chanteuse préféré(e) et pourquoi ? 당신이 좋아하는 가수는 누구이고 이유는요?
	C	J'aime bien le groupe OOO parce qu'ils sont beaux et ils chantent et dansent bien. 나는 OOO 그룹을 좋아하는데, 왜냐하면 그들은 잘생기고, 춤과 노래를 잘하기 때문입니다.
공연	E	Vous allez souvent à des concerts ? Avec qui ? 당신은 콘서트에 자주 가나요? 누구와 가나요?
	C	Je n'ai pas le temps d'y aller parce que je suis étudiant(e) et je dois travailler. 나는 그곳에 갈 시간이 없는데 왜냐하면 나는 학생이고 공부를 해야 하기 때문이에요. En plus, ça coûte cher. 게다가, 너무 비싸요.
악기	E	Vous savez jouer d'un instrument ? 당신은 악기를 연주할 줄 아나요?
	C	Non, mais j'aimerais apprendre le piano (la guitare). 아니요, 하지만 나는 피아노(기타)를 배우고 싶어요. Oui, je sais jouer du piano (de la guitare). 네, 나는 피아노(기타)를 칠 줄 압니다.

텔레비전 시청 Track 1-07

Étape 1 필수 어휘를 익히세요.

필수 어휘 **regarder** 보다 | **télévision (f)** 텔레비전 | **heure (f)** 시간 | **émission (f)** 방송
variété (f) 다양성 | **vedette (f)** 스타 | **célèbre** 유명한 | **empêcher** 방해하다
pendant ~동안 | **se détendre** 긴장을 풀다, 휴식하다

Étape 2 주제에 따른 답변 구성 요령을 참조하세요.

텔레비전 시청에 대한 선호도와 시청 횟수를 먼저 밝히고, 어떤 프로그램을 좋아하는지와 좋아하는 이유를 들며 자연스럽게 대화를 이어 간다. 시청 방법과 관련하여 휴대폰 또는 태블릿 PC로 시청한다는 내용과 주로 어디에서 텔레비전을 시청하는지의 답변을 준비한다.

Étape 3 모범 답변을 참조하여 실전 훈련하세요.

기호, 빈도	E	Vous regardez souvent la télévision ? 당신은 텔레비전을 자주 보나요?
	C	Oui, je la regarde deux (trois) heures par jour. 네, 나는 그것을 하루에 두(세) 시간 봅니다.
방송 프로그램	E	Quelle est votre émission préférée et pourquoi ? 당신이 좋아하는 방송은 무엇이고 이유는요?
	C	J'adore l'émission qui s'appelle OOO. C'est un programme de variétés et je l'aime bien parce que je peux voir beaucoup de vedettes célèbres. 나는 OOO(이)라는 방송을 아주 좋아합니다. 그것은 버라이어티 프로그램입니다. 나는 그것을 좋아하는데, 왜냐하면 많은 유명 연예인들을 볼 수 있기 때문입니다.
학업 또는 업무와의 관계	E	Ça ne vous empêche pas d'étudier (de travailler) ? 그것은 당신이 공부(일)하는 것을 방해하지 않나요?
	C	Pas vraiment. Je regarde la télé pendant l'heure du dîner. 별로요. 나는 저녁 식사 시간 동안 텔레비전을 봅니다. Et puis, elle me permet de me détendre. 그리고 텔레비전은 내가 긴장을 풀게 해 줍니다.
시청 방법	E	Vous regardez des émissions sur votre téléphone portable ? 당신은 휴대폰으로 방송들을 보나요?
	C	Oui, dans le bus ou le métro. 네, 버스나 지하철에서요.
장점	E	Quel est l'avantage de cette méthode ? 이 방법의 장점이 무엇인가요?
	C	Je peux passer le temps sans m'ennuyer jusqu'à ma destination. 나는 목적지까지 지루함 없이 시간을 보낼 수 있습니다.

영화 Track 1-08

Étape 1 필수 어휘를 익히세요.

필수 어휘 cinéma (m) 극장, 영화 | film (m) 영화 | aller 가다 | famille (f) 가족 | acteur 배우 | très 매우 | vraiment 정말로 | récemment 최근에 | héros (m) 영웅 | patrie (f) 조국 | histoire (f) 역사

Étape 2 주제에 따른 답변 구성 요령을 참조하세요.

어떤 종류의 영화를 좋아하는지와 극장 방문 횟수를 언급하며 대화를 전개한다. 특별히 좋아하는 영화나 배우에 대한 답변을 준비해야 하며, 최근에 본 영화 또는 감명 깊게 본 영화는 무엇인지 질문할 수 있으므로 답변하기 용이한 영화를 미리 선정하여 간략한 줄거리를 설명할 수 있도록 준비한다.

Étape 3 모범 답변을 참조하여 실전 훈련하세요.

영화에 관한 기호	E	Vous aimez le cinéma ? 당신은 영화를 좋아하세요?
	C	Oui, j'adore ça. 네, 나는 그것을 아주 좋아합니다.
영화 장르	E	Quel genre de films aimez-vous ? 당신은 어떤 장르의 영화를 좋아하세요?
	C	J'aime beaucoup les films d'aventure (d'horreur, d'action, de guerre, les comédies). 나는 어드벤처 (공포, 액션, 전쟁, 코미디) 영화를 매우 좋아합니다.
빈도	E	Vous allez souvent au cinéma ? Avec qui ? 당신은 극장에 자주 가세요? 누구와요?
	C	J'y vais deux fois par mois avec mes amis et ma famille. 네, 나는 한 달에 두 번 친구들이나 가족들과 함께 그곳에 갑니다.
배우	E	Quel est votre acteur ou actrice préféré(e) et pourquoi ? 당신이 선호하는 배우는 누구이며 이유는요?
	C	J'adore OOO. C'est un acteur coréen. Il n'est pas très beau, mais il joue vraiment bien. 나는 OOO을(를) 아주 좋아합니다. 그 사람은 한국 배우입니다. 그는 아주 잘생기지는 않았지만 연기를 정말 잘합니다.
최신 영화 감상	E	Quel est le film que vous avez vu récemment ? 최근에 당신이 본 영화는 무엇입니까?
	C	J'ai vu le film Myeongnyang. C'est un film coréen qui parle d'un héros qui s'appelle LEE Sounshin. Il a sauvé sa patrie contre le Japon malgré de nombreuses difficultés. 명량이라는 영화를 봤습니다. 한국 영화인데 이순신이라고 불리는 영웅에 대해 말하고 있습니다. 그는 수많은 어려움에도 불구하고 일본으로부터 그의 조국을 구했습니다.
좋아하는 이유	E	Pourquoi vous l'aimez ? 당신은 왜 그것을 좋아하죠?
	C	Parce que je m'intéresse beaucoup à l'histoire coréenne. 왜냐하면 나는 한국 역사에 관심이 많기 때문입니다.

독서 Track 1-09

Étape 1 필수 어휘를 익히세요.

필수 어휘 **lire** 읽다 | **librairie (f)** 서점 | **acheter** 사다 | **livre (m)** 책 | **roman (m)** 소설 | **jardin (m)** 정원
secret 비밀의 | **se rappeler** 회상하다 | **recommander** 추천하다 | **parler de** ~에 대해 말하다
adolescent 청소년 | **souligner** 강조하다 | **surmonter** 극복하다 | **conseiller** 권하다, 충고하다

Étape 2 주제에 따른 답변 구성 요령을 참조하세요.

독서 관련 문답은 답변의 난이도가 상대적으로 높은 주제에 속한다. 독서량 및 좋아하는 책 종류와 같은 기본 답변과 더불어 감명 깊게 읽은 책 또는 최근에 읽은 책에 관한 줄거리를 요약할 수 있도록 연습해 두어야 한다.

Étape 3 모범 답변을 참조하여 실전 훈련하세요.

독서에 관한 기호도	E	Vous aimez lire ? 당신은 책 읽는 것을 좋아하나요?
	C	Oui, j'aime bien ça. Je vais souvent à la librairie pour acheter des livres. 네, 나는 그것을 꽤 좋아합니다. 나는 책들을 사러 서점에 자주 갑니다.
독서량	E	Combien de livres lisez-vous par mois ? 당신은 한 달에 몇 권의 책을 읽나요?
	C	Je lis au moins un livre par mois. 나는 적어도 한 달에 책 한 권은 읽습니다.
도서 종류	E	Quel genre de livres aimez-vous ? 당신은 어떤 장르의 책을 좋아하세요?
	C	J'aime les romans (les essais). 나는 소설 (수필)을 좋아합니다.
추천 도서	E	Quel est le livre que vous voulez recommander et pourquoi ? 당신이 추천하고 싶은 책은 무엇이고 이유는요?
	C	J'aimerais conseiller de lire “Le Pouvoir du point de vue”. Ce livre parle d'adolescents qui ont des problèmes. L'auteur souligne qu'ils essaient de faire des efforts pour surmonter leurs problèmes par leurs propres moyens. 나는 '관점의 힘'을 읽어 볼 것을 추천하고 싶습니다. 이 책은 문제가 있는 청소년들에 대해 말하고 있습니다. 작가는 이들이 자신들만의 방법으로 문제를 극복하기 위해 최선을 다해 노력한다고 강조합니다.

여행 Track 1-10

Étape 1 필수 어휘를 익히세요.

필수 어휘 **voyager** 여행하다 | **découvrir** 발견하다 | **apprendre** 배우다 | **à cause de** ~때문에
examen (m) 시험 | **avoir besoin de** ~을(를) 필요로 하다 | **goûter** 맛보다 | **plat (m)** 음식
pays (m) 국가 | **visiter** 방문하다 | **musée (m)** 미술관 | **magnifique** 훌륭한

Étape 2 주제에 따른 답변 구성 요령을 참조하세요.

여행을 좋아하는지 밝히고 자신의 여행 취향에 대해 답변을 전개해 나간다. 여행을 왜 좋아하는지, 동행이 있는 것을 선호하는지 등을 밝힌 다음 추가적으로 감독관이 최근에 여행한 곳이나 여행하고 싶은 곳을 질문할 수 있는데, 이때 프랑스로 답변하는 것이 무난하다. 응시자와 감독관이 모두 이미 잘 알고 있는 루브르 박물관이나 에펠탑과 같은 명소를 포함시켜 미리 답변을 준비하기 용이하기 때문이다.

Étape 3 모범 답변을 참조하여 실전 훈련하세요.

여행에 관한 선호	E	Vous aimez voyager ? 당신은 여행하는 것을 좋아하나요?
	C	Oui, j'adore ça. 네, 나는 그것을 아주 좋아합니다.
동반자	E	En général, vous voyagez seul(e) ou avec quelqu'un ? 보통 당신은 혼자 여행을 하나요 아니면 누군가와 같이 하나요?
	C	Je voyage avec ma famille ou mes amis. 나는 가족 또는 친구들과 여행합니다.
여행을 좋아하는 이유	E	Pourquoi vous aimez voyager ? 왜 당신은 여행하는 것을 좋아하죠?
	C	Tout d'abord, on peut découvrir ou apprendre beaucoup de choses en voyageant. Comme on est souvent stressés à cause des examens (du travail), on a besoin de se détendre. Et puis, on peut goûter plein de plats régionaux. 무엇보다도, 우리는 여행을 하면서 많은 것을 발견하거나 배울 수 있습니다. 우리는 시험(일) 때문에 자주 스트레스를 받아서 긴장을 풀 필요가 있습니다. 그리고 우리는 많은 지역 음식을 맛볼 수 있습니다.
좋았던 여행지와 이유	E	Parlez-moi de votre dernier voyage. (Dans quel pays voulez-vous voyager ? Et pourquoi ?) 당신의 가장 최근 여행에 대해 내게 말하세요. (당신은 어떤 나라를 여행하고 싶으세요? 그리고 이유는요?)
	C	Je suis allé(e) en France l'année dernière. Je suis allé(e) à la tour Eiffel et j'ai aussi visité le musée du Louvre. C'était un voyage magnifique. 나는 작년에 프랑스에 갔습니다. 나는 에펠탑에 갔고 루브르 박물관도 방문했어요. 멋진 여행이었어요. (J'aimerais aller en France parce que je pourrai apprendre la culture et je pourrai goûter des plats délicieux.) (나는 프랑스에 가고 싶은데, 왜냐하면 문화를 배울 수 있고 맛있는 음식들을 맛볼 수 있을 것이기 때문입니다.)

여가 활동 Track 1-11

Étape 1 필수 어휘를 익히세요.

필수 어휘 **loisirs (m. pl)** 여가 활동 | **se promener** 산책하다 | **parc (m)** 공원 | **essayer** 노력하다 | **avis (m)** 의견 **avantage (m)** 장점 | **santé (f)** 건강 | **chien (m)** 개 | **activité (f)** 활동 | **promenade (f)** 산책

Étape 2 주제에 따른 답변 구성 요령을 참조하세요.

응시자 개인의 특별한 취미에 대해서 설명하기엔 어려울 수 있으므로 일반적인 활동을 중심으로 답변하는 것이 좋다. 답변하기에 무난한 여가 활동을 선택하여 일주일에 몇 번 어디에서 활동을 하는지, 왜 그 활동을 좋아하는지 등을 말한다.

Étape 3 모범 답변을 참조하여 실전 훈련하세요.

선호하는 활동 유형	E	Quels sont vos loisirs préférés ? 당신이 좋아하는 여가 활동은 무엇이죠?
	C	J'adore me promener. 나는 산책하는 것을 아주 좋아합니다.
활동 장소	E	Où est-ce que vous vous promenez ? 당신은 어디서 산책을 하시죠?
	C	Il y a un parc près de chez moi où j'essaie de me promener le plus souvent possible. 나의 집 가까이에 공원이 있는데 그곳에서 나는 최대한 자주 산책하려 노력합니다.
장점	E	À votre avis, quel est l'avantage de la promenade ? 당신 생각에, 산책의 장점은 무엇인가요?
	C	Je peux me reposer en respirant l'air pur et ça me fait du bien parce que j'ai aussi besoin de faire du sport pour rester en bonne santé. 나는 맑은 공기를 마시며 휴식을 취할 수 있습니다. 그리고 이것은 나에게 좋은데 왜냐하면 좋은 건강을 유지하기 위해서 나는 운동을 해야 할 필요가 있기 때문입니다.
동반자 유무	E	Vous faites cela seul(e) ? 당신은 그것을 혼자 하나요?
	C	Je me promène quelquefois avec ma famille mais la plupart du temps, je le fais avec mon chien. 나는 때때로 가족과 산책하지만, 대부분의 시간을 개와 함께 그것을 합니다.
다른 여가 활동	E	Quelle est votre autre activité préférée, à part la promenade ? 산책을 제외하고, 당신이 좋아하는 다른 활동은 무엇인가요?
	C	Je joue au football avec mes amis une fois par semaine. (Je fais du shopping avec mes amies de temps en temps.) 나는 친구들과 일주일에 한 번 축구를 합니다. (나는 친구들과 가끔 쇼핑을 합니다.)

학업 Track 1-12

Étape 1 필수 어휘를 익히세요.

필수 어휘 **depuis** ~이래로 | **quand** 언제 | **français (m)** 프랑스어 | **difficile** 어려운
prononciation (f) 발음 | **cours (m)** 수업 | **professeur (m)** 선생님 | **culture (f)** 문화
langue (f) 언어 | **monde (m)** 세계 | **utile** 유용한 | **entier** 온, 전체의

Étape 2 주제에 따른 답변 구성 요령을 참조하세요.

프랑스어 학습은 A2 구술 평가에서 학업과 관련하여 가장 많이 질문하는 주제 중 하나다. 먼저 언제부터 프랑스어를 배우게 되었는지, 프랑스어를 배우게 된 계기는 무엇인지 말한다. 프랑스어를 배우는 장점으로는 세계 공용어 중 하나라는 점을 강조한다.

Étape 3 모범 답변을 참조하여 실전 훈련하세요.

학습 시기	E	Depuis quand apprenez-vous le français ? 당신은 언제부터 프랑스어를 배우고 있나요?
	C	Je l'apprends depuis un (deux) an(s). 나는 일(이)년 전부터 그것을 배우고 있어요.
학습의 어려움	E	Le français n'est pas difficile à apprendre ? 프랑스어를 배우는 것이 어렵지 않나요?
	C	Si. C'est surtout la prononciation qui est très difficile pour moi. 네. 내게 매우 어려운 것은 특히 발음이에요.
학습 이유	E	Pourquoi apprenez-vous le français ? 왜 당신은 프랑스어를 배우나요?
	C	J'ai suivi un cours de français quand j'étais en première année. Le professeur nous a parlé de la culture française. Depuis ce moment-là, je me suis intéressé(e) au français et j'ai décidé de continuer à apprendre cette langue. 나는 1학년 때 프랑스어 수업을 들었어요. 선생님은 우리에게 프랑스 문화에 대해 말씀해 주셨어요. 그 순간부터, 나는 프랑스어에 관심을 가지게 되었고, 이 언어를 배우는 것을 계속하기로 결심했어요.
학습의 장점	E	À votre avis, quel est l'avantage d'apprendre le français ? 당신 생각에, 프랑스어를 배우는 것의 장점은 무엇입니까?
	C	Le français est l'une des langues qu'on utilise le plus dans le monde entier. Alors elle est très utile si on voyage dans un pays étranger. 프랑스어는 전 세계에서 가장 많이 사용하는 언어들 중 하나입니다. 그래서 외국을 여행할 때 프랑스어는 매우 유용해요.

교통수단 Track 1-13

Étape 1 필수 어휘를 익히세요.

필수 어휘 **transport (m)** 교통 | **pratique** 편리한 | **rapide** 빠른 | **retard (m)** 늦음, 지각
embouteillage (m) 교통 체증 | **paysage (m)** 풍경 | **fenêtre (f)** 창문
sentir 느끼다 | **saison (f)** 계절 | **arrêt (m)** 정류장

Étape 2 주제에 따른 답변 구성 요령을 참조하세요.

등하교나 출퇴근에 이용하는 교통수단에 대해 질문할 수 있다. 대중교통을 이용한다고 답변하는 것이 바람직한데, 만일 걸어서 간다거나 자전거를 타고 간다고 하면 그 뒤에 이어서 할 말이 상대적으로 부족할 수 있기 때문이다. 따라서 버스나 지하철 중 하나를 선택하여 말한 후 그 교통수단을 이용하는 이유, 함께 이용하는 사람에 대한 내용 등을 언급한다.

Étape 3 모범 답변을 참조하여 실전 훈련하세요.

선호하는 교통수단	E	Quel transport aimez-vous ? Et pourquoi ? 당신은 어떤 교통편을 좋아하세요? 그리고 이유는요?
	C	J'aime prendre le bus. 나는 버스 타는 것을 좋아합니다.
또 다른 교통수단에 대한 의견	E	Mais le métro est plus pratique, non ? 그렇지만 지하철이 더 편리하죠, 아닌가요?
	C	Vous avez raison. C'est vrai que le métro est rapide et on n'est presque jamais en retard à l'école (au travail) à l'heure des embouteillages avec ce moyen de transport. 당신 말이 맞아요. 지하철이 빠르고, 이 교통수단과 함께면 교통 체증 시간에 학교(직장)에 좀처럼 늦지 않는 게 사실입니다.
장점	E	Alors, pourquoi vous prenez le bus ? 그러면 당신은 왜 버스를 타죠?
	C	On ne peut pas voir le paysage de l'extérieur si on prend le métro. Quand on prend le bus, on peut sentir le changement des saisons en regardant le paysage par la fenêtre. C'est la raison pour laquelle j'utilise tous les jours le bus pour aller à l'école (au travail). 만약 지하철을 탄다면 바깥 풍경을 볼 수가 없습니다. 버스를 타면 창문을 통해 풍경을 보면서 계절의 변화를 느낄 수 있습니다. 그렇기 때문에 나는 학교(직장)에 가기 위해 매일 버스를 이용합니다.
동반 이용객	E	Vous allez à l'école (au travail) tout(e) seul(e) ou avec vos amis ? 당신은 학교(직장)에 혼자 가나요, 아니면 친구들과 같이 가나요?
	C	J'y vais avec mes amis (collègues). En général, on se retrouve à l'arrêt de bus. 나는 그곳에 친구(동료)들과 같이 갑니다. 보통, 우리는 버스 정류장에서 만납니다.

계절 Track 1-14

Étape 1 필수 어휘를 익히세요.

필수 어휘 **été (m)** 여름 | **détester** 아주 싫어하다 | **froid (m)** 추위 | **mer (f)** 바다
bronzer 그을리다 | **plage (f)** 해변 | **insecte (m)** 벌레 | **loger** 묵다 | **tente (f)** 천막
chambre (f) 방 | **réserver** 예약하다 | **hôtel (m)** 호텔

Étape 2 주제에 따른 답변 구성 요령을 참조하세요.

계절과 관련한 질문이 주어진다면 여름 또는 겨울에 대해 말하는 것이 좋다. 봄이나 가을보다 좀 더 쉬운 어휘로 답변할 내용이 많아지기 때문이다. 먼저 좋아하는 계절을 말하고 좋아하는 이유, 해당 계절에 주로 어떤 활동을 하는지의 답변으로 구성하면 무난하다.

Étape 3 모범 답변을 참조하여 실전 훈련하세요.

선호하는 계절과 이유	E	Quelle saison aimez-vous et pourquoi ? 당신은 어떤 계절을 좋아하고 이유는요?
	C	J'aime l'été parce que je déteste le froid. Chaque été, je vais à la mer avec ma famille ou mes amis. 나는 여름을 좋아하는데 왜냐하면 추위를 아주 싫어하기 때문입니다. 매 여름, 나는 가족 또는 친구들과 바다에 갑니다.
활동	E	Qu'est-ce que vous faites en général ? 보통 당신은 무엇을 하나요?
	C	On joue au ballon ou on bronze sur la plage. C'est vrai qu'il y a beaucoup d'insectes en été, mais il faut faire avec. 우린 해변가에서 공놀이를 하거나 일광욕을 합니다. 여름에 많은 벌레들이 있는 것이 사실이지만 견뎌야죠.
숙소	E	Où logez-vous quand vous êtes à la plage ? 당신은 해변에 있을 때 어디에서 묵나요?
	C	Ça dépend. Quand j'y vais avec mes amis, on dort sous une tente. Mais quand j'y vais avec ma famille, on réserve une chambre à l'hôtel. 상황에 따라 달라요. 내가 그곳에 친구들과 갈 때는, 우리는 텐트에서 잡니다. 그렇지만 내가 그곳에 가족과 갈 때는 호텔 방을 예약합니다.

과목 Track 1-15

Étape 1 필수 어휘를 익히세요.

필수 어휘 **matière (f)** 과목 | **parmi** ~중에 | **expliquer** 설명하다 | **intéressant** 흥미로운 | **grâce à** ~덕분에 **répondre** 답변하다 | **devenir** ~이(가) 되다 | **mathématiques (f)** 수학 | **formule (f)** 공식

Étape 2 주제에 따른 답변 구성 요령을 참조하세요.

우선 좋아하는 과목과 왜 좋아하는지의 이유를 말한다. 좋아하는 과목은 프랑스어라고 답변하면 무난하다. 좋아하는 과목과 관련하여 앞으로의 계획과 연결해 개연성 있게 답변하면 고득점을 받기에 유리하다. 그렇다면 싫어하는 과목은 무엇인지도 물을 수 있으므로 싫어하는 과목명과 싫어하는 이유 역시 답변을 준비해 둔다.

Étape 3 모범 답변을 참조하여 실전 훈련하세요.

좋아하는 과목	E	Quelle est votre matière préférée ? 당신이 좋아하는 과목은 무엇인가요?
	C	Parmi toutes les matières, c'est le français que j'aime le plus. 모든 과목들 중에서, 내가 가장 좋아하는 것은 프랑스어입니다.
선생님	E	Comment est votre professeur de français ? 당신의 프랑스어 선생님은 어떤가요?
	C	Il nous explique beaucoup de choses intéressantes sur la France grâce à Internet. Et quand on lui pose des questions, il nous répond avec gentillesse. 인터넷 덕분에, 그는 우리에게 프랑스에 대한 많은 흥미로운 것들을 설명해 주십니다. 그리고 우리가 그에게 질문을 할 때면, 친절하게 답변해 주십니다.
학업과 관련된 희망	E	Vous voulez continuer à étudier le français ? 당신은 프랑스어 공부하기를 계속하길 원하십니까?
	C	Oui. Je voudrais devenir professeur de français et j'aimerais aller en France pour continuer mes études. 네. 나는 프랑스어 선생님이 되고 싶습니다. 그래서 나는 공부를 계속하기 위해 프랑스에 가기를 원합니다.
싫어하는 과목과 이유	E	Quelle est la matière que vous n'aimez pas et pourquoi ? 당신이 좋아하지 않는 과목은 무엇이고 이유는요?
	C	Je n'aime pas tellement les mathématiques. Je sais bien que c'est une matière très importante, mais c'est trop compliqué pour moi. Il y a trop de formules à mémoriser par cœur. 나는 수학을 그다지 좋아하지 않습니다. 그것이 매우 중요한 과목인 것을 잘 알고 있지만, 내게는 너무 복잡합니다. 외워야 할 공식들이 너무 많아요.

구술 평가 EXERCICE 1 실전 연습

② 종합적 문답 실전 훈련

1. 소개 Track 1-16

Étape 1 필수 어휘를 익히세요.

필수 어휘 **se présenter** 자기를 소개하다 | **frère (m)** 남자 형제 | **faire** 하다 | **maison (f)** 집
communiquer 의사소통하다 | **père (m)** 아버지 | **mère (f)** 어머니 | **occupé** 바쁜
s'occuper de ~을(를) 맡다, 돌보다 | **sœur (f)** 여자 형제

Étape 2 주제에 따른 답변 구성 요령을 참조하세요.

자기소개와 가족 소개는 가장 많이 출제되는 주제 중 하나다. 자기소개의 경우 기본적인 인적 사항과 취미 등을 중심으로 답변을 구성한다. 가족 소개의 경우 부모님과 형제자매, 나이와 직업, 가족이 다같이 하는 활동 등에 대해 말한다.

Étape 3 모범 답변을 참조하여 실전 훈련하세요.

자기소개	
E	Présentez-vous (Parlez-moi de vous) ! 당신을 소개하세요! (당신에 대해 말하세요)!
C	Bonjour, je m'appelle 이름+성 et j'ai+나이+ans. 안녕하세요, 내 이름은 OOO이고 나이는 OO살입니다. J'habite à +거주하는 도시 (Séoul/Incheon) et je suis +직업 (étudiant(e) / salarié(e)). 나는 (서울 / 인천)에 살고 있으며 (학생 / 직장인)입니다. J'aime le cinéma et j'y vais avec mes amis au moins une fois par semaine. 나는 영화관을 좋아해서 친구들과 적어도 일주일에 한 번 그곳에 갑니다. Et puis, j'aime aussi faire du sport et je joue au tennis avec mon petit frère de temps en temps. 그리고 나는 운동하는 것을 좋아해서 가끔 내 남동생과 테니스를 칩니다.
E	Qu'est-ce que vous faites quand vous restez à la maison ? 당신은 집에 있을 때, 무엇을 하세요?
C	Je passe le temps en regardant la télévision ou bien je communique avec mes amis sur Internet. 나는 텔레비전을 보면서 시간을 보내거나 인터넷에서 친구들과 대화를 합니다.

가족 소개	
E	Parlez-moi de votre famille. 당신 가족에 대해 말하세요.
C	Mon père a+나이+ans et il travaille dans une grande entreprise. 나의 아버지는 OO세이시고 대기업에서 일하십니다. Je l'aime beaucoup mais il est toujours très occupé. 나는 그를 많이 좋아하지만, 항상 매우 바쁘세요. Ma mère a+나이+ans et elle est professeur (s'occupe de la maison). 나의 어머니는 OO세이고 선생님이세요(집안일을 하십니다). J'ai un(e) petit(e) frère (sœur) et il (elle) est lycéen(ne). 나는 남(여)동생이 있는데, 그(녀)는 고등학생입니다. Il (Elle) aime aller au karaoké avec ses amis. 그(녀)는 친구들과 노래방 가는 것을 좋아합니다.
E	Qu'est-ce que vous faites pendant le week-end avec votre famille ? 당신은 가족과 함께 주말 동안 무엇을 하나요?
C	On va au parc qui se trouve près de chez nous. 우리 집 가까이에 있는 공원에 갑니다. Mon père et moi, nous faisons du jogging tandis que ma mère et ma sœur se promènent ou bien elles lisent assises sur un banc. 나의 아버지와 내가 조깅을 하는 동안 나의 어머니와 내 여자 형제는 산책을 하거나 혹은 벤치에 앉아 독서를 합니다.

구술 평가 EXERCICE 1 실전 연습

2. 활동 Track 1-17

Étape 1 필수 어휘를 익히세요.

필수 어휘 pendant ~동안 | week-end (m) 주말 | s'amuser 놀다 | amusant 재미있는 | bureau (m) 사무실 | essayer 애쓰다, 노력하다 | personnel 개인적인 | montagne (f) 산 | respirer 숨 쉬다 | surfer 서핑하다 | web (m) 웹 | information (f) 정보 | dernier 지난 | île (f) 섬 | soleil (m) 해, 햇빛 | bateau (m) 배 | pêche (f) 낚시 | nocturne 밤의, 야간의 | spectacle (m) 공연 | applaudir 박수갈채하다 | folklorique 민속의 | conseiller 권하다, 충고하다 | médicament (m) 약, 의약품

Étape 2 주제에 따른 답변 구성 요령을 참조하세요.

주말 활동과 방학 / 휴가 활동으로 나누어 질문할 수 있는데 학생이라면 주중에는 시간이 없어 주말에 친구들을 만나 재미있게 논다고 도입부를 시작하면 무난하다. 이어서 영화 관람, 식사, 카페에서 수다 등 구체적인 내용을 이어 나간다. 직장인이라면 주중에는 바쁘기에 주말에는 스트레스를 풀 겸 여러 가지 활동을 한다고 답변하며 등산, 수영 등 구체적인 내용을 전개한다. 이어서 누구와 어디에서 어떤 활동을 했는지 구체적으로 묘사한다.

Étape 3 모범 답변을 참조하여 실전 훈련하세요.

주말 활동	
E	Qu'est-ce que vous faites pendant le week-end ? 당신은 주말 동안 무엇을 하시나요?
C	Je vois mes amis. 나는 친구들을 만납니다. En fait, comme on est étudiants, on n'a pas beaucoup de temps pour s'amuser pendant la semaine. 사실 우리는 학생이기 때문에 주중에는 놀 시간이 많지 않습니다. Alors on fait des activités amusantes ensemble. On va au cinéma ou bien on fait du sport. 그래서 우리는 함께 재미있는 일들을 하죠. 극장에 가거나 혹은 운동을 합니다. (Comme je travaille tard au bureau la semaine, j'essaie de me reposer ou de me détendre pendant le week-end. Sinon, je fais des activités personnelles. Par exemple, je vais à la montagne près de chez moi. Je peux respirer l'air frais et je peux goûter à des plats délicieux au restaurant après être redescendu.) (나는 주중에는 사무실에서 늦게까지 일을 하기 때문에 주말 동안 휴식을 취하거나 긴장을 풀려고 노력합니다. 그렇지 않으면 개인적인 활동을 합니다. 예를 들어, 나는 집 근처에 있는 산에 갑니다. 나는 맑은 공기를 마실 수 있고 산에서 내려온 후에 식당에서 맛있는 음식들을 맛볼 수 있습니다.)
E	Qu'est-ce que vous faites quand vous ne sortez pas ? 외출하지 않을 때는 당신은 무엇을 하나요?
C	Je lis ou bien j'écoute de la musique. 나는 책을 읽거나 음악을 듣습니다. Sinon, je passe beaucoup de temps à surfer sur le web pour chercher des informations. 그렇지 않으면, 나는 정보를 찾기 위해 웹 서핑하는 데 많은 시간을 보냅니다.

지난 방학(휴가) 활동	
E	Qu'est-ce que vous avez fait pendant vos dernières vacances ? 당신은 지난 방학 (휴가) 동안 무엇을 하셨습니까?
C	J'ai passé mes vacances avec ma famille dans une île magnifique. 나는 가족과 함께 멋진 섬에서 방학을 보냈습니다. On s'est baignés sur la plage sous un beau soleil et mon frère a nagé tous les jours après le déjeuner. 아름다운 태양 아래, 우리는 해변에서 해수욕을 했고 내 남자 형제는 점심 식사 후에 항상 수영을 했습니다. Et puis, j'ai pris le bateau avec mon père pour faire de la pêche nocturne. 그리고 나는 야간 낚시를 하기 위해 아버지와 함께 배를 탔습니다. C'était très amusant. 그것은 매우 재미있었어요. Nous avons vu un spectacle de danse folklorique un soir et tout le monde l'a applaudi. 우리는 저녁에 민속춤 공연을 보았는데, 모든 사람들이 그것에 박수를 쳤습니다. Mais ce n'est pas tout. 하지만 이게 다가 아니에요. On a aussi goûté des plats dans un petit restaurant le soir et ils étaient vraiment délicieux. 또한 우리는 저녁에 작은 식당에서 음식을 맛보았는데 정말 맛있었어요. Nous avons passé une semaine de vacances super dans cette île et j'aimerais y revenir l'année prochaine. 우리는 이 섬에서 일주일의 멋진 휴가를 보냈는데 나는 내년에 이곳에 다시 오고 싶어요.
E	Qu'est-ce que vous allez conseiller à vos amis qui veulent y venir ? 당신은 그곳에 가기를 원하는 친구들에게 무엇을 조언하시겠어요?
C	Je vais leur conseiller d'apporter des médicaments de première urgence. 그들에게 긴급 의약품을 가져가라고 조언할 것입니다. Il y a un hôpital mais il est un peu loin de l'hôtel. 병원이 있기는 하지만 호텔에서 좀 멀어요. Et puis la pharmacie ferme très tôt. 그리고 약국은 매우 일찍 문을 닫거든요.

구술 평가 EXERCICE 1 실전 연습

3. 장래 계획 Track 1-18

Étape 1 필수 어휘를 익히세요.

필수 어휘 vouloir 원하다 | tard 나중에 | projet (m) 계획 | avenir (m) 미래 | connu 알려진
domaine (m) 영역, 분야 | avoir l'intention de ~할 생각이다 | spécialité (f) 전공 | métier (m) 직업
lieu (m) 장소 | condition (f) 조건 | avoir l'occasion de ~할 기회가 있다 | libre 자유로운, 한가한

Étape 2 주제에 따른 답변 구성 요령을 참조하세요.

학생의 경우 장래 희망에 대해 말하면 된다. 최대한 효율적으로 답변을 준비하기 위해서는 학업을 주제로 준비했던 답변 내용을 활용하여 자신의 계획을 조금 보태 구성하면 바람직하다. 직장인의 경우는 현재 하고 있는 일의 단점을 몇 가지 말하면서 직업이나 직장을 바꾸고 싶다는 계획을 구체적으로 밝힌다.

Étape 3 모범 답변을 참조하여 실전 훈련하세요.

학생	
E	Qu'est-ce que vous voulez faire (devenir) plus tard ? 당신은 나중에 무엇을 하고 (무엇이 되고) 싶으세요? Quel est votre projet d'avenir ? 당신 미래 계획은 무엇인가요?
C	J'aimerais devenir professeur de français. Je m'intéresse à la culture et à la langue étrangère depuis que je suis petit(e). La France est un pays très connu dans le domaine de la culture et le français est l'une des langues qu'on utilise le plus dans le monde. Alors, j'ai l'intention d'aller en France pour continuer mes études. 나는 프랑스어 선생님이 되고 싶어요. 나는 어렸을 때부터 문화와 외국어에 관심이 있었어요. 프랑스는 문화 분야에서 매우 알려진 나라고, 프랑스어는 세계에서 가장 많이 사용하는 언어들 중 하나입니다. 그래서 나는 학업을 계속하기 위해 프랑스에 갈 생각이에요.
E	Qu'est-ce que vous voulez étudier comme spécialité ? 당신은 전공으로 무엇을 공부하길 원합니까?
C	J'aimerais étudier la littérature française. 나는 프랑스 문학을 공부하고 싶습니다.

직장인	
E	Quel est votre projet d'avenir ? 당신의 미래 계획은 무엇인가요?
C	J'aimerais changer de métier. Je travaille dans une entreprise mais je pense que je ne suis pas fait(e) pour ce travail. Je dois travailler très tard et le travail ne m'intéresse pas du tout. Je voudrais travailler à l'étranger et c'est la raison pour laquelle j'apprends le français. Je travaillerai en France si j'en ai l'occasion un jour. 나는 직업을 바꾸고 싶습니다. 나는 기업에서 일하지만 이 일이 적성에 맞지 않는다고 생각해요. 나는 매우 늦게까지 일해야 하고 일은 전혀 흥미가 없어요. 나는 외국에서 일하고 싶으며 그렇기 때문에 나는 프랑스어를 배웁니다. 나는 언젠가 기회가 생기면 프랑스에서 일할 것입니다.
E	Pourquoi avez-vous choisi la France comme lieu de travail ? 왜 당신은 근무지로 프랑스를 선택하는 거죠?
C	Je pense que les conditions de travail sont beaucoup mieux que celles des entreprises coréennes. Et puis, il me semble qu'on a plus de temps libre pour faire des activités personnelles. 나는 근무 조건들이 한국 기업들의 그것들보다 훨씬 좋다고 생각합니다. 그리고 개인적인 활동을 하기 위한 자유 시간이 더 많은 것 같아요.

LE MONOLOGUE SUIVI

EXERCICE 2는 '**Le monologue suivi** 독백'으로서 주제에 따라 응시자가 답변 후 추가 질문에 대해 감독관과 문답하는 방식이다. 응시자는 준비실에 입장한 다음, 뒤집혀 있는 10여 개의 쪽지들 중 2개를 골라 주제를 살펴 보고, 20초 내외의 시간 동안 최종적으로 1개의 쪽지를 선택한다. 최종 쪽지에 기재된 주제로 감독관 앞에서 발표 후, 감독관의 질문 2~3개에 대해 문답을 주고받는 형식으로 진행된다.

EXERCICE 2 완전 공략

1 핵심 포인트

응시자는 시험 준비실에서 약 10개의 준비된 문제들 중 2개를 선정하여 문제를 읽고, 그중 1개의 문제를 최종적으로 선택한다. 각 번호 옆에는 전체 주제와 관련한 어휘 또는 문장들이 제시되고 하단에는 구체적인 질문 내용이 제공된다. 선택에 주어진 시간은 매우 짧으므로, 내용을 꼼꼼히 읽기보다는 빠르게 훑으며 자신이 아는 어휘가 많이 포함된 문제를 선택하는 것이 유리하다. 또한 지시 사항에 언급되어 있는 사항들을 답변에서 모두 언급해야 함을 유의하자.

2 빈출 주제

일상생활에서 쉽게 접할 수 있는 내용이나 경험을 소개 또는 기술하는 방식을 평가하며, 간략하면서도 정확하게 자신이 선정한 주제에 대해 알고 있는 정보들을 이야기할 수 있는지가 관건이다.

3 고득점 전략

(1) 지시 사항이 많이 적힌 주제를 선택한다.

준비실에서 쪽지를 뒤집어 보면, 굵은 글씨체로 적힌 전체 제목 아래에 주제에 대하여 구체적으로 구술해야 할 지시 사항들이 적혀 있다. 응시자들은 일반적으로 지시 사항이 많이 적혀 있으면 부담을 느껴 자신이 뒤집은 2개의 쪽지 중 상대적으로 지시 사항이 적게 적힌 주제를 고르는 경우가 많은데, 이는 잘못된 선택이 될 수 있다. 짧은 준비 시간 동안 자신이 무엇을 이야기할지 모든 요소를 떠올려 놓기는 쉽지 않은데, 지시 사항이 적으면 선택한 주제에 대해 응시자 스스로 생각하여 답변을 구성해야 할 부분이 많아지게 되기 때문이다. 반면 지시 사항이 많이 적힌 주제는 따로 새로운 생각을 많이 해낼 필요 없이 이미 적혀 있는 사항에 한두 문장씩만 보태면 상대적으로 용이하다. 따라서 보다 구체적이면서 많은 분량의 지시 사항이 적힌 주제를 선택해야 답변하기에 더 유리하다.

(2) 인과 관계를 만들면 자연스러우면서도 논리적인 답변이 된다.

주어진 주제에 대해서만 한정적으로 간략하게 말하기보다는 그러한 답변을 하게 된 이유를 함께 덧붙이며 대화를 이어 가는 것이 중요하다. 예를 들어 기호와 관련하여 운동과 관련한 주제를 선택했다면 단순히 어떤 운동을 좋아하는지 밝히고 끝내기보다는 그 운동을 좋아하게 된 계기와 해당 운동의 장점을 보충 설명함으로써 유창성과 설득력을 높일 수 있다.

(3) 추가 질문에 반드시 대비하여 답변을 준비한다.

응시자는 주제를 선정할 때 감독관이 어떠한 질문을 할 것인지 미리 생각을 해 두고 그에 대한 답변 준비를 병행해야 하는데, 답변에 이어 감독관이 추가 질문을 할 수 있으므로 그에 대한 후속 답변 내용까지 생각해 두어야 한다. 예를 들어 어떤 인물의 장점에 대해 말하라고 했다면 응시자가 장점을 모두 답변한 후 추가로 그렇다면 단점은 없는지 질문할 가능성이 높다. 따라서 주제를 선택할 때 이를 고려해야 한다.

구술 평가 EXERCICE 2 실전 연습

Étape 1 문제를 읽고 답변한 후, 감독관의 예상 질문에 따라 추가로 답변해 보세요.

문제 1 Track 2-01

EX2 ▶ **SUJET 1** **Anniversaire**

Quelle est votre date de naissance ? Que faites-vous avec vos amis ce jour-là ?

Quel est le meilleur cadeau d'anniversaire que vous ayez reçu et pourquoi ?

Étape 2 필수 어휘와 답변 전개 요령을 참조하세요.

필수 어휘 **anniversaire (m)** 생일, 기념일 | **date (f)** 날짜 | **naissance (f)** 출생 | **maintenant** 현재, 지금
passer 보내다 | **fêter** 축하하다 | **inviter** 초대하다 | **commander** 주문하다, 시키다
jusqu'à ~까지 | **tard** 늦게 | **obtenir** 획득하다, 얻다 | **permis de conduire (m)** 운전면허증
cadeau (m) 선물 | **journal (m)** 일기 | **intime** 사적인, 개인적인 | **ému** 감동한

답변 전개 요령

태어난 날짜와 요일, 연도를 말해야 하며 특히 숫자 발음에 유의한다. 인적 사항과 관련된 숫자는 미리 암기해 두어야 시험장에서 당황하지 않고 말할 수 있다. 생일날 하는 활동과 관련해서는 어렸을 때와 지금을 비교해서 설명하면 보다 구체적인 답변이 될 수 있다. 또한 지시 사항에 명시하였듯이 친구들과 하는 활동을 중심으로 답변해야 한다. 감독관의 추가 질문으로는 가장 좋았던 생일 선물은 무엇인지와 그 이유를 질문할 수 있다.

Étape 3 해석과 모범 답변을 확인하고 실전 훈련하세요.

EX2 ▶ **SUJET 1** **Anniversaire 생일**

Quelle est votre date de naissance ? Que faites-vous avec vos amis ce jour-là ?
당신의 생일은 언제인가요? 그날 당신은 친구들과 무엇을 하나요?

C:

Je suis né(e) le 10 septembre (mois) 1997, donc j'ai 20 ans maintenant. Quand j'étais petit(e), je passais le jour de mon anniversaire avec ma famille. Mais je fête mon anniversaire avec mes amis depuis que je suis devenu(e) étudiant(e). J'invite mes amis chez moi et on commande des pizzas ou des plats chinois. Après, on sort, on prend un verre et on va au karaoké. On chante et on danse jusqu'à très tard. J'ai obtenu mon permis de conduire cette année, alors j'aimerais aller au bord de la mer avec mes amis avec la voiture de mon père.
나는 1997년 9월 10일에 태어나서, 이제 20살입니다. 내가 어렸을 때는 가족과 함께 생일을 보냈어요. 그렇지만 내가 대학생이 되고부터는 친구들과 생일을 축하합니다. 나는 집으로 친구들을 초대해서 피자나 중국 음식을 주문합니다. 그 후에 우리는 외출해서 한잔 하고 노래방으로 갑니다. 우리는 매우 늦게까지 노래하고 춤을 춥니다. 나는 올해 운전면허증을 땄는데, 그래서 아버지의 차로 친구들과 바닷가에 가고 싶어요.

E:

Quel est le meilleur cadeau d'anniversaire que vous ayez reçu et pourquoi ?
당신이 받았던 최고의 생일 선물은 무엇이고 이유는요?

C:

J'ai invité mes amis le jour de mon anniversaire il y a trois ans. Ils m'ont offert des cadeaux et l'un d'entre eux m'a donné une sorte de journal intime. Il a écrit ses sentiments pour moi et les souvenirs qu'on a partagés depuis dix ans. J'ai été très ému(e) ce jour-là et il est maintenant mon meilleur ami.
3년 전 내 생일에 나는 친구들을 초대했어요. 그들은 내게 생일 선물을 주었는데 그들 중 한 명이 내게 일종의 일기장을 주었습니다. 그는 나에 대한 감정과 10년 전부터 우리가 함께 했던 추억들을 적었어요. 나는 그날 매우 감동했고 지금 그는 나의 가장 친한 친구입니다.

구술 평가 EXERCICE 2 실전 연습

Étape 1 문제를 읽고 답변한 후, 감독관의 예상 질문에 따라 추가로 답변해 보세요.

문제 2 

Track 2-02

EX2 ▶ SUJET 2 **Sortir avec vos amis**

Vous passez beaucoup de temps avec vos amis le week-end ? Que faites-vous avec eux ?

Qu'est-ce que vous aimeriez faire avec vos amis ?

Étape 2 필수 어휘와 답변 전개 요령을 참조하세요.

필수 어휘 **passer** 보내다 | **temps (m)** 시간 | **sortir** 나가다, 외출하다 | **rencontrer** 만나다
déjeuner 점심 식사를 하다 | **quotidien** 일상의 | **moyen (m)** 방법 | **oublier** 잊다
impressionnant 인상적인 | **occasion (f)** 기회 | **étranger (m)** 외국

답변 전개 요령

주말에 무엇을 하며 시간을 보내는지 답변해야 하며, 그중에서도 지시 사항에 명시된 친구와 함께 하는 활동에 초점을 맞춰 구체적으로 말하는 것이 중요하다. 주말에 친구들과 이미 해 본 활동에 대한 답변을 마친 후, 감독관의 추가 질문으로 그렇다면 앞으로는 무엇을 해 보고 싶은지 물어볼 수 있다. 이때 외국이나 먼 지역으로 여행을 하고 싶다고 답변하면 무난하다.

Étape 3 해석과 모범 답변을 확인하고 실전 훈련하세요.

EX2 ▶ SUJET 2 **Sortir avec vos amis 당신 친구들과 외출하기**

Vous passez beaucoup de temps avec vos amis le week-end ? Que faites-vous avec eux ?

당신은 주말에 친구들과 많은 시간을 보내나요? 당신은 그들과 무엇을 하나요?

C:

Je sors de la maison à 11 h pour rencontrer mes amis. On déjeune au fast-food et après, on voit un film d'action parce que c'est un bon moyen d'oublier le stress en regardant un spectacle impressionnant. Après le film, on va au café et on parle des études ou bien de la vie quotidienne. Quelquefois, on dîne au restaurant ou bien on prend un verre.

나는 친구들을 만나기 위해 11시에 집에서 나옵니다. 우리는 패스트푸드점에서 점심을 먹고, 그 후에 액션 영화를 봅니다. 왜냐하면 그것은 화려한 액션을 보면서 스트레스를 잊는 좋은 방법이기 때문입니다. 영화를 보고, 우리는 카페에 가서 공부나 일상생활에 대해 말합니다. 때때로, 우리는 식당에서 저녁을 먹거나 한잔 합니다.

E:

Qu'est-ce que vous aimeriez faire avec vos amis ?

당신은 친구들과 무엇을 하고 싶으세요?

C:

J'ai cinq meilleurs amis et on est ensemble depuis le lycée. Mais nous n'avons jamais eu l'occasion de voyager ensemble à l'étranger. Alors j'aimerais partir en vacances en France avec eux.

나는 5명의 아주 친한 친구들이 있는데 우리는 고등학교 때부터 함께였습니다. 그렇지만 우리는 함께 외국을 여행할 기회가 한 번도 없었어요. 그래서 나는 그들과 함께 프랑스로 휴가를 떠나고 싶습니다.

구술 평가 EXERCICE 2 실전 연습

Étape 1 문제를 읽고 답변한 후, 감독관의 예상 질문에 따라 추가로 답변해 보세요.

문제 3 Track 2-03

EX2 ▶ SUJET 3 **Faire du shopping**

Vous faites souvent du shopping ? Où et avec qui ? Que pouvez-vous faire à cet endroit à part du shopping ?

Est-ce que vous achetez des choses sur Internet ? Pourquoi ? Expliquez.

À votre avis, quel est le problème des achats sur Internet ?

Étape 2 필수 어휘와 답변 전개 요령을 참조하세요.

필수 어휘 endroit (m) 장소 | centre-ville (m) 도심 | pratique 편리한 | acheter 사다 | adorer 아주 좋아하다 | chanter 노래하다 | danser 춤추다 | faim (f) 허기 | manger 먹다 | concert (m) 콘서트, 연주회 | expliquer 설명하다 | achat (m) 구매 | raison (f) 이유 | produit (m) 제품 | gagner 아끼다, 벌다 | commander 주문하다 | problème (m) 문제점 | attendre 기다리다 | recevoir 받다 | échanger 교환하다 | marchandise (f) 상품 | sans ~없이 | réfléchir 심사숙고하다 | gaspiller 낭비하다

답변 전개 요령

쇼핑과 관련된 주제를 선택한 경우 먼저 누구와 어느 장소에서 쇼핑하는지를 밝히고 구체적인 쇼핑 관련 내용을 이어 간다. 이때 단순히 쇼핑에 대해서만 언급하고 그칠 것이 아니라 쇼핑 전후에 무엇을 하는지까지 풍부하게 덧붙이면 좋다. 감독관의 추가 질문으로는 주된 쇼핑 경로를 물을 수 있는데 인터넷 구매에 대해 질문할 수 있다. 응시자는 인터넷 쇼핑 경험에 대해 언급하면서 장단점 등 자신의 의견을 간략하게 밝히며 답변을 마무리하면 바람직하다.

Étape 3 해석과 모범 답변을 확인하고 실전 훈련하세요.

EX2 ▶ **SUJET 3** **Faire du shopping 쇼핑하기**

Vous faites souvent du shopping ? Où et avec qui ? Que pouvez-vous faire à cet endroit, à part du shopping ?
당신은 쇼핑을 자주 하나요? 어디서 누구와요? 당신은 이 장소에서 쇼핑 외에 무엇을 할 수 있나요?

C: Je fais du shopping dans le centre-ville parce que c'est tout près de chez moi et que c'est pratique pour acheter des choses variées. En général, j'y vais avec mes amis et on peut y voir beaucoup de jeunes, car il y a plusieurs salles de jeux et ils adorent ça. Quelquefois, il y a des concerts pour les jeunes, alors on chante et on danse ensemble. Quand on a faim, on va au fast-food et on mange des hamburgers.
나는 도심에서 쇼핑을 하는데 왜냐하면 나의 집에서 가깝고 다양한 물건들을 사기에 편리하기 때문입니다. 일반적으로, 나는 그곳에 친구들과 가는데 그곳에서 많은 젊은이들을 볼 수 있어요. 왜냐하면 여러 게임방이 있고 그들은 이것을 아주 좋아하니까요. 때때로 젊은이들을 위한 콘서트가 있는데 우리는 함께 춤을 추면서 노래를 하죠. 배가 고플 때는 패스트푸드점에 가서 햄버거를 먹습니다.

E: Est-ce que vous achetez des choses sur Internet ? Pourquoi ? Expliquez.
당신은 인터넷에서 물건들을 사나요? 왜죠? 설명해 보세요.

C: J'ai déjà fait des achats sur Internet. Il peut y avoir plusieurs raisons pour choisir ce mode d'achat. Tout d'abord, on peut acheter les produits beaucoup moins chers quand on les commande dans une émission de télévision ou sur un site Internet. Et puis, on peut aussi gagner du temps parce qu'on n'a pas besoin d'aller au magasin.
나는 인터넷에서 이미 구매를 했습니다. 이런 구매 방법을 선택하는 데에는 여러 가지 이유가 있을 수 있습니다. 무엇보다도 먼저, 텔레비전 방송이나 인터넷 사이트에서 주문하면 제품들을 훨씬 덜 비싸게 살 수 있습니다. 그리고 또한 시간을 절약할 수 있는데 왜냐하면 가게에 갈 필요가 없기 때문입니다.

E: À votre avis, quel est le problème des achats sur Internet ?
당신 생각에, 인터넷 구매의 문제점은 무엇인가요?

C: Il faut attendre plusieurs jours pour recevoir les produits commandés. Et une fois qu'on achète quelque chose, ce n'est pas facile d'échanger s'il y a des problèmes sur la marchandise. Et puis, on peut faire des achats sans réfléchir et gaspiller de l'argent.
주문한 물건들을 받으려면 며칠을 기다려야 하고 무언가를 샀을 때, 만약 상품들에 문제들이 있으면 교환하기가 쉽지 않습니다. 그리고 깊이 생각하지 않고 쇼핑할 수 있기에 돈을 낭비할 수 있습니다.

구술 평가 EXERCICE 2 실전 연습

Étape 1 문제를 읽고 답변한 후, 감독관의 예상 질문에 따라 추가로 답변해 보세요.

문제 4 Track 2-04

EX2 ▶ **SUJET 4** **Journée idéale**

Que voudriez-vous faire si vous pouvez organiser votre emploi du temps ?

Quel est le moment le plus difficile dans votre journée ?

Étape 2 필수 어휘와 답변 전개 요령을 참조하세요.

필수 어휘 **idéal** 이상적인 | **emploi (m)** 사용 | **organiser** 조직하다, 개최하다 | **changer** 바꾸다 | **commencer** 시작하다 | **matin (m)** 아침 | **cantine (f)** 구내식당 | **choix (m)** 선택지 | **à peine** 겨우, 고작 | **souhaiter** 바라다, 원하다 | **se reposer** 휴식을 취하다 | **difficile** 어려운, 힘든 | **dur** 힘든 | **résister** 견뎌 내다 | **sommeil (m)** 잠 | **s'endormir** 잠들다

답변 전개 요령

자신이 원하는 하루 일과에 관한 질문으로, 현재 상황에서 어떤 점을 개선하고 싶은지 먼저 구체적으로 이야기하고, 이와 관련해서 앞으로의 계획이나 희망은 어떠한지 답변을 이어 간다. 감독관의 추가 질문으로는 하루 중 어떤 때가 가장 힘들며 그 이유는 무엇인지 물을 수 있다. 이에 응시자는 덥거나 추운 날씨 또는 특별한 고정 스케줄을 언급하며 자신의 고충을 설명하면 무난하다.

Étape 3 해석과 모범 답변을 확인하고 실전 훈련하세요.

EX2 ▶ SUJET 4 **Journée idéale 이상적인 하루**

Que voudriez-vous faire si vous pouvez organiser votre emploi du temps ?
만약 당신이 일과를 짤 수 있다면, 무엇을 하고 싶으세요?

C:

Si je pouvais organiser mon emploi du temps moi-même, je voudrais d'abord changer l'heure des cours parce qu'ils commencent trop tôt et qu'il y a trop de monde dans le métro le matin. Et puis, j'aimerais avoir deux heures pour déjeuner. En fait, je n'aime pas déjeuner à la cantine parce que les plats ne sont pas bons. Mais je n'ai pas le choix car j'ai à peine une heure pour déjeuner et je n'ai pas le temps de manger au restaurant à l'extérieur de l'université. Et puis, je souhaiterais qu'il n'y ait pas de cours le vendredi parce que je pourrais me reposer trois jours par semaine.
만약 내가 내 스스로 일과를 짤 수 있다면, 나는 우선 수업 시간을 바꾸고 싶습니다. 왜냐하면 수업이 너무 일찍 시작하고 아침에 지하철에 사람들이 너무 많기 때문입니다. 그리고 나는 점심 식사를 위해 두 시간을 갖고 싶어요. 사실 나는 학교 식당에서 점심을 먹는 것을 좋아하지 않는데 왜냐하면 음식이 맛이 없거든요. 그렇지만 나는 선택의 여지가 없는데 왜냐하면 점심 식사를 하는 데 겨우 한 시간이 있고 대학교 밖에 있는 식당에서 먹을 시간이 없기 때문이에요. 그리고 나는 금요일마다 수업이 없었으면 좋겠는데 왜냐하면 일주일에 3일은 쉴 수 있을 것 같기 때문이에요.

E:

Quel est le moment le plus difficile dans votre journée ?
당신 하루 중 가장 힘든 순간은 무엇입니까?

C:

Le cours qui commence après le déjeuner est très dur pour moi. C'est surtout très difficile de résister au sommeil au printemps. Quand il y a du soleil dans la classe, plus de la moitié des étudiants s'endorment.
점심 식사 이후에 시작하는 수업이 내게는 매우 힘듭니다. 특히 봄에 졸음을 견디는 것은 매우 어렵습니다. 해가 교실에 들 때면, 학생들의 절반 이상이 잠들어 있어요.

구술 평가 EXERCICE 2 실전 연습

Étape 1 문제를 읽고 답변한 후, 감독관의 예상 질문에 따라 추가로 답변해 보세요.

문제 5 Track 2-05

EX2 ▶ SUJET 5 **Études**

Qu'est-ce que vous étudiez et pourquoi ? Parlez de vos études.

Comment trouvez-vous des informations sur la France ?

Étape 2 필수 어휘와 답변 전개 요령을 참조하세요.

필수 어휘 **étudier** 공부하다 | **apprendre** 배우다 | **parler de** ~에 대해 말하다 | **continuer** 계속하다
s'intéresser à ~에 관심이 있다 | **peinture (f)** 그림 | **prix (m)** 상 | **artistique** 예술적인
se spécialiser 전공하다 | **information (f)** 정보 | **monument (m)** 기념물 | **musée (m)** 미술관
apprécier 감상하다, 즐기다

답변 전개 요령

먼저 응시자는 현재 무엇을 공부하고 있는지 언급하고 해당 과목 수업의 내용을 간략히 설명한다. 이어서 수업을 진행하는 선생님과 학습 분위기 등에 대한 보충 설명을 덧붙인다. 공부 중인 과목과 관련해서 앞으로 어떤 계획이 있는지 밝히면 자연스럽다. 감독관의 추가 질문으로 과목이나 수업과 관련된 정보는 어떻게 얻는지 물을 수 있는데, 이때 인터넷이나 선생님에게 문의한다고 답변하면 무난하다.

Étape 3 해석과 모범 답변을 확인하고 실전 훈련하세요.

EX2 ▶ **SUJET 5** **Études 학업**

Qu'est-ce que vous étudiez et pourquoi ? Parlez de vos études.

당신은 무엇을 공부하며 이유는요? 당신 학업에 대해 말해 보세요.

C:

J'apprends le français depuis que je suis devenu(e) étudiant(e) et je voudrais continuer mes études en France après l'université. Je m'intéresse beaucoup à la peinture et j'ai gagné des prix plusieurs fois à des concours. Comme la France est un pays artistique, j'aimerais me spécialiser dans l'art dans une université française.

나는 대학생이 되고부터 프랑스어를 공부하고 있는데, 대학 졸업 후에 프랑스에서 학업을 계속하고 싶습니다. 나는 그림에 관심이 많고 대회에서 여러 번 상을 탔습니다. 프랑스는 예술의 나라이기 때문에, 나는 프랑스 대학에서 미술을 전공하고 싶어요.

E:

Comment trouvez-vous des informations sur la France ?

당신은 프랑스에 대한 정보들을 어떻게 찾나요?

C:

En fait, je n'ai jamais visité la France mais j'ai des informations sur ce pays grâce à Internet. Et puis, mon professeur de français nous en parle beaucoup pendant les cours.

사실 나는 프랑스를 한 번도 방문해 본 적 없지만 인터넷 덕분에 이 나라에 대한 정보가 있어요. 그리고 나의 프랑스어 선생님이 우리에게 수업 동안 그것에 대해 많이 말해 주십니다.

(Je suis resté(e) en France l'année dernière pendant six mois en tant qu'étudiant en échange. Je n'y suis pas resté(e) longtemps mais j'ai eu l'occasion de visiter Paris. J'ai beaucoup apprécié de voir des monuments célèbres comme le musée du Louvre.)

(나는 교환 학생으로 작년에 6개월 동안 프랑스에 있었습니다. 그곳에 오래 있지는 않았지만 파리를 방문할 기회가 있었어요. 루브르 박물관과 같이 유명한 기념물들을 많이 감상했습니다.)

구술 평가 EXERCICE 2 실전 연습

Étape 1 문제를 읽고 답변한 후, 감독관의 예상 질문에 따라 추가로 답변해 보세요.

문제 6 Track 2-06

EX2 ▶ **SUJET 6** **Cuisine**

Vous savez cuisiner ? Où est-ce que vous mangez en général ? Quel est votre plat préféré ?

À votre avis, un bon repas est-il important ?

Quel est votre plat préféré et pourquoi ?

Étape 2 필수 어휘와 답변 전개 요령을 참조하세요.

필수 어휘 **savoir** 알다 | **cuisiner** 요리하다 | **préféré** 좋아하는 | **universitaire** 대학의 | **habiter** 거주하다 | **devoir** 해야한다 | **faire** 만들다, 하다 | **cuisinier** 요리사 | **petit-déjeuner (m)** 아침 식사 | **partager** 나누다, 공유하다 | **heureusement** 다행히 | **repas (m)** 식사 | **indispensable** 필수적인 | **rester** 머무르다, 있다 | **santé (f)** 건강 | **bœuf (m)** 소고기

답변 전개 요령

응시자가 요리를 잘한다고 할 경우 감독관이 요리와 음식에 대해 상세히 질문할 수 있다. 답변이 복잡해지는 상황을 피하기 위해서는 우선 요리를 잘 못한다고 답변하고, 그럼에도 자신이 요리할 수 있는 음식명으로 간단한 메뉴를 나열하는 편이 무난하다. 감독관의 추가 질문으로 식사와 음식의 중요성에 대한 의견을 물을 수 있는데, 건강을 유지하기 위해 음식이 매우 중요하다고 말하면 자연스럽다.

Étape 3 해석과 모범 답변을 확인하고 실전 훈련하세요.

EX2 ▶ **SUJET 6** **Cuisine 요리**

Vous savez cuisiner ? Où est-ce que vous mangez en général ? Quel est votre plat préféré ?

당신은 요리할 줄 아나요? 보통 당신은 어디에서 먹나요? 당신의 좋아하는 음식은 무엇입니까?

C: Comme j'habite dans une résidence universitaire, je dois faire les repas moi-même. Je n'aime pas faire la cuisine parce que je ne suis pas bon cuisinier. Alors je prends du lait et un sandwich au petit-déjeuner. Et puis, je déjeune et je dîne au restaurant de l'université avec mes amis. Quelquesfois, je fais la cuisine pour mon ami(e) qui partage la chambre avec moi. Ma spécialité est le bibimbap et heureusement, il (elle) l'adore.

나는 대학 기숙사에 살고 있기 때문에 식사를 스스로 해야 합니다. 나는 요리하는 것을 좋아하지 않는데, 왜냐하면 좋은 요리사가 아니기 때문입니다. 그래서 나는 아침 식사에 우유와 샌드위치를 먹어요. 그리고 나는 친구들과 학교 식당에서 점심 식사와 저녁 식사를 합니다. 때때로 나는 나와 방을 같이 쓰는 친구를 위해 요리를 합니다. 내가 제일 잘하는 것은 비빔밥인데 다행히 그(녀)가 그것을 아주 좋아합니다.

E: À votre avis, un bon repas est-il important ?

당신 생각에, 좋은 식사는 중요한가요?

C: Bien sûr. Un bon repas est indispensable pour rester en bonne santé. Et puis, je pense que c'est une bonne chose de faire la cuisine pour quelqu'un.

물론이죠. 좋은 식사는 건강하기 위해 필수적입니다. 그리고 나는 누군가를 위해 요리를 하는 것은 좋은 것이라고 생각해요.

E: Quel est votre plat préféré et pourquoi ?

당신이 좋아하는 음식은 무엇이고 이유는요?

C: J'aime le bulgogi. C'est un plat qu'on fait avec du bœuf et il est vraiment délicieux. On peut le manger à la maison ou au restaurant.

나는 불고기를 좋아합니다. 그것은 소고기를 가지고 만드는 요리인데 정말로 맛있어요. 집이나 식당에서 그것을 먹을 수 있습니다.

구술 평가 EXERCICE 2 실전 연습

Étape 1 문제를 읽고 답변한 후, 감독관의 예상 질문에 따라 추가로 답변해 보세요.

문제 7 Track 2-07

EX2 ▶ SUJET 7 **Activités personnelles**

Quelle est votre activité préférée et pourquoi ?

Quelle ville est-ce que vous aimez le plus et pourquoi ?

Étape 2 필수 어휘와 답변 전개 요령을 참조하세요.

필수 어휘 **activité (f)** 활동 | **voyager** 여행하다 | **visiter** 방문하다 | **region (f)** 지역 | **environnant** 근처의, 주위의 | **apprendre** 배우다 | **culture (f)** 문화 | **partir** 출발하다 | **adorer** 아주 좋아하다 | **connaître** 알다 | **gourmand** 미식의, 미식가 | **goûter** 맛보다 | **impressionner** 깊은 인상을 주다 | **croire** 생각하다, 믿다 | **partout** 어디(에)서나 | **penser** 생각하다 | **ville (f)** 도시

답변 전개 요령

개인이 선호하는 활동에 대해 질문하므로 응시자는 자신이 좋아하는 취미 활동을 설명하면 된다. 주의할 점은 감독관의 추가 질문을 예상하고 그에 대한 추가 답변까지 구상해 가며 답변해야 한다는 것이다. 예를 들어, 독서나 영화 감상을 좋아한다고 말하면 분명히 책이나 영화에 대한 구체적인 내용을 물어볼 수 있고, 여행을 좋아한다고 말하면 여행지 중 인상 깊었던 장소 또는 맛있는 음식은 무엇이었는지 상세히 물어볼 수 있다. 이러한 점을 고려하여 응시자는 자신이 상대적으로 잘 알고 있으며 설명하기에 익숙한 활동을 언급하는 것이 바람직하다.

Étape 3 해석과 모범 답변을 확인하고 실전 훈련하세요.

Activités personnelles 개인 활동들

Quelle est votre activité préférée et pourquoi ?
당신의 좋아하는 활동은 무엇이며 이유는요?

C:

J'adore voyager parce que je peux apprendre des cultures que je ne connais pas. Et puis, je suis gourmand(e) et je peux goûter des plats vraiment délicieux en voyageant.
나는 여행하는 것을 아주 좋아하는데 왜냐하면 내가 알지 못하는 문화들을 배울 수 있기 때문입니다. 그리고 나는 미식가인데 여행을 하면서 매우 맛있는 음식들을 맛볼 수 있습니다.

E:

Quelle ville est-ce que vous aimez le plus et pourquoi ?
당신은 어떤 도시를 가장 좋아하며 이유는요?

C:

Je n'ai pas beaucoup voyagé à l'étranger mais c'est Prague qui m'a le plus impressionné. Ce n'était pas aussi grand que je croyais. J'ai visité cette ville à pied. Elle était très calme et j'ai pu écouter de la musique partout dans la rue. Je pense que c'est une ville artistique et tout le monde va l'adorer.
나는 외국을 많이 여행하지 않았지만 내게 가장 깊은 인상을 주었던 것은 프라하입니다. 내가 생각했던 것보다는 크지 않았습니다. 나는 이 도시를 걸어서 여행했죠. 도시는 매우 조용했고 나는 거리 어디에서나 음악을 들을 수 있었습니다. 나는 이곳이 예술의 도시이며 모든 사람들이 이곳을 아주 좋아할 것이라 생각합니다.

구술 평가 EXERCICE 2 실전 연습

Étape 1 문제를 읽고 답변한 후, 감독관의 예상 질문에 따라 추가로 답변해 보세요.

문제 8 Track 2-08

EX2 ▶ SUJET 8 **École ou travail**

Décrivez votre école ou votre travail. Dites ce que vous aimez et pourquoi.

Qu'est-ce que vous voudriez changer dans votre école ou votre classe ?

Qu'est-ce que vous voudriez changer dans votre entreprise ?

Étape 2 필수 어휘와 답변 전개 요령을 참조하세요.

필수 어휘 **décrire** 묘사하다 | **école (f)** 학교 | **travail (m)** 직장 | **dire** 말하다 | **pratique** 편리한 **transport (m)** 교통수단 | **agréable** 안락한 | **se promener** 산책하다 | **souvent** 종종 **stade (m)** 운동장 | **entreprise (f)** 회사 | **depuis** ~이래로 | **trouver** 발견하다, 찾다 **studio (m)** 원룸, 스튜디오 | **prendre** (시간이) 걸리다 | **condition (f)** 조건 | **ambiance (f)** 분위기 **convivial** 친근한, 가족적인 | **s'entendre bien avec** ~와(과) 잘 지내다, 사이가 좋다 | **collègue** 동료 **salle (f)** 방, 실(室) | **changer** 바꾸다 | **environnement (m)** 환경 | **confortable** 편안한 **climatisation (f)** 에어컨 | **chauffage (m)** 난방 장치 | **panne (f)** 고장 | **marcher** 작동하다 **repas (m)** 식사 | **cantine (f)** 구내식당 | **nourriture (f)** 음식

답변 전개 요령

학교 또는 직장에 대한 묘사와 구체적인 느낌을 나열하고, 지시 사항에 명시되어 있듯이 그중 특히 어떤 점이 좋은지 언급해야 한다. 장점을 밝히고 그 이유를 답변하고 나면 감독관은 추가 질문으로 그렇다면 싫어하거나 바꾸고 싶은 점과 그 이유를 질문할 가능성이 높다.

Étape 3 해석과 모범 답변을 확인하고 실전 훈련하세요.

EX2 ▶ SUJET 8 **École ou travail 학교 또는 직장**

Décrivez votre école ou votre travail. Dites ce que vous aimez et pourquoi.
당신의 학교 또는 직장을 묘사하세요. 당신이 좋아하는 것과 이유를 말하세요.

학교 묘사

C:

Mon université se trouve en plein centre-ville et c'est pratique pour y aller parce qu'il y a beaucoup de transports en commun comme le bus ou le métro. Elle n'est pas très grande mais elle est agréable. Il y a un grand campus et beaucoup d'étudiants s'y promènent après le déjeuner ou bien ils parlent de la vie quotidienne assis sur un banc. Et les garçons font souvent du sport dans le stade.
나의 대학교는 도심 한복판에 있습니다. 버스나 지하철과 같이 많은 대중교통이 있기 때문에 거기로 가는 데 편리합니다. 대학교가 그렇게 크지는 않지만 안락합니다. 큰 캠퍼스가 하나 있는데 많은 학생들이 점심 식사 후 그곳에서 산책하거나 벤치에 앉아서 일상생활에 대해 말합니다. 그리고 남자애들은 운동장에서 자주 운동을 합니다.

E:

Qu'est-ce que vous voudriez changer dans votre école ou votre classe ?
당신의 학교나 교실에서 당신이 바꾸고 싶은 것은 무엇인가요?

C:

J'aimerais travailler dans un environnement confortable. Par exemple, alors qu'il fait très chaud en été, la climatisation tombe souvent en panne. Ou bien le chauffage ne marche pas bien en hiver.
나는 편안한 환경에서 공부하고 싶어요. 예를 들어, 여름에 날씨가 아주 더울 때 에어컨이 자주 고장이 납니다. 또는 겨울에 난방이 잘 작동하지 않아요.

직장 묘사

C:

Je travaille dans une grande entreprise depuis trois ans. J'ai trouvé un studio pas loin et ça prend cinq minutes pour y aller à pied. Les conditions de travail ne sont pas mauvaises et on travaille dans une ambiance conviviale. Je m'entends bien avec mes collègues et on peut faire du sport pendant l'heure de pause car il y a une salle de sport dans mon entreprise.

나는 3년 전부터 대기업에서 일하고 있습니다. 나는 멀지 않은 원룸을 구했는데 거기까지 걸어서 5분 걸립니다. 근무 조건은 나쁘지 않고 우리는 가족적인 분위기에서 일합니다. 나는 동료들과 잘 지내며 우리는 휴식 시간 동안 운동을 할 수 있습니다. 왜냐하면 회사 안에 체육실이 있기 때문입니다.

E:

Qu'est-ce que vous voudriez changer dans votre entreprise ?

당신의 회사에서 바꾸고 싶은 것은 무엇인가요?

C:

J'aimerais manger de meilleurs repas. En général, nous déjeunons à la cantine mais la nourriture n'est pas bonne. On n'a pas le temps de manger ailleurs parce que la plupart des restaurants sont loin de mon entreprise.

나는 더 나은 식사를 먹고 싶습니다. 보통, 우리는 구내식당에서 점심을 먹는데 음식이 맛있지 않아요. 우리는 다른 곳에서 먹을 시간이 없는데 왜냐하면 대부분의 식당들이 내 회사에서 멀기 때문입니다.

구술 평가 EXERCICE 2 실전 연습

Étape 1 문제를 읽고 답변한 후, 감독관의 예상 질문에 따라 추가로 답변해 보세요.

문제 9 Track 2-09

EX2 ▶ **SUJET 9** **Internet**

Dans quels cas utilisez-vous Internet ? Quel est son avantage ?

À votre avis, quel est le problème d'Internet ?

Étape 2 필수 어휘와 답변 전개 요령을 참조하세요.

필수 어휘 **utiliser** 사용하다 | **avantage (m)** 장점 | **chercher** 찾다 | **information (f)** 정보 | **réserver** 예약하다 | **nouvelle (f)** 소식 | **réseau social (m)** 사회 관계망, SNS | **penser** 생각하다 | **magasin (m)** 상점 | **acheter** 구입하다, 사다 | **gagner** 벌다, 절약하다 | **risquer** 위험이 있다 | **dévoilé** 드러난 | **naviguer** 항해하다, 돌아다니다 | **perdre** 잃다, 허비하다

답변 전개 요령

인터넷을 주제로 용도와 장점에 관해 설명해야 한다. 인터넷의 용도로 쇼핑, 자료 검색, 친구와의 대화 등 다양한 경우를 나열할 수 있다. 장점과 관련해서는 앞에서 언급한 용도에 따라 가격 비교를 할 수 있어 쇼핑하기에 편리하다든지, 최신 정보가 풍부하다는 식으로 덧붙여 나간다. 인터넷의 장점을 모두 답변한 후 감독관의 추가 질문으로 그렇다면 단점은 무엇이라고 생각하는지 물을 수 있다.

Étape 3 해석과 모범 답변을 확인하고 실전 훈련하세요.

EX2 ▶ SUJET 9 **Internet 인터넷**

Dans quels cas utilisez-vous Internet ? Quel est son avantage ?
어떤 경우에 당신은 인터넷을 사용하나요? 장점이 뭐죠?

C:

J'utilise souvent Internet pour chercher des informations ou bien réserver des billets de cinéma. Je l'utilise surtout pour avoir des nouvelles de mes amis grâce aux réseaux sociaux comme Facebook ou Instagram. Je pense qu'il y a beaucoup d'avantages si on utilise Internet. Par exemple, on n'a pas besoin d'aller au magasin pour acheter quelque chose et on peut gagner du temps. Et puis, on peut acheter des produits moins chers.
나는 정보를 찾거나 영화표를 예약할 때 인터넷을 자주 사용합니다. 특히 나는 페이스북이나 인스타그램 같은 소셜 네트워크로 친구들의 소식들을 알기 위해 그것을 사용합니다. 나는 인터넷을 사용하면 많은 장점들이 있다고 생각해요. 예를 들어, 무언가를 사기 위해 상점에 갈 필요가 없어서 시간을 절약할 수 있죠. 그리고 물건을 덜 비싸게 살 수 있습니다.

E:

À votre avis, quel est le problème d'Internet ?
당신 생각에, 인터넷의 문제점은 무엇인가요?

C:

Je pense que les informations personnelles risquent d'être dévoilées et il faut faire attention quand on l'utilise. Et puis, on passe souvent des nuits blanches à naviguer sur Internet et on perd trop de temps.
나는 개인 정보들이 유출될 위험이 있다고 생각하기에 그것을 사용할 때 주의해야 해요. 그리고 인터넷을 서핑하는 데 밤을 자주 새우고 시간을 너무 많이 허비해요.

구술 평가 EXERCICE 2 실전 연습

Étape 1 문제를 읽고 답변한 후, 감독관의 예상 질문에 따라 추가로 답변해 보세요.

문제 10 Track 2-10

EX2 ▸ SUJET 10 **Téléphone portable**

À votre avis, le téléphone portable est-il absolument nécessaire ? Pouvez-vous vivre sans ?

Quel est le problème du téléphone portable ?

Étape 2 필수 어휘와 답변 전개 요령을 참조하세요.

필수 어휘 **absolument** 꼭 | **nécessaire** 필요한 | **pouvoir** 할 수 있다 | **vivre** 살다
indispensable 필수불가결한 | **cher** 비싼 | **choix (m)** 선택 | **laisser** 남겨 두다
se sentir (기분·느낌이) ~하다 | **jouer** 놀다, 게임하다 | **fonctionner** 작동하다

답변 전개 요령

휴대폰의 필요성에 대한 의견을 밝히는 문제로서 휴대폰 사용의 장점과 단점을 모두 답변할 수 있어야 한다. 먼저 지시 사항에 따라 휴대폰이 필수적이라는 점에 대해 긍정적 또는 부정적으로 자신의 견해를 밝힌다. 장점을 언급할 경우 빠르고 편리한 소통 측면을 강조하고, 단점을 언급할 경우 인간관계 문제와 비싼 가격에 대해 답변하면 무난하다.

Étape 3 해석과 모범 답변을 확인하고 실전 훈련하세요.

EX2 ▶ **SUJET 10** **Téléphone portable 휴대폰**

À votre avis, le téléphone portable est-il absolument nécessaire ? Pouvez-vous vivre sans ?

당신 생각에, 휴대폰은 꼭 필요한가요? 당신은 휴대폰 없이 살 수 있나요?

C:

Je pense que le téléphone portable est indispensable dans une société moderne. On peut travailler n'importe où et n'importe quand grâce à lui. C'est vrai qu'il est un peu cher mais on n'a pas le choix. Personnellement, je ne pourrais pas vivre sans. J'ai laissé le mien à la maison l'autre jour et je me suis senti(e) très mal à l'aise toute la journée.

나는 휴대폰이 현대 사회에서 없어서는 안 된다고 생각해요. 휴대폰 덕분에 우리는 언제 어디서나 일할 수 있죠. 휴대폰이 조금 비싼 건 사실이지만 선택의 여지가 없어요. 개인적으로 나는 휴대폰 없이 살 수 없을 것 같아요. 일전에, 나는 집에 내 휴대폰을 놔두었는데 하루 종일 매우 불편했어요.

E:

Quel est le problème du téléphone portable ?

휴대폰의 문제점은 무엇인가요?

C:

J'ai l'impression que les jeunes ne se parlent pas beaucoup même quand ils se voient parce qu'ils jouent avec leur téléphone portable. Et puis, ils en changent trop souvent alors qu'ils fonctionnent encore bien.

나는 젊은 사람들이 서로 만나도, 휴대폰으로 게임을 하느라 서로 말을 많이 하지 않는다고 느껴요. 그리고 그들은 휴대폰이 여전히 잘 작동됨에도 불구하고 너무 자주 바꿔요.

EXERCICE 3

EXERCICE EN INTERACTION

EXERCICE 3는 '**Exercice en interaction** 상호 대화'로서 주어진 상황과 역할에 맞춰 대화하는 방식이다. 응시자는 준비실에 입장한 다음, 뒤집혀 있는 10여 개의 쪽지들 중 2개를 골라 구술 주제를 살펴보고, 20초 내외의 시간 동안 최종적으로 1개의 쪽지를 선택한다. 최종 쪽지에 기재된 상황 설정으로 감독관과 역할을 분담하여 대화를 주고받는 형식으로 진행된다. 준비실에서 배부하는 연습용 종이에 대화할 내용을 적어 시험장에서 이를 보며 답변하는 응시자들이 있는데 이는 원칙적으로 금지되어 있어 감점의 요인이 되므로 삼가한다.

EXERCICE 3 완전 공략

1 핵심 포인트

역할을 분담하여 상황극 형식으로 진행되는 대화 평가로 약 3~4분 가량 진행되는데, 3개 EXERCICE 중 가장 난이도가 높다. 주어진 상황에 부합하면서 감독관과 매끄럽게 대화를 이어 나가려면 우선 감독관의 말을 실시간으로 정확히 알아들어야 하고, 그다음은 다양한 상황에 따른 빈출 어휘와 표현이 머릿속에서만 맴돌지 않고 바로 입으로 말할 수 있도록 충분히 훈련되어 있어야 한다.

2 빈출 주제

물건 구입, 여행 계획, 장소 추천 등 일상생활에서 쉽게 접할 수 있는 상황을 중심으로 감독관과 대화하게 된다. 어떤 주제가 주어지더라도 상황 설정에 초점을 맞추어 정보를 교환할 수 있어야 하며, 돌발 상황에서도 대화의 흐름을 자연스럽게 이어 가는 것이 중요하다.

3 고득점 전략

(1) 내가 맡은 역할을 정확히 확인한다.

최종 쪽지에서 자신이 맡은 역할은 무엇이고 감독관이 맡은 역할은 무엇인지 다시 한 번 확인하고 숙지하자. 자칫 혼동하여 감독관이 맡은 역할로 말하는 경우, 응시자가 아무리 완벽한 문장으로 유창하게 대화했다 해도 결코 좋은 점수를 받을 수 없다.

(2) 시험실 규칙을 숙지하고 대비한다.

시험실에 입장하면 감독관은 응시자에게 몇 번 주제를 골랐는지 묻고, 응시자는 이에 답한 다음 대화를 시작하게 된다. 시험실에서는 응시자가 고른 쪽지를 다시 보여 주지 않으므로, 준비실에서의 기억에만 의존하여 대화를 진행하려면 생각보다 어려움을 느끼게 된다. 따라서 응시자는 준비실에서 주제를 고른 후, 대화 진행을 위한 개요와 핵심 어휘 및 표현들을 수험표의 빈 공간에 적어 부분적으로 참조하며 시험실에 입장하도록 한다.

(3) 감독관의 말을 정확히 파악한다.

감독관과 직접 대화하며 평가가 진행되므로, 완성도 높은 답변을 이어 가기 위해서는 감독관이 말하는 내용을 파악하는 것이 기본이다. 혹시 감독관의 말이 잘 이해되지 않은 경우 지레짐작으로 말하다가 엉뚱한 답변으로 감점을 당할 수 있다. 반드시 다시 한 번 말해 달라고 요청하여 제대로 듣고 대응하도록 한다.

구술 평가 EXERCICE 3 실전 연습

Étape 1 문제를 읽고 답변한 후, 감독관의 예상 질문에 따라 추가로 답변해 보세요.

 Track 3-01

EX3 ▶ **SUJET 1** **Film**

Votre ami français s'intéresse beaucoup aux films étrangers. Il y a un festival du cinéma et quelques films de votre pays vont passer sur les écrans de Paris. Il vous pose des questions sur ces films. Vous lui en conseillez un.

L'examinateur joue le rôle de l'ami.

Il y a un festival de cinéma coréen à Paris à partir de la semaine prochaine.

Alors j'aimerais voir un film, mais je ne sais pas lequel parce qu'il y en a tellement.

Parle-moi de l'histoire.

Étape 2 문제 해석 및 필수 어휘와 대화 구성 요령을 참조하세요.

EX3 ▶ SUJET 1 **Film 영화**

Votre ami français s'intéresse beaucoup aux films étrangers. Il y a un festival du cinéma et quelques films de votre pays vont passer sur les écrans de Paris. Il vous pose des questions sur ces films. Vous lui en conseillez un.

당신의 프랑스 친구는 외국 영화에 관심이 많습니다. 영화 축제가 있고 당신 나라의 몇몇 영화들이 파리의 스크린에 상영될 것입니다. 그는 당신에게 이 영화들에 대해 질문합니다. 당신은 그에게 이것들 중 하나를 추천합니다.

L'examinateur joue le rôle de l'ami.
감독관은 친구의 역할을 합니다.

필수 어휘 **écran (m)** 화면 | **poser** 제기하다 | **conseiller** 권하다, 충고하다 | **rôle (m)** 역할
s'intéresser à ~에 관심이 있다 | **savoir** 알다 | **effectivement** 실제로 | **entendre** 듣다
tellement 그토록, 매우 | **chance (f)** 운 | **titre (m)** 제목 | **histoire (f)** 이야기, 줄거리
sorte (f) 종류 | **biographie (f)** 전기 | **amiral (m)** 해군 대장, 해군 사령관 | **gagner** 승리하다
bataille (f) 전투 | **naval** 해전의 | **malgré** ~에도 불구하고 | **accompagner** 동행하다

대화 구성 요령

감독관이 외국 영화를 좋아하는 친구 역할을 맡아 파리에서 개봉하는 응시자 나라의 영화에 대해 질문하고 응시자는 그에 답변하는 흐름으로 진행한다. 영화를 추천해 주라는 지시 사항이 있으므로 준비실에서 미리 영화 한 편을 선정하여 간략하게 줄거리를 프랑스어로 떠올려 두어야 한다.

Étape 3 모범 답변을 확인하고 실전 훈련하세요.

C Salut ! Tu voulais me voir ?
안녕! 너 나 보고 싶었어?

E Oui. J'ai besoin de tes conseils.
응. 나 너의 조언이 필요해.

C Vas-y ! Je t'écoute.
해 봐! 듣고 있어.

E Voilà, je m'intéresse beaucoup à ton pays.
다름이 아니라, 나는 네 나라에 관심이 많거든.

C Oui, je sais bien.
응, 잘 알고 있지.

E Il y a un festival de cinéma coréen à Paris à partir de la semaine prochaine.
다음 주부터 파리에서 한국 영화제가 있거든.

C Effectivement, j'en ai entendu parler.
실제로 나는 그것에 대해 말하는 것을 들었어.

E Alors j'aimerais voir un film, mais je ne sais pas lequel parce qu'il y en a tellement.
그래서 나는 영화 하나를 보고 싶은데 어느 것을 봐야 할지 모르겠어, 왜냐하면 그것들이 정말 많거든.

C Tu as de la chance : il y aura un excellent film qui va passer pendant ce festival de cinéma.
너는 운이 좋구나: 왜냐하면 이번 영화제 동안 상영될 훌륭한 영화가 하나 있을 거거든.

E Ah bon ?
아 그래?

C Le titre de ce film, c'est Myeongnyang.
이 영화 제목은 명량이야.

E Parle-moi de l'histoire.
스토리를 내게 말해 줘.

C C'est une sorte de biographie d'un amiral qui s'appellait LEE Sounshin. Il a gagné une bataille navale contre l'armée japonaise malgré de mauvaises conditions.
이순신이라 불렸던 장군의 일종의 전기야. 그는 열악한 조건에도 불구하고 일본군에 맞서 해전에서 승리했어.

E Alors je dois absolument le voir.
그러면 난 꼭 그것을 봐야 해.

C Je peux t'accompagner si tu veux. Qu'est-ce que tu en penses ?
만약 네가 원하면, 내가 너랑 같이 갈 수 있어. 너는 어떻게 생각하니?

E C'est une très bonne idée.
아주 좋은 생각이야.

C On se rappelle, alors.
그럼 다시 통화하자.

E D'accord et merci.
알았어 그리고 고마워.

구술 평가 EXERCICE 3 실전 연습

Étape 1 문제를 읽고 답변한 후, 감독관의 예상 질문에 따라 추가로 답변해 보세요.

문제 2 Track 3-02

EX3 ▶ SUJET 2 **Fête de l'école**

Votre école organise une fête et vous proposez à votre ami français de venir avec vous. Vous lui expliquez le programme de cette fête et les activités que vous allez faire.

L'examinateur joue le rôle de l'ami.

Je n'ai pas grand chose à faire. Pourquoi ?

Est-ce qu'il y a quelque chose de spécial à voir ?

Étape 2 **문제 해석 및 필수 어휘와 대화 구성 요령을 참조하세요.**

EX3 ► **SUJET 2** **Fête de l'école 학교 축제**

Votre école organise une fête et vous proposez à votre ami français de venir avec vous. Vous lui expliquez le programme de cette fête et les activités que vous allez faire.

당신의 학교가 축제를 개최하는데 당신은 프랑스 친구에게 당신과 함께 갈 것을 제안합니다. 당신은 그에게 이 축제의 프로그램과 당신이 할 활동들을 설명합니다.

L'examinateur joue le rôle de l'ami.
감독관은 친구의 역할을 합니다.

필수 어휘 **organiser** 조직하다, 개최하다 | **prochain** 다음 | **inviter** 초대하다 | **célèbre** 유명한
préparer 준비하다 | **gourmand** 미식의, 미식가 | **adorer** 아주 좋아하다
commencer 시작하다 | **passer** 지나다, 들르다 | **prendre** 잡다, 쥐다, 마시다 | **ensemble** 함께

대화 구성 요령

친구 역할을 맡은 감독관에게 응시자가 학교 축제에 같이 가자고 제안하는 대화를 구성해야 한다. 축제에서 무엇을 할 것인지에 대해 상세히 설명하고 친구가 좋아할 만한 활동을 구체적으로 제시함으로써 친구의 동의를 이끌어 내는 것이 중요하다.

Étape 3 모범 답변을 확인하고 실전 훈련하세요.

C Salut ! Qu'est-ce que tu fais samedi prochain ?
안녕! 너 다음 주 토요일에 뭐 해?

E Je n'ai pas grand chose à faire. Pourquoi ?
크게 할 일은 없어. 왜?

C Ça tombe bien. Il y a une fête à mon école. Tu veux venir avec moi ?
잘됐다. 내 학교에서 축제가 있거든. 너 나랑 같이 갈래?

E Je ne suis pas sûr(e).
난 확실치 않아.

C Tu sais, la fête de notre université est très connue.
너 알지, 우리 대학교의 축제는 매우 유명해.

E Est-ce qu'il y quelque chose de spécial à voir ?
특별히 볼 만한 것들이 있니?

C Bien sûr. On invite des chanteurs ou des chanteuses très célèbres et on va chanter et danser toute la nuit.
물론이지. 우리는 아주 유명한 가수들을 초대하고, 밤새 노래하고 춤출 거야.

E Ah bon ? Alors, ça m'intéresse.
아 그래? 그러면 흥미로운데.

C On prépare aussi des plats coréens vraiment délicieux. Comme tu es gourmand(e), je suis sûr(e) que tu vas adorer ça.
우리는 또한 정말 맛있는 한국 음식들을 준비해. 너는 미식가니까, 그것을 아주 좋아할 것이라고 나는 확신해.

E Bon, d'accord, je vais y aller avec toi.
좋아, 알았어, 나 너와 함께 거기 갈게.

C La fête commence à 18 h, alors je vais passer chez toi vers 16 h. On peut prendre un café et après, on y va ensemble. Qu'est-ce que tu en penses ?
축제가 18시에 시작하니까, 내가 너의 집에 16시경에 들를게. 우리는 커피를 마실 수 있고, 그 후에 그곳에 함께 가는 거야. 너는 어떻게 생각하니?

E C'est une bonne idée.
그거 좋은 생각이야.

C Parfait. Alors on se voit samedi prochain, d'accord ?
완벽해. 그러면 우리 다음 주 토요일에 보자, 알았지?

E D'accord.
알았어.

구술 평가 EXERCICE 3 실전 연습

Étape 1 문제를 읽고 답변한 후, 감독관의 예상 질문에 따라 추가로 답변해 보세요.

문제 3 Track 3-03

EX3 ▶ SUJET 3 **Voyage**

Un ami français a l'intention de voyager dans votre pays pendant les vacances. Il veut avoir des informations plus précises sur votre pays. Vous lui conseillez des lieux qu'il doit visiter en répondant à ses questions.

L'examinateur joue le rôle de l'ami.

Salut. Tu as une minute ? J'ai quelque chose à te demander.

Voilà. C'est bientôt les vacances d'été et j'aimerais visiter ton pays. Comme c'est la première fois que j'y vais, j'aimerais te demander quelques informations.

D'accord. Et puis, tu peux me dire quels endroits je dois visiter ?

Et quoi d'autre ?

Étape 2 문제 해석 및 필수 어휘와 대화 구성 요령을 참조하세요.

EX3 ▶ SUJET 3 **Voyage 여행**

Un ami français a l'intention de voyager dans votre pays pendant les vacances. Il veut avoir des informations plus précises sur votre pays. Vous lui conseillez des lieux qu'il doit visiter en répondant à ses questions.
한 프랑스 친구가 방학 동안 당신의 나라를 여행할 생각입니다. 그는 당신 나라에 대한 보다 구체적인 정보들을 원합니다. 당신은 그의 질문에 대답하면서 방문해야 할 장소들을 그에게 추천합니다.

L'examinateur joue le rôle de l'ami.
감독관은 친구의 역할을 합니다.

필수 어휘 **avoir l'intention de** ~할 생각이다 | **intention (f)** 의도 | **voyager** 여행하다 | **pendant** ~동안
vacances (f. pl) 휴가, 방학 | **information (f)** 정보 | **précis** 구체적인 | **répondre** 대답하다
demander 부탁하다, 요청하다 | **premier** 최초의 | **temps (m)** 날씨 | **chaud** 더운, 따뜻한
pleuvoir 비가 오다 | **endroit (m)** 장소 | **temple (m)** 사원 | **quartier (m)** 동네, 구역
trouver 발견하다, 찾다 | **donner** 주다 | **aide (f)** 도움 | **soulager** 덜어 주다
s'inquiéter de ~에 대해 걱정하다

대화 구성 요령

감독관이 프랑스 친구 역할을 맡아 방학 동안 응시자의 나라를 여행하고 싶어하는 상황에 맞게, 구체적인 여행 정보를 제공하고 방문할 장소를 추천해 주어야 한다. 응시자는 자신의 나라의 현재 계절과 날씨, 가 볼 만한 곳 등 기본 정보를 설명하는 문답을 주고받으며 마무리로는 여행 중 문제가 발생한 경우 친구에게 도움을 주겠다는 대화를 덧붙이면 자연스럽다.

Étape 3 모범 답변을 확인하고 실전 훈련하세요.

E Salut. Tu as une minute ? J'ai quelque chose à te demander.
안녕. 너 시간 있니? 나 너에게 부탁할 것이 있어.

C Oui. Je t'écoute.
그래. 듣고 있어.

E Voilà. C'est bientôt les vacances d'été et j'aimerais visiter ton pays. Comme c'est la première fois que j'y vais, j'aimerais te demander quelques informations.
다름이 아니라, 곧 여름 방학이고 나는 너의 나라를 방문하고 싶어. 나는 그곳에 가는 게 처음이라서 너에게 몇몇 정보들을 부탁하고 싶어.

C Aucun problème. Qu'est-ce que tu veux savoir ?
문제없지. 너는 무엇을 알고 싶니?

E Tout d'abord, quel temps fait-il en Corée en été ?
무엇보다도 먼저, 여름에 한국 날씨는 어때?

C Il fait chaud et il pleut beaucoup.
덥고 비가 많이 와.

E D'accord. Et puis, tu peux me dire quels endroits je dois visiter ?
알았어. 그리고 너는 내가 어떤 장소들을 방문해야 하는지 말해 줄 수 있니?

C D'abord, tu dois visiter Séoul, qui est la capitale de la Corée. Et puis, tu dois absolument visiter le quartier appelé Insa-dong. On peut y trouver plein d'objets traditionnels de Corée.
우선, 너는 한국의 수도인 서울을 방문해야 돼. 그리고 인사동이라 불리는 동네를 꼭 방문해야 해. 그곳에서 한국의 전통 물건들을 많이 찾을 수 있어.

E Et quoi d'autre ?
그리고 다른 곳은?

C Tu peux aussi aller à Gyeongju. Il y a un grand temple qui s'appelle Bulguksa et il est vraiment magnifique.
너는 또 경주를 갈 수 있어. 불국사라 불리는 큰 절이 있는데 정말 멋져.

E Ah bon ? J'aimerais vraiment visiter ce temple !
아 그래? 나는 그 절을 꼭 방문하고 싶어!

C Je vais te donner le numéro de téléphone de mon ami. Tu pourras lui demander de l'aide au cas où tu en as besoin.
내가 너에게 내 친구의 전화번호를 줄게. 도움이 필요한 경우에, 너는 그에게 도움을 요청할 수 있을 거야.

E Tu peux faire ça pour moi ? Merci. Ça me soulage beaucoup.
너 날 위해서 그것을 해 줄 수 있어? 고마워. 마음이 많이 놓인다.

C Ne t'inquiète pas trop. Tout se passera bien. Je te souhaite un bon voyage !
너무 걱정하지 마. 모든 것이 잘될 거야. 좋은 여행이 되기를 바라!

구술 평가 EXERCICE 3 실전 연습

Étape 1 문제를 읽고 답변한 후, 감독관의 예상 질문에 따라 추가로 답변해 보세요.

문제 4 Track 3-04

EX3 ▶ SUJET 4 **Chez un ami**

Vous restez quinze jours chez votre ami français pendant les vacances d'été. Vous lui proposez de faire des activités ensemble.

L'examinateur joue le rôle de l'ami.

Je ne sais pas encore. Et toi ?

Qu'est-ce que vous allez faire ?

C'est vrai ? Ce sera avec plaisir.

Étape 2 문제 해석 및 필수 어휘와 대화 구성 요령을 참조하세요.

EX3 ▶ **SUJET 4** **Chez un ami 친구 집에서**

Vous restez quinze jours chez votre ami français pendant les vacances d'été. Vous lui proposez de faire des activités ensemble.
당신은 여름 방학 동안 프랑스 친구 집에서 15일 동안 머뭅니다. 당신은 그에게 함께 활동을 하자고 제안합니다.

L'examinateur joue le rôle de l'ami.
감독관은 친구의 역할을 합니다.

필수 어휘 **rester** 머무르다, 있다 | **chez** ~의 집에 | **proposer** 제안하다 | **vient de+동사 원형** 방금, 막 ~하다
finir 끝내다 | **examen (m)** 시험 | **se détendre** 긴장을 풀다, 휴식하다
à cause de ~ 때문에 | **prendre** 마시다 | **déjeuner** 점심 식사를 하다 | **venir** 오다
réveiller 깨우다 | **petit-déjeuner (m)** 아침 식사

대화 구성 요령

프랑스 친구로 설정된 감독관의 집에 응시자가 여름 방학 동안 머문다는 전제로 함께 어떤 활동을 할지 제안해야 한다. 원만한 대화 시작을 위해 응시자가 먼저 여행 가자는 의견을 말하면 자연스럽다. 친구에게 직접 우리가 어떤 활동을 함께 하자고 제안할 수도 있고, 또 다른 친구들과의 만남을 가정하여 친구에게 합류를 제안하자고 말하는 방식으로 대화의 흐름을 유도하는 방법도 있다.

Étape 3 모범 답변을 확인하고 실전 훈련하세요.

C Qu'est-ce que tu vas faire ce week-end ? On vient de finir les examens et on a besoin de se détendre.
너 이번 주말에 뭐 할 거니? 우리 시험이 막 끝났으니, 휴식할 필요가 있어.

E Je ne sais pas encore. Et toi ?
난 아직 모르겠어. 너는?

C Mes amis coréens sont venus à Paris il y a une semaine. Je ne les ai pas encore vus à cause des examens. Alors je vais les voir samedi.
내 한국 친구들이 일주일 전에 파리에 왔어. 시험 때문에 아직 그들을 못 봤거든. 그래서 나는 그들을 토요일에 볼 거야.

E Qu'est-ce que vous allez faire ?
너희들 뭐 할 건데?

C D'abord, on va prendre un café. Et puis, je vais aller au musée du Louvre avec eux. Ensuite, on va déjeuner ensemble au fast-food et on va aller au concert d'un chanteur coréen. Tu peux venir avec nous si tu veux. Je t'invite. On va bien s'amuser.
우선, 우리는 커피를 마실 거야. 그리고 나는 그들과 함께 루브르 박물관을 갈 거야. 그러고 나서 우리는 패스트푸드점에서 함께 점심을 먹고 한국 가수의 콘서트에 갈 거야. 만약 네가 원하면 우리랑 같이 가도 돼. 널 초대해. 우리는 재미있게 놀 거야.

E C'est vrai ? Ce sera avec plaisir.
진짜? 기꺼이.

C Bon, j'ai rendez-vous avec mes amis à 10 h, donc je vais te réveiller à 9 h. On prend le petit-déjeuner ensemble et on sort. Ça te va ?
좋아, 내가 친구들과 10시에 약속이 있으니까, 너를 9시에 깨울게. 우리 함께 아침을 먹고 나가자. 괜찮아?

E C'est parfait !
완벽해!

구술 평가 EXERCICE 3 실전 연습

Étape 1 문제를 읽고 답변한 후, 감독관의 예상 질문에 따라 추가로 답변해 보세요.

 Track 3-05

EX3 ▶ SUJET 5 **Aller au restaurant**

Vous voyagez en France avec votre femme (mari) et vous logez dans un hôtel. Vous êtes gourmands et vous voulez goûter des plats français. Vous demandez au directeur de l'hôtel de vous recommander un restaurant.

L'examinateur joue le rôle du directeur de l'hôtel.

Bonjour, monsieur (madame). Qu'est-ce que vous voulez savoir ?

Aucun problème. Quel est votre plat préféré ?

Étape 2 문제 해석 및 필수 어휘와 대화 구성 요령을 참조하세요.

EX3 ▶ **SUJET 5** **Aller au restaurant 식당에 가기**

Vous voyagez en France avec votre femme (mari) et vous logez dans un hôtel. Vous êtes gourmands et vous voulez goûter des plats français. Vous demandez au directeur de l'hôtel de vous recommander un restaurant.

당신은 당신의 아내(남편)과 함께 프랑스를 여행 중이고 한 호텔에 묵고 있습니다. 당신들은 미식가이고 프랑스 음식을 맛보고 싶습니다. 당신은 호텔 지배인에게 식당을 추천해 줄 것을 부탁합니다.

L'examinateur joue le rôle du directeur de l'hôtel.
감독관은 호텔 지배인의 역할을 합니다.

필수 어휘 **loger** 묵다 | **gourmand** 미식의, 미식가 | **goûter** 맛보다 | **recommander** 추천하다 | **chercher** 찾다 | **restaurant (m)** 식당 | **dîner (m)** 저녁 식사 | **conseiller** 권하다, 충고하다 | **essayer** 시도하다 | **manger** 먹다 | **cuisine (f)** 요리 | **prix (m)** 가격 | **nom (m)** 이름 | **réserver** 예약하다 | **numéro (m)** 번호

대화 구성 요령

호텔 지배인을 맡은 감독관에게 식당 추천을 받아야 한다. 응시자가 부탁하는 입장이므로 대화를 먼저 시작하되 현재 프랑스에 체류 중인 설정이므로 여태껏 프랑스 요리를 먹어 본 적 없다거나 프랑스는 요리로 유명하므로 프랑스 음식을 이번에 맛보고 싶다고 말하면 무난하다. 식당에 관한 대화로 접어든 후에는 식당의 위치, 가격, 예약 필수 여부 등 구체적인 문의를 주고받을 수 있어야 한다.

Étape 3 모범 답변을 확인하고 실전 훈련하세요.

C Bonjour, j'aimerais vous demander quelque chose.
안녕하세요, 당신에게 뭐 좀 여쭤보고 싶은데요.

E Bonjour, monsieur (madame). Qu'est-ce que vous voulez savoir ?
안녕하세요. 당신은 무엇을 알고 싶으신가요?

C Voilà, ma femme (mon mari) et moi, on cherche un restaurant pour dîner.
Vous pouvez nous conseiller ?
다름이 아니라, 내 아내(남편)과 나는 저녁 식사를 위한 식당을 찾고 있어요.
당신은 우리에게 추천을 해 줄 수 있나요?

E Aucun problème. Quel est votre plat préféré ?
아무 문제없습니다. 당신이 좋아하는 음식은 무엇이죠?

C Comme on n'a jamais goûté de plats français, on voudrait essayer.
우리는 프랑스 음식을 한 번도 맛본 적이 없기 때문에, 시도해 보고 싶어요.

E Il y a un restaurant en face de l'hôtel. On peut y manger de la cuisine française et c'est vraiment délicieux.
호텔 맞은편에 한 식당이 있습니다. 그곳에서 프랑스 음식을 먹을 수 있고 정말 맛있어요.

C Ce n'est pas trop cher ?
너무 비싸지는 않나요?

E Non. Le prix est entre 21 et 40 euros par personne.
아니요. 가격은 1인당 21유로에서 40유로 사이입니다.

C Quel est le nom de ce restaurant ?
그 식당의 이름이 무엇인가요?

E La Bonne Table, monsieur (madame).
La Bonne Table입니다.

C Merci beaucoup. Est-ce qu'on doit réserver une table à l'avance ?
대단히 고마워요. 미리 자리를 예약해야 하나요?

E Il vaut mieux le faire parce qu'il y a toujours du monde à l'heure du dîner.
그렇게 하는 게 낫습니다. 왜냐하면 저녁 시간에는 항상 사람들이 있으니까요.

C D'accord. Vous pouvez me donner le numéro de téléphone, s'il vous plaît ?
알았습니다. 전화번호를 제게 주실 수 있나요?

E Voilà. Bon appétit !
여기 있습니다. 맛있게 드세요!

C Merci.
고맙습니다.

Étape 1 문제를 읽고 답변한 후, 감독관의 예상 질문에 따라 추가로 답변해 보세요.

문제 6 Track 3-06

EX3 ▶ **SUJET 6** **Un nouveau voisin**

Vous habitez dans un appartement et vous rencontrez votre nouveau voisin pour la première fois. Vous le saluez et vous lui parlez des avantages de votre quartier. Vous lui proposez de venir dîner chez vous.

L'examinateur joue le rôle de votre voisin.

Ça fait trois jours que je me suis installé(e) dans cet immeuble.

J'habitais à la campagne mais on m'a proposé un travail intéressant ici, alors j'ai décidé de m'y installer.

Merci.

Étape 2 문제 해석 및 필수 어휘와 대화 구성 요령을 참조하세요.

EX3 ▶ SUJET 6 **Un nouveau voisin 새로운 이웃**

Vous habitez dans un appartement et vous rencontrez votre nouveau voisin pour la première fois. Vous le saluez et vous lui parlez des avantages de votre quartier. Vous lui proposez de venir dîner chez vous.

당신은 한 아파트에 살고 있는데, 처음으로 당신의 새로운 이웃을 만납니다. 당신은 그에게 인사를 하고 당신 동네의 장점들에 대해 말합니다. 당신은 그에게 당신 집에 저녁 식사를 하러 오라고 제안합니다.

L'examinateur joue le rôle de votre voisin.
감독관은 당신 이웃의 역할을 합니다.

필수 어휘 **rencontrer** 만나다 | **voisin** 이웃 | **saluer** 인사하다 | **avantage (m)** 장점 | **quartier (m)** 동네, 구역
proposer 제안하다 | **plaisir (m)** 기쁨 | **emménager** 이사하다, 입주하다
s'installer 정착하다, 거주하다 | **campagne (f)** 시골 | **décider** 결정하다 | **faire les courses** 장을 보다

대화 구성 요령

이웃과의 첫 만남을 가정하여 인사를 나누고 지시 사항에 따라 동네의 장점을 안내한 후, 저녁 식사에 초대하는 대화까지 나눠야 한다. 응시자는 이미 살고 있는 거주자로 설정되어 있으므로 먼저 감독관에게 인사를 건네며 대화를 시작한다. 이사 오기 전 어디서 살았는지를 묻고 답하며 아파트의 위치와 편의 시설 등의 장점을 자연스럽게 나열한다. 마무리에는 특별한 날을 가정하여 저녁 식사에 초대한다.

Étape 3 모범 답변을 확인하고 실전 훈련하세요.

C Bonjour. Je suis votre voisin. Ça me fait plaisir de vous rencontrer.
안녕하세요. 저는 당신의 이웃입니다. 당신을 만나게 되어서 기쁩니다.

E Moi aussi.
저도요.

C Quand est-ce que vous avez emménagé ici ?
당신은 이곳으로 언제 이사 오셨어요?

E Ça fait trois jours que je me suis installé(e) dans cet immeuble.
나는 이 건물에 정착한 지 3일이 되었습니다.

C Ah bon ? Où est-ce que vous habitiez avant de venir ici ?
아 그래요? 당신은 이곳에 오기 전에는 어디에 사셨나요?

E J'habitais à la campagne mais on m'a proposé un travail intéressant ici, alors j'ai décidé de m'y installer.
나는 시골에 살았지만 이곳에 흥미로운 일자리를 내게 제안했어요. 그래서 이곳에 정착하기로 결심했습니다.

C Vous avez fait le bon choix. C'est un quartier très calme et il y a aussi un centre commercial près d'ici. Alors c'est pratique pour faire les courses.
좋은 결정을 하셨네요. 매우 조용한 동네이고 여기 근처에 쇼핑 센터도 있습니다. 그래서 장을 보기가 편리하죠.

E C'est bien.
잘됐네요.

C Et puis, si vous aimez vous promener, ce n'est pas un problème parce qu'il y a un petit bois en face de l'immeuble.
그리고 만약 당신이 산책하는 것을 좋아한다면 이 건물 맞은 편에 작은 숲이 있기 때문에 문제되지 않아요.

E D'accord.
알겠습니다.

C Est-ce que vous êtes libre demain soir ? C'est mon anniversaire et je vous invite.
당신은 내일 저녁에 시간 되시나요? 내 생일인데 당신을 초대할게요.

E Merci.
고맙습니다.

C Je vous en prie. Venez à 19 h.
천만에요. 19시에 오세요.

구술 평가 EXERCICE 3 실전 연습

Étape 1 문제를 읽고 답변한 후, 감독관의 예상 질문에 따라 추가로 답변해 보세요.

문제 7  Track 3-07

EX3 ▶ **SUJET 7** **Cours privé**

Vous apprenez à jouer du piano sur Internet mais vous pensez que cela ne suffit pas. Alors vous décidez de suivre un cours privé. Vous demandez des informations au professeur de musique (horaires, prix, lieu, etc.).

L'examinateur joue le rôle du professeur de musique.

En fait, ça dépend des cours.

Deux fois : le lundi soir et le mercredi soir.

200 euros par mois.

On est lundi et vous voulez commencer mercredi ?

Étape 2 문제 해석 및 필수 어휘와 대화 구성 요령을 참조하세요.

EX3 ▶ **SUJET 7** **Cours privé 개인 수업**

Vous apprenez à jouer du piano sur Internet mais vous pensez que cela ne suffit pas. Alors vous décidez de suivre un cours privé. Vous demandez des informations au professeur de musique (horaires, prix, lieu, etc.).

당신은 인터넷에서 피아노 연주를 배우는데 이것은 충분하지 않다고 생각합니다. 그래서 당신은 개인 수업을 받기로 결심합니다. 당신은 음악 선생님에게 정보를 요청합니다. (시간, 가격, 장소 등.)

L'examinateur joue le rôle du professeur de musique.
감독관은 음악 선생님의 역할을 합니다.

필수 어휘 **jouer** 연주하다 | **suffire** 충분하다 | **suivre** 수강하다 | **connaître** 알다 | **horaire (m)** 시간
dépendre ~에 달려 있다 | **débutant** 초보자 | **cas (m)** 경우 | **complet** 완전한 | **choix (m)** 선택
préférer 선호하다 | **commencer** 시작하다 | **se passer** 일어나다, 끝나다 | **tarif (m)** 가격, 요금

대화 구성 요령

응시자는 피아노를 배우려는 학생의 입장이므로 먼저 선생님께 수업과 관련한 질문이 있다고 말하며 대화를 주도하는 것이 바람직하다. 정보 요청은 지시 사항에 언급된 내용을 최대한 활용하여 수업 시간, 요일, 수업료, 수업 장소 등을 차례대로 언급한다. 추가적으로는 수업일 변경이나 가격 할인 가능 여부 등에 대해 질문할 수 있다.

Étape 3 모범 답변을 확인하고 실전 훈련하세요.

C Bonjour monsieur (madame). Est-ce que vous avez une minute ? Je voudrais vous poser quelques questions à propos des cours de musique.
안녕하세요. 선생님 시간이 있으세요? 나는 음악 수업과 관련해 몇 가지 질문을 드리고 싶은데요.

E Bien sûr, je vous écoute. 물론이죠. 듣고 있어요.

C Voilà, je voudrais suivre des cours de musique et j'aimerais connaître les horaires.
다름이 아니라, 나는 음악 수업을 듣고 싶은데, 시간을 알고 싶습니다.

E En fait, ça dépend des cours. 사실, 수업에 따라 달라요.

C Ça fait un mois que j'apprends à jouer du piano, alors je suis débutant complet.
나는 피아노를 배운 지 한 달 되어서, 완전히 초보자입니다.

E Dans ce cas-là, vous avez le choix entre le cours du matin et celui du soir.
그런 경우, 당신은 아침 수업과 저녁 수업 사이에 선택할 수 있습니다.

C Je préfère le cours du soir parce que je dois travailler pendant la journée. Il commence à quelle heure ?
나는 저녁 수업을 선호하는데, 왜냐하면 낮 동안에 일을 해야 하기 때문입니다. 저녁 수업은 몇 시에 시작하나요?

E À partir de 19 h jusqu'à 20 h 30. 19시부터 20시 30분까지예요.

C Combien de fois par semaine y a-t-il des cours ? 일주일에 몇 번 수업이 있죠?

E Deux fois : le lundi soir et le mercredi soir. 두 번이요: 매주 월요일과 수요일 저녁이요.

C Où se passent les cours ? 수업은 어디서 합니까?

E J'ai une salle de musique personnelle qui n'est pas loin d'ici.
나는 여기서 멀지 않은 곳에 개인 음악실이 하나 있어요.

C C'est parfait. Alors quel est le tarif ? 완벽하군요. 그럼 가격은 얼마입니까?

E 200 euros par mois.
한 달에 200유로입니다.

C D'accord. On commence quand ?
알겠습니다. 언제 시작하죠?

E On est lundi et vous voulez commencer mercredi ?
오늘이 월요일인데 당신은 수요일에 시작하길 원하세요?

C D'accord. Vous pouvez me donner l'adresse de la salle de cours ?
좋습니다. 당신은 제게 그 음악실 주소를 주실 수 있나요?

E Bien sûr, la voilà !
물론이죠, 여기 있습니다.

C Merci, et à mercredi alors !
고맙습니다, 그럼 수요일에 뵈어요!

E Oui, à bientôt !
네, 곧 뵈어요!

Étape 1 문제를 읽고 답변한 후, 감독관의 예상 질문에 따라 추가로 답변해 보세요.

문제 8 Track 3-08

EX3 ▶ **SUJET 8** **À l'école**

Vous avez un enfant et vous avez déménagé il y a une semaine. Vous devez trouver une nouvelle école pour votre enfant. Vous rencontrez le directeur d'une école qui se trouve près de chez vous. Vous lui posez des questions sur l'école et vous répondez aux questions du directeur.

L'examinateur joue le rôle du directeur de l'école.

Oui, qu'est-ce que vous voulez savoir ?

Quel est son caractère ?

Comment étaient ses relations avec ses camarades dans son ancienne école ?

Étape 2 문제 해석 및 필수 어휘와 대화 구성 요령을 참조하세요.

EX3 ▶ **SUJET 8** **À l'école 학교에서**

Vous avez un enfant et vous avez déménagé il y a une semaine. Vous devez trouver une nouvelle école pour votre enfant. Vous rencontrez le directeur d'une école qui se trouve près de chez vous. Vous lui posez des questions sur l'école et vous répondez aux questions du directeur.

당신은 아이가 한 명 있고 일주일 전에 이사했습니다. 당신은 당신의 아이를 위해 새로운 학교를 찾아야 합니다. 당신은 당신 집에서 가까운 학교의 교장 선생님을 만납니다. 당신은 그에게 학교에 대해 질문들을 하고 교장 선생님의 질문에 답합니다.

L'examinateur joue le rôle du directeur de l'école.
감독관은 교장 선생님의 역할을 합니다.

필수 어휘 **déménager** 이사하다 | **rencontrer** 만나다 | **se trouver** 있다 | **répondre** 대답하다
téléphoner 전화하다 | **s'asseoir** 앉다 | **élève** 학생 | **cantine (f)** 구내식당 | **caractère (m)** 성격
relation (f) 관계 | **s'entendre bien avec** ~와(과) 잘 지내다, 사이가 좋다

대화 구성 요령

학부모 입장에서 자녀 입학과 관련하여 교장 선생님과 대화를 진행해야 한다. 학부모 역할을 맡은 응시자가 선생님에게 인사를 건네며 대화를 시작해서 자녀 학교 입학에 대해 궁금한 사항들을 나열하면 무난하다. 그다음 본격적으로 학급의 학생 수, 선생님들, 학교 식당 등에 대해 질의응답한다. 이어서 거꾸로 교장 선생님이 응시자의 자녀와 관련하여 성격, 교우 관계 등 묻는 사항에도 간략히 답변하며 대화를 마무리한다.

Étape 3 모범 답변을 확인하고 실전 훈련하세요.

C Bonjour, madame la directrice. Je m'appelle Jeong et je vous ai téléphoné hier à propos de l'école de mon enfant.
안녕하세요, 교장 선생님. 내 이름은 정이고 아이의 학교와 관련하여 어제 전화를 드렸습니다.

E Bonjour, monsieur (madame). Asseyez-vous !
안녕하세요. 앉으세요!

C Merci. Comme je vous l'ai dit hier au téléphone, mon fils doit changer d'école.
고맙습니다. 어제 전화로 그것을 말씀드렸다시피, 내 아들은 학교를 바꿔야 합니다.

E Oui, qu'est-ce que vous voulez savoir ?
네, 당신은 무엇을 알고 싶으시죠?

C Tout d'abord, combien d'élèves y a-t-il par classe ?
무엇보다도 먼저, 한 반에 학생 수가 얼마인가요?

E Quinze élèves, monsieur (madame).
15명입니다.

C Très bien. Et les élèves déjeunent à la cantine ?
아주 좋군요. 그리고 학생들은 학교 식당에서 점심을 먹나요?

E Oui. Ils déjeunent tous à la cantine.
네. 그들은 모두 학교 식당에서 점심 식사를 합니다.

C Et comment sont les professeurs ? Ils sont gentils avec leurs élèves ?
그리고 선생님들은 어떤가요? 그들은 학생들에게 친절한가요?

E Bien sûr. Il n'y a aucun problème entre nos professeurs et nos élèves. Puisque vous voulez choisir notre école pour votre fils, j'aimerais aussi vous poser des questions sur votre enfant.
물론이죠. 우리 선생님들과 학생들 사이에는 아무 문제가 없습니다. 당신이 당신 아들을 위해 우리 학교를 선택하길 원하므로, 나 또한 당신 아이에 대해 질문하고 싶습니다.

C Oui. 네.

E Quel est son caractère ?
그의 성격이 어떤가요?

C C'est un enfant très gentil.
아주 착한 아이입니다.

E Comment étaient ses relations avec ses camarades dans son ancienne école ?
그의 이전 학교에서 친구들과의 관계는 어땠나요?

C Il s'entendait bien avec ses amis.
그는 친구들과 잘 지냈습니다.

E C'est parfait ! Alors bienvenue dans notre école. Les cours commencent à partir de la semaine prochaine.
완벽하군요! 자, 우리 학교에 오신 것을 환영합니다. 수업은 다음 주부터 시작합니다.

C Merci. 고맙습니다.

E Je vous en prie. 천만에요.

구술 평가 EXERCICE 3 실전 연습

Étape 1 문제를 읽고 답변한 후, 감독관의 예상 질문에 따라 추가로 답변해 보세요.

문제 9  Track 3-09

EX3 ▶ **SUJET 9** **Camping**

Vous êtes en vacances et vous voulez aller à la campagne pour faire du camping avec votre ami. Vous vous mettez d'accord sur le lieu du camping, la nourriture à acheter et les personnes à inviter.

L'examinateur joue le rôle de votre ami.

C'est vrai. Alors, qu'est-ce qu'on fait ?

C'est une bonne idée. On va où et quand ?

Et qu'est-ce qu'on achète ?

Étape 2 문제 해석 및 필수 어휘와 대화 구성 요령을 참조하세요.

EX3 ▶ SUJET 9 **Camping 캠핑**

Vous êtes en vacances et vous voulez aller à la campagne pour faire du camping avec votre ami. Vous vous mettez d'accord sur le lieu du camping, la nourriture à acheter et les personnes à inviter.

당신은 방학이고 친구와 함께 캠핑을 하기 위해 시골로 가고 싶어합니다. 캠핑 장소, 사야 할 음식 그리고 초대할 친구들에 대해 정하세요.

L'examinateur joue le rôle de votre ami.

감독관은 당신 친구의 역할을 합니다.

필수 어휘 accord (m) 동의, 합의 | lieu (m) 장소 | nourriture (f) 음식 | rester 머무르다, 있다 | maison (f) 집
s'amuser 즐기다, 놀다 | campagne (f) 시골 | profiter de (~을) 이용하다 | nature (f) 자연
supermarché (m) 슈퍼 | viande (f) 고기 | boisson (f) 음료 | inviter 초대하다
envoyer 보내다 | sortie (f) 외출

대화 구성 요령

응시자가 먼저 캠핑을 가자고 제안하는 편이 미리 준비한 답변으로 대화를 주도하기에 유리하다. 친구의 역할을 맡은 감독관에게 시간이 있는지 묻고, 시간을 만들어서 캠핑을 가자고 말하면서 대화를 전개하도록 한다. 구체적으로는 캠핑 장소, 출발 시간, 필요한 장비들, 초대할 친구들 등 지시 사항에 언급된 부분에 대해 빠짐없이 언급한다. 마무리로 친구들을 초대하는 단체 메일을 보내자는 의견을 제안하면 자연스럽다.

Étape 3 모범 답변을 확인하고 실전 훈련하세요.

C Salut ! Tu as une minute ?
안녕! 너 시간 있니?

E Oui, pourquoi ?
응, 왜?

C Il fait trop beau pour rester à la maison, tu ne trouves pas ?
집에 있기에는 날씨가 너무 좋아, 그렇게 생각 안 해?

E Tu as raison.
네 말이 맞아.

C En plus, on vient de finir nos examens, alors on doit s'amuser. Tu ne crois pas ?
게다가, 우리 시험이 막 끝났으니 즐겨야 해. 그렇게 생각 안 해?

E C'est vrai. Alors, qu'est-ce qu'on fait ?
맞아. 그래, 우리 무엇을 할까?

C On va faire du camping. Qu'est-ce que tu en penses ?
우리 캠핑하러 가자. 너는 어떻게 생각하니?

E C'est une bonne idée. On va où et quand ?
좋은 생각이야. 언제 어디로 가지?

C Ce week-end. À mon avis, la campagne est idéale pour faire du camping. On peut à la fois faire du sport et profiter de la nature.
이번 주말에. 내 생각에는, 시골은 캠핑하기에 이상적이야. 우리는 운동도 할 수 있고 자연을 만끽할 수 있어.

E D'accord.
알았어.

C Alors je te propose d'aller au supermarché pour acheter quelque chose à manger.
그러면 먹을 것을 사기 위해 슈퍼에 가는 것을 제안해.

E Et qu'est-ce qu'on achète ?
그럼 무엇을 사지?

C Faisons la liste. D'abord, de la viande pour le barbecue, des boissons, des fruits et des légumes. Et puis, on va inviter nos amis. Qu'est-ce que tu en penses ?
목록을 만들자. 우선 바비큐를 위한 고기, 음료수, 과일 그리고 야채. 그리고 우리 친구들을 초대하는 거야. 너는 어떻게 생각하니?

E C'est une bonne idée.
좋은 생각이야.

C Envoyons-leur un e-mail à propos de notre sortie.
우리의 나들이와 관련해서 그들에게 이메일을 보내자.

E D'accord.
알았어.

Étape 1 문제를 읽고 답변한 후, 감독관의 예상 질문에 따라 추가로 답변해 보세요.

문제 10 Track 3-10

EX3 ▶ SUJET 10 **ÉCHANGE**

Vous voyagez en France et vous avez acheté un pantalon bleu à offrir à votre amie comme cadeau. Mais elle vous a envoyé un e-mail pour vous dire que la taille était trop petite et qu'elle n'aimait pas cette couleur. Vous retournez au magasin et vous demandez au vendeur si vous pouvez l'échanger.

L'examinateur joue le rôle du vendeur.

Bonjour monsieur (madame, mademoiselle). Je peux vous aider ?

Bien sûr. Est-ce que vous avez le reçu ?

Désolé(e). On a la taille au-dessus, mais il n'est pas rouge.

Étape 2 문제 해석 및 필수 어휘와 대화 구성 요령을 참조하세요.

EX3 ▶ SUJET 10 **ÉCHANGE 교환**

Vous voyagez en France et vous avez acheté un pantalon bleu à offrir à votre amie comme cadeau. Mais elle vous a envoyé un e-mail pour vous dire que la taille était trop petite et qu'elle n'aimait pas cette couleur. Vous retournez au magasin et vous demandez au vendeur si vous pouvez l'échanger.

당신은 프랑스를 여행하고 있는데, 선물로 친구에게 줄 파란색 바지를 샀습니다. 그러나 그녀가 사이즈가 너무 작고 이 색깔을 좋아하지 않는다고 말하기 위해 당신에게 이메일을 보냈습니다. 당신은 상점으로 돌아가 판매인에게 이것을 교환할 수 있는지 물어봅니다.

L'examinateur joue le rôle du vendeur.
감독관은 판매원의 역할을 합니다.

필수 어휘 **offrir** 제공하다, 주다 | **cadeau (m)** 선물 | **taille (f)** 치수, 사이즈 | **retourner** 돌아가다 | **vendeur** 판매원
échanger 교환하다 | **reçu (m)** 영수증 | **attendre** 기다리다 | **au-dessus** 위에, 그 위에
partir 출발하다, 떠나다 | **revenir** 다시 오다 | **s'inquiéter** 걱정하다, 염려하다

대화 구성 요령

옷 가게에서 판매원을 상대로 물건 교환을 요청해야 하는 상황이 주어졌다. 응시자는 손님 역할로서 먼저 지시 사항에 따라 옷의 치수와 색깔에 문제가 있어 교환하고 싶다는 의사를 전달한다. 주의할 점은 감독관이 단순히 응시자가 요구하는 대로 순순히 물건을 바꿔 주지 않을 수 있다는 것이다. 특히 색깔이나 치수 중 한 가지를 문제 삼아 현재 바꿔 줄 물건이 없다고 난색을 표할 수 있다. 이러한 경우 응시자는 다른 날 다시 방문할 수 있는 시간이 없다고 거꾸로 제시할 수 있어야 한다.

Étape 3 모범 답변을 확인하고 실전 훈련하세요.

E Bonjour monsieur (madame, mademoiselle). Je peux vous aider ?
안녕하세요. 도와드릴까요?

C Oui. Je suis venu(e) ici hier et j'ai acheté un pantalon bleu à offrir à mon amie comme cadeau.
네. 나는 어제 여기에 와서 내 친구에게 선물로 줄 파란색 바지를 하나 샀어요.

E Il y a un problème ?
문제가 있나요?

C Oui, la taille est trop petite pour elle. Je peux l'échanger ?
네, 사이즈가 그녀에게 너무 작아요. 이것을 교환할 수 있나요?

E Bien sûr. Est-ce que vous avez le reçu ?
물론이죠. 영수증이 있나요?

C Le voilà. Elle n'aime pas non plus la couleur. Elle préfère le rouge.
여기 있습니다. 그녀는 색깔도 좋아하지 않아요. 빨간색을 더 좋아해요.

E Attendez un instant, s'il vous plaît !
잠시만 기다려 주세요!

(...)

Désolé(e). On a la taille au-dessus, mais il n'est pas rouge.
죄송해요. 더 큰 사이즈는 있는데, 빨간색이 아니에요.

C Ah bon ? Qu'est-ce que je dois faire ? Je pars cette semaine et je n'ai pas le temps de revenir ici.
아 그래요? 어떻게 해야 하죠? 나는 이번 주에 떠나서 여기에 다시 올 시간이 없어요.

E Ne vous inquiétez pas ! Vous pouvez revenir ce soir ? On aura le pantalon que vous voulez à ce moment-là.
걱정하지 마세요! 오늘 저녁에 오실 수 있나요? 당신이 원하는 바지가 그 시간에 있을 거예요.

C C'est vrai ? Merci. Vous pouvez me donner le numéro de téléphone de votre magasin ?
정말요? 고마워요. 당신 가게 전화번호를 내게 주실 수 있나요?

E Bien sûr. Le voilà !
물론이죠. 여기 있습니다!

C Merci beaucoup. Je reviendrai ce soir.
정말 고마워요. 오늘 저녁에 다시 올게요.

Level

Test

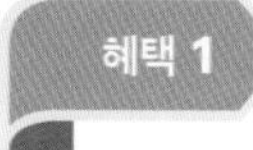

현재 내 실력 테스트!

독학에 성공하기 위해서는 수시로 나의 실력을 점검하며 레벨에 맞는 커리큘럼에 따라 학습해야 합니다. 시원스쿨 프랑스어 홈페이지에서 무료로 레벨테스트하고 혜택도 받으세요.

STEP 01 **준비** 왕초보 또는 중·고급 기준으로 현재 나의 실력이 어느 정도인지 확인하세요.

STEP 02 **실력 확인** 총15개의 문항으로 나의 레벨과 채점 결과, 정답 및 해설까지 살펴보세요.

STEP 03 **레벨테스트 혜택 받기** 나에게 딱 맞는 추천 강의와 패키지 할인 쿠폰을 받으세요.

혜택 2

모르는 건 바로바로! 공부 질문게시판

강의와 도서 내용 중 궁금한 점을 공부 질문게시판에 올려 주세요. 담당 강사진과 시원스쿨 프랑스어 연구진이 바로바로 자세히 답변해 드립니다.

제목	상태
쑥쑥 동사 마스터 3강 la police (1)	답변완료
프랑스어 왕초보탈출 3탄 왕초보탈출3탄 종합평가 질문입니다. (1)	답변완료
초중급 핵심 문법 P163 문제 답 (1)	답변완료
프랑스어 고급 문법작문 질문 (0)	답변대기
프랑스어 왕초보탈출 3탄 p.111 질문입니다. (1)	답변완료
프랑스어 왕초보탈출 2탄 13강 고양이가 어디 있습니까?를 est-ce que로.. (1)	답변완료
[프랑스어] 한 번에 잡는 DELF B1 (유형+실전) de의 해석 (1)	답변완료
[프랑스어] DELF A1 첫 걸음 선행 강의 (1)	답변완료
프랑스어 왕초보탈출 2탄 16강 19강 (1)	답변완료

혜택 3

모두 무료! 공부 자료실

학원에 가지 않아도 충분한 학습 자료를 제공합니다. 원어민 MP3 파일과 샘플 강의뿐만 아니라 연습문제, 종합평가, 족집게 노트, 월별 테마 어휘 등 수시로 업데이트되는 자료까지 꼭 챙기세요.

시원스쿨	[[프랑스어] DELF A2 끝장내기] [사은품] DELF A1-A2 족집게 노트 정오표 (0)	70
시원스쿨	[[프랑스어] DELF A2 끝장내기] [사은품] DELF A1-A2 족집게 노트 (수정) (0)	187
시원스쿨	[[교재] DELF A1 첫걸음] [교재] DELF A1 첫걸음 듣기 mp3 (0)	143
시원스쿨	[무료 공개 자료] 프랑스어 8월 테마 어휘노트 (0)	263
시원스쿨	[무료 공개 자료] 프랑스어 7월 테마 어휘노트 (0)	163
시원스쿨	[무료 공개 자료] 프랑스어 6월 테마 어휘노트 (0)	88
시원스쿨	[무료 공개 자료] 프랑스어 5월 테마 어휘노트 (0)	61
시원스쿨	[무료 공개 자료] 프랑스어 4월 테마 어휘노트 (0)	74

혜택 4

완전 핵이득! 이벤트

참여만 해도 사은품이 와르르! 수시로 할인, 증정 이벤트를 제공합니다.

지금 바로 시원스쿨 프랑스어 홈페이지를 방문하세요!
france.siwonschool.com

시원스쿨

프랑스어 강사진

델프의 신

Il Young 선생님

강좌

- 한 번에 끝내는 DELF A1(신유형)
- 한 번에 끝내는 DELF A2(신유형)
- 한 번에 끝내는 DELF B1(신유형)
- 한 번에 끝내는 DELF B2(신유형)

프랑스어 문법 명강사

Emma 선생님

강좌

- NEW 프랑스어 기초 문법
- 쏙쏙 동사 마스터
- 초·중급 핵심 문법 / 중·고급 문법 완성
- 술술 말하는 프랑스어 패턴 / 레벨 UP! 프랑스어 회화
- FLEX UP 프랑스어
- 동화로 배우는 프랑스어
- 포인트 테마 어휘 / 고급 시사 듣기(B1-B2)

왕초보 탈출의 새로운 기준

Clara 선생님

강좌

- 프랑스어 왕초보탈출 1, 2 ,3탄
- NEW 프랑스어 기초회화
- 기초탄탄 어휘 마스터 1탄
- 영화로 배우는 프랑스어 <카페 벨에포크>

중고급 프랑스어 최강자

Ji Yeon 선생님

강좌

- 프랑스어 중급 문법·작문
- 프랑스어 고급 문법·작문

프랑스어 도서 라인업

GO! 독학 프랑스어 첫걸음

체계적인 커리큘럼으로 혼자서도 쉽게 독학할 수 있다GO!

초보자도 혼자서 무리없이 학습할 수 있는 회화 위주의 체계적인 커리큘럼으로, 일상 회화를 통해 어휘와 문법을 익힐 수 있으며 스토리텔링 방식으로 더 쉽고 재미있게 학습이 가능하다.

김지연 지음 I Sylvie MAZO 감수 I 값 18,900원
(본책+별책 부록+ MP3+무료 강의 제공)

GO! 독학 프랑스어 단어장

단어장 한 권으로 첫걸음부터 DELF까지 한 번에!

프랑스어 첫걸음부터 DELF 시험 준비를 목표로 하는 학습자까지, 보다 친절하면서도 효율적으로 단어를 학습할 수 있도록 구성하였다. 회화와 시험에 꼭 나오는 예문과 주제별, 상황별 분류로 유기적인 단어 암기가 가능하다. 독학하며 궁금한 부분은 무료 음성 강의로 빈틈없이 공부할 수 있다.

Emma 지음 I Sylvie MAZO 감수 I 값 14,000원
(본책+MP3+무료 음성 강의 제공)

시원스쿨 왕초보 여행 프랑스어

공부하지 않고, 바로 찾아 말하는 진짜 여행 회화!

여행 시 직면할 수 있는 상황에 '꼭 필요한 표현'을 바로 찾아 말할 수 있는 휴대용 '사전'이다. 다양한 상황별로 필요한 단어와 문장을 한글 중심으로 찾을 수 있도록 구성되어, 급할 때 바로 찾아 말할 수 있다. 해당 언어의 발음과 가장 유사하게 들리는 한글 독음을 제공한다. 책 마지막의 여행 꿀팁까지 놓치지 말자.

시원스쿨 어학연구소 지음 I 값 12,000원
(본책+MP3 제공)